普通高等教育经济管理类专业规划教材

社会保障学

第2版

主　编　熊敏鹏
副主编　唐　昭　袁家海　王宝华
参　编　余恩海　赵长红　欧阳敏
　　　　金松奇　黄晓林　程　博
　　　　胡诣升　刘艺卓　董　剑

机 械 工 业 出 版 社

本书在秉承《社会保障学》第1版注重理论性和操作性的同时，全面系统地阐述了社会保障管理的基本理论，介绍了社会保障的起源与发展，总结了社会保障的发展经验，概述了社会保障事业各主要工作职能的基本内容、程序、方法及其操作实务，探寻社会保障发展的客观规律，并对我国社会保障制度的现状进行深入分析，探讨了其发展前景。全书共十三章，包括社会保险、社会保险基金、社会救助、社会福利、社会优抚等主要内容。本书具有内容新颖，知识系统全面，操作性强，管理、教学、查阅都适用的特点。本书对我国从事社会保障事业的实际工作者和高等学校的教师、学生及研究人员均有一定的参考价值。

本书适合作为以下人员的培训教材或业务参考书：①劳动与社会保障、人力资源管理、公共管理、行政管理等专业学生；②公共管理和财经专业研究人员；③工商企事业单位社会保险与人力资源（劳动人事）管理岗位专业技能培训参训人员；④企业各级领导及管理岗位工作人员等。

图书在版编目（CIP）数据

社会保障学/熊敏鹏主编. —2版. —北京：机械工业出版社，2015.10
普通高等教育经济管理类专业规划教材
ISBN 978-7-111-51542-5

Ⅰ. ①社… Ⅱ. ①熊… Ⅲ. ①社会保障—高等学校—教材 Ⅳ. ①C913.7

中国版本图书馆CIP数据核字（2015）第214333号

机械工业出版社（北京市百万庄大街22号 邮政编码100037）
策划编辑：商红云 责任编辑：商红云 陈 洁
封面设计：张 静 责任校对：郝 绵
责任印制：李 洋
北京振兴源印务有限公司印刷
2015年11月第2版第1次印刷
184mm×260mm · 20.25印张 · 499千字
标准书号：ISBN 978-7-111-51542-5
定价：39.80元

凡购本书，如有缺页、倒页、脱页，由本社发行部调换
电话服务 网络服务
服务咨询热线：010-88379833 机 工 官 网：www.cmpbook.com
读者购书热线：010-88379649 机 工 官 博：weibo.com/cmp1952
教育服务网：www.cmpedu.com
封面无防伪标均为盗版 金 书 网：www.golden-book.com

普通高等教育经济管理类
专业教材编审委员会

编者的话

新世纪伊始，北京地区部分高等院校联合成立了经济管理类专业教材编审委员会，组织编写、出版一套适合各校情况、满足本科层次教学需要的经济管理类专业系列教材。在各校管理学院、系领导及教师的大力支持和参与下，经过一年多的努力，系列教材终于面世了。

改革开放以来，我国管理学科的发展极其迅猛。在这种形势下，各高等院校普遍设置了管理专业，其发展速度之快，规模之大，也是前所未有的。而教材建设一直是专业建设和教学改革的瓶颈。

编委会认为，集中各校优势，通过合作方式实现教学资源的优化配置，编写出一套适合各校情况的教材，对加强各校的合作交流，推动师资培养，促进相关课程的教学改革，都是一件一举多得的好事。

“质量第一，开拓创新”是我们编写这套教材的指导思想，出版精品是我们的奋斗目标。现阶段应该从教材特色做起，有特色才能有市场，才能被各校师生所接受和欢迎。本套教材具有以下特点：一是内容上有创新，在继承的基础上，反映了当代管理学科的新发展；二是适用、好用，教材编写精练，并留有余地，各教材每章后都附有相配套的作业题；三是有理工科的特色，因为合作院校的教学对象多数是理工科的学生。

为了确保教材质量，经过编委会遴选，各门课程的教材都由资深的教授担任主编，同时各教材编写组成员相对稳定，教材根据使用情况及时修订，使其常用常新，不断提高。

为了配合各校开展多媒体教学的需要，某些教材编写组将合作制作与教材配套的课件，以方便广大师生使用。

机械工业出版社是我国于20世纪50年代初成立的国家级出版社。数十年来，曾出版过许多在国内外有重大影响的科技类和管理类图书。改革开放以来，曾经承担全国理工科院校管理工程专业全国统编教材的出版发行工作，为我国管理类专业的建设和发展做出了重大贡献。本系列教材的出版得到了机械工业出版社的大力支持，在此谨表示衷心的感谢！

北京地区部分高等院校经济管理类专业教材编审委员会

前言

社会保障是国家和社会依据一定的法律和规定，通过国民收入再分配，对社会成员的基本生活权利予以保障的一项重大社会政策。社会保障的萌芽最早可以追溯到英国政府于1834年颁布的《新济贫法》，经过近200年发展，社会保障事业已经成为现代文明国家实现社会政策最重要的保障手段，社会保障的理论与专门的应用技术也得到了全面的发展。在中国，由于市场经济体制改革的推进，社会保障事业因事关国家的长治久安和亿万人民的切身利益而显得格外重要。作为一种以解除国民生存危机和保障国民基本生活为目的的制度，现代社会保障更肩负着增加国民福利、促进社会和谐发展的责任。

从1951年颁布《劳动保险条例》算起，我国社会保障事业已经历了60余年的发展历程，1998年后，社会保障开始作为一项基本的社会制度加以建设，其实施的主要依据是国家有关立法和国务院有关社会保障的法规或重要文件。十多年来，伴随着经济体制改革与社会的发展变化，中国的社会保障制度建设与改革也经历了从自下而上到自上而下，从为国有企业改革配套到成为市场经济五大支柱之一的历程。

目前，我国社会保障制度的基本框架已经初步确立为五个层次：一是直接面向贫困或低收入阶层的各种社会救助，包括城乡居民最低生活保障和特困人员供养制度、受灾人员救助、医疗救助、教育救助、住房救助、就业救助、临时救助等主要内容，其出发点是解除因各种原因陷入生活困难而难以自拔者的生活危机；二是面向全体公民或劳动者的社会保险制度，包括基本养老保险、基本医疗保险、失业保险、工伤保险、生育保险等，出发点是保障公民或劳动者的基本生活，解除其后顾之忧，使其免于沦为社会弱势群体；三是各种社会福利制度，如未成年人福利、老年人福利、残疾人福利、劳动者福利、女职工福利等，目的在于不断改善和提高服务对象的生活水平和生活质量；四是社会优抚制度，如向烈属、军属、复员退伍军人、伤残军人提供抚恤金、优待金、补助金，兴办荣誉军人疗养院、光荣院、复员退伍军人培训机构，安置离退休干部等，其目的在于安定军心，维护国家安全和社会稳定；五是正在发展的补充保障系统，如企业年金、职业年金、补充医疗保险、互助保障、慈善事业等。

本书在总结社会保障发展历史与经验的基础上，全面系统地阐述了社会保障管理的基本理论，介绍了社会保障的起源与发展，概述了社会保障事业各主要工作职能的基本内容、程序、方法及其操作实务，探寻社会保障发展的客观规律，并对我国社会保障制度的现状进行深入分析，探讨了其发展前景。全书共十三章，包括社会保险、社会保险基金、社会救助、社会福利、社会优抚等主要内容。本书具有内容新颖，知识系统全面，操作性强，管理、教学、查阅都适用的特点。本书对我国从事社会保障事业的实际工作者和高等学校的教师、学生及研究人员均有一定的参考价值。

本书由华北电力大学熊敏鹏教授任主编，唐昭、袁家海、王宝华任副主编，负责全书的编著和统稿工作，参加编写的还有余恩海、赵长红、欧阳敏、程博、金松奇、黄晓林、胡诣升、刘艺卓、董剑等。在编写过程中，我们参考了大量相关成果，在此向所有论著者致以诚挚谢意。

由于我们尚在社会保障理论与实践的学习和探索中，水平和视野极为有限，偏颇、疏漏甚至错误的地方，在所难免，恳请专家和学者们不吝赐教。

编 者

目　录

第一章

社会保障概述

本章概要

社会保障是一个古老的问题。在历史上的各社会时期，总有一部分社会成员因各种原因陷入生活困境，需要政府、社会或他人援助才能避免生存危机。制度的产生是人类进步和文明的标志。社会保障是当今世界上众多国家都在实施的一项社会政策，也是一个国家经济和法律的重要组成部分。社会保障学是公共管理学和社会学两大一级学科的一个重要分支。本章界定与分析了社会保障的概念及体系，阐述了社会保障的特征与原则、目标与功能，梳理了现代社会保障制度的产生与发展的历史脉络，探讨了世界社会保障的发展趋势。

第一节　社会保障的概念、内容和功能

一、社会保障概念

“社会保障”是由英语“social security”一词翻译而来的，出自1935年美国颁布的《社会保障法》。1944年，第26届国际劳工大会发表《费城宣言》，国际组织开始正式使用社会保障概念。此后，世界各国在建立对社会成员给予物质帮助的制度时都普遍采用社会保障加以表述。但是，各国对社会保障内涵的理解有一定的差异，因此对社会保障概念的界定不尽相同，其中有代表性和有影响的主要有德国、英国、美国和国际劳工组织对社会保障的定义。

1999年，美国出版的《社会工作词典》对“社会保障”的定义：“一个社会对那些遇到了已经由法律做出定义的困难的公民，如年老、生病、年幼或失业的人提供的收入补助。”在美国，“社会保障”是指由“老年人、遗属、残疾人健康保险”项目（OASDHI）和“医疗照顾”项目提供的现金补助。

在其他国家，这一概念也包括对全体公民提供的医疗保健待遇和对全体儿童（无论其家长的收入水平如何）提供的现金待遇。

英国编撰的《新大不列颠百科全书》（1990）把“社会保障”解释成：“在国际上，社会保障这一术语意味着所有已经为立法建立的集体措施，以便当个人或家庭的部分或全部收入来源受到损害或中止时，或者当他们有大笔的开支必须支付时（如抚养子女或支付医疗费用），维持他们的收入，或者为他们提供收入。因此，社会保障可能是对病残、失业、作

物失收、丧偶、妊娠、抚养子女或退休的人提供现金待遇。对医疗、康复、家庭疾病护理、法律帮助和丧葬的待遇可能以现金，也可能以实物（服务）的形式提供。社会保障可以按法庭的命令提供（如对事故受害者的赔偿），也可以由雇主、中央或地方政府或其他半公共或独立的机构提供。"

而国际劳工组织（ILO）在《社会保障导言》（1984）中对社会保障的界定则是："社会通过一系列的公共措施对其成员提供的保护，以防止他们由于疾病、妊娠、工伤、失业、残疾、老年及死亡而导致的收入中断或大大降低而遭受经济和社会困窘，以及对社会成员提供的医疗照顾和对有儿童的家庭提供的补贴。"这个定义在国际上的使用更为广泛。

从以上几个经典的定义我们可以发现：一是社会保障仅仅是对现代社会中八种主要的收入损失风险提供安全保障，即疾病、老年、妊娠、工伤、残疾、失业（及失收）、丧偶和失怙，其目标比较明确和具体；二是社会保障并没有将社会福利作为它的子项目，其核心内容与通常所讲的社会保险（一般包括养老、工伤、失业和医疗保险）非常接近。所以，国际上在很多场合的确将社会保障与社会保险两个概念互相换用，只不过，新的趋势是现代社会保障制度一般已把社会救助、雇主责任和社会津贴包括进来，并且"社会保障"一词也正在逐渐被"社会保护"（Social Protection）所取代。

分析研究这些具有代表性的定义，就其包含的共同点而言，社会保障可以表述为：社会保障是由国家和社会依法对暂时或永久丧失劳动能力的劳动者及无收入、低收入和遭受意外灾害的公民提供物质帮助，保障社会成员的基本生活需要。它体现出以下四方面的本质特征：

（1）社会保障的责任主体是国家和社会。国家和社会作为社会保障的主体，在社会保障的规划、管理、监督和资金等方面负有重要责任，国家财政对资金负有最后责任；同时，这也说明了社会化管理是社会保障制度发展的必然取向。

（2）社会保障的实施以法律法规为支点。社会保障措施一般通过立法加以实施，制定有关的社会保障法律法规，规定社会保障的实施范围、对象、资金来源、享受条件、待遇标准、管理办法，规范社会保障中各方的责任、权利和义务，是制度实施的基础。

（3）社会保障的最终目的是稳定社会和发展经济。社会保障是一项基本社会经济制度，国家通过实施社会保障计划，为遇疾病、生育、工伤、失业、年老、伤残、收入锐减和意外灾害等风险的公民提供保护，保障他们的基本生活，从而避免社会动荡，为经济顺利发展创造条件。

（4）社会保障的目标是满足公民的基本生活需要。社会保障目标的确定基于保障公民的基本权利——生存权，通过国民收入再分配对遇到生活困难的公民给予物质帮助，因此要坚持兼顾公平和效率的原则，待遇的标准只能是维持基本生活需要。

《中华人民共和国宪法》明确规定："中华人民共和国公民在年老、疾病或者丧失劳动能力的情况下，有从国家和社会获得物质帮助的权利。"这是对社会保障的精练阐述。社会保障一词正式在我国官方文献中使用是20世纪80年代中期，1986年4月《国民经济和社会发展第七个五年计划》中使用了"社会保障"一词。1993年中共中央十四届三中全会《关于建立社会主义市场经济若干问题的决定》将社会保障制度确定为我国社会主义市场经济框架的五大支柱之一。

在现代社会以前，社会保障主要由氏族、家庭等群体来承担；而现代社会中，社会保障主要是政府和其他正式组织的功能，是一种稳定的社会制度。因此，在现代社会中，“社会保障”特指政府和其他正式组织所制定和执行的各种保障制度。

二、社会保障的内容

社会保障在发展过程中相继产生了社会救济、社会保险、社会福利等几种基本形式，它们构成了社会保障的基本内容。在此基础上又发展了面向军人及其家属的社会优抚，以及政府支持下社会团体和社会成员自愿参与的社会互助形式，从而使社会保障的内容不断丰富。

根据我国的国情，我国社会保障体系由社会救济、社会保险、社会福利、社会优抚、社会互助五部分组成。

1. 社会救济

社会救济是国家和社会以保障公民基本生存权利为目标，对由于各种原因无法维持最低生活水平的公民给予物质帮助的一项社会保障制度。

社会救济的对象一般有三类：①无依无靠，没有劳动能力、没有生活来源者；②有收入来源但收入水平低于法定最低标准者；③遭受意外灾害一时无法维持生活者。

社会救济是无偿给予制度，由国家财政和社会捐助筹集资金，救济标准按维持最低生活需要设定。

社会救济是社会保障体系中的最后一道“安全网”。在贫困现象普遍存在的社会中，发挥社会救济制度的扶贫济困功能尤为重要，其应该成为使用频度较高的保障方式。

我国社会救济制度包括城乡贫困户救济和因自然灾害造成生活困难的灾民救济。社会救济制度是保障人民群众基本生活的最后一道“安全网”。我国传统的社会救济制度是在计划经济体制下形成的，虽然在当时对保障公民的基本生活起到了重要作用，但存在着政策不统一、管理不规范、覆盖面小、工作随意性大等缺陷，已难以适应新形势的要求。随着社会主义市场经济体制的建立，我国对传统的救济制度进行了改革。在灾民救济方面，坚持了“依靠群众，依靠集体，生产自救，互助互济，辅之以国家必要的救济和扶持”的方针，确立了生活救济和扶持生产相结合的指导思想，逐步建立了救灾工作分级负责、救灾款分级负担的新体制。在贫困户救济方面，我国探索建立了城乡居民最低生活保障制度，对人均收入低于当地最低生活保障线的贫困家庭实行差额补助。21世纪，我国城乡的社会救济制度改革正向法制化、制度化和规范化的方向发展，城乡居民最低生活保障制度在全国范围内普遍建立，与市场经济体制相适应的社会救济制度正逐步走向成熟。

2. 社会保险

社会保险是指国家通过立法，对劳动者由于年老、失业、患病、工伤、生育而暂时或永久丧失劳动能力时给予经济补偿，保障其基本生活需要的一项社会保障制度。

社会保险具有强制性、互济性、补偿性和储备性。我国社会保险包括五大项目，即养老保险、失业保险、医疗保险、工伤保险和生育保险。有些国家除此之外还设置残障保险（非工伤致残）和死亡保险。国际上习惯把社会保险划为四类：年金保险（包括养老、残障和死亡）、失业保险、工伤保险和健康保险（包括医疗保险和生育保险）。

社会保险是一项纳费制度，劳动者只有履行了缴费义务才有资格获得收入补偿的权利。社会保险所需资金由雇主、雇员和国家共同承担，其中以雇主和雇员的缴费为主，国家给予适度资助并承担最后责任。

社会保险的基本对象是工薪劳动者，个体劳动者正逐步被纳入覆盖范围。社会保险水平，基于收入损失补偿和保障基本生活需要的目标确定。因此，社会保险金多以本人过往工资收入为基数，按一定比率给付。

社会保险的对象是社会经济活动的主体力量——劳动者，由此提升了他们的重要性，被公认是社会保障体系的核心内容，其完善程度也是衡量一国的社会保障总体水平的重要尺度。

3. 社会福利

社会福利有广义和狭义之分。广义的社会福利与社会保障是同义语；狭义的社会福利作为社会保障的组成部分包括除社会保险、社会救济之外的其他所有社会保障内容。

社会福利可以划分为三个层次：公共福利、专项福利、区域性福利。公共福利是指国家和社会团体兴办的以全体公民为对象的公益性事业，包括文化教育、公共卫生、公共娱乐、市政建设、环境保护、住房补贴等。专项福利是指国家和社会为特殊人群的特别需要而设置的福利项目，如老人福利、妇女儿童福利、残疾人福利等。区域福利是指国家和社会为改善一定范围内公民生活状况而设置的福利项目，如我国为淮河以北地区设立的冬季取暖补贴制度等，单位设置的职工福利也可以列入这一类。

社会福利计划旨在改善和提高生活质量，保证公民享有一定水平的物质和精神生活，其所需资金主要来自国家财政，部分来自社会各界的善款。作为社会保障体系的最高层次，社会福利的发展与国民收入水平密切相关，规模和水平随国力的强大不断提高。

我国社会福利制度的内容主要有企事业单位提供的职工集体福利、民政部门主管的特殊福利和街道、居委会举办的社区福利服务。职工集体福利的项目可分为三类：一是以货币支付的各种福利补贴；二是为职工提供生活上便利而设置的集体福利设施；三是为提高职工生活素质而开展的文化生活服务。特殊社会福利主要以无经济收入和生活无人照顾的老年人、残疾人和孤儿等特殊社会群体为对象，主要通过集中收养和分散供养相结合的方式，为他们提供生活供养、疾病康复和文化教育等福利服务。社区福利服务是在政府倡导和扶持下，由街道、居委会向社区全体居民提供的福利性服务和公益性服务。

21 世纪是我国社会福利社会化全面发展时期。在这一时期，集体福利事业改革的步伐将加快，企业、单位办福利的功能将逐步向社区和社会转移，特殊社会福利事业将形成政府和非政府组织及个人共同举办的多元化发展格局；社区福利服务将由城市向农村延伸，并走上规范化、专业化的发展轨道。整个社会福利事业的发展水平将极大提高，将对提高人民群众的生活质量，促进社会的文明和进步起到十分重要的作用。

4. 社会优抚

社会优抚是指国家和社会为确保军人及其家属的基本生活需要，给予的优待、抚恤和妥善安置措施的总和。我国的优抚措施包括向烈属、军属、复员退伍军人、伤残军人提供抚恤金、优待金、补助金，设立荣誉军人疗养院、光荣院，安置复员退伍军人等。

社会优抚是面向特殊对象的带有褒扬性的社会保障措施，所需资金来自国家财政。

优抚安置制度是一项物质补偿和政治褒扬相结合的特殊社会保障制度，其保障对象是为中国革命和社会主义建设事业做出特殊贡献的现役军人、退伍军人及其家属，统称为优抚对象，具体包括：现役军人、革命伤残军人、复员退伍军人、革命烈士家属、因公牺牲军人家属、病退军人家属、现役军人家属、军队离退休干部等。保障的内容主要有国家抚恤、群众抚待、就业安置、抚待生产和生活照顾等方面。我国的优抚安置制度形成于1949年前，新中国成立以后，这项制度的政策法规日益健全，优待抚恤的标准有所提高，就业安置、生产扶持和生活服务等工作也有了很大的发展，对保障优抚对象的基本生活、维护社会稳定和促进国防建设起到了重要的作用。

在21世纪，优抚安置制度进一步走向法制化、制度化、社会化，优抚对象的物质保障和服务保障水平也将随着经济和社会的发展不断得到提高，与社会主义市场经济体制相适应的退伍军人和志愿兵就业安置制度逐步形成且不断完善。

5. 社会互助

社会互助是指在政府鼓励和支持下，社会团体和社会成员自愿组织和参与的扶弱济困活动。社会互助包括群众团体组织的互助互济，民间团体组织的慈善救助，以及群众自发的互助等。社会互助在社会保障体系中属于软性内容，是对主要社会保障项目的补充。

社会互助具有自愿和非盈利的特征，其资金主要来源于社会捐赠和成员自愿缴费，政府往往从税收等方面给予支持。社会互助的主要形式包括：工会、妇联等群众团体组织的群众性互助互济；民间公益事业团体组织的慈善救助；城乡居民自发组成的各种形式的互助组织等。

社会互助制度是一项具有中国特色的社会保障制度，是在政府倡导和组织下广泛发动社会各方面的力量积极开展扶贫济困、尊老爱幼、扶弱助残、邻里互助等多层次、多形式的互助互济活动，以丰富我国社会保障的内容，提高社会保障的发展水平。现阶段，我国已经初步建立了社会捐赠接收工作体系，基本形成了以募集衣被为主要内容的社会捐赠制度；各地广泛开展了“一助一”“一帮一”等多种形式的扶贫济困活动，取得了很好的社会效果。21世纪，我国的社会互助的政策、法规会臻于完善，工作机构和运作体系趋于完整，逐步形成规范化的社会互助制度。

三、社会保障的功能

1. 维护社会稳定

社会稳定是经济发展和社会进步的前提，社会保障是维护社会稳定的重要手段。19世纪，资本主义国家创建社会保障制度，其根本原因就是要以此巩固资本主义生产方式，缓和阶级矛盾，维护资产阶级政权的统治地位和社会稳定。所以说，社会保障是工人阶级长期斗争的结果。第二次世界大战以后，许多国家建立社会主义制度，促使资本主义国家政府更加重视社会保障，发展社会福利事业。各国的社会保障实践验证了其维护社会稳定的功能，社会保障制度本身就是社会安全体系，是“社会安全网”和“社会减震器”。

2. 保障基本生活

保障公民的基本生活，让每个公民享有最基本的权利——生存权，是社会保障的重要功能。社会保障计划使公民的基本生活资料得到保障，老有所养、病有所医，遭遇天灾人祸时国家和社会给予帮助，免除了人民的后顾之忧，真正实现了人的生存权利得到尊重和保障。

3. 弥补市场经济的不足，促进经济发展

社会保障制度是市场经济运行的必要条件，是市场经济框架的支柱之一。首先，通过社会保障计划，劳动者在因丧失劳动能力或失业导致的劳动收入中断或锐减时，可以获得社会帮助，维持家庭基本生活，从而保证劳动力再生产的正常进行。通过妇女儿童保障、教育福利和家庭津贴等制度，保证人口素质，为经济发展准备合格的劳动力资源。其次，社会保障被称为国民经济的“内在稳定器”，可以调节社会总需求。经济不景气、失业率上升、职工收入下降时，失业保险和社会救济支出加大，从而维持社会购买力，拉动有效需求，促进经济复苏。经济繁荣或过热、失业率较低、职工收入较高时，社会保障支出缩减，缴费增加，节余转入积累，有利于抑制过热的社会总需求。同时，长期社会保险基金进入资本市场后，对经济发展有直接的促进作用。

4. 促进社会公平

市场经济向效率倾斜，在激烈的市场竞争中强者越强、弱者越弱，如果不加以干预，强弱两极分化会引发社会不公平感，导致社会矛盾激化。政府通过社会保障计划实现国民收入的再分配，缩小贫富差距，保障基本生活，扶助弱者，为弱者继续参与社会竞争创造条件，有利于维持社会公平。

5. 提高生活质量

社会保障的最初含义是“救贫”和“防贫”，即保证所有社会成员至少都能享有最低的生活水平。随着经济的发展和社会的进步，社会保障的内容在不断扩充。现代社会保障不仅承担着“救贫”和“防贫”的责任，而且还要为全体社会成员提供减费或免费的公共服务和各类福利设施、福利津贴，方便了生活，提升了质量，从而使人们尽可能充分地享受经济和社会发展成果，不断提高物质生活和精神生活的质量。

四、社会保障制度的模式

社会保障制度发展到今天，项目越来越齐全，内涵越来越丰富，覆盖的范围越来越广泛。但各国不同的社会政治、经济、历史、文化等方面的差异决定了不同的社会保障制度的类型。同时，一个国家的社会保障制度结构是在一种模式、两种模式或多种模式的基础上建立起来的。对不同模式的社会保障制度的识别，有利于社会保障制度的发展。具体而言，世界上的社会保障的代表模式包括：

1. 福利型

福利型社会保障也称贝弗里奇式社会保障，是以1946年英国人贝弗里奇（Willian Beveridge）的报告为基础推出的社会保障模式，以瑞典、丹麦、挪威等北欧国家最为典型，英国也采用这种模式，只不过保障水平要低一些。这一模式的指导思想是：对人身风险的防备不应是或者至少不应主要是个人的任务，而应主要是由国家解决的集体任务。

这一模式的基本特征是：①实施普遍性原则，即社会保障不加区别，人人均可享受，由国家为公民提供最为广泛的社会保障；②强调就业、保障和收入均等，即除了强调充分就业外，国家还应建立一些超出一般社会保障制度水平的福利设施；③保障对象是居住在这个国家的全体居民，即对本国公民，也对定居于本国的外国人提供基本相同的保险福利待遇；④管理体制大多由国家来统一组织与管理；⑤保障制度运行所需的资金主要来源于一般的税收，而不是来自投保人缴纳的保险费；⑥待遇遵循的是个人需要原则，而不是等值交换原则，即对所有居住者，在其年老、生病、失业、丧失工作能力或出现其他个人人身风险后果时，提供统一的、满足其基本需要的经济保障外，还对其社会成员的教育和就业技能培训承担一定的费用与责任，这种待遇水平与其身份或在职期间的工资收入无关；⑦保障项目广泛地涉及从摇篮到坟墓的各个阶段的个人所需。

这种保障模式强调了社会公平，促进了经济发展和社会稳定；但同时也带来了严重的经济和社会问题：如国家的财政负担过重，懒汉增多。

2. 投保资助型

投保资助型社会保障也称俾斯麦式或传统式社会保障，是19世纪末俾斯麦（Otto Eduard Leopold Von Bismarck）任德国首相时推出的社会保障模式。目前，以德国、美国、法国、意大利、荷兰、比利时、日本等国家为代表。这一模式的历史根源可追溯到早期合作社的互助与自助及商业保险公司的成功运作。

这一模式的基本特征是：①国家以有关社会保险的立法作为实施的依据；②社会保险为强制性保险，个人缴纳社会保险费，企业雇主为雇员缴纳社会保险金，各国政府以不同标准拨款资助，劳动者只有履行义务才具有享受保障的资格，才能依法领取各种社会保障津贴，对参加社会保险的劳动者来说是权利与义务的统一；③在大多数国家中，社会保险是社会保障体系中最重要的一部分，几乎包容了社会全体劳动者及其亲属，保险的覆盖面较大；④保险的险种由各国自定，有多有少，在一定程度上解决了劳动者生、老、病、死、失业、伤残的后顾之忧；⑤资金来源多元化，但原则上实行三方共担机制。

3. 储蓄积累型

20世纪50年代产生的储蓄积累型模式的代表是新加坡的中央公积金制度，在东南亚、非洲、拉丁美洲等一些新兴工业化国家和发展中国家实行，但都没有像新加坡那样运行得如此成功。20世纪80年代出现的智利养老金私营化模式实际也是一种储蓄积累型模式。

储蓄积累型模式的主要特点是：①公积金制度由政府、雇主和雇员三方参与，通过立法强制雇主和雇员按一定比率缴纳公积金，政府则为公积金的缴纳款及其利息提供免息免税政策，缴费率随工资水平变化而不同，相应的福利也随工资水平做不同程度的调整；②公积金的筹集是完全积累模式，即雇主和雇员缴纳的公积金全部存入受保人的个人账户，逐年积累下来，到受保人需要紧急用钱时才能按规定提取，公积金主要用于养老、医疗、住房、教育等方面；③政府只充当一般监督人，设置官方性质的中央公积金局负责专门管理；④每个劳动者均有自己的公积金账户，并且只能适用于本人和家庭成员，因而缺乏社会保障制度所具有的互济性。

储蓄积累型模式的优点是资金积累额大，社会保险资金有保障，能有效地应付社会风险；保障待遇和个人缴费与工资水平直接挂钩，极大地调动了自我保障的积极性。但是，该模式也有局限性，即存在巨额的积累基金保值与增值的压力，或者说基金贬值的风险较大；保障对象之间缺乏互助互济，难以形成风险分担机制，影响其保障功能。

4. 国家保障型

国家保障型模式又称国家统包型社会保障制度，是以公有制为基础，由政府或企业承担所有费用，个人不缴费的社会保障制度。该模式被一些社会主义国家所仿效。

国家保障型社会保障模式的主要特征是：①通过国家宪法将社会保障确定为国家制度，公民所享有的保障权利是由生产资料公有制保证的，并通过社会经济政策的实施取得；②社会保障支出由政府和企业承担，其资金来源由全社会的公共资金无偿提供，由于国家已事先做了社会保障费的预留和扣除，个人不再另缴保障费。③保障的对象是全体公民，宪法规定，每一个有劳动能力的人都必须积极参加社会劳动，对无劳动能力的一切社会成员提供物质保障；④工会参与社会保障事业的决策和管理。

国家保障型社会保障模式的宗旨是充分地满足无劳动能力者的需要，保护劳动者的健康并维持其工作能力。

但是，这种模式过分强调公平，使国家财政负担过重，而且企业办社会保障会使企业负担过重，企业竞争力下降，劳动力缺乏合理流动，职工个人也缺乏自我保障意识。因此，这种模式随着前苏联的解体、东欧国家的剧变、中国的改革开放而被摒弃。

5. 救助型

救助型社会保障模式普遍存在于不发达国家或准发达国家，美国社会保障制度的建立在很大程度上也受这种模式的影响。救助型社会保障强调风险防范的个人责任与充分发挥市场机制的作用，国家只起辅助的、相对有限的作用。也就是说，社会成员个人或家庭在遇到人身或财产风险时，首先应该由个人或家庭依靠自身财力或所购买的商业保险来应对，只有上述措施仍然无力应对时，国家根据其保障全体社会成员最低生活需要的义务，有选择地对社会贫困者或受灾者提供社会救助，但这种救济在数量上、时间上和保障的对象上都是有限的，国家为此所做的财政支出和行政组织工作也是极为有限的。

救助型社会保障模式具有以下特点：①国家通过相应的立法作为实施救助的依据，公民申请和享受社会救助是其依法应享受的权利，不同于慈善机构的“施舍”或“恩赐”，也不同于资本主义初期的济贫和赈济，不附带任何屈辱条件；②社会救助的费用列入政府的财政支出，其资金来源于国家税收，个人不缴纳社会保障费，部分资金源于团体、个人的捐赠；③救助的对象为因天灾人祸或无工作或无依无靠或收入低下而陷入贫困线下的公民、弃婴、孤儿、残疾人、老人等；④救助的标准是低水平的，以帮助救助对象维持最基本生存的物质生活。

在实践上，上述五种社会保障模式并不是以理论的纯粹形式出现的，而是存在多种混合形式。例如，瑞典、荷兰的社会保障制度就是福利原则并辅以救助原则的混合体。在这两个国家，养老保险具有国家福利性质，全体公民均享受一份相同的“人民养老金”（当然对于劳动者来说，还享有一份与工资或缴费挂钩的职业养老金），而其他社会保险则运用商业保险的等值原则，通过保险费支付预防由于年老、事故、疾病、护理和失业产生的风险，其待遇的享受者必须预先缴费。对于社会贫困者，则由国家对其实施广泛的社会救助。

社会保障模式还可以按照不同的划分标准做出分类，具体包括：

（1）以社会保障的给付标准划分。这种划分包括：

1）受益基准制（它是指社会保障组织先规定对受益人的给付水平，再依照精算原理确定缴费水平的社会保障模式）。

2）缴款基准制（它是指预先确定缴费水平，再根据基金积累额及其投资收益给付受益人的社会保障模式）。

（2）以社会保障的性质划分。这种划分包括：

1）与就业（收入）相关联的社会保障制度。

2）普遍保障制度。

3）收入状况调查制度。

（3）以社会保障的财务机制划分。这种划分包括：

1）现收现付制。

2）完全积累制。

3）部分积累制。

（4）以社会保障的层次划分。这种划分包括：

1）单层次的保障模式。

2）多层次的保障模式。

第二节　社会保障制度的产生和发展

一、社会保障制度的准备

社会保障成为一种制度，至今才一百多年，但它作为一种思想，却是与人类社会的形成同步的。自从有了人类社会，也就有了社会保障。

对贫困者给予救济，最早可以追溯到人类社会初期产生的社会成员之间的互助行为。当有人受到饥寒或疾病的威胁时，其他人会给予衣食等方面的帮助。这种互助互济行为是人类社会得以繁衍和生存的条件。后来，社会用成文或不成文的社会规范将其固定下来，便有了慈善事业。宗教问世后，此类社会规范又被纳入教义中，就有了宗教的慈善事业。逐渐地，这种本来属于人类社会中自发行为的互助互济变成了一种自上而下的恩赐：君主对臣民的恩赐、富人对穷人的恩赐、救世主对芸芸众生的恩赐，而在恩赐的背后，受惠者不得不付出接受人身依附关系的代价。这样，随着社会的不断发展，原始的救济逐渐成为统治阶级用以安抚饥贫者、巩固阶级统治的一种手段。随着社会制度的不断变化和经济的不断发展，社会保障也有了新的形式和内容。

1. 农业社会向工业社会转化呼唤社会保障制度

社会保障制度是伴随着人类社会从农业社会向工业社会的迈进而产生和发展起来的。每一种社会形态都有相应的保障形式。农业自然经济社会中，社会成员的生活保障是以自给自足的小农经济为基础，通过家庭自我保障实现的。工业社会市场经济条件下，家庭不再是生产单位，无力继续承担保障家庭成员基本生活的责任。劳动者走入社会参与社会化大生产，遇到的劳动风险和生活困难成为新的社会问题，需要有效的保障形式，与此相适应的社会保障制度应运而生。

2. 民间慈善救济与社会救济制度

人类社会很早就产生了社会成员之间的互助行为，人们自发救济贫困，帮助遭遇天灾人祸的邻里乡亲渡过难关。在长期的社会生活中，这些互助互济行为逐渐成为社会规范，形成了世俗的慈善事业，以后又被纳入宗教教义，发展形成宗教慈善事业。历史上这些民间慈善事业对保障贫困人口生活和安定社会有重要作用，对以后的社会救济制度有重要影响。但民间慈善活动归根结底还是一种民间行为，远不是真正意义上的社会救济，他与社会救济制度有本质区别。

3. 互助组织与社会保险

互助组织产生于17世纪末，是产业工人为抵御劳动风险而创立的互助互济基金会，它组织会员之间扶危济困、互相保险。资本主义原始积累时期，产业工人收入极其微薄并处于失业、工伤、疾病等劳动风险的威胁之下，一旦遭遇劳动风险即陷于无法生存的境地。为了抵御劳动风险，工人自发地组织起互助互济的基金会，会员定期缴纳一定的会费，有会员因劳动风险、疾病和工伤、失业等原因失去收入时，由基金会提供物质帮助。这种以抵御劳动风险为目的的互助组织，从制度属性、管理形式、项目设置、责任承担等多方面为后来的社会保险制度产生和形成提供了组织经验和基础。

4. 社会保障制度的萌芽——英国伊丽莎白《济贫法》

英国16世纪进入原始工业化时期，开始了圈地运动。在此期间，大量的农民失去了赖以生存的土地流入城镇，其中一些人沦为贫民和乞丐。为了解决失业、流浪和贫困问题，稳定社会秩序，英国政府于1601年修正并颁布了伊丽莎白《济贫法》（Poor Law）。该法规定济贫事业属于教区的义务，同时向地方征收济贫税，并建议成立全国济贫机构，对贫民尽救济义务。每一教区设若干监察员，处理济贫事务，担负起孤儿的教养和代谋职业的责任，向有劳动能力的成人提供合适的工作，没有劳动能力的贫民由救济院收容，所有济贫经费一概从济贫税中支付。从而显现出政府已经在组织管理、资金筹措方面介入贫困救济，社会保障的基本特征开始萌发。

这一时期的社会保障的特点是：①是对穷人的救济，只保障其基本的生存；②这种保障被看作对穷人的恩赐，而不是社会成员应具有的权利；③贫困被认为是由于懒惰等个人原因而造成的，因此，接受救济是一种耻辱，并常常伴随着某些权利的丧失。

二、社会保障制度的建立与发展

1. 英国《新济贫法》是社会救济制度创立的标志

社会保障制度萌发于工业文明的先驱——英国，社会保障体系中最先问世的内容是社会救济。

16世纪前后，以英国为首的欧洲各国先后进入了工业化的先期阶段——原始工业化时期，与之相伴随的圈地运动瓦解了传统的自然经济，改造了传统农业经济的主体，使大批的自耕农丧失了赖以生存的生产资料和生活来源，其中一部分人进入城市，出卖劳动力而充当雇佣劳动者，成为城市中的第一批熟练的产业工人；还有一部分人由于各种原因而不幸沦为城市乞丐和流浪者。1536年，英国政府颁布了第一部《济贫法》。1572年和1576年曾两次对该法进行补充。1601年，英国政府再次修正并颁布了《济贫法》。

英国于1834年通过了《济贫法》的修正案，《新济贫法》（The New Poor Law）出台，标志着社会救济制度和社会保障制度的创立。该法案最重要的一条原则是严格禁止对有工作能力的人提供济贫院之外的救济，要求申请救济的贫困劳工必须入住济贫院，并且从事教区安排的工作以获得救济。该法案的实行进一步完善了英国社会的济贫制度，主要表现在：第一，第一次全面以社会政策的方式规定了有工作能力的人不能享受济贫院之外的救助，接受救济的穷人的生活标准必须低于自立劳动者的生活标准，这成为以后福利政策的基本思想。第二，建立了全国一致性的贫民处置方法，一是组建了英国早期重要的公法人机构"英格兰和威尔士济贫法委员会"，使之负责全国贫困救济的管理，包括贫民、济贫院、儿童教育等方面；二是授权各地建立济贫院和联合济贫区负责穷人救济工作。救济工作的管理由以地方为主开始过渡到以中央政府为主（高潮、徐滨，2011）。第三，建立起完善的济贫管理体系，1847年英国中央成立济贫法部（Poor Law Board），统一监督各联合济贫区的工作，1871年成立地方政府事务部（Local Government Board），监督地方事务，包括济贫工作。上述两部门拥有的权限包括：①有权颁行济贫条例；②成立督察组专门监督英国中央条例在地方上的执行情况；③设立地方稽核员，对不合要求的济贫支出施以财政性惩罚；④在地方上选举监督官并聘用有薪官员负责济贫事务。第四，院内救济成为整个英国《新济贫法》的标准体系，也成为《新济贫法》的核心。院内救济的主旨是贫困者必须进入济贫院中才能得到救济，接受院内救济的人不再拥有选举权，以示对接受救济者政治上的惩罚，目的是让每一个贫民都知道应该通过个人的努力而不是政府与社会的帮助来摆脱贫困。

在《新济贫法》时代，工业经济的发展引发了政治结构、经济结构和社会结构的变革，到19世纪末期，整个社会在反贫困的意识上发生了很大的转变：①从谴责穷人的懒惰和恶习是导致贫穷的主因转变到穷人的贫困是由于经济结构的不完善造成的；②从一味地强调穷人应以自立和拼命劳动来解决自身贫困转变到政府需要在经济上给予穷人基本的帮助；③将济贫由分散变为集中，克服了地方济贫管理腐败和不称职的局限；④从忽视穷人的生存条件转变到帮助穷人改善其生存状态，并逐步提高其生存水准以达成社会稳定的目标。《新济贫法》对贫民实行社会救济，安定了社会秩序，为英国在19世纪的大发展做出了贡献，也为欧洲其他工业化国家建立社会保障制度提供了制度借鉴。其他欧洲国家在土地革命后也都实行了与英国类似的贫民救济计划，如瑞士在1847年和1871年制定了《济贫法》，法国则发布了一些济贫法令。

与《济贫法》相比，《新济贫法》有了重要的进步。第一，明确了贫困救济是公民的基本权利，实施社会救济是政府应尽的义务；第二，贫困救济工作由专门机构与受过专门训练的人员负责；第三，救济原则从消极的应付转变为积极的救助；第四，以法规保证救济所需资金的来源。《新济贫法》的问世使民间团体开展的慈善救济转化为以国家为责任主体的政府行为，展现了现代社会保障制度的基本特征。

2. 德国的三个社会保险法案标志着社会保险制度的形成

现代社会保障制度是在19世纪30年代至20世纪20年代这个时期内逐渐形成的，其形成标志是德国社会保险制度的建立。

德国是现代社会保险体制的诞生地。19世纪中后期，随着现代机器大工业的兴起和产业工人的剧增，德国社会结构急剧转型，使广泛的社会保障需求成为日益严重的社会问题。针对这一问题，威廉一世于1881年发布“皇帝诏书”，其中对民众提供生活物质保障的要求表示认可，并考虑建立“社会保险制度”。“社会保险”一词便沿用至今。“皇帝诏书”确定了社会保险的发展方向，首相俾斯麦出于降低社会紧张程度、维护统治的需要，着手建立广泛、统一和具有强制性的社保体制，先后于1883年、1884年和1889年创建了《工人疾病保险规定》《工伤事故保险法》《老年和残障保险法》。这是当时堪称世界典范的社会保险制度，也是世界上最早的旨在为劳动者提供保障的法律文件。

现代的德国社会保险法是以俾斯麦时期的社会立法为基础逐渐形成的。上述三项法规于1911年汇总为《帝国保险条例》（RVO）。1911年，第一个针对职员保险的法规《职员保险法》（AVG）公布，该法规于1924年重新修订。1927年的魏玛共和国时期，《就业介绍及失业保险法规》（AVAVG）生效，德国设立失业保险。

三项法案的实施使德国的保障受益人数猛增：1885年享受疾病保险的人数达到430万人，1900年则上升到950万人，1914年又增至1560万人，全国30%的人口得到了疾病保险的保护；1887年工伤保险人数为410万人，1900年则上升到1900万人，1914年则增加到2400万人；1891年老年退休金的领取者领取的金额占到当年受雇者的平均收入的 19.8%。

德国构建社会保险制度是顺应历史发展的潮流，更是出于政治策略上的考虑，为了国家统一和社会安定，也为了调和阶级冲突和巩固政权。

19 世纪末，社会主义政党活跃在德国政治舞台上，马克思主义得到广泛传播，无产阶级组织的力量相当强大，对当时政权的稳定构成威胁；罢工、暴力和日益紧张的劳资冲突有损德国的经济发展和对外政策。同时，统一后的德国中新加入的各诸侯国离心离德，德国首相俾斯麦的首要目标就是政治统一。因此，俾斯麦把社会保障视为“一种消除革命的投资”，他采取“胡萝卜加大棒”的做法，希望通过社会保险立法拉拢工人队伍，借此赢得工人对国家政权的支持，阻止工人运动的进一步发展。正是由于这些政治条件，德国率先建立了社会保险制度，并对世界社会保障制度产生了示范效应。

1890—1919 年，许多欧美工业化国家纷纷效仿德国建立起社会保险，如丹麦、奥地利、英国等 16 个国家建立了养老保险，比利时、瑞士、英国等 9 个国家建立了疾病生育保险，英国、法国、西班牙等 9 个国家建立了失业保险，美国、波兰、南非等 37 个国家建立了工伤保险。但在这一时期，各国的社会保障制度只是处于初步确立阶段，尚未形成完整的体系。

1929—1933 年，资本主义世界爆发了严重的经济危机，时任美国总统的罗斯福（Franklin D. Roosevelt）实施了著名的“罗斯福新政”，政府积极干预经济。建立统一的社会保障制度，实行社会保险，是新政的一项主要内容。1935 年 8 月 14 日，罗斯福总统签署了《社会保障法》。该法的主要内容是：劳动者失业可以领取失业救济金，年满 65 岁的劳动者退休后可以领取养老金，政府对孤老、残疾者等贫困者提供一定的津贴。同时，联邦政府设立社会保障总署，主管社会保障事务。

美国《社会保障法》的颁布，第一次从理论上提出了“社会保障”这一概念，标志着现代社会保障制度的进一步完善。继美国之后，阿根廷、墨西哥、巴拿马等国家也先后建立了社会保险制度。第二次世界大战以后，社会保障制度在世界范围迅速发展起来。

这一阶段社会保障制度发展的主要特点：一是对象广泛，可以包括所有的社会成员。二是项目齐全，可以对付所有可能的风险。例如：因年老、疾病、残疾、生育等原因而丧失劳动能力；因失业等原因而丧失劳动机会；因自然灾害、社会事件、意外事故等原因而陷入生活困难；因自然和社会条件恶劣、家庭成员太多等原因而陷入贫困等。三是为社会成员提供社会保障是现代政府和企业（雇主）的一项义务，依法获得社会保障是公民的一项权利。同时，有能力的社会成员也被要求以某种形式为社会保障制度做出贡献。

但是，这一阶段各国社会保障制度是逐渐发展和完善起来的。在不同的国家中，社会保障制度的特点、具体模式和完善性程度还差别很大。

3. 社会保障发展的福利国家阶段

福利国家制度出自英国。福利国家的思想源于德国的新历史学派理论。20 世纪 20 年代，英国经济学家庇古（Arthur Cecil Pigou）创立福利经济学，为福利国家的产生进一步提供了理论准备。福利经济理论强调政府干预，主张政府要以税收的形式从高收入阶层征集足够的资金，通过社会救济、社会保险、社会福利等渠道支付给低收入的社会成员，从而实现社会成员收入的公平化。

1941 年，英国成立以经济学家贝弗里奇为主席的社会保障服务委员会，着手制订战后社会保障计划。1942 年，该委员会发表了题为《社会保险及有关福利问题的报告》，提出英国在战后建立一套“从摇篮到坟墓”的社会福利制度。报告设计了七方面的社会保障，即儿童补助、养老金、残疾补助、丧葬补助、丧失生活来源补助、妇女福利和失业救济。第二次世界大战后英国政府在贝弗里奇报告的基础上，先后颁布了一系列社会保障法案，如《国民保险法》(1946)、《国民健康服务法》(1945)、《家属津贴法》(1945)、《国民工业伤害法》(1946)、《国民救济法》(1948) 等一系列法案，1948 年，英国首相艾德礼 (Clement Richard Attlee) 宣布英国建成世界上第一个福利国家。

在英国的影响下，西欧、北欧、北美洲、大洋洲等地的发达国家也都先后宣布和实施“普遍福利”的政策，使社会保障迅速发展而进入繁荣时期，在发达国家和地区形成了一个以高福利为内涵的社会保险体系。其中，瑞典为公民提供的社会保障最为普遍、完善和优厚，被世界公认为“福利国家的橱窗”。

1952 年 6 月，国际劳工组织于日内瓦会议通过了社会保障的国际性文件《社会保障最低标准公约》(第 102 号)。该公约规定了社会保障制度的主要方面：医疗照顾、疾病与生育补助、失业救济、家属津贴、工伤保险、残疾及老年和遗属补助。《社会保障最低标准公约》被视为现代社会保障制度发展史上的里程碑，标志着社会保障制度已经是一个全球化的事业，不但发达国家如此，发展中国家也纷纷建立起自己的社会保障制度。

4. 社会保障制度的改革调整

20 世纪 70 年代，石油危机引发经济危机，世界经济停滞不前，大批工人失业，国家财政出现赤字，福利国家陷入困境，社会保障支出超过国家财力，入不敷出。与此同时，过高的社会保障水平严重削弱了企业的竞争力，又进一步影响经济的发展，使西方国家经济长期处于“滞胀”状态。

针对福利国家的弊端，以弗里德曼 (Milton Friedman) 为代表的新自由主义经济学家提出了一系列政策建议，强调个人、家庭责任和市场功能，为西方国家社会保障政策调整提供了理论依据。西方各国在改革中并没有放弃“福利国家”的社会政策，而是在原有的制度框架内开源节流，采取稳步推进的改革策略。改革的主要措施包括：提高缴费上限，征收社会保障税，扩大社会保障经费来源；采取提高领取年龄、改革计发基数等措施；扩大就业，增加社会保障费用来源；改革养老保险制度，从政府负担养老保险逐步转向自我储蓄式的个人账户养老保险，并由私人机构经营，降低政府风险等。

在西方福利国家进行社会保障改革的同时，一些发展中国家和地区也积极探索社会保障制度。1955 年，新加坡建立了以个人账户为核心的中央公积金制度；1980 年，智利实施以个人储蓄积累为基础，由政府授权的私营金融公司管理和运营养老保险基金；2000 年 12 月，中国香港开始实施强制性公积金计划。20 世纪 80 年代，中国实行改革开放政策，由计划经济向社会主义市场经济转变，社会保障也由国家保障模式向社会保障模式变革。

这一阶段社会保障制度发展的主要特点是：①西欧发达国家开始改革其社会保障制度，其主要方向是提高社会保障制度的效率，反省社会保障制度中的不足之处，削减社会保障开支的呼声较高；②社会主义国家由于经济体制的改革和政治制度的变化，原有的社会保障制度也出现问题，因此开始了社会保障制度的改革和重建；③绝大部分的发展中国家都在不同程度上建立了社会保障制度，在经济比较发达的国家和地区，开始发展较为完善的社会保障制度，但是少有采用西欧的“福利国家”模式。

三、现代社会保障制度的发展趋势

诞生于19世纪德国的现代社会保障制度已经历了一个多世纪的发展演变，其所涉及的诸多领域都已经趋向成熟。随着经济的不断发展，人口结构的改变、就业结构的改变、贫富差距的拉大等内、外部因素的变化，社会保障制度正面临许多新的问题。因此，社会保障制度必须做出相应的调整来解决出现的问题，西方福利国家正在积极地调整本国的社会保障政策，以应对人口老龄化带来的诸多问题和缓解国内的巨大压力。应该说，社会保障制度的调整绝不是一件容易的事情，它需要与其他政策或制度相协调，需要得到各方的广泛支持。社会保障不仅是一个社会问题，更重要的是，它是一个极其复杂的经济问题。这就决定了社会保障制度需要不断地做出调整，以使自身不断完善。福利国家社会保障制度的发展趋势就代表了这种调整与完善的方向，归结起来将有以下几大趋势：

1. 在公平与效率的选择上，福利国家开始更多地重视效率

公平与效率是对立的矛盾关系，任何一方的增加都要以对方的损失为代价，即促进公平，就要损失效率，而增加效率就要牺牲公平。社会保障本身是社会公平的产物，作为社会的稳定器和“安全网”，它通过收入转移，为低收入或无收入者提供必要的帮助，减少社会成员的风险。西方福利国家在社会保障制度设计之初并没有太多地考虑效率因素，以致社会保障支出迅猛增长，进入20世纪70年代以后，福利国家先后陷入危机。庞大的社会保障支出日益成为国家财政的沉重负担，导致财政赤字迅速增加；同时，较高的社会保障水平使社会成员过分依赖于社会保障制度，自愿失业率迅速上升，从而不利于社会的经济发展。于是，人们开始对公平提出质疑，把更多的效率因素引入社会保障制度，认为不能牺牲效率去追求公平。在这方面采取的措施之一就是实行个人缴费，并且使个人缴费与社会保障待遇水平相挂钩，即个人缴费多，享受的社会保障待遇就高；个人缴费少，享受的社会保障待遇就低。所以，个人更愿意多缴费，以获得较高的待遇水平，从这个意义上说，社会保障的激励功能得到了加强。

2. 在社会保障的覆盖范围上，世界各国更多地选择广覆盖

广覆盖是社会保障制度建设的基本要求，不仅要覆盖有工作的人群，还要覆盖无职业者；不仅要覆盖正式就业者，还要覆盖非正式就业者和灵活就业者；不仅要覆盖城镇居民，还要覆盖农民。广覆盖体现了社会保障的公平性要求，是对人的基本权利的尊重和认可，也是社会保障真正实现降低个人和社会风险的基本要求。广覆盖在养老和医疗领域表现得尤为明显。

很多转型国家和发展中国家都在努力扩大养老保障覆盖面。发展中国家针对农村经济发展水平较低，居民收入不高的现实，创造性地将社会救助补贴的办法用在了养老保障领域，对低收入群体采取非缴费办法，取得了积极效果。巴西、阿根廷、毛里求斯等国在采用非缴费型养老年金后，养老保障覆盖率均得到明显提高。世界银行对此给予了高度评价：在“经济增长—收入再分配—消除贫困—经济增长”这种良性互动中，才能实现经济增长、收入再分配与消除贫困的协调发展。而在这种协调发展机制中，非缴费型养老金计划是适合于较多低收入国家的一种收入再分配的制度安排。

医疗保障全覆盖更是全世界各国的共识。目前，全世界已有100多个国家建立了全民医疗保健制度。医疗保障覆盖网对消除疾病风险发挥着重要作用。经济合作与发展组织

（OECD）中唯一没有全民医疗保险的国家——美国，其历任总统也在积极探索实现全民医保的适合途径。

广覆盖也是很多国家和地区实现经济腾飞的重要国家战略，如20世纪60年代的日本，1962—1965年，国家对社会保障投入的预算总额扩大了1.8倍，社会保障预算占国民预算总额的比例：1955年为7.6%，1962年为10.5%，1965年为12.3%。20世纪60年代是日本社会保障发展的黄金时期，这一时期日本实现了全民养老保险和全民医疗保险。社会保障制度的完善对日本实现赶超欧美主要经济体的国家战略起了不可忽视的作用，而这一时期也是日本人均国内生产总值从2000美元增长到6000美元，完成工业化加速的关键时期。韩国从20世纪80年代开始推行全民医疗保险，用了六年的时间实现了农村医疗保险的全覆盖，这一战略不仅极大地减少了农村贫困人口，而且帮助韩国巩固了亚洲强国的地位。我国从2003年以来加快了医疗保险全覆盖的工作，2006年起进一步提高了新型农村合作医疗的补贴力度，2007年起试点推进了城镇居民医疗保险。目前，覆盖全民的医疗保险正在稳步推进。这对实现社会稳定、提高全民健康水平、树立良好的国际形象起到了重要作用。

3. 实行多层次养老保障，降低公共养老金给付压力

为了应对人口老龄化带来的巨大养老金给付压力，各国政府在实施基本养老保险制度的基础上，鼓励企业和个人投保补充养老保险或进行养老储蓄，形成多支柱、多层次的养老保障体系。例如，德国分别于2001年和2004年两次改革养老保险制度，建立以法定养老保险为基础，以企业补充养老保险和个人储蓄养老保险为补充的三层次养老保障；瑞典在20世纪80年代分别建立了工人、白领雇员、中央政府雇员、地方政府雇员职业养老金。实行多层次养老保障制度可以充分发挥企业、个人及社会组织在养老保障中的作用，促进保障水平的提高和养老保险制度的可持续发展。2002年1月，俄罗斯开始的第二阶段养老保险制度改革规定，退休人员的养老金由基本养老金、强制养老保险金和养老储蓄金三部分组成。阿根廷于1994年建立了新的混合式养老保险计划，由全国统一的基础养老金、辅助的现收现付养老保险计划或积累性的养老保险计划组成，并赋予参保人员在后两者中选择的权利。波兰在1998—2000年建成了包括强制性的公共养老金、强制性的私营养老金和自愿性的私人养老金的“三支柱体系”。

4. 注重社会保障的可持续

经历了高福利制度对国家财政造成的沉重负担和对经济长期发展能力的影响，许多发达国家更加注重社会保障体系的可持续性。在20世纪90年代初期，福利国家社会保障支出达到顶峰后便逐步下降。到21世纪初，多数发达国家社会保障支出维持在GDP的10%～30%。制度本身也更加重视对劳动力就业的激励，通过加强对基金申领条件的限制及延迟退休时间等办法，促进社会保障制度的可持续运行。

5. 在社会保障制度运行机制上，注重引入市场机制，提高运行效率

社会保障是一种准公共物品，快速膨胀的社会保障支出表明其存在被过度消费的可能。鉴于此，很多发达国家把引入市场机制作为提高制度运行效率、减少浪费的有效手段。例如，将社会保障基金的集中性垄断管理转变为分散性竞争管理，以及鼓励社会机构参与社会保障项目管理；引入市场机制比较成功的领域是医疗保险。例如，实行全民免费医疗的英国于20世纪90年代通过适当引入竞争机制和社会资源提高了医疗服务效率。德国、加拿大、法国、比利时、奥地利、卢森堡、荷兰和瑞士等国均采取了加强疾病保险基金管理机构之间的竞争、与医院签订医疗服务合同、限制药品价格和提高患者自付比例等措施，在保障人民基本健康权的前提下控制医疗成本过快增长。

6. 发挥社会保障制度的经济功能，促进经济发展

社会保障制度不仅是一项有利于促进社会稳定、保障人们生活的社会制度，而且具有促进劳动力再生产、创造新的经济活动、平缓经济周期波动等重要经济功能。很多发达国家将社会保障制度视为促进经济发展和劳动力流动的重要工具。20 世纪 70 年代以来，“社保制度作为一个生产要素”的命题开始出现并日益引起人们重视，相应的制度设计思路也发生变化，社会保障制度在促进经济发展中扮演着更为积极的角色。例如，欧盟为了扩大就业人口规模，为社会保障制度改革确立了“就业友好型”的目标，将失业保险的目标由保障失业者的生活变为鼓励人们寻找工作。在应对国际金融危机导致的就业压力中，欧盟积极劳动力市场政策的社会保障改革取向在其经济刺激计划中得到明显体现。美国则利用现金补贴等社会救助政策刺激消费需求。前不久，美国通过的医改方案是“社保制度作为一个生产要素”的又一具体体现。

7. 社会保障私有化

社会保障私有化的具体内涵包括：①服务主体多元化，即社会保障服务产业主体不能只是政府，其他的社会团体、组织、企业、事业单位和个人均可加入社会保障服务产业，形成社会保障服务产业多元化的管理格局；②产业竞争有序化，即在各个层次的社会保障部门之间引入竞争机制，积极开展有序竞争，打破垄断，对社会保障系统中的人、财、物、信息、先进技术等各种资源进行优化配置，深挖潜力，节约劳动成本，提高社会保障服务的经济效益和社会效益；③服务人才专业化，即建立一支精通社会保障业务、善于经营管理、熟悉通信技术与网络技术等先进科技且有尊老爱幼良好品德，肯献身于社会保障服务事业的队伍，满足社会保障服务事业的需要；④服务范围扩大化，即实现全民社会保障，增加教育、住房等新型保障内容。

8. 社会保障一体化

随着世界经济在范围上的扩大，以及世界各国经济在机制上的统一，经济全球化与一体化正在成为重要的发展趋势。其具体表现为：①生产网络化的体系正在逐步形成；②贸易自由化的范围正在迅速扩大；③金融国际化的进程正在明显加快；④投资外向化的现象正在日趋凸显；⑤区域集团化的趋势正在加速发展；⑥经营跨国化的力量正在不断壮大。

经济全球化和金融国际化对社会保障发展的影响主要表现在：①社会保障区域集团化，一体化。这是由世界各国人员自由流动的加强和各国经济协调发展和公平竞争的需要两方面因素促成的；②全球养老基金投资自由化，包括养老金投资证券化和海外养老金投资的增加；③全球社会保障合作机制的形成，如为了更切实地保障社会成员的生存，世界劳工组织制定了一系列公约，对疾病、体弱、失业、老年、生育、死亡及工伤等九种社会风险的保障规定了最低保障水平，要求成员国必须达到其中三种风险的最低保障水平。社会保障的国际合作以欧洲共同体最引人注目，如 1964 年出台了《欧洲社会保障法》，这个法案相对于世界劳工组织发布的公约而言，提高了社会保障水平，拓宽了社会保障范围，并要求成员国必须达到它所提出的 12 点要求中的 6 点要求。这个公约已经得到 7 个国家批准，并在 1971 年进行了修订。

9. 更加重视社会保障制度本身的管理

社会保障已不仅仅是简单的收入支持计划，各国政府均深刻认识到其作为社会服务的基本特性，均主张通过加强制度管理和改进服务使被保障人得到更加方便、快捷的服务。并且，通过管理进一步提高资金效率，减少失误发生的概率，维持资金的可持续性。在这一过程中，信息技术的使用发挥了重要作用。一些机构为被保障人制作了电子磁卡身份证，或者安装了被保障人身份指纹识别终端。这些设备大大加快了保险福利金的申请和领取速度，降低了伪造身份证件、冒领和错领保险福利金的潜在风险。美国社会保障管理局则开展了对社会保障的绩效评定，将客户满意度等指标作为评价社会保障服务机构服务质量的内容。

社会保障信息化管理还体现在医疗制度建设中。20 世纪末，主要发达国家开始的医疗卫生改革最大的特点，就是充分依靠信息化建设解决医疗服务市场信息不对称的问题。美国管理型医疗保健制度的建立，就充分体现了信息化在医疗服务供给方和需求方中的重要作用。

四、我国社会保障制度的产生和发展

我国在 20 世纪 30 年代制定过社会保障的立法，但由于各种原因未能有效地实行。

新中国成立时即开始制定和实行社会保障制度。其过程大致经历国家—单位保障制的创建（1949—1956 年）；国家—单位保障制的调整（1957—1968 年）；国家—单位保障制责任中心的转移（1969—1985 年）；国家—单位保障制向国家—社会保障制迈进（1986 年以来）等几个阶段。

1. 社会救济制度

我国的社会救济制度建于 20 世纪 50 年代，与当时的计划经济体制相适应，采用了民政部门管理的社会救济与用人单位职工困难补助制度相结合的救济制度。在城市地区，民政部门负责“三无”贫困人口的最低生活保障，用人单位负责本单位职工的困难补助。在农村地区，民政部门和生产集体共同实行“五保户”制度，对农村的“三无”贫困人口给予救济。这一具有中国特色的混合救济制度，对社会主义改革和建设起到过重要的保障作用。但是，随着经济体制改革深入和产业结构调整，城市企业下岗失业人员激增，一些企业经济效益下滑，企业无力承担发放职工生活困难补助的责任，传统的救济制度必须改革。

为此，改革开放以来我国的社会救济制度有了两方面的重大突破。在农村地区，1978 年第七次全国民政工作会议以来，我国开展了有规划且有规模的农村扶贫计划。在城市地区，我国建立了由政府统一筹集资金、统一管理、覆盖城市全体市民的城市居民最低生活保障制度。我国的最低生活保障制度是 1993 年由上海市率先实行的，取得了很好的社会效果。1997 年 9 月，国务院发出《关于在全国建立城市居民最低生活保障制度的通知》，就最低生活保障方面的有关政策措施做出了明确规定，要求 1999 年年底前在全国所有县级以上城市和县政府所在地的镇建立这项制度。1999 年 4 月，劳动和社会保障部、民政部、财政部发布了《关于做好国有企业下岗职工基本生活保障失业保险和城市居民最低生活保障制度衔接工作的通知》；1999 年 9 月，国家颁布了《城市居民最低生活保障条例》，当年 10 月 1 日正式实施；2007 年 7 月 11 日，国务院发布了《国务院关于在全国建立农村最低生活保障制度的通知》；2010 年 5 月 7 日，国务院办公厅转发了扶贫办等部门发布的《关于做好农村最低生活保障制度和扶贫开发政策有效衔接扩大试点工作意见的通知》；2011 年 11 月，财政部、国家发展和改革委员会、国务院扶贫办发布了《关于印发〈财政专项扶贫资金管理办法〉的通知》；2012 年 1 月，国务院办公厅发布了《关于印发农村残疾人扶贫开发纲要（2011—2020 年）的通知》。2014 年 5 月 1 日起，我国第一部统筹各项社会救助制度的行政法规——《社会救助暂行办法》开始施行，办法共 13 章 70 条。办法将最低生活保障、特困人员供养、受灾人员救助、医疗救助、教育救助、住房救助、就业救助和临时救助八项制度及社会力量参与作为基本内容，分别设专章予以规范，提出国家鼓励、支持社会力量参与社会救助，社会力量参与社会救助按照国家有关规定享受财政补贴、税收优惠、费用减免等政策。

2. 社会保险制度

新中国成立后不久，政府即着手建立社会保障制度，社会保险制度的建设与发展可以分为三个阶段：1949—1968 年创建和调整阶段，1969—1985 年动乱和恢复阶段，1986 年以来的迈进阶段。

第一阶段：1951 年 2 月，政务院颁布了《中华人民共和国劳动保险条例》，以此为标志建立起企业职工社会保险制度。1953 年 1 月，《中华人民共和国劳动保险条例》修订并制定实施细则，规定企业按职工工资总额的 3% 按月缴纳保险费，其中 30% 上缴全国总工会作为劳动保险基金全国范围调剂使用，另外 70% 存在各企业工会用于支付本企业各项保险开支。

1950—1955 年，一系列单项法规建立了机关事业单位职工社会保险制度：1950 年，《革命工作人员伤亡褒恤暂行条例》；1952 年，《关于全国各级人民政府、党派、团体及所属事业单位的国家机关工作人员实行公费医疗预防措施的指示》；1952 年，《关于各级人民政府工作人员在患病期间待遇暂行办法》；1955 年，《关于女工作人员生育假期的通知》；1955 年，《关于国家机关工作人员子女医疗问题》；1955 年，《国家机关工作人员退休暂行办法》；1955 年，《国家机关工作人员退职处理暂行把办法》。

第二阶段：1966 年 8 月，"文化大革命" 开始，我国进入十年动乱时期，社会保障事业遭受重创，一度处于瘫痪状态。1969 年 2 月，财政部发布《关于国营企业财务工作中的几项制度改革的意见（草案）》，规定国营企业一律停止提取劳动保险金，原劳动保险金开支的劳动保险费用改在企业营业外列支，待遇标准按国家政策规定执行，所需费用采取企业实报实销的"企业保险" 模式支付。社会保险变成了企业保险，完全失去了社会统筹的功能。社会救济、社会优抚工作也受到了严重干扰，社会保障制度的责任主体由国家转向企业和单位的现象迅速扩张，社会保障在很大程度上走向自我封闭的单位化。

第三阶段：随着我国改革开放的深入，社会保险改革于 1986 年启动。主要文件包括：《中华人民共和国国民经济和社会发展的第七个五年计划》，首次在官方文献中使用了"社会保障" 一词；2010 年 10 月 28 日，第十一届全国人民代表大会常务委员会第十七次会议通过《中华人民共和国社会保险法》，自 2011 年 7 月 1 日起施行；1999 年 1 月，国务院颁布了《社会保险费征缴暂行条例》；1999 年 3 月，劳动和社会保障部颁布了《社会保险登记管理暂行办法》《社会保险费申报缴纳管理暂行办法》《社会保险费征缴监督检查办法》；1999 年 6 月，财政部、劳动和社会保障部颁布了《社会保险基金财务制度》；2001 年 5 月，劳动和社会保障部颁布了《社会保险基金监督举报工作管理办法》《社会保险基金行政监督办法》；2001年5月，劳动和社会保障部颁布了《社会保险行政争议处理办法》；2003年2月，劳动和社会保障部颁布了《社会保险稽核办法》；1997年7月，国务院发布了《国务院关于建立统一的企业职工基本养老保险制度的决定》；2001年12月，劳动部和社会保障部发布了《劳动和社会保障部关于完善城镇职工基本养老保险政策有关问题的通知》；2005年12月，国务院颁布了《国务院关于完善企业职工基本养老保险制度的决定》（国发〔2005〕38号）；1998年12月，国务院颁布了《国务院关于建立城镇职工基本医疗保险制度的决定》；1994年12月，劳动部颁布了《企业职工患病或非因工负伤医疗期规定》；1999年5月，劳动和社会保障部、卫生部、国家中医药管理局颁布了《城镇职工基本医疗保险定点医疗机构管理暂行办法》；2007年7月，国务院下发了《国务院关于开展城镇居民基本医疗保险试点的指导意见》（国发〔2007〕20号）；1999年1月，国务院颁布了《失业保险条例》；2000年10月，劳动和社会保障部颁布了《失业保险金申领发放办法》；1994年12月，劳动部颁布了《企业职工生育保险试行办法》；2003年4月，国务院颁布了《工伤保险条例》；2003年9月，劳动和社会保障部颁布了《工伤认定办法》《因工死亡职工供养亲属范围规定》《非法用工单位伤亡人员一次性赔偿办法》；2015年1月，国务院颁布了《国务院关于机关事业单位工作人员养老保险制度改革的决定》。

3. 社会福利制度

中国的福利制度有一个非常重要的特征，即福利与就业密切相连，很大一部分福利是由企业、机关事业单位负责。新中国成立初期，社会福利是和社会救济结合在一起的，由民政部门负责，统称救济福利事业。随着社会经济的发展，国家和社会团体投资兴办了以全体公民为对象的文化教育、医疗卫生、公共住房、健身娱乐等福利设施，以及儿童福利院、社会福利院、敬老院、福利企业等为特殊人群服务的专用福利机构。

改革开放30多年来，在国家逐步走向法制化的大背景下，社会福利也开始向法制化方向迈进。随着经济和社会的发展，社会福利的内容不断增加，原来已有的社会福利业务也被纳入法制化轨道，相应的法律法规相继出台。老年人、残疾人、困难群体、弱势群体的利益得到关注，并通过法律形式得以保障，初步形成了以《中华人民共和国宪法》为基础，由《中华人民共和国残疾人保障法》《中华人民共和国收养法》《中华人民共和国老年人权益保障法》等60多部相关法律法规组成的保护老年人、残疾人、孤儿、特殊困难群体合法权益的法制体系。

我国现行的社会福利法律法规可分为三类：第一类是中央政府制定的、与社会福利交叉的法规，如最低生活保障制度、残疾人教育康复等法规；第二类是直接的社会福利法规，包括与社会福利院、敬老院、伤残抚恤、社会福利募捐、福利彩票、福利企业、儿童收养、“五保”供养、救助站管理等相关的法规，这些法规属于规章制度的范畴；第三类是指导社会福利的相关法律，包括老年人、残疾人、未成年人三项权益保护法，这些法律确定了一些基本原则和规范，为社会福利提供了一般性指导，确立了社会福利的发展方向。以上这三类法律法规构成了比较完善的中国社会福利法律法规体系。

4. 社会优抚制度

新中国成立之初，我国颁布了一系列优抚优待的法规，如1950年颁布了《革命军人牺牲病故褒恤暂行条例》《民兵民工伤亡褒恤暂行条例》《革命残废军人优待抚恤暂行条例》等五个规定，建立起了以军人及其家属为对象的优抚制度。当时的规定主要涉及优待和抚恤问题，后来逐步扩大到安置、养老等措施和服务上。1981年和1982年，国务院和中央军委分别颁布了《关于军队干部退休的暂行规定》《关于军队干部离职休养的暂行规定》，对军队干部离退休问题做了具体规定。1984年，第六届全国人民代表大会二次会议上通过了《中华人民共和国兵役法》，其中对军人的抚恤、优待、退休养老、退役安置等问题做了具体规定，建立了国家、社会、群众三结合的抚恤优待制度。1988年8月1日，国务院颁布了《军人优待抚恤条例》；2005年6月，国务院和中央军事委员会颁布了《军人抚恤优待条例》（第413号令）；2007年，民政部、财政部、劳动和社会保障部、卫生部印发了《优抚对象医疗保障办法》。

经过多年的改革探索，我国社会保障体系框架已经初步搭建起来，具体如图1-1所示。

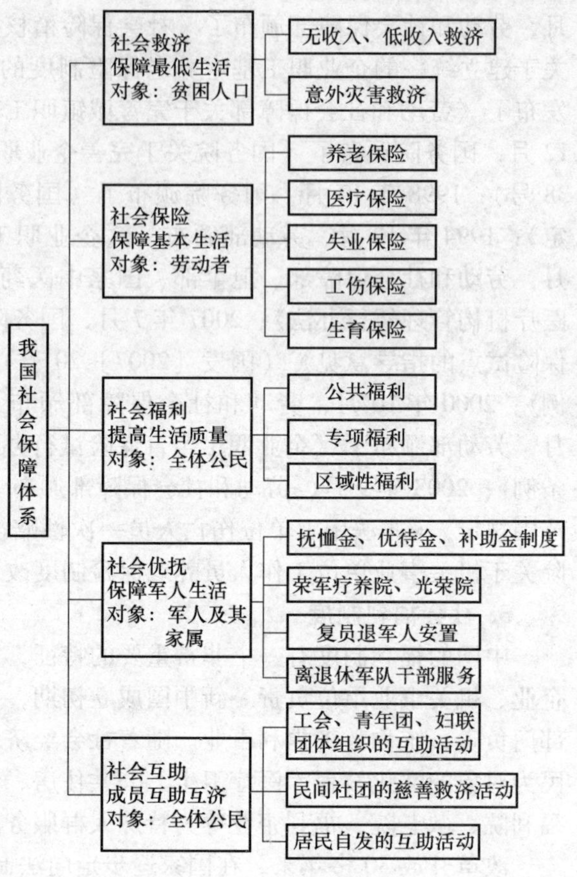

图1-1 我国社会保障体系

5. 社会互助

社会互助是指在政府鼓励和支持下，社会团体和社会成员自愿组织和参与的扶弱济困活动。具有自愿和非营利的特征，其资金主要来源于社会捐赠和成员自愿交费，政府往往从税收等方面给予支持。社会互助的主要形式包括：工会、妇联等群众团体组织的群众性互助互济；民间公益事业团体组织的慈善救助；城乡居民自发组成的各种形式的互助组织等。例如，1993年成立的中国职工保险互助会是由中华全国总工会创办，经国家劳动部（现为人力资源和社会保障部）同意，民政部批复的互助保障组织。其以为职工群众服务为社会目标，以更好地维护职工群众的基本经济利益为宗旨，以在职职工自筹资金、自愿参加的基础上，解决职工自身实际困难为主要任务，在全国范围内开展与职工生、老、病、死、伤残或发生意外灾害、伤害等有关的互助保障业务，与社会保险、商业保险共同构成我国的社会保障体系。

复习思考题

1. 如何理解社会保障的含义？
2. 为什么说社会保障是维护社会稳定的“安全网”？
3. 救助型的社会保障制度模式有什么特点？其理论依据是什么？
4. 保险型的社会保障制度模式有什么特点？其理论依据是什么？
5. 福利型的社会保障制度模式有什么特点？其理论依据是什么？
6. 国家保障型的社会保障制度模式有什么特点？其理论依据是什么？

7. 何为储蓄积累型社会保障？储蓄积累型的社会保障制度模式有什么特点？其理论依据是什么？
8. 简述社会保障体系的主要内容和构成。
9. 如何理解政府与市场在社会保障中的定位？
10. 谈谈你对社会保障领域的公平与效率、权利与义务的关系的理解。
11. 简述社会保障产生与发展的原因。
12. 简述西方社会保障制度的历史沿革。
13. 试分析西方社会保障制度产生的经济条件和社会条件。
14. 简述社会保障发展的国际经验与教训。
15. 论述我国社会保障制度发展所面临的主要问题及发展目标。

第二章

社会保险的基本原理

本章概要

社会保险事业的可持续发展，要求人们加强对社会保险原理的理解和运用。社会保险所包括的内容是比较广泛的，本章论述的是其中最基本的原理。本章将探讨风险及风险管理，保险、社会保险的概念及其关系，简要介绍保险的数理基础及保险费率的厘定，着重介绍社会保险制度的主要内容，中国社会保险法的内容及中国社会保险制度改革，让读者对社会保险的基本原理有一个基本的了解。

第一节　风险及风险管理

一、风险的概念

要学习保险，首先需要了解什么是风险。关于风险的概念众说纷纭。在国外，主要有以下两大派观点：

1. 主观风险说

主观风险说认为风险是损失的不确定性。所谓不确定性，是人们对每次事故所造成的损失的认识或估计上的差别。“不确定性”包括事故发生与否不确定、发生时间不确定、发生状况不确定和发生结果不确定。这种观点的中心是“损失”和“不确定性”。例如，对疾病、死亡、工伤等造成的损失，雇主和雇员可能会有不同的估计。这种损失的不确定是主观预期或估计的结果，而每种客观现象或意外事故所造成的损失是确定的。

2. 客观风险说

客观风险说认为，风险是在给定的条件下，在特定期间内，那些可能发生结果的差异程度。风险是客观存在的事物，是可以用客观尺度加以衡量的。这种差异程度就是实际结果与预期结果的变动程度。风险的大小本质上决定了不幸事件发生的概率（损失概率）及其发生后果的严重性（损失程度）。

无论是主观风险论还是客观风险论，两者的共同之处是都承认风险是与损失相联系的，而都不把积极结果视为风险。然而，日本保险学者龟井利明则认为，风险不只是指损失的不定性，还包括盈利的不确定性。例如，商业投机就有三种可能：赚钱、赔钱和不赚不赔。这几种可能性都属于风险的不确定性之列，因而风险不仅包括损失的不确定性，还包括盈利的不确定性。

二、风险因素、风险事故及损失

1. 风险因素

风险因素（Hazard）是指促使或引起风险事故发生的条件，以及风险事故发生时，致使损失增加、扩大的条件。风险因素是风险事故发生的潜在原因，是造成损失的间接的和内在的原因。例如，人的健康状况与年龄及业余生活特点，对人的死伤而言就是风险因素。根据其性质，人们通常把风险因素分成实质风险因素（Physical Hazard）、道德风险因素（Moral Hazard）、心理风险因素（Morale Hazard）三种。

实质风险因素是指增加某一标的风险事故发生机会或扩大损失严重程度的物质条件，它是一种有形的风险因素。例如，环境污染对人类健康的危害，以及年老体弱对于劳动能力丧失等，都是实质风险因素。

道德风险因素是指与人的不正当社会行为相联系的一种无形的风险因素。它常常表现为由于恶意行为或不良企图，故意促使风险事故发生或损失扩大，如欺诈、偷工减料等。

心理风险因素也是一种无形的风险因素，但与道德风险因素不同。它是指由于人的主观上的疏忽或过失，导致增加风险事故发生机会或扩大损失程度。例如，外出忘记锁门对于室内被盗事件，以及电线陈旧未及时更换对于火灾事故等。

2. 风险事故

风险事故（Peril）又称风险事件，是指引起损失的直接或外在的原因，是使风险造成损失的可能性转化为现实性的媒介。也就是说，风险是通过风险事故的发生来导致损失的。例如，火灾、爆炸、雷电、船舶碰撞、人的死亡和疾病等都是风险事故。

3. 损失

损失（Loss）是指非故意、非计划、非预期的经济价值减少的事实。这里有两个要素：一是经济价值减少，强调的是能以货币衡量，即使对于人身伤亡，也是从由此引起的对本人及家庭产生的经济困难或其对社会所创造经济价值的能力减少出发来考虑的；二是非故意、非计划和非预期。

损失可以分为直接损失和间接损失两种。其中，直接损失是指风险事故对于标的本身所造成的破坏事实。例如，一家旅店遭受火灾，火烧毁了房屋，这是旅店的直接损失；而由于房屋被毁，旅店一度无法正常营业，这种损失则是旅店的间接损失。

4. 风险因素、风险事故、损失三者之间的关系

风险因素、风险事故、损失是既密切联系，又相互区别的三个不同的概念。风险因素引起风险事故，风险事故导致损失。三者之间的关系如图 2-1 所示。例如，一辆汽车由于刹车系统失灵，发生车祸，撞伤一人，压坏自行车一辆。这里，刹车系统失灵是风险因素，车祸是风险事故，撞伤人和压坏一辆自行车则是损失。

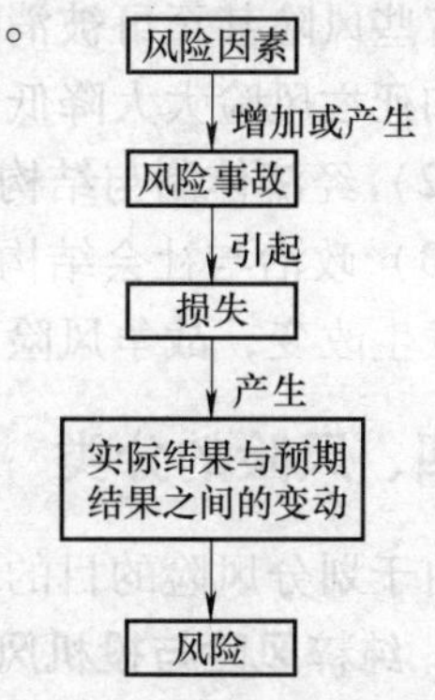

图 2-1 风险因素、风险事故和损失三者之间的关系

同一事件，在一定条件下是造成损失的直接原因，则它是风险事故；而在其他条件下，则可能是造成损失的间接原因，于是成为风险因素。例如，下冰雹使得路滑，导致车祸，造成

人员伤亡，这时冰雹是风险因素，车祸是风险事故；但若冰雹直接击伤行人，则冰雹便是风险事故了。

风险事故发生的频率与损失的程度具有反比关系，风险事故发生概率较高的风险，其风险损失的程度一般较低；而风险事故发生概率较低的风险，其风险损失的程度则一般较高。以自行车、汽车和飞机为例，这三种交通工具都面临交通事故（如碰撞）的风险，其碰撞的频率从高到低依次为：自行车、汽车、飞机。但这三种交通工具每次事故的损失程度从高到低通常为：飞机、汽车、自行车。因此，大量经常发生的风险事故所造成的损失往往小于很少发生的那些风险事故所造成的损失。

三、风险的特征

1. 客观性

风险是由客观存在着的某种自然现象、生理现象或社会现象所引起的。自然界的运动是由其运动规律所决定的，而这种规律是独立于人的主观意识之外而存在的。人的生老病死是人的生命运动的自然表现。战争、车祸、瘟疫、破产等是受社会发展规律支配的，人们只能发现、认识和利用这种规律，预防意外事故，减少其损失，但终究不能完全消除。因此，风险是一种客观存在，而不是人头脑中的主观想象。人们只能在一定范围内改变风险形成和发展的条件，降低风险事故发生的概率，减少损失程度，但不能彻底消除风险。

2. 偶然性

从全社会看，风险事故的发生是必然的。然而，对特定的个体来说，风险事故的发生是偶然的。这种偶然性是由风险事故的随机性决定的，其表现出种种不确定性：①风险事故是否发生不确定；②风险事故何时发生不确定；③风险事故将会怎样发生及其损失多大也是不确定的。

3. 可变性

世间万物都处于运动、变化之中，风险更是如此。风险的变化有量的增减，也有质的改变，还有旧风险的消亡与新风险的产生。风险的变化主要是由风险因素的变化引起的，这种变化主要来自于：

（1）科技进步。一方面，随着科学技术水平的提高，人们认识风险、抵御风险的能力增强，不少风险得到有效控制，使风险事故的发生概率降低，风险损失的范围缩小，程度减轻，有些风险甚至可被消除。例如，随着医疗水平的提高和卫生状况的改善，人们所面临的疾病和死亡风险大大降低。另一方面，科技进步还会导致新风险的产生，如核泄漏风险等。

（2）经济体制与结构的转变。例如，经济结构的转变会增加某些人的失业风险。

（3）政治与社会结构的改变。政治制度、法律、政策的改变，民情风俗的变化都会使风险发生改变，战争风险、投资风险等都与之有关。

四、风险的分类

由于划分风险的目的不同，风险可以划分为不同的种类，主要有以下几种：

1. 纯粹风险与投机风险

按照是否有获利机会分类，风险可以分为纯粹风险（Pure Risk）和投机风险（Speculative Risk）。

纯粹风险是指那些只有损失机会而无获利可能的风险。纯粹风险的风险事故发生时，对当事人而言，必有损失形成。例如，火灾、车祸等事故发生，则只有受害者的财产损失和人身伤亡，而无任何利益。

投机风险是指那些既有损失可能也有获利机会的风险。例如，市场行情变化，可能对企业造成损失，也可能对企业是有利的。

2. 基本风险与特定风险

按照风险所涉及的范围分类，风险可分基本风险（Fundamental Risk）和特定风险（Particular Risk）。

基本风险是指特定的社会个体所不能控制或预防的风险。基本风险的形成通常需要较长时间的孕育过程，这种风险事故一旦形成，任何特定的社会个体都很难在较短的时间内遏制其泛滥和蔓延，必须采取阶段性的措施加以预防和克服。例如，与经济失调、政治变动、特大自然灾害等相联系的风险。

特定风险是指与特定的社会个体有因果关系的风险，如火灾、盗窃等。与基本风险相比，特定风险的风险事故相对较小，一般可以采取措施进行控制和预防。

3. 财产风险、人身风险和责任风险

按照潜在的损失形态分类，风险可以分为财产风险（Property Risk）、人身风险（Personal Risk）和责任风险（Liability Risk）。

财产风险是指财产发生毁损、灭失和贬值的风险。例如，汽车碰撞风险，以及建筑物遭受火灾、水灾的风险等。

人身风险是指由于人的死亡、残疾、疾病、衰老及丧失或降低劳动能力所造成的风险。它又可分为生命风险和健康风险。

责任风险是指由于社会个体（经济单位）的侵权行为造成他人财产损失或人身伤亡，以及无法履行合同致使对方受损所形成的风险。

4. 自然风险、社会风险、经济风险和政治风险

按照形成损失的原因分类，风险可分成自然风险（Physical Risk）、社会风险（Social Risk）、经济风险（Economic Risk）和政治风险（Political Risk）。

自然风险是指由于自然现象、物理现象和其他实质风险因素所形成的风险，如地震、暴风雨、火灾等。

社会风险是指由于个人行为的反常或不可预料的团体行动而形成的风险，如抢劫、罢工、暴动等。

经济风险是指生产经营过程中，由于相关因素的变动或估计错误导致产量减少或价格涨跌的风险。

政治风险是指由于种族、宗教、国家之间的冲突、叛乱、战争所引起的风险。通常，由于政策、制度的变动及权力的更替而引起的风险也称为政治风险。

五、风险管理

风险管理是经济单位通过对风险的识别和衡量，采用合理的经济和技术手段对风险加以处理，以最小的成本获得最大的安全保障的一种管理活动。它是一个连续的过程，由四个阶段构成，如图 2-2 所示。

1. 风险识别

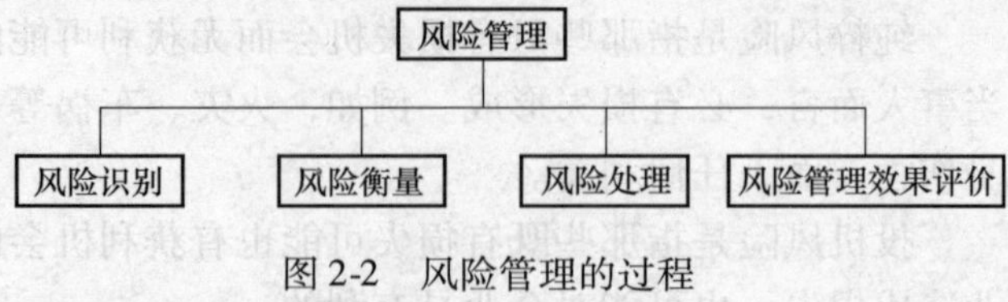

图2-2 风险管理的过程

风险识别（Risk Identification）是整个风险管理工作的基础，是指风险管理人员通过对大量来源可靠的信息资料进行系统了解和分析，认清经济单位存在的各种风险因素，进而确定经济单位所面临的风险及其性质，并把握其发展趋势。通过风险识别，风险管理人员可发现经济单位面临的风险，弄清存在的风险因素，确认风险的性质，并获得有关数据。

2. 风险衡量

风险衡量（Risk Measurement）是针对某种特定的风险，测定其风险事故发生的概率及其损失程度。风险衡量是在风险识别的基础上进行的，通过对资料和数据的处理，得到关于损失发生的概率及其程度的有关信息，为选择风险处理方法进行正确的风险管理决策提供依据。风险衡量以损失概率和损失程度为主要测算指标，并据以确定风险的大小或高低。

3. 风险处理

风险处理（Risk Handling）是指针对经过风险识别和风险衡量后的风险问题采取行动或不采取行动，它是风险管理过程中的一个关键性阶段。风险处理的手段大体上可分为两类，即控制型和财务型。控制型风险处理手段是损失形成前防止和减轻风险损失的技术性措施，它通过避免、消除和减少风险事故发生的机会及限制已发生损失继续扩大，达到减少损失、降低损失程度，使风险损失达到最小的目的。此手段重点在于改变引起风险事故和扩大损失的条件。财务型风险手段是通过事先的财务计划筹措资金，以便对风险事故造成的经济损失进行及时而充分的补偿。此手段的核心是将消除和减少风险的代价均匀地分布在一定时期内，以减少因随机性巨大损失的发生而引起财务危机的风险。

4. 风险管理效果评价

风险管理效果评价（Management Evaluation）是指对风险处理手段的适用性和效益性进行分析、检查、修正和评估。在一定时期内，风险处理方案是否为最佳，以及其效果如何，需要通过科学的方法进行评估。风险管理效益的高低，主要看其能否以最小的成本取得最大的安全保障。

风险管理过程的四个阶段是一种周而复始、循环往复的过程。

六、风险管理与保险、社会保险的关系

1. 风险管理与保险

风险管理与保险无论是在理论渊源上，还是在各自作为一种经济活动与经济制度的发展中，都有着密切的关系。

（1）从两者的客观对象来看，风险是保险和风险管理存在的前提，没有风险就不需要保险，也不需要进行风险管理。

（2）从两者的方法论来看，保险和风险管理都是以概率论和大数定律等数学原理作为其分析基础和方法的。

（3）在风险管理中，保险仍然是有效的措施之一。保险的基本作用是分散集中性的风险。风险管理与保险的对象都是纯粹风险，但风险管理是管理所有的纯粹风险及某些投机风

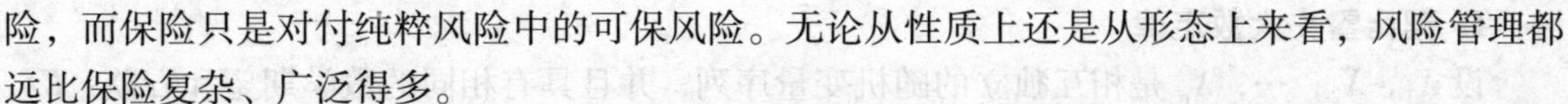

险，而保险只是对付纯粹风险中的可保风险。无论从性质上还是从形态上来看，风险管理都远比保险复杂、广泛得多。

2. 风险管理与社会保险

社会保险作为保险的一种，与风险管理也有着千丝万缕的联系。社会保险是一种社会化的风险管理方式，是风险损失的分散机制，养老保险、失业保险、医疗保险、生育保险、工伤保险都体现了这一点。

第二节　保险与社会保险

一、保险的概念

保险作为一种经济补偿制度、互助共济制度、转移风险的财务手段，其概念在中外保险学者中历来存在着不同的见解。近些年来，随着保险经济活动和保险科学的发展，其内容也在不断丰富。一般而言，其含义可概括为广义和狭义两种。

从广义上讲，保险是由多数成员在合理分摊的基础上建立专门用途的后备基金，用于对少数遭遇危险事故并造成经济损失的成员进行经济补偿，以保障社会生产正常进行和社会成员生活安定，最终实现社会政治、经济秩序稳定的一种互助互济型的社会经济制度。

从狭义上讲，保险是特指由专门的保险公司按商业经营原则开办的商业保险。其形式是以保险法规为依据的保险合同；其内容是投保人依照保险合同的规定，向承保人缴纳一定数额的保险费形成保险基金，承保人向投保人承担保险合同规定范围内的经济赔偿或给付责任，一旦发生灾害事故，承保人依照合同规定对遭受灾害损失的投保人给予经济补偿或给付。

二、保险的类型

目前，经济学界关于保险的分类方法很多，人们从不同角度对保险经济活动加以区别。概括地讲，广义的保险从实施形式上可以分为以下三种类型：

（1）国家主办的政策性强制保险，即国家为实现某种政策或保障公众利益需要而采取的某种经济补偿手段，法律或法令强制实施。这主要是指本书所讲的社会保险。

（2）金融企业即保险公司主办的商业性的自愿保险。这是一种以自愿为前提的契约行为，集合多数对同样风险有保障需要的人，筹集保险资金，对约定事故造成的经济损失进行对等性补偿。

（3）合作保险，由被保险人集资合办，体现自保互助原则。

狭义的保险即商业保险，主要包括财产保险和人身保险两大类型。

三、保险的数理基础

（一）大数定律及其在保险中的应用

大数定律。大数定律是用来说明大量的随机现象由于偶然性相互抵消所呈现的必然数量规律的一系列定理的统称，是保险经营的重要数理基础。

1. 契比雪夫大数定律

设 X_1，X_2，…，X_n 是相互独立的随机变量序列，并且具有相同的数学期望和方差：$EX_n=\mu$，$VarX_n=\sigma^2$（$n=1$，2，…），则对于任意的 $\varepsilon>0$，都有

$$\lim_{n\to+\infty}P\left\{\left|\frac{1}{n}\sum_{k=1}^{n}X_k-\mu\right|<\varepsilon\right\}=1$$

假设有 n 个被保险人，同时投保了 n 个相互独立的标的，用随机变量 X_n 表示每个标的发生损失的大小，并且有 $EX_1=EX_2=\cdots=EX_n=\mu$。根据大数定律，只要标的数量足够大时，投保人所缴纳的纯保费 μ 与每人平均所发生的损失 $\frac{1}{n}\sum_{k=1}^{n}X_k$ 几乎相等。

2. 贝努利大数定律

设事件A在一次试验中以概率 p 发生。n_{A} 表示在 n 次独立重复试验中事件A出现的次数，则对于任意的正数 $\varepsilon>0$，有

$$\lim_{n\to+\infty}P\left\{\left|\frac{n_{\mathrm{A}}}{n}-p\right|<\varepsilon\right\}=1$$

贝努利大数定律表明事件发生的频率具有稳定性，即当试验次数 n 很大时，事件发生的频率与其概率有较大偏差的可能性很小。通过以往的有关统计数据，求出损失概率。随着保险标的数量的增加，根据概率的频率解释计算出来的损失概率与实际损失概率之间的误差会逐渐减少，估计出来的损失概率的稳定性和真实性越高。所以，保险人承保的保险标的数量越大，保险人根据大数定律厘定的保费越准确，财务稳定性越强，经营风险越小。

3. 泊松大数定律

设某一随机事件A在第一次试验中出现的概率为 p_1，在第二次试验中出现的概率为 p_2，…，在第 n 次试验中出现的概率为 p_n。n_{A} 表示此事件在 n 次试验中事件A出现的次数，则对于任意的正数 $\varepsilon>0$，有

$$\lim_{n\to+\infty}P\left\{\left|\frac{n_{\mathrm{A}}}{n}-\frac{p_1+p_2+\cdots+p_n}{n}\right|<\varepsilon\right\}=1$$

当试验次数无限增加时，其平均概率与观察结果所得的比率将无限接近。泊松大数定律运用于保险经营上，说明尽管各个相互独立的风险单位的损失概率可能各不相同，但只要有足够多的标的，仍可在平均意义上求出相同的损失概率。

（二）保险运行的数理解释

保险经营利用大数定律把不确定数量关系向确定数量关系转化，即把对单个保险标的来说不确定的数量关系转化为对保险标的集合来说确定的数量关系。

1. 大数定律与损失分摊

人们在日常生活中会面临各种风险，如生病、伤残、失业与死亡等。尽管人们无法预测或完全预防这些风险的发生，但保险可以帮助人们分散风险、分摊损失。保险就像一个蓄水池，把资金集中起来以弥补少数不幸者遭受的损失。只有当参与这种蓄水机制的单位越多时，蓄水池的功能才能正常且稳定地发挥。大数定律在损失分摊的机制中起着重要的作用。

2. 大数定律在保险应用中的双重性

为准确估计事件发生的概率，保险公司必须掌握大量的经验数据。经验数据越多，对事件发生的概率的估计就越准确。一旦估计出事件发生的概率，就必须将此概率估计值运用到

大量的风险单位中才能对未来损失有比较准确的估计。

（三）保险费率的确定

1. 保险费率的构成

保险费是投保人为获得经济保障而缴纳给保险人的费用。保险费由纯保险费和附加保险费构成。其中纯保险费主要用于保险赔付支出，附加保险费主要用于保险业务的各项营业支出，具体包括营业税、代理手续费、固定资产折旧费等。

保险费率（即保险价格）是保险费与保险金额的比例，通常以每百元或每千元的保险金额应缴的保险费来表示。它由纯费率与附加费率两部分组成。

2. 保险费率的厘定方法

保险定价过程包括建立充分费率与设定实际价格。充分费率是满足保险公司长期利润目标的费率，而保险公司设定实际产品价格则还需考虑公司的市场份额与竞争环境等多方面因素。建立充分费率的过程称为费率厘定。以下两种方法皆为非寿险精算学中费率厘定的基本方法：

（1）纯保费法。纯保费法得到指示费率，即能弥补期望索赔损失与费用支出，并提供期望利润水平的费率。指示费率是决定充分费率的起点。纯保费法可表示如下：

$$R = \frac{P + F}{1 - V - Q} \tag{2-1}$$

式中　R——每风险单位的（指示）费率；

P——纯保费；

F——每风险单位的固定费用；

V——可变费用因子；

Q——利润因子。

在式（2-1）中，纯保费 P 是根据损失经验得到的预计损失。

纯保费法是建立在每风险单位损失的基础之上的，若风险单位不易认定或损失在各风险单位间不一致，则纯保费法不适用。

（2）损失率法。损失率法可表示为

$$R = AR_0 \tag{2-2}$$

式中　R——指示费率；

R_0——当前费率；

A——调整因子。

$$A = \frac{W}{T}$$

式中　W——经验损失率；

T——目标损失率。

目标损失率为

$$T = \frac{1 - V - Q}{1 + G} \tag{2-3}$$

式中　V——可变费用因子或与保费直接相关的费用因子；

Q——利润因子；

G——与保费不直接相关的费用与损失之比。

经验损失率为

$$W = \frac{L}{ER_0} \tag{2-4}$$

式中 L——经验损失；

E——经验期限内的风险单位；

R_0——当前费率。

由式（2-2）、式（2-3）和式（2-4）可得

$$A = \frac{L(1+G)}{E(1-V-Q)}$$

若对相同的经验数据采用相同的假设，分别实行纯保费法与损失率法，得到的结果是一致的。

损失率法是建立在保险费基础之上，不能用于新业务的费率厘定。由于损失率法得到的是指示费率的变化，它需要当前费率和保费经验的记录。对于新业务的费率厘定，若存在相关的损失经验统计记录，就可以用纯保费法。

四、社会保险的概念

社会保险是国家通过立法强制建立的，通过向参保对象征收社会保险费的统筹方式，建立庞大的社会保险基金，使劳动者（参保人）在年老、患病、因工致残、生育、失业或死亡时，其本人或家属能够从社会获得物质帮助，保障基本生活，从而达到解除参保对象后顾之忧，促进经济发展和保持社会稳定的一种社会保障制度。它是社会保障的核心内容。

社会保险的概念包括了四层含义：

（1）带有一定的立法强制性。参加社会保险的资格是通过立法确定的，即在立法指定范围内的每一个劳动者都必须参加社会保险。而非劳动者在丧失生活来源的情况下，依据我国《宪法》，也有获得物质帮助的权利，但他们属于社会保障的另外形式——社会救济、社会福利的保障对象。

（2）强调个人缴费。这种缴费是完全建立在自助自保和互助互济基础上的。参加社会保险制度的劳动者通过缴费获得成员资格，因此是“先尽义务，后享权利”。同时，这种权利和义务是对等的，即在机会上的均等，在遭遇法定范围内的各种风险时，参加社会保险制度的成员都可得到保障基本生活需求的津贴。

（3）强调劳动者、劳动者所在单位或社区及国家三方共同筹资。社会保险体现了国家和社会对劳动者提供基本生活保障的责任。劳动者所在工作单位或社区的缴费，避免了渠道单一的社会保险资金来源，增加了社会保险制度本身的保险系数。而国家的参加，更使社会保险制度有了强大的后盾。

（4）社会保险的“保险”具有积极预防的含义，对法定范围之内的风险起到了未雨绸缪的作用，使参加社会保险制度的成员获得心理上的安全感，从而体现了社会保险的稳定作用。

五、社会保险的特征

社会保险作为一种特定目标的分配手段，与其他经济行为相比较，具有以下基本特征：

(1) 社会共济。社会保险在全社会范围内统一筹集资金，建立保险基金，实行互助共济，集合多数人的力量来均衡和分担少数人遭遇的社会风险。

(2) 责任分担。社会风险应由全体社会成员共同承担，个人、用人单位、国家都应承担社会保险责任。

(3) 国家干预和主导。社会保险具有强制性，通过立法强制单位和个人参加，政府参与组织社会保险的组织和运作。

(4) 强制性。社会保险是由国家通过立法形式强制实施的一种保障制度。所谓强制，是指凡属于法律规定范围的成员都必须无条件地参加社会保险并履行缴费义务。

(5) 非营利性。社会保险不以营利为目的，要求社会效益重于经济效益，虽然在具体运行上并不排除精确的计量手段，也强调基金运营的保值和增值，但是不能以经济效益的好坏决定社会保险项目的取舍和保障水准的高低。

此外，从个人意义上看，社会保险具有自助性，即“先尽义务，后享权利”；从资金来源上看，社会保险具有多源性，即“多方筹资，来源可靠”；从资金使用上看，社会保险具有预防性，即“预防风险，安全感强”；从资金管理上看，基金具有储备性，即“积蓄增值，源远流长”。

六、社会保险的作用、实施原则及社会保险制度的方针

1. 社会保险的作用

社会保险是社会化大生产的产物，是经济发展和社会进步的标志。社会保险在保障社会稳定和促进经济发展方面起着十分重要的作用。

(1) 社会保险能发挥社会稳定器的作用。老、弱、病、残、孕及丧失劳动能力，在任何时代和任何社会制度下都是无法避免的客观现象。社会保险就是当社会成员遇到这些情况时给予适当的补偿以保障其基本生活水平，从而防止不安定因素的出现。

(2) 社会保险有利于保证社会劳动力再生产顺利进行。劳动者在劳动过程中必然会遇到各种意外事件，造成劳动力再生产过程的停顿。而社会保险就是劳动者在遇到上述风险事故时给予必要的经济补偿和生活保障，使劳动力得以恢复。

(3) 社会保险有利于实现社会公平。由于人们在文化水平、劳动能力等方面的差异，就会造成收入上的差距。社会保险可以通过强制征收保险费，聚集成保险基金，对收入较低或失去收入来源的劳动者给予补助，提高其生活水平，在一定程度上实现社会的公平分配。

(4) 社会保险有利于推动社会进步。保险具有互助性的特点，社会保险更能体现出互助合作、同舟共济的精神。

2. 社会保险的实施原则

(1) 权利与义务相对应，公平与效率相统一的原则。权利与义务相对应，是社会保险制度赖以存在的前提条件。每个劳动者都享有社会保险的平等权利，同时又都对社会保险负有不可推卸的责任和义务。参保者只有在履行了法定的义务之后，才能享受各项社会保险待遇。这些义务主要包括：从事社会劳动；依法参加社会保险；依法缴纳社会保险费，并达到规定的最低缴费年限等。公平与效率相统一主要表现为社会保险待遇水平既要体现社会公平的因素，确保每一个劳动者都能维持基本生活，又要适度体现不同劳动者之间的差别，以提高用人单位和劳动者参保缴费的积极性。社会保险制度改革在维护社会公平的同时，也需要强调社会保险对于促进效率的作用，力求做到公平与效率兼顾、统一与差别并重。

(2)“以支定收”和“以收定支”的收支平衡原则。社会生产力发展水平决定社会保险待遇水平。在不同的生产力发展阶段，社会保险待遇水平也相应不同。如果社会保险跨越生产力发展阶段，提供过高的待遇水平，势必会增加企业和在职职工的负担，抑制经济活力，而且在客观上也会造成“养懒汉”的社会效应，从而影响国民经济的可持续发展，危及社会保险制度的正常运行。但如果社会保险的待遇水平过低，则无法充分发挥其生活保障功能。我国是发展中国家，正处于社会主义初级阶段，必须充分考虑到生产力水平较低、人口众多且老龄化速度加快的现实国情，根据国家、企业和个人的承受能力，确定与生产力发展水平相适应的社会保险待遇标准。

(3) 社会保障基金财政专户管理，社会监督原则。这是我国规范社会保障基金财政专户管理，保证专户内社会保障资金的安全与完整而专门规定的原则。社会保障基金财政专户是指财政部门在国有商业银行开设的，用于存储和管理社会保障资金的专用计息账户。这一原则适用于我国纳入单独的社会保障基金财政专户的各项社会保障资金，包括企业职工基本养老保险基金、失业保险基金、城镇职工基本医疗保险基金等各项社会保险基金，以及国有企业下岗职工基本生活保障和再就业资金等。社会保障基金财政专户管理的主要任务是：认真贯彻执行国家有关法律法规和方针政策；及时办理社会保障资金的缴存、拨付业务，依法管理专户内资金；通过对财政专户内社会保障资金进行会计核算，督促社会保障资金收入按时且足额缴入财政专户，监督社会保障资金的使用方向，确保专款专用；定期向劳动保障等主管部门通报并向政府和社会保障监督组织反映和报告财政专户内各项社会保障资金收支计划的执行情况，接受审计部门的审计和主管部门及社会各界的监督。

(4) 属地化管理原则。属地管理的实质是社会化管理。实行属地管理就是要使社会保险由单位自管变为社会管理，具体要求有两个方面：①制度和政策在一定社会群体范围内实行统一；②基金的筹资和支付由社会保险机构统一经办。社会保险实行社会化管理，既明确了政府和单位对职工保障所承担的各自责任，减轻单位的负担，也有利于互助共济，更有利于保证基金及时足额给付。

3. 社会保险制度的方针

我国社会保险制度的方针是：

(1) 广覆盖，即扩大社会保险的覆盖面，使尽可能多的社会成员被纳入到社会保险制度中来。

(2) 保基本，即社会保险以保障公民基本生活和需要为主，这是由我国经济发展水平相对落后所决定的，社会保险待遇应与经济发展水平保持“水涨船高”的正相关关系。

(3) 多层次，即除了基本养老保险、基本医疗保险外，还有补充养老保险、补充医疗保险及补充性的商业保险。

(4) 可持续，主要是社会保障基金收支能够平衡，自身能够良性运作，在人口老龄化来临时基本养老保险制度能够持续，不给财政造成过大的压力，不给企业和个人造成太大的缴费压力。

七、社会保险与社会保障、商业保险

(一) 社会保险与社会保障

社会保障是国家以法律、规章确立对遇到疾病、生育、年老、死亡、失业、灾害或其他

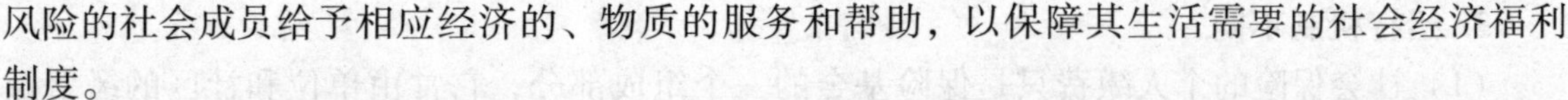

风险的社会成员给予相应经济的、物质的服务和帮助，以保障其生活需要的社会经济福利制度。

社会保障包括社会保险，而社会保险是社会保障的核心部分，但两者有明显的区别。

1. 实施范围和对象不同

社会保险在法律规定范围内实行，其实施范围的大小取决于一国的经济发展水平，如我国目前只能以城镇劳动者为保障对象，没有能力普及到社会全体劳动者。而社会保障始终是在全社会范围内实行的，经济发展水平只决定其保障水准的高低，不决定其实施范围的大小。社会保障是以全体国民为保障对象的，不论其是否参加社会劳动。

2. 职责不同

社会保险是对丧失劳动能力和失去劳动机会的劳动者承担生活保障责任，职责只限于补偿劳动者因风险事故所造成的直接收入损失，因此它是维持劳动力再生产的特定手段。社会保障不但承担所有国民一切风险的保障责任，而且还承担社会发展方面的责任，即以保障整个社会正常运行为己任，促进经济发展，安定社会生活。

3. 分配原则和保障水平不同

社会保险的分配和劳动者对保险基金的贡献直接相关，待遇给付只能保障劳动者基本生活需要。社会保障是国家对国民的单方面援助，属国家资助性质，其分配按机会均等、大体平均的原则实行，而且明确地向低收入和无收入人群倾斜。

（二）社会保险和商业保险

社会保险是一项福利保障事业，而商业保险是严格建立在“大数法则”和保险计算数理基础之上的、以保险人与被保险人订立的保险契约为法律依据的有关经济和风险保障的商业经营活动。社会保险和商业保险作为两种不同性质的保险制度，有着根本的不同。

1. 性质不同

（1）社会保险是非营利性质的，它遵循的是社会契约的各项准则，主要以社会效益为目的。商业保险是通过经济补偿手段吸引大量游资，在为被保险人提供相应损失补偿的同时，积聚一定数量的资金，并通过资金转投获取尽可能大的增值。它是社会经济活动的一个方面，是一种企业性的经营活动。以营利为目的，以经济效益为其价值取向。

（2）社会保险一般通过社会立法强制所有的法定对象必须参加。商业保险一般是自愿投保，通过保险契约确立双方的商品交换关系，法律对这种关系加以保护而不能强制其发生。

（3）社会保险一般由政府机关或官方的社会保险机构组织实施。商业保险一般由保险企业来经营。

2. 作用不同

（1）社会保险只保障基本生活，因而保障水平一般在贫困线以上，而在一般水平以下。商业保险讲究的是经济补偿，因此保险水平较高。

（2）社会保险的适用对象是法定范围内的劳动者。商业保险对象不限，全体公民均可自由选择、自愿参加，保险生效的条件是缴纳保险费。

（3）社会保险具有干预社会收入再分配，调节收入差距，实现社会公平的职能。商业保险不具备这种功能。

3. 运行机制不同

(1) 社会保险的个人缴费只是保险基金的一个组成部分，它常由单位和社区的缴费及国家财政拨款弥补其不足。商业保险的保险基金完全由投保人的保险费构成。

(2) 社会保险的权利与义务关系建立在劳动关系的基础之上，只要劳动者履行了社会劳动的义务，达到最低限度的缴费记录，便可享受最低生活需要的津贴。劳动贡献大小和个人缴纳保险费的多少，同保险待遇没有严格的对等关系，在缴费和享受津贴方面都对低收入者有利。商业保险的权利和义务关系建立在合同关系上，是一种自由契约关系，表现为保险金与保险费的对等比率关系，多投多保，少投少保。保险契约一旦到期，保险责任自行终止，权利与义务的关系也不复存在。

(3) 社会保险的长期待遇是随工资提高和物价上涨而相应调整的，而商业保险在规定的投保期中保险费与保险金的比率是相对稳定的。

社会保险和商业保险就各自针对的经济风险而言，它们的逻辑关系又是交叉的。商业保险中以人的生命和身体作为保险对象的人身保险，包括人寿保险、健康保险、伤害保险等，与社会保险的七项内容所针对的经济风险多有相似之处。所以，许多国家也把这部分商业保险作为“自愿的保险”纳入社会保障体制之内。从不同的保障层次出发，社会保险与商业保险既有明确的分工，又相互密切配合。社会保险保障基本生活需要，使劳动者在遭遇风险时不致生计断绝；商业保险则通过经济赔偿，使投保者在遭遇风险后能迅速恢复生机。这样，就形成了强制与自愿相结合的“多重安全网”，对满足人们安全保障需求及增强社会安全感更具重要意义。

第三节　社会保险制度的主要内容

一、社会保险制度体系

社会保险制度的主要内容一般包括以下几方面：

(1) 社会保险制度建立和实施的法律文件。例如，《中华人民共和国劳动法》《中华人民共和国社会保险法》及其配套法规。

(2) 社会保险管理机构的设置与权限划分。我国社会保险管理机构分为行政管理与事业管理机构。行政管理机构负责社会保险政策的制定、运行、宏观调控和监察；事业管理机构负责制定基金预算与决算方案和对基金运行实行具体管理。

(3) 社会保险基金的筹集。社会保险基金的筹集包括筹集模式的确定和费率的测算、基金收缴的办法等。

(4) 社会保险的范围和项目设置。社会保险的范围和项目设置包括社会保险的实施地域、所有制、人员范围，以及具体保险项目的设立。

(5) 社会保险资格条件的确定。社会保险资格条件的确定包括参加社会保险的条件和领取保险待遇的条件。

(6) 社会保险的待遇给付标准与支付方式。

(7) 社会保险的财务管理制度。

(8) 社会保险的监督制度。我国各地均设有社会保险管理委员会，有人力资源与社会

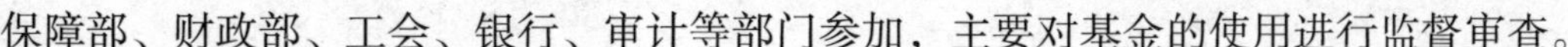

保障部、财政部、工会、银行、审计等部门参加，主要对基金的使用进行监督审查。

二、社会保险的项目设置

社会保险的目标是预防风险，从这个意义上可以说，现代社会经济生活中的风险决定了社会保险的内容。一般认为，在商品经济社会中可能使人们收入中断、减少或丧失的经济风险有：年老、疾病、工伤或职业病、生育、死亡、失业或破产。针对上述风险，社会保险设置了以下几个项目：

（1）养老保险。养老保险是指缴费达到法定期限且个人达到法定退休年龄后，国家和社会提供物质帮助以保证年老者稳定、可靠的生活来源的社会保险制度。其目标是实现“老有所养”。我国基本养老保险制度由三部分组成，即职工基本养老保险制度、新型农村社会养老保险制度、城镇居民社会养老保险制度。

（2）医疗保险。医疗保险是指按照国家规定缴纳一定比例的医疗保险费，在参保人因患病和意外伤害而发生医疗费用后，由医疗保险基金支付其医疗保险费用的社会保险制度。其目标是实现“病有所医”。我国基本医疗保险制度由三部分组成，即职工基本医疗保险制度、新型农村合作医疗制度和城镇居民基本医疗保险制度。

（3）工伤保险。工伤保险是指国家和社会为在生产、工作中遭受事故伤害和患职业性疾病的劳动者及其亲属提供医疗救治、生活保障、经济补偿、医疗和职业康复等物质帮助的一种社会保障制度。凡保险成员，经劳动管理部门和指定医疗机构（或伤残鉴定机构）确定其负伤性质和残疾程度者，均可按规定获得一定数量的保险金给付。其主要目的是维持伤、残劳动者的基本生活来源，对于因工伤残者，还具有超常劳动代价的补偿性质。

（4）失业保险。失业保险是指国家通过立法强制实行的，由社会集中建立基金，为非本人自愿原因失去劳动机会而暂时中断生活来源的劳动者提供必要的物质帮助的一种社会保障制度。凡社会保险成员经资格审查确定为失业人员时，都可根据其就业年限和缴费情况，在规定期限内获得一定数额的失业补助或救济保险金，以及转业培训和转业介绍、生产自救的资助等。其主要目的是维持失业人员及其家属的基本生活，保护劳动力的正常发育及为其早日重新就业提供必要的条件和机会。

（5）生育保险。生育保险是指国家通过立法，对妇女劳动者因怀孕、分娩等导致不能工作，收入暂时中断，由国家和社会给予医疗保健服务和物质帮助的一种社会保险制度。凡社会保险中的妇女成员在合法生育前后的一定时期内，都可以从社会保险中获得一定的生活补贴保险金。其主要目的是通过向职业妇女提供生育津贴、医疗服务和产假，帮助她们恢复劳动能力，重返工作岗位。保护妇女劳动者及其子女的身体健康，并适当补偿其因生育而造成的收入损失。

各项社会保险制度一般由保险待遇标准和水平、享受条件、资金来源及管理机构等项内容构成。由于经济发展水平不同，各国在社会保险的实施范围、待遇水平及项目的多少方面差别还是很大的。一般来说，经济发达的国家，社会保险的实施范围较为广泛，项目较多，水平也较高。例如，美国社会保险主要项目包括养老、遗属与残疾保险，失业保险，工伤事故保险和健康保险四个方面。经济落后的国家，社会保险的实施范围较小，项目较少，水平也较低。这也是一个国家经济发展水平的标志和体现。

三、社会保险制度的模式

社会保险制度的模式（类型）根据各国的国情、国力和文化传统而异。

1. 投保资助型的社会保险制度

投保资助型的社会保险制度强调待遇与收入及缴费相联系，并且待遇的确定有利于低收入者，保险费由个人、单位和政府三方（或其中两方）负担。它依据的是选择性的原则，强调个人责任，强调权利和义务相结合。保险待遇给付与缴费年限或劳动时间及个人收入相联系。有些保险项目支付有一定的期限（如失业、医疗保险等）。社会保险由国家设立专门机构进行管理，同时实行社会统筹，这样可以充分发挥风险共担、互助互济的作用。但是，这种制度由于没有建立个人储存账户制度，个人义务与权利的履行、享受情况不清晰。采取这种制度的有美国、日本等国家。

2. 普遍保障型的社会保险制度

普遍保障型的社会保险制度是依据普遍性的原则，建立“福利国家”的重要措施。它的实施范围一般包括全体居民或公民。凡是在该国居住满一定期限的居民或公民都有按照立法统一规定的标准享受现金补助的权利，而不问先前的收入、工作或财产状况如何。它采取超出一般社会保险水平的社会福利措施。保险基金的来源通常是财政拨款，也有由雇员和雇主缴纳保险费的，但主要来源于政府征收的所得税。保险业务由国家设立的专门机构统一管理。属于这一类型的国家有英国、瑞典、丹麦等。这种社会保险制度的理论依据是：得到社会保障是全体公民的权利，国家设立社会保险是为了发展公民所需要的福利措施，也可以成为对国民收入进行再分配的一种手段。它在一定程度上保障了大多数人的基本生活水平，使西方国家在相当长的一段时期内社会保持相对稳定，增加了消费，扩大了市场，调节了供给和需求之间的关系，促进了经济的发展。但是它也存在着不少弊端：国家负担过重，使财政遇到了很多困难；带来税收的增加，最终影响经济的发展；财政赤字又促进了物价上涨，影响了人民生活水平的提高等。

3. 强制储蓄型的保险制度

强制储蓄型的保险制度实质上是一种由国家强制实行的储蓄保险制度，它依法要求雇主和雇员各缴纳定额保险费，合资建立特别基金，专款专用，分别记入每个雇员的账户（作为雇员的存款）。当受保人退休或需要时，连本带息一次将工作期间缴纳的保险费发给本人。在少数情况下，受保人也可以自行选择分期领取年金，或者将储蓄存款分别发给其家属。实行这种保险制度的国家，大多数是为国家和私人企业劳动者提供保险的。少数国家则按企业规模和职工工资水平而定，但不包括短期工作的劳动者，工资超过规定的上限时不强制保险，可以让他们选择自愿保险。这种制度实行自我保障，没有社会统筹，在受保人之间不存在收入再分配，因此不能互助互济，不能共担风险。采取这种制度的有新加坡、马来西亚等国家。

4. 国家统筹型的社会保险制度

国家统筹型的社会保险制度规定对一切丧失劳动能力的情况都实行保险，单位负担缴费，国家统一经办。主要思想包括：

（1）最好的工人保险形式是国家保险，工人享有各方面的社会保险。

（2）保险基金来源于对社会总产品的扣除，应全由企业和国家负担。

（3）社会保险范围应包括一切劳动者及其家属。

（4）社会保险都由统一的保险组织办理，这种组织应按区域和被保险者完全自理的原则建立。

（5）保险金来源应根据现有的物资和力量来确定，部分根据概率论确定。

这种类型的社会保险制度不利于培养职工自我保障意识，不能体现权利和义务相结合，而且有相当一部分费用由企业负担，成为企业保险，不利于企业参与市场平等竞争，也不利于劳动力流动。采取这种制度的有前苏联、东欧国家等。

四、社会保险制度的管理体制

社会保险制度一般是集中统一管理的，但是，各国在具体管理体制方面不尽相同。目前，大体可分为以下三类：

1. 由政府直接管理

政府成立一个部或委员会，社会保险由这个部或委员会的下属分支机构进行统一管理。管理人员为国家公职人员。例如，美国老年、伤残、死亡保险，由卫生与公众服务部所属社会保障总署管理；失业保险由劳工部所属的就业培训署失业保险服务局管理。

2. “自治”管理

雇主、工人、政府三方选派代表组织成管理委员会或管理协会，下设办事机关，在国家法律规定的范围内开展各项业务管理活动。这类机构属事业性质，拥有人事任免的权限，但受政府的监督。例如，意大利老年、伤残、死亡保险，由全国社会保险协会通过其分支机构管理业务，由三方组成的理事会办理有关事宜；工伤保险由全国事故保险协会通过省办事处管理，由三方组成的理事管理有关工伤事宜，开展业务时受劳工与社会福利部的一般监督。

3. 工人和工会的半自治管理

社会保险由各级工会下设的吸收工人代表参加的社会保险委员会管理，在国家法律范围内，开展业务管理活动。例如，前苏联和东欧一些国家实行这种管理形式。

在机构设置方面，一般都分为中央、地方、基层等几个层次。中央一级为领导决策机构，负责政策、立法、监督、计划和基金的平衡调剂；地方一级为中层机构，上传下达，并负责制定地方性规章制度，监督基层组织的工作；基层组织则是具体执行机构，负责基金的筹集、支付及对群众的各项服务工作。

第四节　中国社会保险制度改革

我国社会保险制度是以1951年政务院颁布的《中华人民共和国劳动保险条例》为重要标志建立起来的，始于1986年的中国社会保险制度改革至今仍在继续进行。与市场化改革相协调，社会保险制度创新同样表现为典型的政府主导下的渐进式改革。到现在，这一改革已取得突破性进展：成功地确立了统一的城镇职工基本养老保险制度，统一的城乡居民基本养老保险制度；统一的城镇职工基本医疗保险制度，以及统一的城乡居民基本医保制度；失业保险制度、工伤保险制度、生育保险制度在政府的强力推动下日趋完善。所有这些制度创新，既是此前改革的阶段性产物，又构成下一步改革的前提和基础。如果说市场化改革已进入关键阶段，那么社会保险制度创新同样也进入了一个重要阶段。

一、社会保险体制改革的理论依据

1. 劳动力个人所有的理论

劳动力个人所有的理论是建立个人缴费、确立自我保障意识的理论依据。在现阶段，劳动力从属于个人所有，这是由于：

（1）马克思认为在社会主义社会，除了自己的劳动，谁都不能提供其他任何东西，默认不同等的工作能力是劳动者的天然特权，明确指出劳动者的劳动力是属于个人的。

（2）在社会主义初级阶段，劳动力生产和再生产费用主要是由个人及家庭承担的。

（3）在现阶段，劳动仍是个人谋生的手段。

（4）按劳分配原则是建立在劳动力个人所有制的基础之上的。按劳分配的实质是劳动者将其个人所有的劳动力供社会和单位使用后按照等价交换的原则获得劳动报酬。

劳动力属于个人所有，不但劳动者的个人及家庭平时的生活要通过个人的劳动谋取收入来源，而且也要为遭遇生、老、病、死、失业等风险时的基本生活和医疗保障缴纳和储存保险基金。

2. 社会保险权利平等的理论

社会保险权利平等的理论要求建立所有劳动者都有权享受的、实施范围普遍的社会保险制度，包括城镇国有、集体、私营、三资企业所有职工及个体劳动者，也包括农村所有的劳动者。

3. 社会保险是必要劳动的理论

劳动者的社会保险不是像传统的理论所认为的属于社会扣除的剩余劳动，而是属于必要劳动的范畴。劳动者向社会和企业提供了劳动，其中必要劳动创造的价值一部分以工资的形式进行正常条件下的劳动力的再生产，另一部分要以社会保险金的形式来满足在特殊情况下的劳动力再生产。劳动者的社会保险是保证劳动者恢复劳动力及在丧失劳动能力时获得必需的生活品的一种手段。

4. 社会保险的风险共担理论

由于劳动者的收入有高有低，发生的经济风险有早有晚、有大有小，退休后的生存年限不同从而对社会保险的需求量也不同，因而劳动者的社会保险资金的扣除缴纳储存量与实际分配使用量不可能一致。需要运用大数法则实行风险共担，进行收入再分配和社会转移，在劳动者之间实行互助互济。因此，建立自我保障与统筹互济要相结合，以保障最低收入者和风险大者的基本生活和基本医疗。

5. 社会保险的公平为主、兼顾效率的理论

社会保险是公平分配机制、保障机制，其分配原则应以公平为主，并且兼顾效率。以公平为主，即社会保险金的分配高有限制、低有保证，进行调剂互助。公平分配还体现在社会保障水平要随物价水平的提高、社会经济的发展和社会市场工资水平及生活水平的提高而相应地适度提高。而且，社会保险待遇标准要与劳动贡献挂钩，体现一定的差别，促进效率的提高。

6. 社会保险社会化的理论

社会保险的社会化要求建立以国家为主体，实行社会化管理的社会保险制度。社会保险涉及广大劳动者的切身利益，涉及企业、个人、国家利益的调整和资金的筹集及资金的运用

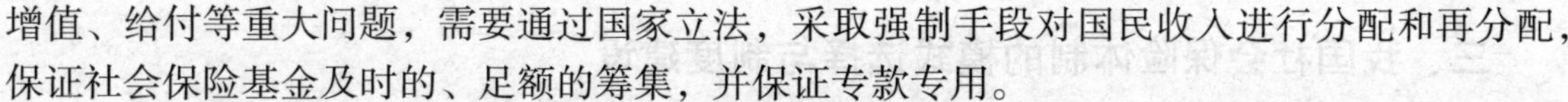

增值、给付等重大问题，需要通过国家立法，采取强制手段对国民收入进行分配和再分配，保证社会保险基金及时的、足额的筹集，并保证专款专用。

二、中国社会保险制度改革的基本原则

当前，我国正处于建立社会主义市场经济体制的重要转折时期。一方面，加快发展经济和深化改革要求社会保险体系尽快建立与完善；另一方面，我国生产力不发达、经济发展不平衡的现状对建立社会保险体系又是一种制约。因此，社会保险的各项改革都要从实际出发，要有利于生产力水平的提高；有利于企业发展生产和劳动者发挥劳动积极性；有利于循序渐进、平滑过渡，巩固已有改革成果，并尽可能与国际惯例接轨。

在以上客观条件下，我国社会保险制度改革应遵循的基本原则是：

1. 保障基本生活，维护社会稳定的原则

社会保险制度是“社会安全网”的主要组成部分之一，其基本功能是通过建立基金实行社会互济，使劳动者在遭遇与职业相关的风险（年老、工伤、患病、失业、生育）时得到必要的物质帮助。因此，要根据社会生产力水平及各方面的承受能力恰当确定社会保险水平，保障劳动者的基本生活需求，维护社会稳定，为促进经济发展和社会进步创造条件。

2. 权利与义务相统一的原则

社会保险应当遵循保险的基本规律，贯彻权利和义务对等的原则。尽管投保人缴纳保险费和享受的待遇标准并不完全直接联系，但社会保险的受益者同样应该是为社会尽了义务和做了贡献的。社会保险的投保人首先要尽义务，即按法定的标准缴纳社会保险费，然后才能取得享受的资格与权利。只有坚持权利和义务对等，才能打破职工完全依赖国家和企业的传统观念，增强职工自我保障意识，从而有助于每个职工从个人利益上关心自己的保险待遇，积极参与社会保险的管理与监督，推动社会保险事业发展，使国家、企业和个人三者关系密切。

3. 公平与效率相结合的原则

社会保险属于国民收入的再分配，其主导原则是公平原则。单位之间的社会保险费用负担应大体公平，社会保险享受者的保险待遇差别应小于初次分配的差别。在我国目前的发展阶段上，赋予社会保险促进效率提高的激励功能具有特别重要的意义。社会保险待遇要适当体现劳动者贡献的差别，并鼓励单位依据经济效益状况为劳动者建立补充保险。

4. 集中决策、分级管理的原则

组织社会保险是政府管理社会的基本职责之一。社会保险的基本政策和发展方向要由国家集中决策。社会保险经办要与行政管理分开，实行分级管理。

5. 普遍性原则

普遍性原则植根于公民社会保障权利平等的基础之上，其实质是共享和普惠。

6. 统一性原则

统一性原则要求基本社会保障制度应当实现全国统一，这是确保公民享有平等的社会保障权、促进和维护全国统一劳动力市场、实现社会团结的重要条件。

7. 可持续发展原则

遵循从缩小不公平到实现公平的路径，在社会保险建设中采取渐进、持续发展的方式，并充分考虑代际之间的公平性，适当体现出激励性，追求可持续发展。

三、我国社会保险体制的模式选择与制度建设

我国的社会保险体制要根据建立社会主义市场经济的要求，借鉴世界各国的经验教训，从我国的国情和实际情况出发进行改革与完善。社会保险体制改革的指导思想是：保险与就业单位分离；基本保险普及化、一体化、社会化；权利与义务结合、公平与效率结合、自保与互保结合。通过改革，建立“三多”（即多元化的保障主体、多渠道的筹资方式、多层次的保障结构）的社会保险结构体系，“三化”（即社会保险实施范围普及化、基本保险社会化、保险制度一体化）的社会保险制度，“一统二分”（统一决策管理与分工管理、分级管理结合）的社会保险管理体制。这一新型的社会保险体制具有以下的基本特征：

1. 多元化的保障主体

（1）个人保障主体是社会保险的基础。例如，劳动者的一般疾病的医疗及暂时丧失劳动能力时的生活保障应由个人负责，至于大的疾病及丧失劳动能力时的保障，则需要由社会给予保障。因此，社会保险是建立在个人缴纳扣除（包括单位为主缴费）、自我保障基础上的按缴费返还给付和统筹互济的保障。

（2）单位是负有缴费的有限责任的主体。用人单位有义务、有责任为其职工向社会保险机构缴纳社会保险费，并有条件地（在经营状况较好时）提供养老和医疗补充保险。职工一旦离开企业，则企业不再承担保障责任，而由社会承担。

（3）社会（包括社会团体和社区）是提供和举办补充保险和服务保障的主体。

（4）政府是社会保险组织、规范、托底的主体。政府通过立法，组织和规范整个社会保险事业，通过组建社会保险机构和制定政策，对社会保险进行行政管理，统筹和管理基本社会保险基金，监督社会保险法律、政策的贯彻实施。财政对社会保险给予政策优惠和资金资助。托底在社会保险基金入不敷出，出现赤字时，政府最后给予财政保证。

2. 多渠道的筹资方式

社会保险基金的筹集渠道应该是多样的。一般而言，除工伤保险以外，其他的社会保险项目均应由个人、用人单位及政府三方筹集社会保险基金。当前，我国只有养老保险实行个人缴费制度，医疗保险只是在试点城市实行个人缴费，失业保险和生育保险均未实行个人缴费。改革的方向是失业保险和生育保险均应实行个人缴费制度。

单位为职工缴纳社会保险费是一个极其重要的筹资渠道。单位缴纳社会保险费是人工成本中一项必须支付的重要项目，是职工必要劳动创造的价值的一部分。

政府通过税收政策的优惠及一定的财政拨款补贴，为社会保险提供资金支持。国家的筹资渠道可以体现在以下三个方面：一是允许基本社会保险费在税前列支、打入成本，允许一定限额和比例的补充保险费列入成本；二是每年在财政收入中提取一定的比例和金额补充基本养老保险基金或其他社会保险基金；三是在某项社会保险基金发生赤字时给予财政保证。

3. 多层次的保障结构

多层次的社会保险（主要是指养老保险和医疗保险）有四个层次，即法定的基本保险、企业补充保险、互助保险、个人储蓄保险。对于劳动者在特殊情况下的基本生活需要，国家通过立法给予法定的基本保障。超过基本保障的部分，可由各个企业根据本身的经济发展和经济效益水平及承受能力，为本企业的职工设置补充的养老和医疗保险。职工之间还可以发扬互助精神，建立互助保险制度。个人出一点，企业或工会、有关组织再补贴一点，建立地

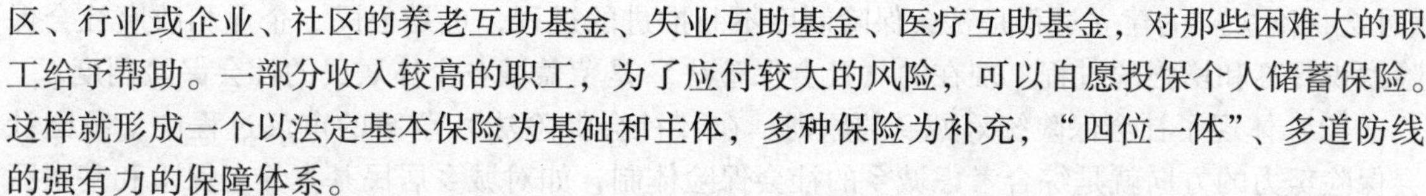

区、行业或企业、社区的养老互助基金、失业互助基金、医疗互助基金，对那些困难大的职工给予帮助。一部分收入较高的职工，为了应付较大的风险，可以自愿投保个人储蓄保险。这样就形成一个以法定基本保险为基础和主体，多种保险为补充，“四位一体”、多道防线的强有力的保障体系。

4. 实施范围普及化

基本的社会保险的实施范围应该普及到全体劳动者。凡是劳动者，无论是在国有企业、集体企业工作，还是在中外合资企业和私营企业或个体经营及非正规部门就业，均应享受社会保险的权利。劳动者之间只存在着社会保险缴费数额和享受水平的不同，而不应存在社会保险有无的差别。

5. 基本保险制度一体化

劳动者都有享受社会保险的平等权利，市场经济和劳动制度改革又要求劳动力在社会范围内的自由流动，因而基本的社会保险对所有的劳动者应不分所有制、不分产业、不分用工形式和不分地区，在缴费基数口径、筹资比例、计发基数及给付标准和办法方面都是统一的。

6. 基本保险社会化

劳动者的基本养老保险、工伤保险、医疗保险、生育保险均应实行社会化，即由企业筹资管理、给付的企业保险改为以社会（政府）为主体组织和设置的社会保险。社会保险基金实行社会筹集，由单位和个人向社会保险机构缴纳社会保险费，由社会保险机构管理和用好这笔基金，并对受保对象给付的社会保险金进行社会化管理。基本保险社会化还包括管理、服务的社会化，即对受保对象的管理和服务实行社会化。对于非在职的受保对象，如失业人员、退休人员等，实行社会化管理和服务。

7. 建立“一统二分”的管理体制

社会保险必须实行统一集中领导，应建立统一的决策和领导机构来管理社会保险事业。社会保险统一管理包括五方面的统一，即统一决策、统一收缴、积累的社会保险基金统一运营增值、统一给付及统一服务。

统一领导必须和适当的分工管理结合起来。在社会保障委员会的统一决策管理的前提下，社会保险的某些项目由有关部门负责行政管理。例如，失业保险、工伤保险分别由劳动部门负责行政管理。

统一领导还必须和分级管理结合起来。例如，有些社会保险项目要由中央统一决策，统一立法，制定统一的制度；有的社会保险项目可由省、市、自治区一级立法，制定政策和制度。而具体的管理和操作，则要由县、区甚至乡镇和城市街道一级进行。

四、《中华人民共和国社会保险法》的亮点

党的十一届三中全会以来，随着经济体制改革的不断深化，我国社会保险制度改革已成为国家的重要议事日程，社会保险制度的地位与作用日益受到政府的重视。《中华人民共和国社会保险法》（以下简称《社会保险法》）于 2010 年 10 月 28 日通过，并定于 2011 年 7 月 1 日起正式实施。这标志着中国在保持对经济发展高度关注的同时，对民生的关注已经提高到更高的立法层面。其亮点包括：

（1）以法律的形式确立了我国覆盖城乡全体居民的社保体系，这是一个非常大的成就。

《社会保险法》的建立过程是社会保险制度不断推进的过程，也是公民、企业和政府社会保险意识提高和增强的过程。现在的《社会保险法》是覆盖城乡全体居民的社会保险制度。

（2）体现了社会保险统筹城乡的原则。在《社会保险法》草案的审议过程中，我国社会保险努力的方向就是综合考虑城乡的社会保险体制，如对城乡居民基本养老保险和基本医疗保险模式的选择，对社会保险的资金来源、筹资方式、待遇标准的思考与选择，也正在朝着统筹城乡的努力方向。

（3）突出了社会保险参保人员的合法权利。在保险制度的设计和实施方面，《社会保险法》始终以保护参保人的权利和提供政府服务为重点。例如，原来的养老保险制度是参保15年且达到退休年龄才可以享受社会保险待遇，现在的设计是："参加基本养老保险的个人，达到法定退休年龄时累计缴费不足15年的，可以缴费至满15年，按月领取基本养老金；也可以转入新型农村社会养老保险或者城镇居民社会养老保险，按照国务院规定享受相应的养老保险待遇，取消一次性领取养老金"。

（4）解决受保人异地就医报销医疗费难的问题。《社会保险法》规定："社会保险行政部门和卫生行政部门应当建立异地就医医疗费用结算制度，方便参保人员享受基本医疗保险待遇"。目前，有关部门正在大力推进基本医疗保险区域统筹，并建立异地协作机制，以便于异地就医参保人员的医疗费用结算。

（5）社会保险行政部门和其他有关行政部门、社会保险经办机构、社会保险费征收机构及其工作人员应当依法为用人单位和个人的信息保密，不得以任何形式泄露。社会保险行政部门和其他有关行政部门、社会保险经办机构、社会保险费征收机构及其工作人员泄露用人单位和个人信息的，对直接负责的主管人员和其他直接责任人员依法给予处分；给用人单位或个人造成损失的，依法承担赔偿责任。社会保险基金不得违规投资运营，不得用于平衡其他政府预算，不得用于兴建、改建办公场所和支付人员经费、运行费用、管理费用，或者违反法律、行政法规规定挪作其他用途。

（6）明确了进城务工的农村居民、被征地农民、在我国境内就业的外国人参加社会保险的规定。《社会保险法》第九十五条规定："进城务工的农村居民依照本法规定参加社会保险。"第九十六条规定："征收农村集体所有的土地，应当足额安排被征地农民的社会保险费，按照国务院规定将被征地农民纳入相应的社会保险制度。"第九十七条规定："外国人在中国境内就业的，参照本法规定参加社会保险。"

复习思考题

1. 分析风险因素、风险事故、损失及其相互关系。
2. 简述风险管理过程。
3. 社会保险和商业保险、社会保障的区别是什么？
4. 社会保险的特征有哪些？
5. 世界社会保险制度的主要模式包括哪些？
6. 社会保险应该保障哪些风险？相应设置什么项目？
7. 我国社会保险改革的原则是什么？
8. 我国社会保险体制的模式是什么？
9. 简述《中华人民共和国社会保险法》的亮点。

第三章

养老社会保险

本章概要

本章主要涉及的是养老社会保险的一般原理，包括概念、原则等，以及养老社会保险的基本结构，包括基本类型、基金筹集模式、基金来源、享受条件等。本章还讲述了企业年金的主要内容及国外一些国家的养老社会保险制度。本章的重点是养老社会保险基金筹集的模式、基金来源、保险金给付。

第一节 养老社会保险的一般原理

一、养老社会保险的概念

养老社会保险（以下简称“养老保险”）是社会保障制度的重要组成部分，是社会保险五大险种中最重要的险种之一。所谓养老保险，是国家和社会根据一定的法律和法规，为解决劳动者在达到国家规定的解除劳动义务的劳动年龄界限，或者因年老丧失劳动能力退出劳动岗位后的基本生活而建立的一种社会保险制度。这一概念主要包含以下三层含义：

（1）养老保险是在法定范围内的老年人完全或基本退出社会劳动生活后才自动发生作用的。这里所谓“完全”，是以劳动者与生产资料的脱离为特征的；所谓“基本”，指的是参加生产活动已不成为主要社会活动内容。需强调说明的是，法定的年龄界限（各国有不同的标准。例如，中国的法定退休年龄为男性60周岁、女性55周岁；荷兰、丹麦、德国和西班牙等国将退休年龄设为65周岁；韩国、法国、日本等国则为60周岁；美国为66周岁；而英国、意大利、澳大利亚、奥地利、阿根廷等国的退休年龄为男性65周岁、女性60周岁）才是切实可行的衡量标准。

（2）养老保险的目的是保障老年人的基本生活需求，为其提供稳定可靠的生活来源。

（3）养老保险以社会保险为手段来达到保障目的。养老保险是世界各国较普遍实行的一种社会保险制度，一般具有以下几个特点：由国家立法强制实行，企业单位和个人都必须参加，符合养老条件的人可向社会保险部门领取养老金；养老保险费用一般由国家、单位和个人三方或单位和个人双方共同担负，并实行广泛的社会互济；养老保险具有社会性，影响很大，享受人多且时间较长、费用支出庞大，因此必须设置专门机构，实行现代化、专业化、社会化的统一规划和管理。

二、养老社会保险制度的由来和发展

自有文字记载以来，人类的养老制度经历了几千年。这段漫长的历史大体可以分为三个阶段，体现为不同的模式。三个阶段即家庭养老阶段、国家养老保险阶段和社会养老保险阶段。

1. 家庭养老阶段

家庭养老，即由家庭承担赡养老人的责任。在传统社会里，无论是以“父子关系”为核心的东方家庭，还是以“夫妻关系”为核心的西方家庭，都在承担着“抚育儿童和赡养老人”及抵御家庭成员社会风险的功能。社会学意义上的扩大家庭（二代或三代以上）承担着保障、再分配甚至储蓄的全部功能。尤其在东方国家，老人与他们的孩子居住在一个大家庭里，家庭中的所有成员，（包括老人和孩子），都用各种方式尽其义务——在田里做工、在家里做家务、照顾儿孙。老人抚养了孩子、留下了财产；当他们老了，又需要孩子们赡养。这样的关系代代相传。小农经济在中国持续时间最长，家庭是生产实体、消费实体和赡养老人的基本单位。一般社会风险是通过“养儿防老、积谷防饥”的方式实现的。

家庭养老保险机制有如下特征：

（1）假定社会条件不变，确信具有理智的人可以合理安排一生的收入，以备年老之需。

（2）大家庭要能对其家庭成员的收入和风险进行集中调节，才可以承担养老保障的责任。

（3）老年人控制财产，养儿防老成为根深蒂固的传统意识和社会责任。

（4）忠孝节义是支持家庭养老保障传统的道德基石。人们自愿地向老年人提供赡养费是基于两点：他们把老年人的幸福看作整个家庭的幸福和荣誉；他们知道总有一天自己也要依靠子女生活。

这种双向的两代人之间的收入转移支付是家庭抵御社会风险的机制。它是一种非正规的社会保障制度。它具有如下优势：成本低，因为老人很容易在家庭中找到一些有益的工作，减轻年轻人的负担，使他们更好地从事高效率的工作；方法灵活，如家庭养老制度不需要有关退休年龄的限定；适应性强，家庭成员最了解老人的情况和需求，能针对每一个偶然事件及时采取措施。因此，在发展中国家，非正规养老保险制度至今仍是人们抵御社会风险的主要形式。然而，不可否认，这种家庭养老机制具有很大的不稳定性。家庭中主要劳动力的病残或子女的早逝，都可能导致家庭养老保险机制的瓦解。

2. 国家养老保险阶段

工业革命带来了经济、政治、社会、法律和人口结构的改变，在工业化国家，家庭养老保险制度首先开始瓦解。在经济上，以城市为基础的工业和服务业发展起来，农业人口减少，子女离开故乡到城市就业和安家；在政治上，某些利益集团已经产生建立社会保障制度的呼声；在社会环境方面，人口流动的增加和受教育程度的差距，扩大了代与代之间的距离；在法律方面，遗产税和继承法的产生，使老人通过控制财产来激励年轻一代赡养老人的手段出现了危机；在人口方面，出生率下降，人口在向老龄化发展。所有这些都促使着家庭养老向新的模式转换。但需要指出的是，转换的只是养老保险制度，并不是全部老年保障体系。即使是最完善的社会保障制度，也终究不可能完全代替家庭养老保障的功能。

现代意义上的国家养老是从德国开始的。1889 年，德国首相俾斯麦建立了第一个养老保险制度，虽然这一制度最初覆盖的范围很窄，但它已包括了国家养老保险模式的基本要素：劳动者在职时缴费，并得到承诺在年老时可以得到退休金，国家在其中通过立法形式承担了兑现的责任。继德国之后，欧洲一些国家也纷纷建立了类似的养老保险制度，其中有些国家将养老金扩大到全体公民，同其是否就业及工资收入无关。与欧洲国家不同的是，美国一开始建立的是职业或行业年金制度。20 世纪 30 年代的大萧条之后，罗斯福总统开始实施“新政”，颁布《社会保障法》是其重要措施之一。美国“新政”所建立的养老保险是一种部分积累的筹资模式，在待遇标准上实行累退式的与工资收入相关联的制度，以照顾低工资劳动者。

需要提到的是，十月革命胜利后的前苏联和一些东欧国家，曾先后建立了覆盖范围广泛的由国家承担全部责任的养老保险制度。20 世纪 60 年代后期，我国养老保险费用转为由各企业自行负担，但由于在计划经济体制下企业并不在乎利润的大小和效益的好坏，因此，退休者个人在计划经济体制下并没有受到什么影响。

3. 社会养老保险阶段

20 世纪 70 年代以后，发达国家的国家养老保险模式先后遇到问题。特别是现收现付模式，由于人口年龄结构的变化，面临着入不敷出的窘境。国家在养老保险方面应负什么责任、负多大责任的问题已出现争论。有些国家的财政承受了沉重的负担，就业者的劳动积极性却因“优厚”的福利而下降。

与此同时，一些发展中国家在养老保险问题上没有延续发达国家的模式，创出了不少新路，如新加坡的公积金制度、智利的个人账户制度等。虽然这些新模式也存在各自的问题，但毕竟使人们看到了不同的思路。

为了消除国家养老保险模式的弊病，各国纷纷进行改革，其中不仅有发达国家，还有像我国这样的从计划经济体制向市场经济体制转轨的国家。改革的方向是：在改革原有的养老保险体系的基础上，调动企业、劳动者的积极性，建立各种类型的补充养老保险制度，最终形成基本养老保险、补充养老保险、个人自愿储蓄养老保险等多支柱体系的养老社会保险模式。同时还开始探讨用基金制替代现收现付制，通过积累克服老龄危机，通过加强基金在资本市场的运营，争取高回报，提高养老保险资金投入与产出的效率。

4. 我国养老保险制度的由来和发展

我国自古以来就是一个注重孝道的国家，“百善孝为先”的理念深入人心。长期以来的小农经济造就了中国数千年来家庭养老的传统思想。因此，数千年来，中国社会的家庭养老模式代代相传、薪火不息。

我国的社会养老保险制度自新中国成立以来经历了几次重大的历史变迁。

新中国成立后，我国借鉴前苏联的经济运行模式，实行了计划经济，在城镇地区的企业、机关事业单位中建立了养老保险制度。

为配合城市经济体制改革和国有企业改革，1986 年我国开始推行退休费社会统筹。1991 年，国务院颁布《关于企业职工养老保险制度改革的决定》，提出建立多层次的养老保险体系，规定养老保险实行社会统筹，费用由国家、企业和职工三方负担。1993 年 11 月，国务院发布的《关于建立社会主义市场经济体制若干问题的决定》提出：“城镇职工养老和医疗保险由单位和个人共同负担，实行社会统筹和个人账户相结合的制度。”1997 年，国务院颁布《关于建立统一的企业职工基本养老保险制度的决定》，对统账结合的规模、结构和养老金计发办法进行明确界定。2005 年 12 月 3 日，我国颁布了《关于完善企业职工基本养老保险制度的决定》（国发［2005］38 号文），该决定指出：“坚持覆盖广泛、水平适当、结构合理、基金平衡的原则，完善政策，健全机制，加强管理，建立起适合我国国情，实现可持续发展的基本养老保险制度。”2015年1月，国务院印发《关于机关事业单位工作人员养老保险制度改革的决定》，决定对机关事业单位工作人员实行与城镇企业职工基本养老保险相类似的养老保险改革。

同时，从20世纪90年代开始，我国开始探讨建立新型农村和城镇居民社会养老保险。这是由政府主办、财政补贴，并最终由政府兜底的一种具有普惠制、福利性的社会养老保险，是国家建立覆盖城乡社会养老保险体系的重要组成部分。2014年4月21日，国务院发布了《关于建立统一的城乡居民基本养老保险制度的意见》，提出将新型农村社会养老保险和城镇居民养老保险“合二为一”。根据目前多数已出台的省级实施办法，各地力争在2020年前，全面建成公平、统一、规范的城乡居民养老保险制度，实现基本养老保险全民覆盖。

经过三十年的改革探索，目前我国已经确立了比较完备的养老保险制度改革的框架，改革目标基本清晰，改革原则基本明确，改革措施基本稳定。可以说，中国的养老保险制度进入了一个具有实质意义的新的制度变迁阶段。

三、养老社会保险的作用

1. 养老社会保险是人类文明和人道主义的重要体现

通过建立和健全养老社会保险制度，使所有因年老而丧失劳动能力的社会劳动者都能获得基本生活保障并安度晚年，是现代社会中一个国家文明与进步程度的重要体现，也是社会主义市场经济条件下人道主义的一种具体反映。劳动者在有劳动能力的时候，为国家和社会做出了应有的贡献，维系和推动了社会的发展。当他们退休后，理应得到社会的尊重，并由国家和社会承担赡养责任，使其老有所养、老有所医、老有所居。

2. 养老社会保险是社会发展的需要

人类社会的历史表明，老年人口对社会发展仍具有重要的作用，这主要表现在他们所具有的知识、社会经验和良好的行为规范，以及他们还承担着教育下一代人的重任，对社会有着深远影响。在社会化大生产的今天，老年人对社会的物质文明与精神文明建设仍然具有不可替代的重要作用。因此，通过养老社会保险满足退休劳动者的生活保障，不仅是其个人的生活需求，也是社会循序渐进、不断向前发展的需要。

3. 养老社会保险是应对人口老龄化挑战的有效手段

人口老龄化是社会经济发展的一种客观结果，它对一个国家的政治、经济和文化等方面都会产生一系列重大的影响。按照国际公认的标准，一个国家60岁以上的人口占总人口比例达到10%，或者65岁以上人口占总人口的比重达到7%时，即为老龄化国家。根据我国人口普查资料和世界银行的研究结果，我国人口的老龄化程度每30年增加一倍。根据2011年国家统计局发布的第六次全国人口普查的主要数据，我国60岁及以上人口占总人口的比重达到13.26%，比2000年第五次人口普查时上升了2.93个百分点，其中65岁及以上人口占总人口的比重达到8.87%，比2000年第五次人口普查上升1.91个百分点。截至2011年年底，我国60岁及以上老年人口达1.85亿，预计到“十二五”期末，全国老年人口将增加4300多万，达到2.21亿，届时80岁及以上的高龄老人将达到2400万，65岁以上空巢老人将超过5100万。同样，从相关数据来看，我国当下工作人口与退休人口的比例大约是4∶1，按照这一趋势发展，到2030年将达到2∶1，到2050年将达到1∶1。作为一个经济尚不够发达，人们生活刚步入小康水平的发展中国家，我国的社会发展面临着人口老龄化的挑战。唯

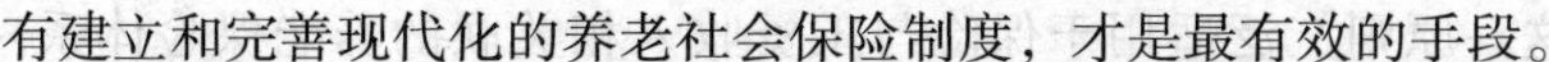

有建立和完善现代化的养老社会保险制度，才是最有效的手段。

4. 养老社会保险有利于职工队伍的正常更替

人类社会总是在连续和继承中发展的。劳动者年老体衰、工作效率下降时，应按国家规定实行正常的退休，为新成长起来的劳动力提供必要的工作岗位。连续不断的、正常的新陈代谢，有利于职工队伍保持旺盛的生命力，有利于提高职工整体素质和工作效率。

5. 养老社会保险有利于解除在职职工的后顾之忧，调动其劳动积极性

稳定、完善的养老社会保险制度，不但可以为达到法定退休年龄者提供生活保障，而且因为退休金待遇与在职工资收入相关，既能够使在职职工看到自己退休时的生活会有保障，又能促进其在职时积极进取，为以后退休积累更多。同时，养老社会保险的实施也大大减轻了子女赡养退休老人的经济负担。这些都是提高职工劳动积极性的重要因素。

四、建立养老社会保险制度的原则

1. 保障原则

养老保险不同于救济，它是对劳动者退休后的基本生活予以切实保障，这就是养老保险的保障原则。其基本要求是使劳动者在退出劳动岗位后，生活水平不会下降或不会下降过多。这一原则更多地强调社会公平，应当有利于低收入人群。反映在基本养老金的替代率方面，应该体现为低收入人群养老金替代率较高、高收入人群养老金替代率相对较低。对高收入人群而言，要实现退休后的生活水平不会下降或不会下降过多的目标，可以依靠补充养老保险和个人储蓄性保险来解决，因为他们往往具有参加补充养老保险和个人储蓄性保险的条件。

2. 保障水平要与社会生产力发展水平相适应的原则

基本养老保险应该也只能保障退休人员的基本生活。保障水平过低无法发挥保障功能；保障水平超过社会生产力发展水平则会在客观上造成“养懒汉”的社会效应，并诱发提前退休的内在冲动，浪费有效的劳动力资源，不仅会制约生产力的发展，而且也会危及养老保险制度的正常运行。从我国目前的实际情况出发，在确定养老保险的水平时，一定要充分考虑到生产力水平较低、人口众多且老龄化速度加快的现实，充分考虑到国家、企业和个人的综合承受能力。

3. 公平与效率相结合的原则

公平与效率相结合的原则要求给被保险人的待遇水平，既要体现社会公平的因素，又要体现不同人群之间的差别。因此，要将这两个方面的因素结合起来，在不同的养老保险体系下采用不同的方式。在实行“普惠制”（是指基本养老保险体系普遍适用于全体国民）的制度时，更多体现的是公平的因素，而在非“普惠制”的制度下，更多体现的是差别的因素。我国在计划经济体制下的养老保险制度，基本上是以公平为主的“大锅饭”制度，被保险人的待遇差别不大。实行养老保险制度改革以来，在体现社会公平的同时，更加强调养老保险对于促进效率的作用，以达到公平与效率兼顾的目的。

4. 权利与义务相对应的原则

权利与义务相对应的原则是商业保险的普遍原则，目前养老保险制度也引入了这一原则，即被保险人必须在履行规定的义务后，才能具备享受养老保险待遇的权利。这些义务主要包括：必须依法参加基本养老保险制度；必须依法缴纳基本养老保险费（税），并达到规定的最低缴费（税）年限。这一原则广泛适用于保险与工资收入相关联的养老保险体系，以及被保险人的缴费年限和缴费水平与其享受的养老保险待遇水平存在某种程度的直接的或间接的联系。

5. 广覆盖原则

社会保险的基本特征是运用“大数法则”，在某一社会范围内分散劳动者或社会成员的风险，从而构筑起一个“社会安全网”。从国际上看，养老保险的覆盖范围呈逐步扩大的趋势。我国原有的养老保险体系基金覆盖到国有企业和部分集体企业，目前已经逐步扩大到所有城镇企业、个体经济组织和企业化管理的事业单位。今后的发展方向是建立覆盖所有城镇劳动者的统一的基本养老保险体系。同时，广大农业劳动者也要建立有别于城镇的养老保险制度。

6. 管理服务社会化原则

管理服务社会化原则的基本要求是：政府制定养老保险政策并进行监管，但不直接经办养老保险事务，而是按照政事分开的原则，委托或建立一个社会机构管理养老保险事务和基金。建立独立于企事业单位之外的基本养老保险体系，基本养老金实行社会化发放。依托社区开展退休人员的管理服务工作。

7. 分享社会经济发展成果的原则

退休人员的基本养老金一般来说是比较稳定的，不会受到单位经济效益的影响。但在社会消费水平普遍提高的情况下，退休人员的实际生活水平就有可能相对下降。因此，应通过建立基本养老金调整机制，使退休人员的收入水平随着社会经济的发展而不断提高，分享社会经济发展的成果。

8. 法制化原则

养老保险行为必须在法律法规的范围内进行。同时，养老保险范围、主体、筹资方式、基金模式、待遇水平和管理方式等，都需要由法律法规来加以界定。随着我国养老保险制度改革的不断深入，原有法规和政策规定已经不能适应现实的要求，需要尽快制定与养老社会保险有关的法律法规，以规范养老保险行为。

五、养老社会保险与商业人寿保险的区别

商业人寿保险以自愿投保的公民为投保对象，在被保险人年老退休或保期届满时，由保险公司按照合同规定给予养老金补偿的一种契约，是商业保险中的一个重要的保险种类。商业人寿保险也承办一些单位和个人的补充养老保险和个人储蓄性养老保险的业务。养老社会保险与商业人寿保险就其发挥的作用看，都是为了保障公民的基本生活需求，维护劳动力的再生产，促进生产的发展和社会的稳定。但养老社会保险与商业人寿保险作为两种不同性质的保险制度，也有着明显的区别。

1. 保险的性质不同

养老社会保险是国家依法强制实行的社会保障制度，属于政府行为，具有强制性、保障性、福利性、互济性和社会性等基本特性，并通过再分配起到调节劳动者之间收入的悬殊，实现社会公平的作用。商业人寿保险则是一种平等交换的商业行为，保险人与被保险人之间完全是一种契约或合同的关系，主要体现了自愿性、赔偿性、对等性和补偿性等特性，其作用是给予投保人一定程度的经济补偿。

2. 保险的对象不同

养老社会保险的保险对象通常是法律法规所规定的社会劳动者，有时甚至扩大到全体公民。商业人寿保险的对象是一切自愿投保的自然人，由投保人根据自己的需要和能力自主决定是否参加。

3. 实施的依据不同

养老社会保险是依据国家法律强制实施的，凡应参加养老社会保险的保险对象，无论其是否愿意，都必须参加；除了法律法规的规定之外，保险人和被保险人之间不能另有约定。商业人寿保险一般采取自愿原则，保险契约只有在保险双方都同意的情况下才能建立和发生法律效力；保险人也可以因被保险人不履行缴费义务而终止保险合同。

4. 保障的水平不同

养老社会保险的保障水平是相对稳定的，一般高于社会救济水平和失业保险水平，接近于中等生活水平，以满足劳动者退休后的基本生活；商业人寿保险的水平是不稳定的，保险水平取决于投保人投保金额的多少，即多投多保、少投少保、不投不保。

5. 权利与义务相对应的程度不同

养老社会保险强调的是保障大多数被保险人的基本生活，劳动者只要履行了为社会贡献劳动和缴纳养老保险费的义务，就能从社会获得享受养老社会保险待遇的权利，这种权利是均等的，在权利和义务之间不存在对应的等价交换关系。而商业人寿保险则强调权利与义务的严格对应，保险人与被保险人是一种“对等互利”的关系，契约终止后，保险的责任也就不存在了。

6. 经营主体和目的不同

养老社会保险的经营主体是政府设置的社会保险机构，是一种公益性的社会机构，是以保障基本生活、提供管理服务、维护社会稳定、促进经济可持续发展为目的的，而不以营利为目的。商业人寿保险的经营主体是商业保险公司，是自主经营、自负盈亏的经济实体，是以追求自身营利和发展为目的的企业法人，对被保险人只负责补偿其经济损失，不对被保险人承担管理服务的社会责任。

7. 承担风险不同

养老保险的缴费或出资义务通常由用人单位、劳动者个人和国家共同负担。养老保险基金的支付风险责任由国家和政府承担。商业人寿保险的保险费由投保人负担，经营主体是自负盈亏的商业保险公司。其支付风险往往由商业保险公司和保险受益人共同承担。

总之，养老社会保险与商业人寿保险有着严格的区别，但不是对立的，也不存在竞争关系，商业人寿保险是对国家法定养老保险的有益补充。另外需要加以说明的是，任何应参加养老社会保险的法人和个人均不得以已经参加商业人寿保险而拒绝参加基本养老保险，商业保险公司及其雇员也应按规定参加法定养老保险。

第二节　养老社会保险的基本结构

一、养老社会保险的基本类型

1. 投保资助型养老保险

投保资助型养老保险是当代主要的养老社会保险制度，实施于世界大多数国家。它通过立法程序强制工资劳动者加入，强制雇主和劳动者分别按照规定的投保费率投保，并要求建立养老社会保险基金，实行多层次退休金。国家是老年社会保险的后盾，在财政、税收和利息政策上给以资助。社会退休金的层次分为普遍养老金、雇员养老金与企业补充退休金。雇员退休金起主导作用，它又分为工资挂钩退休金、基础退休金和附加年金。为保障劳动者的晚年生活，退休金的给付贯彻奖励原则、分享经济成果原则、和物价指数或工资增长指数挂钩原则。

这种制度中，所缴费用并不分配到个人的账户上，享受待遇的资格取决于是否缴纳费用。每个成员的缴费量与领取量不一定完全一致。

这种养老保险制度的优点在于，定期的保险金支付可以保证退休人员在整个退休期间得到保障。当然，这种用建立社会保险基金来分享资源的制度也存在不足，即制度的透明度不高，缴费没有记到个人账户上，因而不利于激励劳动者个人的自我保障意识，并且政府承担的责任很大。

2. 福利型养老保险

福利型养老保险也称普遍养老保险。

这种养老保险制度是在经济发达、整个社会物质生活水平有较大提高的基础上实行的。它贯彻“普遍性”原则，范围包括“从摇篮到坟墓”的各种生活需要。其特点是：

(1) 养老保险是社会福利的一项主要内容，依法管理，并由主管法院监督执行。

(2) 强调养老金待遇享受的普遍性，发放对象为所有老年人，同时退休人员还享受与收入有关的年金。

(3) 养老金主要来源于一般税收，基本由国家和企业解决，个人不缴纳或缴纳低标准的养老保险费。英国和瑞典是福利型养老保险的代表。

3. 中央公积金养老保险

中央公积金养老保险制度中，缴费及利息积累在每个人的账户上，由中央政府统一管理。当投保人年老、伤残或死亡时，个人账户上的钱可一次或按月支付。缴费由雇员和雇主共同承担。某些公积金允许提前支付，如购买房屋、教育贷款等。

根据不完全统计，世界上大约有19个国家实行中央公积金制，其中，新加坡做出的成绩最显著。

新加坡政府强制性地规定雇主和雇员将收入的一部分上缴给中央公积金局，通过建立中央公积金来为每一个雇员提供全面的社会福利保障。公积金局每月收缴的公积金经过计算计入每个会员的个人账户中。目前，会员的个人账户分为三个：普通账户，用于购房、投资、教育等；保健账户，用于支付住院医疗费用和重病医疗保险；特别账户，只限于养老和特殊情况下的紧急支付，一般在退休前不能动用。

中央公积金养老保险制度的优点是透明度较高，激励作用较大，强调个人的自我保险，因而政府的责任较小，负担较轻，同时对国家储蓄有利。但其存在的问题和不足也比较明显，包括：

(1) 缺乏互助互济性。社会保险固有的特性之一是互济性，一人出现风险靠大家缴费分担。但强制储蓄型养老保险缺乏此种机制，突出的是多劳多得、少劳少得。

(2) 退休金比较单一。由于这种制度规定了高投保率，企业（雇主）投保费很高，已无力再出资筹办企业年金，这样，雇员只能享受单一的基本养老金，再无其他社会退休金来源。雇员退休后的较高层次的需求只能通过商业性人寿保险来获得。

(3) 该制度对年轻工人和底薪工人的老年生活保障不利。实行该制度时，退休者的退休待遇主要由该职工在职时的工龄（缴费年限）、年薪等因素决定。缴费年限长、收入高者，退休时个人账户储蓄额自然就多，反之则少。这样，缴费年限短的丧失劳动能力者和低收入者难以保证晚年的基本生活。

(4) 该制度还可能因为过高的费率导致企业产品的国际竞争能力下降，严重时还可能导致整个经济的滑坡。

4. 强制个人储蓄养老保险

强制个人储蓄养老保险是20世纪80年代初由智利推出、后为其他拉丁美洲国家效仿的养老保险模式。其具体做法是：国家依法强制员工个人缴费，但不规定雇主也同时缴费，养老金等于本人在业期间个人账户缴费的积累总和。养老保险资金管理私有化，由独立的私营投资公司负责养老保险基金的投资营运；员工可以自由选择养老保险基金管理公司参保，并有权自由退出另选其他公司；国家对养老金不足的退休员工给予最低养老金保障，对基金管理公司给予最低回报率保障。

5. 社会统筹与个人账户相结合的养老保险

社会统筹是指社会保险基金在大范围内由社会保险经办机构依法统一征收、统一管理、在属地范围内统一调剂使用。个人账户则是指由企业和职工共同缴费，记于个人名下，以备将来之需。

这种方式通过国家立法，采用强制手段，收缴用工单位和劳动者的基本养老保险基金。其中一部分基金实行社会统筹，通过社会再分配手段用于调剂；另一部分基金计入个人账户，作为劳动者享受退休金的依据。

该制度是中国首创，在全世界养老保险领域中具有独特意义：一是有利于调整国家、企业、个人三者关系，扭转在基本养老保险制度中国家包揽过多、企业负担过重、个人自我保护意识淡薄的现状；二是有利于统筹共济与个人储蓄积累两种机制的优势互补，兼顾公平与效率；三是个人账户储存的基金实行预缴备付金实账完全积累形式，不断滚动扩充，有利于平稳度过未来社会老龄化高峰；四是利益机制固化了受保人的参与意识，从而促使个人积极缴纳养老保险费，也使职工督促企业参加保险并按时交纳保险基金，有利于扩大养老保险的覆盖面和提高资金的征缴率；五是有利于我国基本养老保险模式的全国统一性与区域经济发展差异性的融合。

6. 国家统筹型养老保险

国家统筹型养老保险由国家（或国家和雇主）全部负担雇员的养老保险费，雇员个人不缴费，是一种典型的福利型的养老保险制度。瑞典、挪威、前苏联和波兰等国家实行这一养老保险制度。该制度的缺点是资金来源渠道单一，政府和企业负担过重。事实上，瑞典、挪威等福利国家正受着由该制度带来的一系列经济和社会问题的困扰，正在寻求解决和改革办法。

二、养老保险的保障范围

养老保险的保障范围主要有四种形式：全民（城乡）；城市、乡村劳动者；城市劳动者；城市部分劳动者。我国养老保险的保障范围主要是城镇各类企业职工、个人劳动者，以及城乡居民。

养老保险的实施范围有一个共同趋势就是力争使范围尽量地大，争取覆盖所有的工资劳动者。从目前世界各国对实施范围的规定来看，不是整齐划一的，如加拿大规定只要是该国公民都可以享受养老保险制度，而尼日利亚规定雇用10名以上工人的工商业企业的雇员才可以享受养老待遇。为什么各国的养老保险范围有差别呢？主要原因是各国建立保险制度的年代不同及各国的工业化程度不同。另外，大多数国家为一些从事特殊职业的人员制定了专门的养老保险制度，如专门针对独立劳动者、农民、矿工、铁路员工、政府雇员的。还有的国家，如俄罗斯，对教师、科学家、医生、艺术家、飞行员等都设立了专门的制度。

三、养老保险基金的筹集

1. 养老保险基金的筹集范围

这里主要是指地域范围和征收养老保险基金的对象范围。根据社会保险的性质，养老保险基金的筹集地域范围应尽可能大一些，以利于实现大数定理指导下的横向平衡调剂，分散养老风险。从世界各国的情况看，凡是采取社会保险税方式的，都是在社会性的大范围中统筹基金，有收入者均需按章纳税，然后从国库中以特别基金拨款形式形成养老总基金；凡是采取社会保险费形式的，一般是在省、市、县范围内统筹基金，直接由社会保险管理机构向统筹对象征缴。

养老保险基金筹集的对象范围主要是指法定缴费成员的身份条件，如所在部门、行业、职业、收入状况等。目前，世界各国征收养老保险费在对象范围上有两种规定：一种是不分身份条件，凡法定范围成员一律统一缴费，统筹调剂使用；另一种是按在一定范围内不同成员的身份条件单独纳费，各自使用，如国家公务员、个体劳动者、军人大学生等。

2. 养老保险基金的筹集模式

养老保险基金的筹集按照基金是否预留积累分为完全积累式、部分积累式、现收现付式三种方式。

长期以来，我国养老保险基金采用的是“以支定收、略有结余，留有部分积累”的筹资原则。根据国务院1995年颁布的改革方案，基本养老保险将实行社会统筹与个人账户相结合的“部分积累”模式，即企业缴纳的养老保险费中的一部分用于现收现付，承担已退休无个人账户人员的退休金开支，以及有个人账户但不够支出需要者的平衡调剂。企业缴费中的另一部分和个人缴费的全部均计入个人账户，形成积累，用于支付有个人账户的职工退休后的养老金。

3. 养老保险基金的来源

从已经建立养老社会保险制度的国家看，养老保险基金的来源主要有：

（1）由劳动者、雇主（企业）和政府共同负担。一般是企业比职工缴纳的比例大，政府承担一定的比例或负责补贴亏空部分。这是多数国家采用的方式。

（2）由劳动者和雇主缴纳。其中劳动者按自己工资收入的一定比例缴纳，雇主按工资总额的一定比例缴纳，政府不负担。例如，法国、秘鲁、印度、印度尼西亚、叙利亚、巴林、阿尔及利亚、尼日利亚、赞比亚等国政府都不负担养老保险基金。

（3）由企业和政府负担。其中企业按工资总额的一定比例缴纳，政府负担一定比例或给予补贴，劳动者本人不缴纳。例如，瑞典及前苏联和东欧的一些国家采取这种方式。

（4）由劳动者和政府负担，雇主不缴纳。例如，阿根廷的企业职工缴纳工资总额的11%，独立劳动者缴纳收入的15%，政府则负担相当于受保人缴纳保险费的139.09%。

（5）全部由企业支付，个人和政府都不负担。例如，阿尔巴尼亚和几内亚就采取这种方式。我国改革前的全民所有制企业和大部分城镇集体所有制企业也是全由企业支付的。

（6）全部由政府负担，劳动者和雇主都不缴纳。例如，澳大利亚和新西兰在20世纪80年代前均从政府总收入中支付全部养老金。2015年改革之前的我国国家机关和事业单位工作人员的养老金也是完全由国家财政支付。

此外，还有许多国家没有建立社会养老保险制度，也有许多国家社会养老保险制度不完全，相当多的劳动者没有享受养老社会保险。这些劳动者的养老费用完全由家庭负担，即由子女供养。我国许多城镇集体企业的劳动者和非公有制劳动者，以及在我国劳动者中占大多数的乡村劳动者（除“五保户”和个别富裕的乡、村外），其养老费用基本上由家庭子女承担。

4. 养老保险费率及其调整

保险费是由两个因素确定的，一是缴费基数，二是费率。

应缴保险费 = 缴费基数 × 费率

在多数国家，养老保险缴费依据并不是全部工资，而是其中的一部分，又称“缴费工资”。有些国家，如美国、法国、西班牙、爱尔兰、荷兰、以色列等国家规定了养老保险缴费的上限，超过收入上限的工资不作为缴费基数，无需缴纳。另一些国家，如德国、英国、日本、加拿大等，既规定了缴费的收入上限，又规定了收入下限，缴费工资仅仅是收入上限与下限之间的部分，超过收入上限的工资和不足收入下限的工资无需缴费。也有少数国家不确定缴费工资，而将全部工资都作为缴费基数。

养老保险缴费费率主要有两种形式：一种是统一费率，另一种是累进费率。多数国家实行统一费率，即缴纳工资不分档次，统一按一个比率缴费。实行统一费率的代表国家有德国、法国、西班牙等。在美国，目前雇主、雇员各缴纳雇员工资收入的7.65%，合计15.3%。私营业主和农民则要缴纳其收入的15.3%。少数国家实行累进费率，即缴纳工资被划分为若干个档次，档次越高、费率也越高。例如，在英国，1995年雇员周收入头58英镑应缴费率为2%，58～440英镑为10%；雇主应缴纳的费率也为雇员工资的3%～10.2%。在巴西，把工资分为三个档次，分别按8%、9%、10%的费率缴费。

费率的确定往往受诸多因素的影响，包括人口结构、经济发展水平、失业水平等。因此，绝大多数国家的费率不是一成不变的，而是随相关因素的变化而变化。随着人口的老龄化，许多国家不断调高养老保险费率。在德国，其法定养老保险费率1995年、1996年、1997年分别为18.6%、19.2%和20.2%。费率调整的基本原则是筹集的养老保险费能够满足一定时期内的养老金支付需要，实现收支平衡。

5. 养老保险基金的收缴方式

纵观世界各国养老保险基金的收缴，主要采取保险税或保险费两种方式。采用社会保险税方式征缴养老保险金，一般是企业和个人以劳动者的平均工资收入作为缴纳的基数，按照一定的百分比向税务部门上缴社会保险税，然后再由国家或地方财政以特别基金的名义拨付给社会保险管理机构，专款专用。采用社会保险费方式，一般是以缴费对象，即企业和个人的工资总额为基数，按照规定的比例提取保险费，直接上缴给社会保险管理机构，专款专用。根据保险费用提取方式的具体变化，费率也会有所不同。

目前，我国养老保险基金是采取社会保险费的方式筹集的，由企业或劳动者个人直接向社会保险机构缴纳。

四、养老金的享受条件

享受养老保险的条件和其他社会保险项目不同。它一方面要考虑社会经济发展水平，使雇员退休养老和熟练劳动力的需求相衔接；另一方面还要考虑如何使退休后收入不会有太大下降，以保证老年人的社会生活水平，维护老年人生活和社会秩序的安定。在实行养老保险的国家，享受保险待遇的条件基本上一致，但因各国经济发展水平不同也有所差异。

（1）大部分国家都规定受保人只要缴费达到一定年限、达到规定的年龄、达到规定的就业期或居住期，就可以领取养老金。就享受养老金的就业期来说，不同国家有不同的标准。有的国家规定就业时间为10年，有的为25年，还有的为30年或更长，最常见的规定为工作30~40年。许多国家规定的年龄为60~65岁。而工业发达国家可领取养老金的年龄相对高一些，都集中在65岁或65岁以上。例如，日本规定养老保险金从享受者年满65岁起开始给付。有时，享受条件还取决于居住状况或公民资格，如丹麦规定，凡符合享受养老权利的年龄条件，并至少已在丹麦居住了10年的公民，都有权享受满额的丹麦养老金。近年来倾向于严格享受条件，特别是关于退休年龄、缴费年限和工龄等。例如，荷兰把退休年龄由65岁延长到79岁，一些国家也推迟了1~3年。

（2）有半数以上的国家的退休制度规定妇女和男子领取养老金的年龄相同，有的国家则有不同的规定，其差别经常是妇女领取退休金的年龄比男子低5岁。目前的国际趋势是使男女退休年龄相一致。

（3）对于不到法定年龄而申请退休的人员，有些国家规定，如符合下列条件之一者，也可领取全额退休金：从事特别艰苦、有损健康或危险性的工作（如井下矿工）；在接近退休年龄以前的特定期限内遭到非自愿性的失业；在未到退休年龄以前，未老先衰，身心不支，而又不符合一般的伤残定义。有些国家对达到正常退休年龄但不符合其他条件的雇员，可以发给增额补助。

（4）在对待缴纳保险费不达规定者及由于非本人所能控制的原因而未从事受保职业这方面，各国的规定差别也很大。例如，有些国家把伤残、失业、服军役、受教育、抚养子女及接受培训的时间都计入投保年限。而另一些国家可能完全不考虑。对于未达到最低合格期限要求的，则提出是按不够的年数每年相应地减少养老金，若受保人保险期限仅有很少的几年，可以一次偿还其缴纳的保险费。

（5）大多数国家的社会养老保险制度都要求受保人完全或基本上退休。对那些继续工作的老年人，可视其收入的数额或工作量（这种情况较少），完全不发或只部分地发给其退休金。普遍养老保险制度通常不要求完全退休才能发给养老金。强制储蓄养老保险基金制度则只有在雇员离开受保职业或迁出本国的条件下，才付给养老金。

五、养老金的给付

（一）养老金水平的合理定位

养老金水平主要体现在养老金替代率上。养老金替代率是指退休者能够取得养老金占其退休前工资收入的百分比。养老金替代率的高低反映了养老金同劳动者退休前收入的某种关联，反映了养老保险的保障水平，但在客观上却体现了退休职工与在职职工的收入关系，并影响着养老保险的财务收支状况。

养老金替代率究竟多高合适，要考虑许多因素，如国家养老保险改革目标、养老保险给付的指数调节、地区居民的生活水平、个人的经济承受能力等。据有关资料介绍，美国的养老金替代率：总替代率为51%，净替代率为65%，分别低于法国（62%、77%）、德国（52%、72%）、意大利（81%、95%）、瑞典（81%、82%）、西班牙（82%、89%）等国，略高于日本（49%、59%）和英国（47%、61%）。目前，国际通行的标准是40%~60%。

（二）养老金的给付项目

一般而言，世界各国的养老金给付的内容包括养老、医疗、生活补贴、异地安置、死亡丧葬与抚恤等方面，其中养老是重点。养老金的给付有以下一些做法：

1. 基本养老金给付

实行多层次的养老保险是许多国家的普遍做法。其中由政府开办并负责给付的，是第一层次的养老待遇，其目的是为了保障退休人员的基本生活，称为基本养老保险金或国家法定退休金。这一层次的养老金由基础养老金、工资挂钩养老金、被抚养者补助三部分组成。

设置基础养老金的目的是为了保障每位退休人员的最低生活需要。其支付方式可以按照统一的绝对额给付，也可按本人在业期间基础工资的一定比例，或者按某种平均工资（如社会平均工资）的一定比例支付。有些国家的基础养老金的计发还考虑了工龄等因素，如日本规定，基础养老金一方面取决于统一的年度标准金额，另一方面还取决于退休者本人的年龄。不仅如此，还有的国家（如英国）规定，基础养老金根据退休者在职时的工资水平来发放。1985 年，英国只对在职时周工资低于 85.8 英镑的退休者全额发放基础养老金；周工资在 85.8~107.8 英镑的退休者，减发部分基础养老金；周工资超过 107.8 英镑的退休者，不给予基础养老金。

工资挂钩养老金又称附加养老金，是基本养老保险中最重要的部分，其待遇水平同退休者在业期间的劳动贡献紧密相关，是为了体现劳动者个人在投保期间对养老保险基金的贡献。主要考虑的因素是投保年限、投保的原工资水平等。具体有以下做法：一是以在职最后一年工资收入为计发基数，计发百分比随工龄而增加；二是已退休前若干年中，以连续收入最高的 3~5 年的平均工资收入为基数，计发百分比随工龄或缴费年限而增加；三是以全部在业期间平均工资收入为基数，计发百分比随缴费年限而增加；四是规定工资基数的上、下限，在此界限内，计发百分比按累退方式确定，即收入基数越高，计发百分比越低，反之则越高；五是以投保人在满一定年龄和投保年限后，养老金按其过去某段时间平均工资收入的一定百分比计算，不再考虑投保时间长短。

需要指出的是，工资挂钩养老金的给付标准应以挂钩工资为上限，即挂钩工资养老金最高不能超过在职时的工资水平。这一限定的目的是区别在业与不在业、创造财富者与消费财富者之间的区别。

被抚养者补助又称附加年金，是基本养老保险待遇的第三部分，主要用于退休者抚养配偶和未成年子女，包括大学毕业前的大龄子女。这部分待遇按被抚养者人数计发，每人一份，其中未成年子女一直享受到长大成人、参加工作、取得收入、可以独立生活为止。

2. 企业补充养老金的给付

在许多国家，基本养老保险制度的设计是为了保障老年退休职工的基本生活。这些国家，为了使一部分较高收入者或有支付能力的企业职工晚年获得更高水平的生活保障，还普遍实行企业年金制度，由参与这一制度的企业和职工个人在参加国家基本养老保险的基础上，另行出资或缴费，建立补充养老保险基金，待职工退休时，连本带息一次或多次支付其本人。其具体形式：一种是企业每月为每位职工向商业保险机构投保，后者给予一定的利息，当职工在本企业退休时一次性连本带息领取，或者定期（如每年）领取自己应得的养老金；另一种是企业和职工每月按工资总额的一定比例投保，由企业建立职工补充养老保险账户，并进行相应的管理，待职工退休时一次性支付本息或逐年支付。我国当前在部分企业实行的企业年金和个人储蓄性养老保险就属于这种形式。

3. 储蓄式养老金的给付

储蓄式养老金也可以称为“公积式”的养老保险，一般均实行强制性的个人养老金账户方式，以劳动者全部在业期间储蓄的本息之和为计发基数，按照退休劳动者平均余命逐年计发，也可以一次性给付。

六、养老金的调整机制

为了减轻通货膨胀的影响，并适当分享社会发展的成果，许多国家尤其是发达国家纷纷建立了基本养老金的调整机制，以保障养老金领取者的基本生活。他们的做法有两种：一是采取自动调整的方法，通常称为“自动的”养老金调整法，如比利时、法国、美国等都采取此办法；二是采取半自动性的养老金调整方法，采用此种方式的国家有巴拿马、菲律宾等。

调整机制的参照指数大体有四个：一是工资指数，养老金随工资指数变动的国家有25个，占建立调整机制国家的45.5%；二是生活费指数，以生活费指数为参照进行养老金调整的国家有15个，占27.3%；三是物价指数，养老金随物价指数变动的国家有9个，占16.3%；四是国民收入，只有一个国家以国民收入为调整参数，占1.8%。另外，还有5个国家是根据政府规定或特定安排调整的，占9.1%。

在建立调整机制的国家里，有一些国家并不止参照单一的指数来进行调整，而是综合参照两种指数，这样的国家有10个，其中有7个国家是参照工资指数和物价指数，有1个国家是参照生活费指数和工资指数，1个国家是参照生活费指数和物价指数，1个国家是参照国民收入指数和物价指数。

从上面的统计来看，养老金的调整办法没有统一的模式，主要看该国的经济发展情况及社会政策。

七、养老保险的管理机构

养老保险是国家为劳动者在年老时提供的物质保障，它属于国家行为，与商业保险有着根本的区别，不应进行商业化经营。目前，世界上大多数国家由劳动部单独或与其他政府部门联合行使监督职能，而在具体的管理、操作上，各国的做法略有不同。有些国家的养老保险管理机构是由受保人、雇主和政府三方代表组成的理事会；也有些国家的这种理事会是由受保人和雇主或受保人和政府两方组成。凡是按照职业分类或人员分类（如工资劳动者、

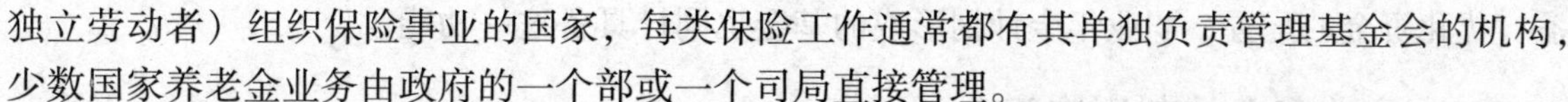

独立劳动者）组织保险事业的国家，每类保险工作通常都有其单独负责管理基金会的机构，少数国家养老金业务由政府的一个部或一个司局直接管理。

第三节　企业年金制度

一个国家在建立基本养老保险制度的同时，为了增强保障水平，往往也鼓励有条件的企业为其职工建立企业年金。

一、企业年金的概念、特点与作用

企业年金又称职业年金、企业退休金或企业补充养老保险，是指在政府强制实施的公共养老金或国家养老金制度之外，企业在国家政策的指导下，根据自身经济实力和经济状况自愿建立的，为本企业职工提供一定程度退休收入保障的补充性养老金制度。

企业年金是对国家基本养老保险的重要补充，是养老保险体系（由基本养老保险、企业年金和个人储蓄性养老保险三个部分组成）的“第二支柱”。我国正在完善的城镇职工养老保险体系，是由基本养老保险、企业年金和个人储蓄性养老保险三个部分组成。在实行现代社会保险制度的国家中，企业年金已经成为一种较为普遍实行的企业补充养老金计划，并且成为所在国家养老保险制度的重要组成部分。我国于 2004 年 5 月 1 日起施行《企业年金试行办法》，在 2015 年 1 月 14 日正式发布的《国务院关于机关事业单位工作人员养老保险制度改革的决定》中提出，机关事业单位在参加基本养老保险的基础上，应当为其工作人员建立职业年金。

目前，我国在企业年金计划人数和基金规模上，地区、行业之间分布很不均衡，多数集中在上海、深圳、北京等城市和铁道、电力、石化、石油、金融等行业的大、中型企业；经办工作和基金管理主要由社会保险机构和行业自行负责。

各国企业年金计划的基本特点是：①大多数国家的职业年金计划具有自愿性；②缴费由雇主和雇员共同承担；③基金能够进行市场化运营；④职业年金计划的缴费和运营享受国家的免税优惠政策。

企业年金的作用主要有：

（1）补充养老。从本质上看，企业年金是职工工资的延期支付，这种延期支付的目的是为未来的退休养老做准备，以避免基本养老保险不足时所带来的生活水平的下降。

（2）福利激励。企业年金的实质是将职工现期的一部分工资转移到退休后，对于企事业单位来说，如果将其作为人力资源管理的一个手段或工具、方案，就可以给予职工薪酬福利方面的激励，提高职工工作效率和积极性，稳定单位劳动力队伍；另一方面也可以用来吸引和留住一些优秀管理人才和技术人才，提高单位的综合实力。

（3）合理避税。从企业年金的发展历史看，世界各国都给予企业年金一定的税收优惠。

（4）资源配置。企业年金资产一般会以基金方式进入金融资本市场，通过从分散的个体提供汇聚基金，实现跨越时间、空间和产业的经济资源转移。由于这种转移，个人可以在生命周期内使资源分布最优化，同时，资源也可以被最优地配置到最有效率的用途上去。企业年金基金是许多国家长期资本的一个主要来源，基金的投资相对自由，能够产生更高的收益，优化资金的配置，职业年金计划形成的基金也同样具备这一功能。

二、企业年金的制度构架

企业年金制度应当包括参加人员范围、资金筹集、个人账户管理、基金管理、计发办法和支付方式，以及组织管理和监督方式等内容。其中，要重点设计和解决的问题是：科学设计和实施企业年金方案，合理确定年金缴费水平，强化年金激励，约束功能，规范年金资金列支渠道、兼顾解决历史遗留问题，统筹规划年金方案等。

（一）企业年金的模式

根据法律规范的程度来划分，企业年金可分为自愿性和强制性两类。

（1）自愿性企业年金。以美国、日本为代表，国家通过立法制定基本规则和基本政策，企业自愿参加；企业一旦决定实行补充保险，必须按照既定的规则运作；具体实施方案、待遇水平、基金模式由企业制定或选择；雇员可以缴费，也可以不缴费。

（2）强制性企业年金。以澳大利亚、法国为代表，国家立法，强制实施，所有雇主都必须为其雇员投保；待遇水平、基金模式、筹资方法等完全由国家规定。

根据待遇计发办法来划分，企业年金可分为缴费确定和待遇确定两种类型。

（1）缴费确定型企业年金。通过建立个人账户的方式，由企业和职工定期按一定比例缴纳保险费（其中职工个人少缴或不缴费），职工退休时的企业年金水平取决于资金积累规模及其投资收益。

缴费确定型企业年金的优点包括：

1）简便灵活。雇主不承担将来提供确定数额养老金的义务，只需按预先测算的养老金金额缴纳一定的养老费，而且可根据企业经营状况做适当调整。

2）透明度高。养老金直接进入个人账户，雇员在退休前终止养老金计划时，对其账户余额的处置具有选择权，对雇员有很强的吸引力。

缴费确定型企业年金的缺点包括：

1）个人承担投资风险，企业原则上不承担超过定期缴费以外的保险金给付义务，如投资业绩不佳，养老金难以保值和增值。

2）该种计划一般都要求雇员在退休时一次性领取养老金，终止养老关系，故雇员可能要为此支付较高的所得税。

（2）待遇确定型企业年金。待遇确定型企业年金是指在雇员工作期间的缴费是不确定的，但无论缴费多少，雇员退休时的待遇是确定的。该种计划不实行个人账户制度，雇员一般不缴费，费用全部由雇主承担。雇主缴费多少取决于经办机构的投资状况，如果收益好，雇主就可以少缴甚至不缴费；反之，就要多缴费。雇员退休时的养老金水平取决于在职期间的工资收入及在该企业的工作年限。

待遇确定型企业年金的优点包括：

1）该计划通常与基本养老保险在给付上密切相关，并且往往根据基本养老金的给付水平来确定补充保险金的给付水平。

2）保险金的积累规模和水平随工资增长幅度进行调整。

待遇确定型企业年金的缺点包括：

1）实施过程中技术难度大。

2）阻碍职工流动。在雇员退休前不能支取该计划中的退休金，流动后也不能转移。

从我国企业实际出发，应选择缴费确定型企业年金计划。其理由是：

1）社会保障发展的历史已经表明，在基金制、部分基金制和现收现付三种筹资模式中，基金制在调动员工工作积极性、刺激经济增长及为退休人员提供可靠保障等方面具有很大的优越性。我国基本养老保险制度改革的初始取向是要实行基金制，但由于无法解决历史问题而不得不实行部分基金制。企业年金是一种全新的制度，没有历史欠账问题，从一开始就应该选择基金制的缴费确定型补充计划。

2）有利于缓解企业年金计划与劳动力合理流动的矛盾。流动是市场经济的必然要求，尽管无论何种补充计划都会给劳动力流动带来一定的影响，但相对而言，缴费确定型企业年金的阻碍小。

3）可以增强企业年金计划的安全性。这里有两层含义：一是指企业都有一个生命周期，实行缴费确定型补充计划，个人账户明确，当企业破产时个人不受损失；二是指目前企业信用普遍较低，实行缴费确定型补充计划有利于减少因道德风险而可能给个人带来的损失。

（二）企业年金计划的建立条件与建立程序

我国政策规定，建立企业年金计划的用人单位一般应具备三个基本条件：一是依法参加基本养老保险并按时足额缴费；二是企业管理基础好，民主管理制度比较健全；三中企业经营相对稳定，经济状况较好。

企业年金计划的建立程序是：

（1）企业与工会或职工代表通过集体协商确定企业年金计划。

（2）企业根据国家的有关政策规定制定具体的结合自身实际的企业年金方案，国有及国有控股企业的企业年金方案草案提交职工大会或职工代表大会讨论通过。

（3）企业年金方案报送所在地区县以上地方人民政府人社行政部门；中央所属大型企业的企业年金方案报送人力资源和社会保障部。

（4）人社行政部门自收到企业年金方案文本之日起15日内未提出异议的，企业年金方案即行生效。

（5）企业和职工与受托人签订企业年金信托合同。

（6）受托人根据自身资格和能力，挑选账户管理人、托管人或投资管理人，并签订账户管理合同、托管合同或投资管理合同。

（三）企业年金的对象

有些国家的法律规定，如果企业建立的是国家给予税收优惠的企业年金，则该企业的所有职工都有权参加该企业年金方案。如果企业建立的是不受国家税收优惠的企业年金，则参加该年金计划的人由企业通过集体协商确定。

我国的企业年金方案明确授权企业通过集体协商确定参加人员的范围，但是，《企业年金试行办法》第五条规定："企业年金方案适用于企业试用期满的员工。"也就是说，建立企业年金的企业中，只要试用期已满的所有职工都有权参加企业年金方案。

（四）企业年金的资金筹集

根据我国《企业年金试行办法》规定，企业年金所需费用由企业和职工个人共同缴纳。企业缴费的列支渠道按国家有关规定执行，职工个人缴费可以由企业从职工个人工资中代扣。

企业缴费每年不超过本企业上年度职工工资总额的1/12。企业和职工个人缴费合计一般不超过本企业上年度职工工资总额的1/6。企业缴费可以按照有关规定享受税收优惠政策。

根据《国务院关于机关事业单位工作人员养老保险制度改革的决定》，我国机关事业单位工作人员职业年金的缴费，单位按本单位工资总额的8%缴费，个人按本人缴费工资的4%缴费。

例如，中远集团在其企业年金方案中规定：企业建立企业年金的资金筹集可从三个方面来考虑：

（1）在企业经营状况比较稳定且具备一定的经济承受能力时，可以按不超过职工工资总额4%的比例从企业成本中列支。

（2）允许将基本养老保险单位缴费部分超过社会平均工资300%以上的部分提取出来留给企业作为建立企业年金的资金。

（3）企业自有资金。

例如，某企业规定，企业按月为职工缴纳企业年金，企业年金的标准额依据效益基数和职工工龄确定。计算公式为

$$Y = A + bX$$

式中 Y——月企业年金标准额，即企业出资额；

A——根据企业效益情况确定的基数；

b——工龄系数；

X——职工工龄。

企业年金金额与个人储蓄保险金额的比例为1∶1。若个人自愿多缴，数额不限，但企业只按标准额予以缴纳。一般基数为3～10元。1996年为3元，2000年为10元。随着企业效益和支付能力的变化，可上下浮动。一般工龄系数为0.50～1.00元。1996年为0.50元，2000年为1元。此项也可浮动，主要为鼓励职工多为企业服务。

（五）企业年金的待遇条件与待遇

我国相关政策规定，符合下列条件之一者，可以按照国家有关规定享受企业年金给付待遇：

（1）职工达到国家法定退休年龄：男职工60岁，女职工55岁。

（2）享受遗属年金的继承人达到国家法定退休年龄。

（3）计划参与职工在退休前死亡，继承人享受一次性给付。

（4）计划参与职工因病、残等原因丧失劳动能力，并办理病退或提前退休。

（5）计划参与职工出国定居。

例如，中远集团在其企业年金方案中规定：企业员工必须为企业服务达到规定的工作年限，才可完全享有企业年金账户中企业缴费部分的所有权。例如，工作满20年享有全部归属比例；不满20年的按照工作年限享受账户的归属比例是：满2年享有归属比例为10%，以后每增加2年归属比例增加10%。个人账户中的个人缴费部分及其本息则自始至终完全归个人所有。

例如，某大型企业的企业年金权益归属规定是：设置阶梯状归属比例，在公司服务期限不足5年，企业缴费部分不予支付；5~10年，支付50%；11~15年，支付70%；满16年时，全部支付。

（六）企业年金待遇的计发办法与支付方式

我国企业年金待遇的计发办法与支付方式是：个人账户积累额在计划参与者达到法定退休年龄之后方可领取，年金待遇可以采取一次性给付和定期给付两种支付方式。

待遇确定型企业年金计划的年金待遇按照计划方案预先约定的待遇标准和计算基数核发。

缴费确定型企业年金计划的年金待遇根据职工个人账户基金资产总额计发。

例如，中远集团在其企业年金方案中规定：由于企业年金实行缴费确定型的个人账户完全积累储存模式，账户积累原则上完全属于员工个人所有，不具有共济和调剂的功能。企业年金参加者可选择领取的方式，对于选择按月领取的，月领标准按照账户储存额的1/120计算，领取至账户储存额不足月标准时则进行一次性结算，终止支付责任。

（七）企业年金经办机构的选择

管理问题是企业年金运行中的一个核心问题，包括由谁来组织实施和如何管理，前者尤为重要。从理论上看，经办机构的选择应遵循以下两条基本原则：

（1）企业年金与基本养老保险应分开经营、分开管理。这是由企业年金的基本特性决定的。如前所述，建立基本养老保险制度是政府的基本职责，在承诺范围内其保障责任是无限的，其经营管理费用往往由财政拨付（我国目前即是如此）；而企业年金则是由企业自愿建立的，其保险程度受市场风险的影响较大。如果合并经营，一方面有可能扩大国家的财政支出，经营单位可能将补充保险的费用转移到基本保险的经营上来，这是难以控制的；另一方面会扩大政府的保障责任。基本保险由政府指定专门机构经营，如果该机构同时经办补充保险，那么，当企业年金基金出现管理不善、投资失败或遭遇恶性通货膨胀而大幅贬值，不能给被保险人提供有效保障时，政府将陷入一种尴尬的境地而难以脱身，甚至被迫扩大保障。

（2）竞争办理原则。所谓竞争办理原则是指政府只对经办者的资格条件做出规定，而不指定固定的经办者，由符合经办条件的机构竞争。

根据国际上的通行做法与我国的实际情况，下列机构可以经办企业年金：

1）商业人寿保险公司。《保险法》颁布后，中国人民保险公司、平安保险公司、太平洋保险公司已正式分业经营。为促进保险业的健康发展，政府加大了保险的监管力度，成立了专门的保险监管委员会，保险业的经营更加稳健，而这些公司已按市场规则经营多年，具有较大的优势。

2）养老保险基金组织。尽管限于宏观经济条件及投资融资体制的不健全，以及金融市场不发达、金融监控体系不完备的现状，具有行之有效的自律机制和外部约束的各种养老保险基金组织在短期内难以形成和完善，但从长远来看，养老保险基金组织肯定会有较大的发展。

3）大型的企业（或行业）集团。这些集团规模较大，内部各企业联系紧密，可在内部设立专门机构，经办本企业（行业）的企业年金业务，包括业务管理、基金保值与增值及补充保险金的提取和发放。但企业必须使补充养老基金独立于日常的企业经营活动，以防止基金被挪用。目前，电力行业实行以省为实体建立电力企业年金的做法就是这种方式。

4）工会组织。中国企业的工会组织是企业的内生机构，其活动与职工的生、老、病、死、残联系紧密，在职工中有特殊地位，并且许多地方已开办了职工互助保险，积累了办保险的经验，可在此基础上由属地或行业工会机构来办理企业年金业务。

（八）企业年金的投资与管理

1. 企业年金的投资原则

企业年金基金投资运营要遵循一定的原则：一是要进行组合投资达到减少投资风险的目的；二是要坚持投资管理人和基金托管人职责严格分离的原则，明确双方责任；三是要确保资金的安全性，在确保风险保持在合理水平的前提下，实施积极的投资策略，追求较高的收益率。

2. 企业年金基金投资管理的基本要求

（1）企业年金基金投资原则的顺序应当依次为安全性、收益性、流动性。由于首先强调投资的安全性，所以企业年金基金必须分散投资，降低风险，在投资组合中严格控制高风险金融工具的投资比例。

（2）大部分企业年金基金应当做中、长期投资，以获取更高的投资收益。

（3）年金计划在实施过程中，会不断地有现金流出和流进，因而制订投资计划时需要通过建立测算模型来实现企业年金资产和负债的匹配。

（4）由于不同企业年金的收支状况相差较大，参与的委托人承受风险能力也不同，因此投资管理机构应提供丰富多样的理财投资计划或投资产品以供选择。

3. 企业年金基金的投资范围

我国企业年金基金财产的投资范围限于银行存款、国债和其他具有良好流动性的金融产品，包括短期债券回购、信用等级在投资级以上的金融债和企业债、可转换债、投资性保险产品、证券投资基金、股票、商业银行理财产品、信托产品、基础设施债权投资计划、特定资产管理计划、股指期货等。

三、政府在企业年金中的作用

前面已再三提及，政府不应直接办理企业年金，但这并不意味着政府对企业年金可以袖手旁观，相反，政府在该计划中居于不可替代的地位，应该发挥很大的推动作用。

（1）提供优惠的税收政策。政府提供优惠的税收政策是工业化国家企业年金得以建立并迅速发展的重要原因之一，是这些国家的通行做法。它同时也表明政府在企业年金中承担了部分责任（减少了部分财政收入）：对企业和雇员用于缴纳补充养老金的收入少征或不征税；对企业补充养老金的投资营运给予优惠政策。例如在美国，养老金的投资收益免缴联邦所得税。

（2）提供法令、法规支持。实行企业年金较早的国家，如美国、德国、法国、瑞士等国，都颁布有企业年金法，以规范其运行。我国在建立企业年金制度时，同样需要有关这方面的法律法规的支持。其主要内容应包括：企业年金的保障目的、与基本保险的关系、实施企业年金的条件、应采取的保险模式、经办机构的准入资格、投资规则及管理规则等。

（3）指导、调控国有企业年金制度的建立和运行。建立企业年金计划应遵循自愿原则，由企业自主选择，这是市场经济体制健全的国家的一般规则。但由于我国正处于体制转轨过程中，尤其是国有企业比重较大，需要政府进行指导、调控。首先要把握好实施的范围和补充的水平。并不是所有企业都应实施补充养老保险计划，而是有严格的条件限制，如已按时缴纳基本养老费、已完成国家税收任务、具备经济承受能力等（到目前为止，德国只有60%、英国只有50%左右的企业有企业年金）。保障的水平要适度，不能导致国有资产的流失。其次要防止出现行业壁垒，再陷“行业统筹”的误区，阻碍劳动力的流动。国家应强制实施个人账户制度，允许补充养老金随劳动力流动而转移。

四、优秀企业年金方案的评价标准

优秀的企业年金方案是能够为企业和职工创造价值的方案，不是标准企业年金方案的照抄，不是别人的企业年金方案的简单拷贝，更不是损害企业和职工权益，给企业和职工带来无谓的风险的方案。根据多年实践总结，设计、选择、评估、确定最优企业年金方案的标准如下：

（1）合法性。企业年金方案必须内容合法、程序合法、管理合法。不合法的企业年金方案，失去了运行和管理的前提，也享受不到国家和地方政府的政策和税收优惠。

（2）适应性。企业是个性化的。每个企业都有每个企业不同的企业文化、发展状况、经济条件、外部环境等。每个企业也面临不同的企业问题、人力资源问题、福利保障问题。针对具体企业的特点和问题设计的企业年金方案，才是适应该企业的企业年金方案。

（3）效率性。企业是天然的财富创造者，是资源优化配置的载体。企业的天然社会功能是实现经济效率。企业年金方案的每一个方面都必须且可以实现效率性原则。

专业的方法可以从企业年金方案的每一个方面保障企业年金方案的公平（分配效率），同时实现生产效率：节约管理成本、提高管理效率、提高企业年金基金投资收益率、保障企业战略目标的实现。

案例：企业年金变形记

“年金分配拉大了经营者与在岗普通职工差距。”上海市总工会发布的《本市职工社会保障权益实现状况趋势研究》显示，大部分建立年金的企业经营者与普通职工差距在3～5倍，少数企业则远远高于5倍；部分企业内部实行差别待遇，年金方案只覆盖公司本部的小部分管理人员；少数企业存在大量待岗未安置人员，根本不具有开展企业年金的经济负担能力，却将企业年金作为高层管理人员的福利。

其实，类似的问题不单单发生在上海，广东也随处可见。如何保证不同群体员工之间、下属各公司之间的缴费金额的公平性与差异性，是建立年金的企业共同面对的问题。

案例：

A集团拥有全资控股子公司、控股子公司、参股子公司及代表处，常有员工在其间相互调动。A集团将员工群体分为“老人”、已退休“中人”、未退休“中人”和“新人”四类群体。如何做到四类人的原有补充养老计划平滑地过渡到新的企业年金计划，保障不同群体员工之间、下属各公司之间的缴费金额的公平性与差异性？

B集团下属子公司分布在全国多个省市自治区，下属各公司都根据当地政策建立了各自的补充养老计划，甚至有一些已有自己的企业年金计划。并且，B集团走上了多元化的发展道路，下属各公司分布在众多产业链上，经营状况差异巨大，相互之间存在着兼并与整合。

如何平衡各公司的原计划转为统一的新企业年金计划，平衡各省份之间的生活物价水平与收入水平差异，保证统一的年金计划不会对一些经营状况较差的企业造成太大财务压力？

解决之道：

安军奇（翰威特咨询公司福利与精算咨询师，北美精算背景）

特殊情况下的企业年金缴费安排

通常人们认为所有人都获得相同的金额是最公平的，但事实是有些员工为企业做了近30年的贡献，有些员工是从其他企业调来的，只做了2年的贡献，如果两者都还有5年就退休，获得一样的企业年金或一样的企业年金缴费比例，对贡献了30年的员工来说是非常不公平的。因此，在缴费比例中适度考虑员工为企业的服务年限，能够部分解决不同服务年限的员工相互之间的公平性问题，也能够鼓励员工长期为企业服务。

又比如说有些老员工还有3年就退休了，有些年轻员工却还有30年才退休，如果两者的缴费金额或缴费比例相同，后者退休时积累的企业年金一定远远超过前者，也是不公平的。因此，在缴费比例中可以通过考虑员工的年龄来部分解决不同年龄员工之间的公平性问题。

另外，男性员工的退休年龄是60岁，女性干部的退休年龄是55岁，女性公认退休年龄是50岁，因此，女性员工会比男性员工少获得5~10年的企业年金缴费，并且鉴于女性平均寿命会比男性寿命长，因此平均到退休后每一年，女性员工会比男性员工补充养老收入要低。因此，缴费比例中可以适度考虑员工的性别来进一步加强缴费的公平性。

新旧计划转移就高不就低

许多企业都将员工区分为“老人”、已退休“中人”、未退休“中人”和“新人”四大类，并对不同的员工提供了不同的补充养老计划，在这种情况下，可以通过就高不就低的原则，给予某些下属企业一定的灵活选择度来满足新旧计划的转移，同时也能够降低对某些经营状况不好的企业的财务风险压力。

在新旧计划的转移过程中，一定会有一些员工的补充养老利益在新旧计划的转移过程中受到损害，此时企业可根据自身的经营情况决定是否给予由于新旧计划转移而利益受到损害的员工一定的补偿，具体的补偿原则也可根据差多少补多少的原则进行，但是补偿的对象是否只针对未退休的“中人”及补偿金的出资渠道是否可以从公司管理成本中列支，或者从员工福利费或应付工资中列支，需要根据各个企业的实际情况及国资委相应的要求来处理。

某些员工的缴费比例可大于8.33%

企业年金相关法规中要求企业年金缴费比例不得超过8.33%，那么是否所有的员工缴费比例都必须小于8.33%呢？答案是否定的。只要企业全体员工总的企业年金的缴费金额小于缴费基数的8.33%就可以了，换句话说，有些员工的缴费比例可以小于8.33%，有些员工的缴费比例可以大于8.33%，从而更好地保证新旧计划的衔接及公司内部员工之间的公平性。

年金法规中要求经营性亏损的企业不能缴纳企业年金，那么在实施企业年金计划的同时如何来降低财务风险呢，或者说如何实现在企业经营状况好的时候多缴费，企业经营状况差的时候少缴费呢？可以将企业的缴费比例与企业的经营状况进行挂钩，在经营状况好的时候，企业给予全部员工一定比例的普涨；经营状况不好的时候，缴费比例普降。

以退休收入替代率法观测系数

选择一套合适的系数是决定方案能否很好地体现公平性与差异性的关键，也是方案能否为企业带来和谐的决定性因素。

在对系数进行测算之前，需要进行一系列条件假设，包括员工未来收入增长率、通货膨胀率、现金折现率、投资回报率等。在有了合理的假设条件的情况下，我们通常会用退休收入替代率（退休后的每年年收入/退休前一年的年收入）法来观测年金设计中的整套系数的合理性。具体来说，系数的选择需要在不同的假设条件下，通过一系列的系数组合来测算各个组合情况下每类员工的退休替代率的变化，并且从替代率的变化中分辨出哪些是正确的变动方向，哪些是错误的变动方向，从而最终选定一套系数以保证大部分员工的补充养老计划在不同的假设条件下都能够平滑过渡。

（资料来源：中国养老金网）

第四节 国外一些国家的养老社会保险制度

一、德国的养老保险制度

德国的养老保险分为三种：法定养老保险、企业年金和私人养老保险。根据法律规定，所有的工人和职员都应参加法定养老保险，自由职业者如医生、律师、艺术工作者等一般参加私人养老保险。公务员和法官由于是国家终身雇用的人员，有一套单独的养老制度，职业士兵也如此。他们不用自己缴纳养老保险费，但退休后可获得优于其他职工的养老待遇。农民养老保险的目的并不是追求完全的生活保障，而只是提供一定的生活补贴。获得农民补贴的前提是投保农民必须将其产业变卖、出租或转让给较为年轻的家庭成员。企业年金是宝贵的补充，不过数量较少。国家往往用税收优惠等政策大力鼓励企业设立企业年金。

在此我们通过举例对德国养老保险制度加以说明。穆勒先生在他的职业生涯结束前的每个月的毛收入为5500马克，扣除各种税收、保险费和其他必须缴纳的费用（如声援建设德国东部费用）后大约剩余3600马克，房租和住宅维修用去1500马克，个人和家庭开支为1500~2000马克，那么在理想的情况下还剩500~800马克，这笔钱用于旅行或汽车。到退休时，穆勒先生的退休金（参加法定养老保险所得的养老金）大约为2400马克，单靠这一收入要想维持原先已习惯的生活水平是困难的。如果他还参加了私人养老保险和企业养老保险，那么可领取的退休金将达到他在职时收入的80%~90%，这样他就能过上无忧无虑的晚年生活了。

德国法定养老保险资金的主要来源是投保人所缴纳的保险费。它的征缴方法是以每个雇员的毛收入为计量基数，由雇主和雇员各缴一半，这笔费用约占职工总收入的18.6%。除此之外，法定养老保险每年可获得一定的国家补贴，这笔费用约占其支出的1/5。

德国的养老保险制度遵循着三项原则：①保障生活标准，这是养老保险的最高目标，它使投保人在从职业生涯过渡到退休状态后，其生活质量不至于大幅度下降。目前，一个职员在投保45年后，其养老保险金可达到同类在职人员净工资的70%，再加上企业补充养老金，可基本上达到其在职时的生活水平。②养老金与工资、缴费挂钩，即缴纳养老保险费及以后支付的养老保险金的高低，原则上依据投保人的劳动工资而定。缴纳养老保险费的时间越长、数额越多，则养老金的数目也越高。不过这里还有一个最高界限，界限以上的工资部分不征缴保险费，在以后计算养老金时也不予考虑。这个缴费上限被称为“缴费计量界限”（它相当于当时平均工资水平的175%）。③养老金领取要定期分享经济进步。具体办法是养老金每年随雇员收入变化的幅度而变化。经过1957年和1992年对养老保险的改革，现在养老金是随着雇员平均净工资相对前一年增长的幅度而变化，所有的养老金在7月1日以后都要相应提高同样的百分点，一直到下一年的7月1日。例如，雇员1995年平均净工资比1994年上涨了2%，那么从1996年7月1日起，投保人的养老金也上调2%。这一上调的养老金一直延续至1997年6月30日，然后再次随雇员净工资的增长幅度进行调整。这就叫活化养老金。

在德国，法定养老保险金包含三个方面：年老养老金、就业能力降低养老金和投保人死亡后的遗属养老金。正常的年老养老金在投保人年满65岁后发放，另有一种是提前性年老养老金，妇女、残疾人、丧失就业能力者及失业人员在年满60岁后可领取提前性年老养老金。此外，投保在35年以上、年满63岁后也可申请领取提前性年老养老金。不过根据1992年养老金改革规定，到2001年后，对提前领取养老金者，其养老金要打一定折扣，即在65岁前领取养老金者，每提前1个月，养老金金额降低0.3%，也就是每提前1年则削减3.6%的养老金。这样做的目的是为了延长雇员的职业生涯，因为随着德国老年人口比例的逐渐上升，几十年后养老保险将会遇到极大的资金困难。

德国遗属养老金的发放对象是投保人死亡后的家庭成员。这里又分为寡妇养老金和孤儿养老金。例如，寡妇年满45岁并必须抚养子女，那么她有权领取其夫就业能力降低养老金的60%。当然这还要看她本人是否有养老金或劳动收入，如有，还要相应扣减。如果寡妇再婚，就不得再领取其前夫的养老金。不过，养老保险机构会一次性发放相当于24个月的寡妇养老金作为补偿。

支付养老金并非养老保险机构的唯一任务，保险机构在发放养老金的同时，还要采取相应的措施，以避免雇员过早地结束职业生涯，而单纯依靠养老金度日，也就是它要为投保人工作能力的保持、提高与恢复服务。与这些措施相关的待遇被称为“职业康复”，它包括医疗待遇、职业进修或转业培训的资助等。在职业康复期间，保险公司要发放货币性待遇以保障其基本生活。

二、美国养老保险制度

美国的国家养老保险制度始建于20世纪30年代。当时给美国带来空前灾难的经济危机，改变了美国政府一直以来的尊重个人、提倡自由的传统观念。1935年，在罗斯福总统领导和主持下，美国通过了历史上第一部社会保障法典——《社会保障法》，并设立社会保障署，由联邦政府直接管理老年保险计划。经过半个多世纪的发展完善，美国已建立起一套较为完备的社会保障体系，目前美国的社会保障由社会保险、社会福利、社会救济三部分组成，其中《老年退休、遗属、残废和老年健康保险》在美国社会保障制度中占有重要位置，属强制性保险，其开支数额占美国社会保障体系总开支的80%左右，属开支最大的一个项目。

经过上百年的发展和不断调整，美国逐步形成了包括国家法定养老保险、私营退休养老保险和个人储蓄养老保险在内的多支柱养老保险体系，被人形象地称为“三条腿的板凳”。

1. 第一支柱：社会养老保险

这一支柱是由国会立法且强制执行的，其主要目的是对因为退休、残病或死亡等原因，工人及其家属的收入减少，由社会给以该工人部分经济补偿。社会养老保险覆盖了美国约96%的劳动人口。

根据1935年颁布，1939年、1956年和1958年三次修订的《社会保障法》的规定，领取养老保险金者必备的条件是：在需要缴纳社会保障税的劳动岗位上工作满10年，并连续10年缴纳了社会保障税，年满65岁的公民才可享受养老退休金，而62~65岁的退休者只可部分享受养老退休金。此外，对于参加保险的因伤残退休者及其未成年的子女、配偶也给予一定的保险费。领取数额取决于所获得的资格分数量。一个资格分对应一定的年收入标准，主要根据当年的全国平均劳动收入确定并随平均收入的提高而调整。领取全额保险金要求获得40个资格分。如果开始领取法定养老保险时的资格分不足40分，领取的保险金将按比例减少。

美国法定养老保险金的计算及调整思路是：在具备领取全额法定养老保险金资格后，工人领取的基本保险金额根据指数化的工人平均收入累积计算所得。这种计算方法反映了社会保障的收入调节功能，原收入越高，领取的退休保险金占原收入比例越低。相反，原来的收入水平越低，领取的退休保险金占原收入比例越高。

美国法定养老保险金来源于美国联邦收入税、社会保障收入本身的课税、美国财政部的一般资金、社会保障资金的投资收益等。

2. 第二支柱：私营退休养老保险

第二支柱是由企业设立的，企业定期向该计划交纳资金，职工退休后每月可按其账户的积累额或企业事先规定的支付额领取养老金。企业和个人每月向养老金计划供款，而养老金管理机构通过投资行为对养老金进行保值与增值，它没有固定利率，投保人的未来收益取决于保险公司的投资收益。这类养老金的建立基本上是企业自愿的，不具有强制性，包括政府公职人员的职业年金计划，覆盖近一半的劳动人口。

私营退休养老保险在美国已经有120年的历史，它不仅早于只有80年历史的基本养老保险，而且在规模上也远远超过基本养老保险的规模。

美国私营退休养老金按积累与支付方式区分。私营退休养老计划可分为给付固定型和缴费固定型两大类。给付固定型计划是事先确定职工退休后每月可享受的退休金，再根据保险基金的运营状况、职工年龄、服务年限等因素，逐年计算雇主的缴费额。缴费固定型计划则不同，私营企业老板和受雇人员按规定比例出资，计入个人账户，其中私营企业老板缴费固定，但必须提供一系列的投资选择供雇员投资参考；受雇人员自行决策投资的对象，自己承担风险，养老金给付取决于受雇人员自己缴费的数量和投资收益的高低。

近年来，美国私营退休养老金中，缴费固定型计划发展很快，正成为主流，与给付固定型呈此消彼长的关系。1997年，缴费固定型计划的资产已占私营退休养老金总资产的比例首次超过50%，超过给付固定型计划的拥有资产。其中在各类缴费固定型计划中，最受欢迎的是由企业设立的401K计划。

目前，401K计划的发展不仅成就了美国经济金融帝国地位，而且正在成为美国精神和美国文化的重要代表。正是因为其独特的机制设计、管理原则、运作模式，401K计划在国际养老保险制度中独树一帜，对全球养老保险制度改革的影响巨大。它深受欢迎的原因有四点：一是职工可以享受税收优惠；二是缴费灵活性大，容易满足不同层次职工的需要；三是可以减轻企业的负担；四是提供包括储蓄、债券、股票、基金等多种投资方式，从实质上来讲，兼具保险保障与投资理财双重功能。

3. 第三支柱：个人养老保险

美国个人退休金计划是一种自愿参加的养老保险，储金一般个人出3/4，企业出1/4，联邦政府通过免征所得税予以扶持和鼓励。在储存时不纳税，在支取时再纳税，也是一种延期纳税办法。此项计划的最高存款额为每年2000美元，并且必须在每年的4月15日前存入。所存款项，连同利息在退休后即可领取，也可继续存入银行，但到达70岁时必须启用。年薪超过一定数额的个人，不能参加这项计划。具体标准是：未婚者年薪超过3.5万美元，已婚者年薪超过5万美元。

美国个人养老保险可以分为：①普通个人退休账户。普通个人退休账户是可以享受延后纳税优惠的个人退休储蓄计划。任何人都可以建立普通个人退休账户，“每人每年投入的数额没有最低限制或其他要求”，但有最高限制。存入个人退休账户的收入是否享受延后纳税，取决于所有者的收入税申报身份、扣除各种免税部分后的调整收入和参加具有税收优惠性质的退休金计划的情况。②个人退休特别账户。个人退休特别账户是2008年后出现的一种新的个人退休储蓄账户。个人退休特别账户中的存款不享受延后纳税，但持有个人退休特别账户满5年和年龄超过59.5岁时，通过个人退休特别账户获得的收入可免交个人所得税。

三、新加坡的强制储蓄养老制度

新加坡是世界新兴工业国家中社会保障体系较完善和系统的国家之一。它的养老制度主要是通过富有创造性的公积金制度来实施的。公积金制度就其实质来说是一种强制性的由劳资双方共同交付、记入个人名下、政府确保偿付和支付利息的个人储蓄积累形式。在近四十多年的探索中，新加坡逐渐形成了立法保障、覆盖全体、政府支持、个人和企业参与的特色，建构了从管理体制到运行方式的整套体系。它的实施大大减轻了社会问题给新加坡政府带来的压力，使得新加坡的经济和政局稳定，同时积极推动了新加坡经济和社会的发展，成为新加坡经济腾飞强有力的推进器。

1. 管理体制

（1）制定、颁布和修订了《中央公积金法》，规定了中央公积金制度及养老保险制度的实施范围、参加条件及有关各方的权利与义务，是实施强制性储蓄模式的法律依据。

（2）中央公积金局是全国养老保险事业的统一管理和执行机构。它既是方针政策的制定者（如规定总投保费率、投保费比例、投保年限、退休年龄等），又是具体实施强制储蓄的业务部门，还是确保养老保险基金保值与增值的金融机构。

（3）设立养老金个人账户。它记载个人姓名、年龄、工作单位、本人及雇主的投保额、投保年数及累积金额等必要内容。

2. 覆盖对象

新加坡的养老社会保险最初仅覆盖被雇用的工薪劳动者，后来个体劳动者、小业主、自由职业者也可以成为中央公积金会员。1984年，中央公积金制度的参加者已占全国劳动者总数的97.3%，占总人口的73.4%。

3. 养老金享受条件

（1）劳资双方按月向个人账户缴费。雇员必须每月在个人账户上储蓄个人工资收入的一定比例。储蓄基础为本人的负担工资，即工资低于下限时可免于储蓄，高于上限的部分也可不作为储蓄的基数。雇主每月也必须向雇员的个人养老账户储蓄其负担工资的一定比例。双方分担的比例由中央公积金局根据经济发展状况，采取等比制或级差制确定，并做适时调整。雇主与雇员的共同储蓄构成雇员养老金的全部来源，国家财政不予资助。这就突出了新加坡养老制度的自我保障色彩。

（2）缴费储蓄必须达到规定的年限，一般规定为20年。储蓄不足20年者，如无特殊原因，无权享受养老金。

（3）达到法定退休年龄55岁。达到退休年龄后才能提取个人账户积累的养老金。

4. 养老金的积累

由于实行以自我养老为实质的个人账户制，每个雇员养老金的多寡取决于本人在业期间的工资水平、中央公积金局制定的总储蓄率及存储利率。

尽管国家财政不直接资助个人养老账户，但政府规定了超过物价涨幅的个人养老储蓄利率，仍是国家对个人养老事业的有力支持。较高的储蓄利率是新加坡个人养老基金保值与增值的主要渠道。据统计，1966—1987年，新加坡的物价涨幅为年均3.7%，1970年和1975年国家规定的个人养老储蓄利率分别为5.75%和6.5%。

5. 养老金的领取

投保者达到退休年龄后，不能一次性领取个人养老账户上积累的所有金额，只能一次性领取一部分，在账户上留足规定数额，改为年金领取，或者转入银行或商业性保险公司储存。如果执意不肯留足规定的最低留存额，必须向中央公积金局提供相当价值的不动产做抵押。此举旨在确保养老金对老年生活的保障作用。

经过几十年的运转，新加坡强制储蓄养老的中央公积金制度取得了巨大的成就：

（1）广泛的覆盖范围。截至2000年4月月底，中央公积金计划共有285万名成员，占全国总人数的85%以上。

（2）高积累率。1999年，新加坡的国民积累总值为830亿美元，占国民生产总值的54%。中央公积金的积累通常占国民生产总值的20%或更高一些。并且，中央公积金的余额甚至比新加坡财政部一年的财政收入还要高出很多，这种情况在世界上的其他国家是很少见的。

（3）高的住房拥有率。政府发动的住房所有计划使得86%的人口能够居住在公房中，并且其中91%的人拥有住房的所有权。

（4）良好的投资回报。1990—1998年，公有住房的升值率为12.7%~14.8%，扣除面积因素，其回报率为年均9.3%的增长率。

（5）高效的医疗系统。新加坡的医疗卫生系统被国际卫生组织评为亚洲最有效的医疗卫生系统，国际上排名第六。

（6）较低的社会救济率。公积金计划下的许多政策都通过覆盖三代家庭成员以鼓励家庭成员间的相互支持。住房、医疗和教育的花费可由中央公积金计划下的不同政策中开支。1999年，全新加坡仅有2200人领取社会救济金。因此可以说，新加坡的强制储蓄养老制度不但实现了养老自我保障，还实现了住房自我保障，并且促进了国家经济的良性循环，其成功经验受到各国的高度重视。

四、智利"纯个人账户"养老保险制度

智利养老保险制度的建立始于1924年，逐步发展成为投保资助型养老保险模式，在资金筹措上采取现收现付方式，由在职职工和雇主分别按一定比例缴纳养老保险费。在发展过程中，该模式的弊端日益明显，投保费率不稳定且越来越高，雇主与在职职工负担日益沉重，逃避缴费者增多，给付压力大。缴费与享受退休金不对等且各行业间差别较大，导致代际隔阂加深。1981年，智利颁布了关于社会保险制度改革的3500号法令，摒弃由来已久的投保资助养老保险模式，转而实行纯粹的个人储蓄养老制度。和新加坡相比，智利养老制度的自我保障性质更加突出。

1. 管理体制

智利属于市场经济国家，强调个人效率，其养老保险实行分散民营的管理体制。各个民营的养老基金管理公司根据法律进行养老金的收支与管理。各个管理公司自定收费标准，而养老制度的参加者根据公司的收费标准和经营业绩自由选择养老基金管理公司，并可中途转换，以促进竞争。这与新加坡实行中央公积金局的统一管理有较大的差别。而政府起着监督和保证作用，监督各养老基金管理公司对基金的使用，负责养老基金管理公司破产后投保人保险金的支付。

2. 覆盖对象

所有雇员、自营业者、服务行业的雇员都可参加养老社会保险，每个参加者都有一个个人养老账户。

3. 享受条件

（1）参加者个人投保。由于雇主不缴费，雇员养老就完全成为个人的责任，这也是有别于新加坡之处。保费大致相当于月平均工资的13%，其中10%用于养老保险金，1%用于残疾和遗属保险金，2%用于管理公司的管理费用。如果管理公司的经营业绩好，会刺激参加者的投保热情，有的自愿投保高达月工资的25%。

（2）男性达到65岁、女性达到60岁可领取养老金。对超过法定退休年龄的雇员不强制退休，仍可继续投保。法律允许部分雇员提前退休，可领取预付退休金。

4. 养老金积累

与新加坡主要通过偏高的中央公积金存储利率实现保值与增值的方式不同，智利主要通过管理公司的投资活动实现保值与增值、扩大基金规模的目的。政府限定养老基金管理公司的投资领域主要为：政府债券、金融机构债券、可转换成股票的公司债券、房地产公司股票、投资信托证券公司发行的流通票据及中央银行和外国金融机构发行的债券等，并规定了确保养老基金投资安全的措施。自新的个人储蓄养老保险制度实施以来，养老基金管理公司都取得了良好的经营业绩。

自1990年12月到1994年8月，养老基金的价值增值实际增长了198.63%，成为金融市场的主要力量。

5. 养老金给付

投保者达到养老金领取年龄后，以年金形式按月从管理公司的个人账户上领取养老金，其数额与物价指数挂钩。这种方式使雇员在开始领取养老金后，还要承担管理公司用其个人

账户的养老基金进行投资的风险。

如果投保者合法提前退休，可领取的预付退休金相当或略高于最后 10 年平均工资的 50%，并相当或略高于政府最低保证金的 110%。

6. 生命年金

这是与“养老基金管理公司”性质不同的生命保险公司即商业人寿保险公司推出的商业人寿保险业务。养老基金管理公司的投保者既可另外向生命保险公司投保，也可将基金管理公司的个人账户上积存的养老基金转移到生命保险公司，达到退休年龄后可以从中领取生命年金，个人便不再承担养老基金管理公司用其个人养老基金进行投资的风险，也不再享受其投资收益。

复习思考题

1. 什么是养老保险？其性质是什么？
2. 养老保险有几个发展阶段？
3. 建立养老社会保险制度的原则是什么？
4. 养老保险与商业人寿保险的区别是什么？
5. 养老保险的基本类型有哪些？
6. 养老保险基金筹集的模式有几种？
7. 养老保险基金的来源有几方面？
8. 什么是费率？费率如何确定与调整？
9. 养老保险待遇的享受条件有哪些？
10. 替代率如何确定？
11. 企业年金有哪些模式？
12. 简述企业年金制度各环节的主要内容。

第四章

中国养老保险制度的发展与改革

本章概要

养老保险制度使劳动者在年老丧失劳动能力后有权利分享社会成果，这是对劳动者历史贡献的认可，体现了社会公平。本章主要讲述我国养老保险制度的产生、发展、深化改革的历程，较为详细地介绍了中国职工基本养老保险制度改革的重点内容，以及中国城乡居民养老保险制度改革的重点内容。

第一节　中国养老保险制度的建立与发展

中国养老保险制度始建于20世纪50年代初期（1951年政务院公布了《中华人民共和国劳动保险条例》），劳动保险基金按企业全部工人与职员工资的3%提取，实行社会统筹。1969年，退休费用社会统筹被取消，退休费用改由企业直接支付，由“营业外支出”列支，社会保险演变为企业保险，退休职工生活待遇得不到保障，企业退休费用负担畸轻畸重，无法平等竞争。

从20世纪80年代初开始，我国开始对养老保险制度进行改革试点，改革的重点主要有以下几个方面：

一、推行退休费用社会统筹

20世纪80年代以来，我国退休人员大量增加，退休费用也相应增加，退休费用由企业直接支付的办法带来了很多问题：难以保障退休人员的生活；影响了企业活力（一些退休费用负担重的企业，不可能与其他企业同等条件下开展竞争）；影响在职职工与退休人员的团结；不利于经济体制改革的发展。届时，为了搞活企业，各地都在推行经营承包制和租赁制，但是一些老企业的退休人员多，退休费用负担重，因此没人愿意承包或承租。

以上情况说明，退休费用由各单位自己支付，不仅会影响退休人员的正常生活，也给经济改革带来严重的影响，更不利于社会的安定，必须进行改革。

1991年6月，《国务院关于企业职工养老保险制度改革的决定》确定了我国的养老保险实行社会统筹、资金“三方负担”的原则和基金筹集实行“部分积累”的模式。实行社会统筹可以避免企业负担畸轻畸重，使养老基金可以在企业之间调剂，劳动者共担风险。

社会统筹后的职工退休待遇包括国家按统一规定支付给离休、退休、退职职工的离退休金、副食品价格补贴、粮贴、宿舍冬季取暖补贴、离退休生活补贴等。

统筹基金本着“以收定支，略有节余”的原则提取。其具体提取办法是：生产企业单位按工资总额的13%提取离退休统筹基金；施工企业单位暂按自行完成建安工作量的1.35%提取离退休统筹基金，如果国家对“三大材”统一调价，应重新核定统筹基金的提取比例；生产企业在“利润——营业外支出”列支，施工企业在“间接费”列支，企业化管理的事业单位在“盈余——营业外支出”列支。提取比例三年不变。若统筹项目扩大或国家对离休、退休、退职职工待遇有变动再行调整。统筹基金实行分级管理。统筹基金按季解缴或弥拨，逾期解缴加收滞纳金，建立年度预决算制度。统筹基金在当地银行开设专户，专款专用，不得挪用，统筹基金不征税。

二、建立劳动合同制后职工的养老保险制度

1986年，国务院发布《国营企业实行劳动合同制暂行规定》，决定国有企业新招工人一律实行劳动合同制，明确规定国家对劳动合同制工人的退休养老实行社会统筹，退休养老基金的来源由企业和劳动合同制工人缴纳，即企业按劳动合同制工人工资总额的15%左右、劳动合同制工人按不超过本人工资标准的3%缴纳退休养老费用。退休金收不抵支时国家给以补贴，并具体规定养老保险待遇等。

这次改革是对原有退休养老制度的重大改革，也是中国养老保险制度由原来的退休制度向社会保险制度转型的重要标志。当然，这一改革只是国有企业劳动制度改革的一项内容，并未成为一项单独的社会保险制度，但它所包含的内容却真实地表明了国家对单位保障制度下的传统退休养老制度的放弃和对建立在责任分担基础之上的社会化养老保险制度的追求，从而标志着中国退休养老制度进入了社会养老保险时代。

三、国有企业职工基本养老保险制度改革

鉴于传统退休养老制度的单位化特色和国际上对现收现付养老保险模式无法适应人口老龄化的评论，以及基金制养老保险制度在一些国家的兴起，中国在继续推进养老保险社会统筹单位化的改革的同时，也在思考着如何吸收国外经验，实现制度创新。

1995年3月1日，国务院发布《关于深化企业职工养老保险制度改革的通知》，确立了社会统筹与个人账户相结合的养老保险新模式，同时作为附件发布的还有《企业职工基本养老保险社会统筹与个人账户相结合实施办法之一》《企业职工基本养老保险社会统筹与个人账户相结合实施办法之二》。这一通知及两个法规性文件的颁布，标志着统账结合模式的养老保险制度的出台。在这种制度模式下，企业与职工均按照一定的比例承担缴纳养老保险费的义务，其缴费被分解成两个部分，分别记入社会保险经办机构的统筹基金账户和归职工所有的个人账户，职工的退休待遇则包括来源于社会统筹部分的养老金与个人账户上的积累额。

1997年，国务院发颁发《关于建立统一的企业职工基本养老保险制度的决定》，要求各地逐步统一基本养老保险方案，改变各地基本养老保险差异过大的局面。1998年，劳动和社会保障部成立，全国社会保障行政管理体制走向统一。同年7月，我国开始打破行业统筹等非属地统筹管理模式的养老保险制度，国务院发布《关于实行企业职工基本养老保险省级统筹和行业统筹移交地方管理有关问题的通知》。此后，行业统筹模式逐步被取消，统账

结合模式的基本养老保险属地管理得到贯彻，并逐步向省级统筹过渡。

统账结合的养老保险制度在理论上兼顾了效率与公平，具有科学性与合理性。但是，其在中国的实践中却出现了严重的“空账”问题，严重影响城镇养老保险制度的建设与发展。为了解决“空账”问题及规范养老保险制度，2000 年 12 月 25 日，国务院发布《关于印发城镇社会保障体系试点方案的通知》，重点对正在确立中的基本养老保险制度进行改进，包括分离基本养老保险的社会统筹与个人账户，对社会统筹基金与个人账户基金实行分账管理，并逐步作实个人账户。2001 年，辽宁省作为改革试点开始实行新的制度模式。

2005 年 12 月 3 日，国务院下发了《国务院关于完善企业职工基本养老保险制度的决定》，对基本养老保险的覆盖范围、养老金计发办法及企业年金等十一个方面的内容做出了相应的规定。2015 年 1 月，国务院印发《关于机关事业单位工作人员养老保险制度改革的决定》，对机关事业单位工作人员实行与企业职工基本养老保险制度相类似的改革。

四、三支柱、综合性、多层次的企业职工养老保险体系的建立

传统的退休养老制度是单一层次的养老保障制度，离退休人员的晚年生活完全依靠单一层次的离退休金，其后果是责任集中、风险集中、替代率居高不下。为此，近 10 多年来，我国采纳世界银行提出的三个支柱式养老保障体系思路，以建立多层次化养老保障体系为追求目标，大力发展包括基本养老保险、企业年金和个人储蓄寿险在内的三支柱、综合性、多层次的企业职工养老保险体系。

按照新制度的体系框架，目前我国已经建成：由政府主导并负责管理的基本养老保险构成职工养老保障体系的第一层次或第一支柱；政府倡导但由企业自主发展的企业年金或职业年金（原来称为补充养老保险）构成职工养老保障体系的第二层次或第二支柱；团体或个人自愿购买的商业性人寿保险则构成了职工养老保障体系的第三层次或第三支柱。事实上，如果仅从老年保障的角度出发，一些地区还有地区性补充养老保险或互助性质的老年保险，以及面向老年贫困人口的救济等。

五、城乡居民社会养老保险的建立

面对日益严重的老龄化趋势，加之传统的家庭保障日益弱化，自 20 世纪 80 年代起，我国不少地方开始了农村养老保险的制度探索。回顾整个农村养老保险的发展历程，大体经历了制度探索与初建阶段（1986—1992 年）、试行推广阶段（1992—1998 年）、改革与完善阶段（1999 年至今）。进入 21 世纪，我国农村养老保险进一步开展试点与推广。2009 年，国务院决定开展新型农村社会养老保险试点。2011 年上半年，国务院决定在全国所有县级行政区全面开展新型农村社会养老保险和城镇居民社会养老保险工作。2014 年 4 月 21 日，国务院发布了《关于建立统一的城乡居民基本养老保险制度的意见》，提出将新农保和城镇居民养老保险“合二为一”。根据目前多数已出台的省级实施办法，各地力争在 2020 年以前，全面建成公平、统一、规范的城乡居民养老保险制度，实现基本养老保险全民覆盖。至此，我国覆盖城乡居民的社会养老保障体系基本建立。

到 2014 年 11 月底，我国职工和城乡居民养老保险参保合计达 8.37 亿人，其中职工参保 3.38 亿人，城乡居民参保 4.99 亿人，待遇领取 2.26 亿人。目前，全国还有 1 亿多人没有参加基本养老保险。

目前，国务院有关部门已经制定并开始实施以养老、医疗保险为重点的全民参保登记计划。通过优化政策、加强宣传、严格执法、提升服务、逐人逐户登记确认等措施，力争使基本养老保险制度覆盖人数在2017年达到9亿人，到2020年达到10亿人左右，将覆盖率由目前的80%提高到95%。

六、机关事业单位养老保险制度改革

2015年1月，按照中央部署，有关部门经过广泛调查研究和反复论证，国务院印发《关于机关事业单位工作人员养老保险制度改革的决定》，决定对机关事业单位工作人员实行与城镇企业职工基本养老保险相类似的养老保险改革。

改革的基本思路是“一个统一、五个同步”。“一个统一”，即党政机关、事业单位建立与企业相同的基本养老保险制度，实行单位和个人缴费，改革退休费计发办法，从制度和机制上化解“双轨制”矛盾。“五个同步”，即机关与事业单位同步改革，职业年金与基本养老保险制度同步建立，养老保险制度改革与完善工资制度同步推进，待遇调整机制与计发办法同步改革，改革在全国范围同步实施。

这次改革不再将机关视为特殊群体，而是与事业单位同步改革，并且改革不再进行试点，在全国范围同步实施。

同时，方案还提出同步建立职业年金与基本养老保险制度，职业年金是机关事业单位养老保险制度改革的重要配套措施，与只有少数企业职工有企业年金相比，参保的机关事业单位将全面建立职业年金制度。

当然，机关事业单位中在制度启动前参加工作并已退休人员，以及本次改革启动前参加工作但未退休人员（中人）的改革成本如何承担、职业年金由谁来经办、财政补充机关事业单位养老金的比例是多少等难题，都将成为改革的难点。

第二节 中国企业职工基本养老保险制度

基本养老保险也称国家基本养老保险，它是按国家统一政策规定强制实施的为保障广大离退休人员基本生活需要的一种养老保险制度，是我国多层次养老保险体系中的第一层次，也是最高层次。

一、中国企业职工基本养老保险制度的模式

中国企业职工基本养老保险制度的模式是社会统筹与个人账户相结合。这种模式是基于对我国基本国情特点的深刻认识，借鉴国际上社会保险发展的经验和教训，把社会统筹的长处与个人账户的优势结合起来创造的一种具有中国特色的基本养老保险制度。

社会统筹是指社会保险基金在大范围内由社会保险经办机构依法统一征收、统一管理，并在属地范围内统一调剂使用。个人账户则是指由企业和职工共同缴费，记于个人名下，以备将来之需。

社会统筹与个人账户相结合的实质就是把公平与效率结合起来，把社会互济与自我保障结合起来，把保障基本生活与鼓励勤奋劳动结合起来。这种结合不能简单地理解为社会统筹再加上个人账户，两者应当是相互渗透、相互补充的有机整体。社会保障作为收入的再分

配，具有缩小工资分配差别，追求公平的功能。社会互济是由自然经济社会进入工业化社会后家庭的保障功能大大削弱后的必然产物。统一筹集和调剂社会保险基金是大范围内分散风险的需要。这些社会保险的基本原理与我们的社会发展目标是相吻合的，因此，需要社会统筹的方法。但同时，为了加快经济发展，提高效率，我国还必须在养老保险待遇中更多地体现劳动差别，必须引入激励机制，而个人账户就是一种较好的体现方式。它以记账的形式比较直观地反映了工资水平的高低和劳动贡献的大小，因而对劳动效率的刺激更加直接。

现在，也有一些国家在养老保险制度中试图体现在基本保障基础上的个人差异，但明确提出社会统筹与个人账户相结合的，我国是第一个。因此，提出这一原则是中国首创，在世界养老保险发展史上谱写了新的篇章。

二、中国企业职工基本养老保险制度的原则

按照1997年国务院发颁发《关于建立统一的企业职工基本养老保险制度的决定》，我国企业职工基本养老保险制度的改革原则是：

（1）社会统筹与个人账户相结合的原则。这一原则是从我国实际出发，在总结国内外经验的基础上发展形成的，是有中国特色的社会保障制度的重要标志，也是我国新的养老保险制度的核心内容。它既不同于一些西方国家的高福利制度，也不同于一些国家的完全储蓄养老保险制度，而是符合中国国情的制度创新。这一制度界定了国家对职工养老应负的有限责任，也明确了职工个人应负的养老保险责任。它既体现社会互济、又突出自我保障，既讲究公平、又注重效率，既体现政府的责任、又强调企业和职工个人的责任，把待遇水平同职工个人的贡献大小紧密地联系起来，从根本上改变了国家、企业包下来的旧制度，标志着我国养老保险制度的根本性改变等。

（2）覆盖广泛的原则。发展社会主义市场经济，促进劳动力资源合理流动和有效配置，提高公民的生活质量，维护社会稳定，所有这些客观上都要求扩大社会养老保险的覆盖面。此外，基本养老保险既然是社会保险，就必须充分体现其“社会性”，即要求通过扩大基本养老保险的覆盖面，充分发挥养老保险的“大数法则”在全社会分担风险的功能。提高基本养老保险的覆盖面还有利于体现社会保险的公平原则，即保障社会中的各种所有制经济的劳动者之间在享受法定养老保险权益上权利平等。

（3）水平适当的原则。合理确定基本养老保险的待遇水平是养老保险制度改革的一个关键性问题。养老保险待遇水平必须同我国社会生产力发展水平和经济承受能力相适应。政府强制实行的基本养老保险只能保障人们的基本生活。至于提高待遇水平问题，要通过建立多层次的养老保险体系来解决。

（4）结构合理原则。我国是一个发展中国家，经济还不发达，为了使养老保险既能发挥保障生活和安定社会的作用，又能适应不同经济条件的需要，以利于劳动生产率的提高，就需要建立以基本养老保险、企业年金、职工个人储蓄性养老保险三个部分（或层次）组成，结构合理的基本养老保险体系，三层次之间强调结构互补，平衡搭配。

（5）基金平衡的原则。基本养老保险基金收支平衡是指在目标期间内在职职工养老金缴费收入与退休职工养老金发放支出的数额的相等。养老保险基金平衡必须保证满足以下两个条件：一是养老金发放数额能够保证退休职工基本养老生活的需要；二是在职职工的缴费负担必须在企业、职工可承受的范围之内。如果养老金发放数额过低，或者在职职工的缴费

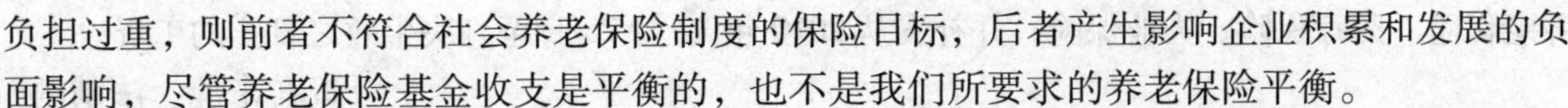

负担过重，则前者不符合社会养老保险制度的保险目标，后者产生影响企业积累和发展的负面影响，尽管养老保险基金收支是平衡的，也不是我们所要求的养老保险平衡。

三、中国企业职工基本养老保险制度的实施范围及其参保条件

1. 实施范围

我国企业职工基本养老保险制度的实施范围包括：

(1) 职工（含农民工）与企业（含企业化管理的事业单位、民办非企业单位，下同）签订劳动合同之月起，应按规定参加企业职工基本养老保险。职工如未与企业签订劳动合同，但存在事实劳动关系的，应从企业支付工资之月起按规定参加企业职工基本养老保险。

(2) 事业单位转制为企业的，从规定的转制之月起参加企业职工基本养老保险。其中，事业单位原参加机关事业单位养老保险的，按规定整体转移养老保险关系和个人账户金额，接续养老保险关系。

职工由机关事业单位进入企业工作之月起参加企业职工基本养老保险。其中，职工原参加了机关事业单位养老保险的，按规定转移养老保险关系和个人账户金额，接续养老保险关系。

(3) 法定退休年龄以内的城镇个体工商户及其雇工、城镇自由职业者、城镇灵活就业人员（简称个体参保人员），应在户籍所在地参加企业职工基本养老保险。超过法定退休年龄的人员，不再参加企业职工基本养老保险。

(4) 一直未参加企业基本养老保险，已解体、撤销或已经没有生产经营能力、无力缴纳基本养老保险费的城镇集体所有制企业，不再纳入养老保险统筹范围；没有达到法定退休年龄且有参保愿望的职工，可按城镇个体参保人员基本养老保险有关规定参加企业基本养老保险，按规定缴纳基本养老保险费，并从当地实施城镇集体所有制企业退休费用社会统筹之月起，按其统筹办法规定补缴基本养老保险费（含利息）。

案例：老宋是沈阳市苏家屯区红菱街道烟台村人。1975 年老宋成了沈阳市某机厂一名车工。1998 年，老宋被街道办事处分配到沈阳市某设备厂。“当时的工资每月几百元，开始效益好的时候，每个月都发，后来就是有钱的时候发，没钱的时候欠着，再后来就待岗了。”老宋回忆。

待岗后，老宋也一直在与单位、街道交涉补发所欠工资。2010 年 12 月 24 日，由红菱街道办事处为老宋补发了最后一笔拖欠的工资。

工资虽然到手了，老宋却发现企业一直没有给自己上社会保险。

2011 年 6 月 8 日，苏家屯区红菱堡镇经济贸易发展服务中心和老宋工作过的设备厂出具了证实材料：老宋“因其非城镇户口故未办理养老保险事宜”。“凭啥农民工就不给上保险啊？”老宋觉得不公平。2011 年 7 月，老宋将单位告上法庭。

此案经过一审、二审、检察机关抗诉，辽宁省高级人民法院指令重审。

沈阳市中级人民法院审判监督主审法官徐亮先后三次公开开庭审理这起劳动争议案件。经过再审认定，老宋与与其工作过的设备厂形成事实劳动关系，依据《中华人民共和国社会保险法》和《中华人民共和国劳动合同法》的规定，老宋工作过的设备厂应当为老宋补缴养老保险、医疗保险及失业保险。

2014 年 12 月 29 日，沈阳市中级人民法院做出终审判决，老宋工作过的设备厂为老宋补缴

养老保险、医疗保险、失业保险；并补发从2010年12月25日至判决生效之日止的工资。

（资料来源：法制网）

2. 参保条件

（1）年满16周岁。

（2）男性：未年满60周岁。

（3）女性：1996年前有视同缴费年限的，未年满50周岁；1996年及其以后参保且无视同缴费年限的，未年满55周岁。

对于超过法定退休年龄的人员，将不再参加企业职工基本养老保险。

此外，按照国家人力资源和社会保障部统一要求，从2011年起，全国各地都适当放宽城市人员参加职工养老保险的参保条件。例如，河南省规定：凡目前具有河南省城镇户籍，曾经与城镇企业（包括本行政区域外的城镇企业）建立劳动关系或形成事实劳动关系的，本人自愿，均可办理补缴参保手续。应补缴的基本养老保险费原则上由个人负担，有条件的单位可以对曾经在本单位工作过的人员补缴基本养老保险费给予适当补助。

按照规定，参保人员补缴保费时，以当时当地对应上年度职工月平均工资的一定比例为基数，按照当时当地企业和职工的缴费比例执行，其中：参保时年满70周岁及以上的，从当时当地对应上年度职工月平均工资的60%、80%、100%三个档次中自选一个作为补费基数；参保时年满60周岁不满70周岁的，从当时当地对应上年度职工月平均工资的80%、100%两个档次中自选一个作为补费基数；参保时不满60周岁的，以当时当地对应上年度职工月平均工资的100%作为补费基数。

对确实曾经在城镇企业工作但原始资料缺失的人员，由原单位或上级主管部门初审并在职工居住比较集中的地方进行公示且无异议后，按规定程序报批。

四、中国企业职工基本养老保险制度的费用筹集

目前，我国基本养老保险按照“以收定支，略有结余，留有部分积累”的原则，研究制订养老保险费用筹集计划。

1. 企业缴费

我国规定，企业缴纳基本养老保险费一般不得超过本企业职工工资总额的20%（包括划入个人账户部分），具体比例由各地人民政府确定。已经实行统一费率的地区，如果离退休人员较多、养老保险负担过重、基金积累不足、费率确需超过20%的，要提供详细测算资料和控制费率计划，报送人力资源和社会保障部及财政部批准；目前尚未实行统一费率的省市，费率如超过20%的，要由当地人民政府批准，并报人力资源和社会保障部及财政部备案。

企业必须按月向社会保险经办机构申报应缴纳的基本养老保险费数额，经社会保险经办机构核定后，在规定的期限内缴纳基本养老保险费。

企业缴费基数原则上为本单位上一年度工资总额，如单位工资总额低于全部参保职工个人缴费工资之和，以全部参保职工个人缴费工资之和作为缴费基数。

同时，对于收入过高或过低的人群，还相应地设定了缴费基数的上、下限，即月平均工资低于上一年月平均工资下限的，以下限作为缴费基数；高于上限的，以上限作为缴费基数。月平均工资在上、下限之间的，则按本人实际工资收入确定养老保险缴费基数。

例如，2013 年度北京市职工年平均工资为 69521 元，月平均工资为 5793 元，因此北京市规定：2014 年参加基本养老保险职工缴费基数上限为 2013 年职工月平均工资的 300%，最高不超过 17379 元/月；参加基本养老保险职工缴费基数下限为 2013 年职工月平均工资的 40%，最低不低于 2317 元/月。

为了加强基本养老保险的费用筹集，政策规定，企业不参加基本养老保险或不按时足额缴纳基本养老保险费的，由劳动保障行政部门责令限期改正，按照国务院《社会保险费征缴暂行条例》的规定予以行政处罚，并将企业违法行为的信息依法计入本市企业信用信息系统；企业给被保险人享受基本养老保险待遇造成损失的，被保险人有权要求企业赔偿。

案例：北京杨某于 2000 年 5 月入职某公司，岗位为保洁员。2014 年 3 月，杨某达到法定退休年龄。在办理离职手续时，她得知入职后单位一直未给其缴纳社会保险，直到 2008 年 4 月才开始缴费，造成她无法享受养老保险待遇。与单位多次协商无果后，杨某申请仲裁，仲裁委做出不予受理通知书。工会法援律师帮杨某向法院提起诉讼，要求某公司支付 2000 年 6 月至 2008 年 3 月未缴纳社会保险赔偿金共计 9930. 8 元。

裁决结果：杨某诉求获得法院支持，获得养老保险和失业保险一次性生活补助费共计 9930. 8 元。

案件点评：本案的特殊性是杨某在达到退休年龄后才知道单位未为其缴纳社会保险。根据 2009 年 6 月《北京市劳动和社会保障局、北京市高级人民法院关于劳动争议案件法律使用问题研讨会会议纪要》第三十六条的规定，因用人单位未为农民工缴纳养老保险费，农民工在与用人单位终止劳动关系后要求用人单位赔偿损失的，应当自劳动关系终止之日起一年内提出，用人单位应赔偿农民工养老保险损失，具体计算方法是：1999 年 6 月 1 日至 2002 年 12 月 31 日期间，按 19% 的比例计算用人单位应缴费数额；2003 年 1 月 1 日之后，按 20% 的比例计算用人单位应缴费数额。

另外，《北京市高级人民法院、北京市劳动争议仲裁委员会关于劳动争议案件法律适用问题研讨会会议纪要（二）》第四十七条规定，仲裁委、法院对于 2011 年 6 月 30 日前用人单位未为农民工缴养老险的，可判决赔偿损失。由此来看，对于 2011 年 6 月 30 日前用人单位未给农民工缴纳社保费的，无法补缴，只能通过赔偿金的方式给予补偿。而对于这种赔偿数额，缴费基数是相应年度最低工资标准，而非劳动者相应年度的劳动报酬。

2. 个人缴费

（1）职工个人按本人上月工资（或上一年月平均工资，下同）作为基数缴纳基本养老保险费，缴费比例为 8%，由所在企业在发放工资中代扣代缴。企业应为职工设立工资收入台账，逐月进行登记，经职工签字确认，社会保险经办机构据此核定职工个人缴费工资和企业的全部职工缴费工资总和。

（2）职工个人缴费工资按国家统计局规定列入工资总额统计项目的实际收入计算，包括计时工资、计件工资、奖金、津贴和补贴、加班工资及特殊情况下支付的工资。

特殊情况下支付的工资包括：

1）根据国家法律、法规和政策规定，因病、工伤、产假、计划生育假、婚丧假、事假、探亲假、定期休假、停工学习、执行国家或社会义务等原因按计时工资标准或按计时工资标准的一定比例支付的工资。

2）附加工资、保留工资。

个人经核定的缴费工资，最高不得超过上一年当地在岗职工月平均工资的300%，最低不得低于上一年当地在岗职工月平均工资的60%。

此外，对于个体参保人员，其缴费一般是按上一年当地在岗职工月平均工资的20%缴纳基本养老保险费。目前，全国各地为鼓励个体参保人员参保的积极性，其参加国家基本养老保险的缴费均给与政策优惠，具体缴费办法按所在市（州）社会保险经办机构的规定执行。例如，2014年度自贡市个体参（续）保人员基本养老保险缴费标准见表4-1。

表4-1 2014年度自贡市个体参（续）保人员基本养老保险缴费标准 （单位：元）

2013年全省城镇非私营单位在岗职工平均工资	缴费基数			缴费金额			
				年缴费金额			月缴费金额
	档次（%）	年缴费工资	月缴费工资	合计（20%）	社会统筹金（12%）	个人账户（8%）	
A	B	C	D	E	F	G	H
49018	40	19607.2	1633.93	3921.36	2352.86	1568.57	326.78
49018	50	24509	2042.42	4901.81	2941.08	1960.72	408.48
49018	60	29410.8	2450.90	5882.16	3529.30	2352.86	490.18
49018	70	34312.6	2859.38	6862.52	4117.51	2745.00	571.88
49018	80	39214.4	3267.87	7842.88	4705.73	3137.15	653.57
49018	90	44116.2	3676.35	8823.24	5293.94	3529.30	735.27
49018	100	49018	4084.83	9803.60	5882.16	3921.44	816.97

注：1. C＝A×B，D＝C÷12，E＝H×12，F＝C×12%，G＝C×8%，H＝D×20%。
2. 缴费比例为缴费工资基数的20%。

同时，我国政策规定，在存档机构以个人名义委托存档的本地城镇户籍人员，因各种原因未缴纳基本养老保险费或有缴费中断情况的，其在国家规定劳动年龄内（不包括已领取养老保险待遇人员）可向存档机构提出书面补缴申请。

例如，北京市规定，个人申请补缴基本养老保险时，相应年度缴费工资基数档次分为以下三档：

① 第一档为补缴年度上一年本市职工月平均工资。

② 第二档为补缴年度上一年本市职工月平均工资的60%。

③ 第三档为补缴年度缴费工资基数下限。

北京历年规定的计入个人账户比例见“补缴年度缴费工资基数档次及计入个人账户比例表”，见表4-2。

表4-2 补缴年度缴费工资基数档次及计入个人账户比例表 （单位：元）

补缴年度	上一年本市职工月平均工资	上一年本市职工月平均工资的60%	下限	个人账户比例（%）
1992年10月—12月	240	144	144	2
1993年1月—12月	284	170	170	2
1994年1月—12月	377	226	226	5
1995年1月—12月	545	327	327	5

（续）

补缴年度	上一年本市职工月平均工资	上一年本市职工月平均工资的60%	下　限	个人账户比例（%）
1996年1月—3月	679	407	407	5
1996年4月—12月	545	327	327	5
1997年1月—12月	679	407	407	5
1998年1月—6月	798	479	479	5
1998年7月—12月	798	479	290	11
1999年1月—12月	918	551	310	11
2000年1月—12月	1024	614	400	11
2001年1月—12月	1148	689	412	11
2002年1月—12月	1311	787	435	11
2003年1月—3月	1311	787	435	11
2003年4月—2004年3月	1727	1036	465	11
2004年4月—2005年3月	2004	1202	465	11
2005年4月—12月	2362	1417	545	11
2006年1月—3月	2362	1417	545	8
2006年4月—2007年3月	2734	1640	580	8
2007年4月—2008年3月	3008	1805	1203	8
2008年4月—2009年3月	3322	1993	1329	8
2009年4月—2010年3月	3726	2236	1490	8
2010年4月—12月	4037	2422	1615	8

作为《中国养老金发展报告2014——向名义账户制转型》的分报告之一，这份名为《现行统账结合模式下隐形债务预测与测算》的报告称，以2012年为基准，社会统筹账户的隐形债务为83.6万亿元，个人账户的隐形债务为2.6万亿元，城镇职工基本养老保险统账结合制度下的隐形债务合计为86.2万亿元，占2012年GDP的比率为166%。

据报告的执笔人，中国社科院世界社保研究中心魏吉漳博士介绍，本报告是从精算角度对养老保险的财务做评估研究的，目的是通过精算技术进行财务测算，以收支平衡为基金财务管理的原则测算最优费率，揭露精算应计负债和隐形债务。

“如此庞大的隐形债务并不会立即造成当期财务的严重赤字，但会逐渐反映在未来的财务账户上。”报告称，隐形债务将在未来的现金收支中逐步成为财务缺口，隐性债务越大，代表基金准备越不足，基本养老保险财务困境将在未来呈现。

这并非中国第一次对养老金的隐形债务做出测算。例如2012年6月，中国银行首席经济学家曹远征的团队给出的测算结果是：2013年中国养老金隐形债务将高达18.3万亿元。2012年12月，时任德意志银行大中华区首席经济学家的马骏领导的研究小组所做的国家资产负债表显示：中国城镇职工基本养老保险制度今天已有缺口，如果假定财政补贴保持2011年的水平不变，其累计结余将于2022年消耗殆尽，此后便处于负债的状态，2013年到2050年的累计缺口应当为37万亿元。2013年11月，北京大学经济学院教授郑伟等人的测算结果是：养老保险基金将于2037年出现收支缺口，2048年养老保险基金将耗尽枯竭，2010年到2100年90年期间的基金综合精算缺口将超过12%。

五、基本养老保险个人账户的建立和管理

我国基本养老保险政策规定，个人账户用于记录参加基本养老保险社会统筹的职工缴纳的基本养老保险费和从企业缴费中划转记入的基本养老保险费，以及上述两部分的利息金额。个人账户是职工在符合国家规定的退休条件并办理了退休手续后领取基本养老金的主要依据。

为了规范基本养老保险个人账户管理，我国相关政策规定：

(1) 个人账户的建立由职工劳动关系所在单位到当地社会保险经办机构办理，由工资发放单位向该社会保险经办机构提供个人的工资收入等基础数据。

(2) 各社会保险经办机构按照国家技术监督局发布的社会保障号码（国家标准 GB 11643—1989），为已参加基本养老保险的每个职工建立一个终身不变的个人账户。目前，国家技术监督局尚未公布社会保障号码校验码，在公布之前可暂用职工身份证号码。职工身份证号码因故更改时，个人账户号码不做变动。

(3) 个人账户建立时间从各地按社会统筹与个人账户相结合的原则建立个人账户时开始；之后新参加工作的人员，从参加工作当月起建立个人账户。

(4) 1998年1月1日后才建立个人账户的单位，个人账户储存额除从1998年1月1日起开始按个人缴费工资的11%记账外，对1996年前参加工作的职工还应至少包括1996年、1997年两年个人缴费部分累计本息；对1996年、1997年参加工作的职工，个人账户储存额应包括自参加工作之月到1997年年底的个人缴费部分累计本息。

(5) 个人账户主要内容包括：姓名、性别、社会保障号码、参加工作时间、视同缴费年限、个人首次缴费时间、当地上年度职工平均工资、个人当年缴费工资基数、当年缴费月数、当年记账利息及个人账户储存额情况等。

(6) 职工本人一般以上年度本人月平均工资为个人缴费工资基数（有条件的地区也可以本人上月工资收入为个人缴费工资基数，下同）。月平均工资按国家统计局规定列入工资总额统计的项目计算，包括工资、奖金、津贴、补贴等收入。本人月平均工资低于当地职工平均工资60%的，按当地职工月平均工资的60%缴费；超过当地职工平均工资300%的，按当地职工月平均工资的300%缴费，超过部分不记入缴费工资基数，也不记入计发养老金的基数。

(7) 新招职工（包括研究生、大学生、大中专毕业生等）以起薪当月工资收入作为缴费工资基数；从第二年起，按上一年实发工资的月平均工资作为缴费工资基数。单位派出的长期脱产学习人员、经批准请长假的职工，保留工资关系的，以脱产或请假的上年月平均工资作为缴费工资基数。

单位派到境外、国外工作的职工，按本人出境（国）上年在本单位领取的月平均工资作为缴费工资基数；次年的缴费工资基数按上年本单位平均工资增长率进行调整。

失业后再就业的职工，以再就业起薪当月的工资收入作为缴费工资基数；从第二年起，按上一年实发工资的月平均工资作为缴费工资基数。

以上人员的月平均缴费工资的上限和下限按照《职工基本养老保险个人账户管理暂行

办法》（劳办发［1997］116号）第七条规定执行。

（8）个人账户记入比例为个人缴费工资基数的11%，其中包括个人缴费的全部和社会保险经办机构从企业缴费中划转记入两部分。个人缴费比例1997年不得低于本人缴费工资的4%，企业划转部分相应补齐到个人缴费工资基数的11%；从1998年起至少每两年个人缴费提高1%，企业划转部分相应减少1%，最终达到个人缴费为本人缴费工资基数的8%，企业划转部分相应减少到个人缴费工资基数的3%。有条件的地区和工资增长较快的年份，个人缴费提高的速度可以适当加快。

目前，各地个人账户记账比例低于或高于个人缴费工资基数11%的，要按国家有关规定做好向统一制度并轨的工作。

（9）个人账户的储存额按"养老保险基金记账利率"计算利息。记账利率暂由各省、自治区、直辖市人民政府参考银行同期存款利率等因素确定并每年公布一次。

（10）退休人员个人账户在按有关规定按月支付个人账户养老金和增加养老金的一定比例金额后的余额部分继续计息。

（11）职工、个体参保人员由于各种原因中断缴纳基本养老保险费的，原企业或职工、个体参保人员或其直系亲属（父母、配偶、子女）应书面通知所在地社会保险机构，并办理相应手续，其个人账户予以封存保留。职工、个体参保人员中断缴费前后的个人账户的储存额累计计算，不间断计息。

（12）职工、个体参保人员在统筹范围内流动时，其基本养老保险关系（含历年缴费工资、平均缴费工资指数、个人账户储存额、参保身份等）和做实的个人账户储存额资金（含本金和利息）随同转移。职工、个体参保人员跨地区统筹范围流动时，调出地区社会保险经办机构应向调入地区的社会保险经办机构转移其基本养老保险关系和基本养老保险个人账户中全部储存额资金。

（13）企业中的农民工参加企业职工基本养老保险后，与企业解除劳动关系的，其养老保险按以下规定办理：

1）在省内企业重新就业或跨省统筹范围就业的，转移其养老保险关系和个人账户中的全部储存额资金。

2）回农村且自愿保留养老保险关系的，社会保险经办机构保留其个人账户并按规定计息，以后重新就业时接续或转移养老保险关系。

3）回农村不愿保留养老保险关系，户籍所在地开展了农村社会养老保险的，社会保险经办机构向所在地农村社会养老保险经办机构转移其基本养老保险关系和个人账户中的全部储存额资金；户籍所在地未开展农村社会养老保险的，如本人申请终止养老保险关系，社会保险经办机构一次性支付其个人账户中的全部储存额资金。

（14）职工在职期间或参保人员领取基本养老金后死亡，其个人账户的继承额由社会保险经办机构一次性支付其法定继承人或指定的受益人。个体参保人员在领取基本养老金前死亡的，其以个体参保人员身份参保缴费期间缴纳的全部基本养老保险费（含个人账户的本息，下同），一次性支付给法定继承人或指定的受益人。

（15）职工在职期间出国、出境定居的，按个人账户实际储存额一次性退给本人，同时终止基本养老保险关系。个体参保人员领取基本养老金前出国、出境定居的，其以个体参保人员身份参保缴费期间缴纳的全部基本养老保险费一次性退给本人，同时终止基本养老保险关系。

六、基本养老保险待遇享受的资格条件

我国现行的企业职工领取基本养老金的资格条件实行全国统一规定，其主要内容是：

（1）被保险人本人与所在用人单位，包括个体参保人员应按国家和所在地区的规定参加基本养老保险，并办理了正式的参保手续。

（2）被保险人应符合国家规定的正常退休年龄（企业、事业单位和党政机关、社会团体的工人，男性年满60周岁，女性年满50周岁，在管理和技术岗位上的女职工年满55周岁。个体参保人员，男性年满60周岁，女性年满50周岁）或其他提前退休条件，并办理正式退休手续。

（3）缴纳基本养老保险费的年限应累计满15年（含1992年4月前视同缴费年限的连续工龄，但不含折算工龄）。

（4）被保险人与所在用人单位，包括个体参保人员未按规定缴纳基本养老保险费的时间，不得计算为缴费年限。以后按规定补缴了基本养老保险费后，方可计算缴费年限。

（5）被保险人在1992年4月前参加工作，在实行个人缴纳基本养老保险费前，按国家规定计算的连续工龄可视同缴费年限，在退休计发基本养老金时合并计算。

（6）1995年在基本养老保险个人账户制度实施前参加工作，实施后（指国发［1997］26号文件发布后）退休者，参保个人的视同缴费年限（即建立个人账户之前的连续工龄）与缴费年限之和应达到15年；当地实行个人账户改革之后参加工作者（即“新人”），将来退休时要求个人缴费年限满15年。以上两种职工退休时可以按月领到全额的退休金（基础养老金加个人账户养老金）。

如个人缴费年限不满15年（含视同缴费年限）的人员，退休后可以有三种选择：一是可以延长缴费至满15年后，按月领取基本养老金；二是可以申请转入户籍所在地新型农村社会养老保险或城镇居民社会养老保险，享受相应的养老保险待遇；三是可以书面申请终止职工基本养老保险关系，社保经办机构会将个人账户储存额一次性返还。

视同缴费年限是指职工全部工作年限中，其实际缴费年限之前的按国家规定计算的连续工作时间。视同缴费年限必须是国家承认的连续工龄，因而并非基本养老保险参加者参加统筹之前的年限，也并非人人都有视同缴费年限。实际缴费年限是指职工参加养老保险后，按规定按时足额缴纳基本养老保险费的年限。

（7）参保人员因工作流动在不同地区参保的，不论户籍在何地，其在最后参保地的个人实际缴费年限，与在其他地区工作的实际缴费年限及符合国家规定的视同缴费年限应合并计算，作为享受基本养老金的条件。

（8）企业和职工、个体参保人员未按规定足额缴纳基本养老保险费或缴费工资基数低限未按规定执行的，相应扣减职工、个体参保人员的缴费年限。扣减的计算办法为

$$扣减的缴费月数=12\times(应足额缴费金额-实际缴费金额)\div应足额缴费金额$$

上述扣减的缴费月数，计算时精确到小数点后两位。“应足额缴费金额”和“实际缴费金额”均包含企业和职工个人缴费的金额之和。

七、基本养老保险待遇

我国职工基本养老保险待遇包括：

（1）基本养老金包括基础性养老金、个人账户养老金和过渡性养老金。

（2）医疗补助金是按规定支付未实行医疗保险地区已纳入基本养老保险基金开支范围的离休、退休、退职人员的医疗费用。

（3）丧葬抚恤补助费是指参加基本养老保险的个人，因病或非因工死亡的，其遗属可领取丧葬补助金和抚恤金，丧葬补助金、抚恤金均按其死亡时当地上年度在岗职工平均工资的一定倍数发放，如珠海规定按照三倍发放。

参加基本养老保险并领取基本养老保险待遇的个人死亡的，其供养直系亲属可领取一次性救济费和生活困难补助费，供养直系亲属一次性救济费和生活困难补助费按其死亡时当地上年度在岗职工月平均工资的一定倍数发放，如珠海规定按照六倍发放。

我国基本养老保险金的计发办法是根据职工参加工作的时间前后，按照“新人”“中人”“老人”分别设计的。具体思路是：1998 年 7 月 1 日以后参加工作的是“新人”；1998 年 6 月 30 日以前参加工作，2006 年 1 月 1 日以后符合按月领取基本养老金条件的被保险人是“中人”；2005 年 12 月 31 日前已经离退休的人员为“老人”。以上三类人群分别执行不同的养老保险金计发办法：

1.“新人”基本养老保险金的计发办法

1998 年 7 月 1 日以后参加工作，符合按月领取基本养老金条件的被保险人（新人），其基本养老金的计发标准为

基本养老金 = 基础养老金 + 个人账户养老金

（1）基础养老金：以被保险人退休时上一年省、自治区、直辖市或地（市）职工月平均工资与本人指数化月平均缴费工资的平均值为基数，按被保险人的全部缴费年限（含视同缴费年限）每满一年发给 1%。

在上述公式中可以看到，基础养老金的高低取决于个人缴费年限的长短，以及个人的平均缴费指数，即取决于个人实际的缴费基数与社会平均工资之比的历年平均值。

例如，北京市基础养老金月标准的计算公式为

J =（C 平 + C 平 × Z 实指数）÷ 2 × N 实 + 同 × 1%

式中　J——基础养老金；

C 平——被保险人退休上一年本市职工月平均工资；

C 平 × Z 实指数——本人指数化月平均缴费工资；

Z 实指数——“实际缴费工资指数”，为被保险人参保缴费至符合国家规定的退休年龄期间，相应年度的实际缴费工资基数，与相应年度上一年本市职工平均工资比值之和的平均值，被保险人曾在企业和机关、事业单位之间流动，并在统筹范围办理退休的，Z 实指数为其各阶段的实际缴费工资基数，与相应年度上一年本市职工平均工资比值之和的平均值；

N 实 + 同——全部缴费年限，即实际缴费年限和视同缴费年限之和。

例如，根据上述公式，假定男职工在 60 岁退休时，全市上年度在岗职工月平均工资为 4000 元，

个人累计缴费年限为 15 年时：

个人平均缴费基数为 0.6 时，基础养老金 =（4000 元 + 4000 元 × 0.6）÷ 2 × 15 × 1% = 480 元。

个人平均缴费基数为 1.0 时，基础养老金 =（4000 元 + 4000 元 × 1.0）÷ 2 × 15 × 1% = 600 元。

个人平均缴费基数为3.0时，基础养老金=(4000元+4000元×3.0)÷2×15×1%=1200元。

累计缴费年限为40年时：

个人平均缴费基数为0.6时，基础养老金=(4000元+4000元×0.6)÷2×40×1%=1280元。

个人平均缴费基数为1.0时，基础养老金=(4000元+4000元×1.0)÷2×40×1%=1600元。

个人平均缴费基数为3.0时，基础养老金=(4000元+4000元×3.0)÷2×40×1%=3200元。

(2) 个人账户养老金。

个人账户养老金月标准=个人账户储存额÷国家规定的计发月数

个人账户养老金计发月数见表4-3。

表4-3 个人账户养老金计发月数表

退休年龄	计发月数	退休年龄	计发月数
40	233	56	164
41	230	57	158
42	226	58	152
43	223	59	145
44	220	60	139
45	216	61	132
46	212	62	125
47	208	63	117
48	204	64	109
49	199	65	101
50	195	66	93
51	190	67	84
52	185	68	75
53	180	69	65
54	175	70	56
55	170		

2. “老人”基本养老保险金的计发办法

2005年12月31日前已经离退休的人员（老人），仍按照原国家和本市规定的标准发给基本养老金，并执行基本养老金正常调整办法。

3. “中人“基本养老保险金的计发办法

1998年6月30日以前参加工作，2006年1月1日以后符合按月领取基本养老金条件的被保险人（中人），其基本养老金的计发标准为

基本养老金=基础养老金+个人账户养老金+过渡性养老金

其中，基础养老金和个人账户养老金的计算办法同上述“新人”基本养老保险金的计发办法。过渡性养老金的计算有三种方式：指数化方式、补贴方式、账户放大方式。

(1) 指数化方式采用劳动部发（1993）275号文中缴费性养老金的计算办法，其计算公式如下：

$$过渡性养老金=职工退休时上年职工月平均工资\times本人缴费平均指数\times计发系数\times本人的视同缴费年限$$

其中计发系数：缴费年限为15年以上的为1.2%；缴费年限满10年但不满15年的为1.0%。本人缴费平均指数是指在视同缴费年限中职工年平均工资占当地平均工资比重的平均值，具体计算公式为

$$本人缴费平均指数=(本人未缴费第一年平均工资\div第一年当地社会平均工资+本人未缴费第二年平均工资\div第二年当地社会平均工资+\cdots+本人未缴费第N年平均工资\div第N年当地社会平均工资)\div N$$

例如，某职工1998年参加工作，2002年开始缴纳养老保险金，有4年视同缴费年限，其个人和当地社会平均工资资料见表4-4。

表4-4　某职工个人和当地社会平均工资

年　份	个人平均工资/元	当年当地社会平均工资/元	当年缴费工资指数
2008	1920	2160	0.89
2009	3600	2400	1.5
2010	4800	3000	1.6
2011	6000	4800	1.25

$$该职工缴费平均指数=(0.89+1.5+1.6+1.25)\div4=1.31$$

假如该职工退休时，上年职工月平均工资为3000元，系数取值为1%，则

$$该职工过渡性养老金=3000元\times1.31\times1\%\times4=157.2元$$

案例：北京市基本养老保险过渡性养老金计算办法

北京市基本养老保险政策规定：1998年6月30日前参加工作，2006年1月1日后符合按月领取养老金条件的，其过渡性养老金标准是：按视同缴费年限计算的月过渡性养老金与按实际缴费年限计算的月过渡性养老金之和。计算公式为

$$G=G同+G实$$

$$G同=C平\times N同\times1\%$$

$$G实=C平\times Z实指数\times N实98\times1\%$$

式中　G——过渡性养老金；

G同——按视同缴费年限计算的过渡性养老金；

G实——按实际缴费年限计算的过渡性养老金；

C平——被保险人退休上一年本市职工月平均工资；

Z实指数——视同缴费年限的缴费工资指数，数值为1；

N同——视同缴费年限，即实行个人缴费前符合国家规定的连续工龄；

C平×Z实指数——按本人实际缴费工资指数计算的指数化月平均缴费工资；

N实98——被保险人1998年6月30日前的实际缴费年限。

案例：某男职工：60周岁，1968年11月参加工作，2008年3月退休。全部缴费年限38.09年（实际缴费年限11.01年，视同缴费年限27.08年），截止到1998年6月30日的实际缴费年限为2年，截止到1998年6月30日的全部缴费年限（含实际缴费）为29.7年，全部个人账户储存额20144.5元，Z实指数为0.57，上年平均工资为36097元。

计算方法：

1）基础养老金：

$$\begin{aligned} J &= (C平 + C平 \times Z实指数) \div 2 \times N实 + 同 \times 1\% \\ &= (36097元 \div 12 + 36097元 \div 12 \times 0.57) \div 2 \times 38.75 \times 1\% \\ &= 915.02元 \end{aligned}$$

2）个人账户养老金：

$$\begin{aligned} 个人账户养老金 &= 全部个人账户储存额 \div 计发月数 \\ &= 20144.5元 \div 139 \\ &= 144.92元 \end{aligned}$$

3）过渡性养老金

$$\begin{aligned} G &= G同 + G实 \\ &= C平 \times N同 \times 1\% + C平 \times Z实指数 \times N实98 \times 1\% \\ &= 36097元 \div 12 \times 27.67 \times 1\% + 36097元 \div 12 \times 0.57 \times 2 \times 1\% \\ &= 866.63元 \end{aligned}$$

合计：1926.57元

（2）补贴方式。上海市在过渡性养老金计发办法中，采用了工龄性养老金加过渡性补贴养老金的计算办法。其中，工龄性养老金按本人1992年年底前的连续工龄（不含折算工龄）乘以退休时本市上年在职人员月平均工资的0.75%计算；过渡性补贴养老金按本人1993年至1997年年底个人账户储存额分别确定补贴标准，具体标准见表4-5。

表4-5 上海市过渡性补贴养老金标准表

个人账户储存额	过渡性补贴养老金	个人账户储存额	过渡性补贴养老金	个人账户储存额	过渡性补贴养老金
2438.0及以下	120	5077.1～5564.0	186	8450.1～8931.0	228
2438.1～2678.0	130	5564.1～6043.0	192	8931.1～9414.0	234
2678.1～3158.0	140	6043.1～6527.0	198	9414.1～9581.0	240
3158.1～3637.0	150	6527.1～7008.0	204	9581.1～9749.0	246
3637.1～4119.0	160	7008.1～7489.0	210	9749.1～9918.0	252
4119.1～4601.0	170	7489.1～7972.0	216	9918.1～10082.0	258
4601.1～5077.0	180	7972.1～8450.0	222	10082.1～10250.0	264

过渡性补贴养老金最低为120元，最高为264元。表4-5中个人账户储蓄额是指社会保障卡里的储蓄额。

参保人员户籍所在地与最后参保地一致时，在户籍所在地办理待遇领取手续，享受基本养老保险待遇；当户籍所在地与最后参保地不一致时，如果在最后参保地参保满10年，则在最后参保地领取待遇；如在最后参保地参保不满10年，依次向前推至满10年的参保地办理待遇领取手续；各地参保都不满10年，则在户籍所在地办理待遇领取手续。

例如，一个江西的农民工，先后在福建、广东、浙江的城镇就业，参保缴费各5年。当他达到国家法定待遇领取年龄时，由于累计缴费年限满了15年，因此可以按月领取基本养老金。由于他在三地参保都不满10年，就由他的户籍所在地江西省负责发放基本养老金，而三地社保机构应按规定把相应的资金转到江西省。但如果他在达到领取待遇条件之前，已把户籍转到了最后参保地浙江，那么就由浙江省负责发放基本养老金，其他两省应按规定把相应的资金转到浙江省。

此外，在基本养老待遇发放过程中，如果企业和被保险人或其他人员采用多领、冒领等手段骗取基本养老保险基金的，将由劳动保障行政部门责令退还，按照国务院《劳动保障监察条例》的规定，处骗取金额的 1 倍以上 3 倍以下罚款；构成犯罪的，依法追究刑事责任。

案例：罗某自 1993 年起入职江门某冶金厂，一直在该厂担任保卫员，至 2011 年 7 月达到法定退休年龄，可以办理退休，但因单位延迟为其办理退休手续，导致罗某未能领取社保基金发放的 2011 年 7 月至 9 月的养老金，向单位主张未果。为此，2011 年 12 月罗某遂申请劳动仲裁，要求某冶金厂支付其 2011 年 7 月至 9 月的养老待遇损失 1311 元。

裁决结果：经江门市劳动人事争议仲裁委员会主持调解，由某冶金厂支付罗某的养老保险待遇损失。

案例点评：《社会保险法》第十五条："职工的基本养老金由统筹养老金和个人账户养老金组成。基本养老金根据个人累计缴费年限、缴费工资、当地职工平均工资、个人账户金额、城镇人口平均预期寿命等因素确定。"第十六条："参加基本养老保险的个人，达到法定退休年龄时累计缴费满十五年的，按月领取基本养老金。"职工达到法定退休年龄，累计缴费满十五年的，用人单位应向社保经办机构办理按月领取养老金手续，养老金由当地社保经办机构根据本人累计缴费年限、缴费工资、当地职工平均工资、个人账户金额、城镇人口平均预期寿命等因素核定，按月发放。我国男职工的法定退休年龄为年满 60 周岁，女职工的法定退休年龄为年满 50 周岁，从事特殊工作的，符合条件的职工可以办理提前退休。本案中，罗某达到法定退休年龄，并累计缴纳社会保险费满十五年以上，符合办理退休并享受按月领取养老保险待遇的条件。由于单位的原因，未能及时为罗某在社保经办机构办理退休手续，致使罗某无法领取 2011 年 7 月至 9 月的养老待遇，责任在于单位，故由单位承担相应的赔偿责任。

（资料来源：五险一金网）

八、基本养老保险的其他制度环节改革

1. 基本养老金实行正常调节机制

之所以要建立基本养老金的正常调节机制，一是为了保证养老金购买力水平不下降，以保障退休职工基本生活需要，二是为了保证企业退休人员适度分享经济社会发展成果，使他们能够体面地生活，以贯彻落实科学发展观要求，满足构建和谐社会、维护社会稳定的需要。

我国政策规定，国家将根据经济发展、居民收入水平、物价变动、财政承受能力、人均预期寿命、基金收支等情况，适时调整职工和城乡居民基本养老保险待遇，并将多缴多得的激励机制延伸到待遇调整政策之中，调整幅度为省、自治区、直辖市当地企业在岗职工平均工资年增长率的一定比例。各地根据本地实际情况提出具体调整方案，报人力资源和社会保障部、财政部审批后实施。

例如，北京市就规定，从 2014 年 1 月 1 日起，将企业退休人员基本养老金水平再提高 10%，并向其中有特殊困难的群体适当倾斜。

北京市的这次调整规定，退休人员按缴费年限（含视同缴费年限，不含折算工龄）调

整基本养老金。缴费年限满10年及其以上的退休人员，缴费年限每满1年，每月增加3.5元；缴费年限不满10年的退休人员（不含建设征地农转工退休人员），每人每月增加35元；缴费年限不满15年的建设征地农转工退休人员，每人每月增加52.5元。

退休人员按下列绝对额调整基本养老金：按本通知规定调整基本养老金前，月养老金低于2773元的，每人每月增加150元；月养老金在2773元及其以上，并且低于3770元的，每人每月增加100元；月养老金在3770元及其以上，并且低于4770元的，每人每月增加70元；养老金在4770元及其以上的，每人每月增加60元。

连同2014年基本养老金正常调整，我国已经实现10年连续上调职工基本养老金，全国月均养老金水平超过2000元，比2005年增加近两倍。全国7400多万企业退休人员因此受益。

2. 加快提高基本养老保险基金的统筹层次

基本养老保险省级或全国统筹是指在科学发展观的指引下，以省级或全国范围内统一制度规定、统一调度使用基金、统一经办管理、统一信息系统为主线，实现省级或全国基本养老保险事业的统筹协调发展。

统一制度就是在省级或全国范围内各类企业劳动者实行统一的基本养老保险制度。统一标准就是在省级或全国范围内统一企业和职工的缴费基数、缴费比例，以及统一基本养老金的计发办法和标准。统一管理就是基本养老保险业务、基本养老保险基金统一由社会保险机构负责经办，对省级或全国各级社会保险机构实行人、财、物系统管理。统一调剂使用基金就是由省级或全国社会保险机构直接管理省级或全国基本养老保险基金，省级或全国统一调剂基金使用。各地市、县社会保险机构只负责基金的征缴和支付。

1992年，我国就开始探索基本养老保险省级统筹制度，但直到2009年年底才基本建立了养老保险省级统筹的制度框架，全国统筹乃是今后的发展方向。

3. 发展企业年金

为建立多层次的养老保险体系，增强企业的人才竞争能力，更好地保障企业职工退休后的生活，我国政策鼓励具备条件的企业可为职工建立企业年金。企业年金基金实行完全积累，采取市场化的方式进行管理和运营。企业年金由企业和职工个人共同缴纳（两者合计一般不超过本企业上年度职工工资总额的六分之一），建立个人账户，与企业资产实行分账管理。每个企业的实际年金水平取决于资金积累规模及其投资收益，职工可从本人企业年金个人账户中一次或定期于其在退休时领取企业年金。

到目前为止，我国建立企业年金的企业有44900多家，仅占我国全部企业总数的0.3%，发展速度极其缓慢。相对于美国企业年金50%的覆盖率和接近40%的替代率，中国企业年金的作用几乎可以忽略不计，还无法真正构成养老的第二支柱。

4. 做好退休人员社会化管理服务工作

企业退休人员社会化管理服务是指职工办理退休手续后，采取管理服务工作与原企业分离，养老金实行社会化发放，人员移交城市街道和社区实行属地管理，由社区服务组织提供相应的管理服务。目前，有的地方把符合领取养老金资格的失业人员、自由职业者也纳入企业退休人员社会化管理服务中。

实行社会化管理服务的作用：一是进一步保障企业退休人员晚年生活和提高生活质量的重要举措；二是完善社会保障体系的重要内容；三是经济社会发展的客观要求。另外，不少退休人员的子女不能在其身边照料，他们也迫切希望社区组织给他们以更多的关心和照顾。

目前，我国企业退休人员社会化管理服务的主要内容包括：①企业退休人员基本养老金实行社会化发放；②企业退休人员的人事档案、基本信息实行社会化管理；③为企业退休人员发放社会化管理服务联系卡；④企业退休人员中建立自我管理和互助服务组织；⑤为企业退休人员中的党员接转组织关系，组织他们参加街道（乡镇）、社区党组织活动；⑥提供社会保险查询服务；⑦掌握企业退休人员生存和流动状况，开展领取养老金资格认证工作；⑧协助社区医疗服务机构为企业退休人员提供医疗卫生服务；⑨组织企业退休人员开展文化、体育活动；⑩协助死亡退休人员的家属申领丧葬补助金和遗属津贴。

5. 不断提高社会保险管理服务水平

不断提高社会保险管理服务水平的基础是强化社保经办服务体系的建设。十八届三中全会通过的《关于全面深化改革若干重大问题的决定》指出，“加快健全社会保障管理体制和完善经办服务体系”。健全社会保障管理体制和完善经办服务体系，既属于切实转变政府职能和深化行政体制改革的范畴，又属于建设服务型政府的标志性举措。然而，随着中国社会保险制度覆盖人次的成倍增加和社保制度精细化管理的客观要求，全国社保经办服务体系面临着空前的挑战。

不断提高社会保险管理服务水平，就是要求社会保险经办机构管理应当按照管理规范化、信息化、专业化的要求，建设一支熟悉社会保险法律法规与政策、精通服务流程、规范协议管理的干部队伍；建立运转协调、业务规范、操作便捷、信息畅通、服务优质的运行机制；建立事权划分清晰、机构设置科学、人员管理规范的管理体制；建立与经济社会发展相协调、符合社会保险工作基本规律、有利于经办职能发挥的保障机制，切实承担起社会保险经办机构的社会保险服务职能，充分发挥促进社会稳定和经济发展的公共服务作用。

第三节　中国统一的城乡居民基本养老保险制度

2014 年 4 月，依据《中华人民共和国社会保险法》的有关规定，在总结新型农村社会养老保险（以下简称“新农保”）和城镇居民社会养老保险（以下简称“城居保”）试点经验的基础上，国务院发布了《关于建立统一的城乡居民基本养老保险制度的意见》，提出将新农保和城居保“合二为一”，在全国范围内建立统一的城乡居民基本养老保险（以下简称“城乡居民养老保险”）制度，并在制度模式、筹资方式、待遇支付等方面与合并前的新型农村社会养老保险和城镇居民社会养老保险保持基本一致。

一、中国农村社会养老保险和城镇居民社会养老保险的发展历史

1. 新型农村社会养老保险

实施时间：2009 年试点，2020 年前实现全覆盖。

参保范围：年满 16 周岁（不含在校学生）、未参加城镇职工基本养老保险的农村居民，可在户籍地自愿参保。

缴费方式：新农保基金由个人缴费、集体补助、政府补贴构成。

领取条件：年满 60 周岁、未享受城镇职工基本养老保险待遇的农村有户籍的老年人，可以按月领取养老金。

覆盖范围：截至2011年年底，中国共计3.58亿人参加新农保。

2. 城镇居民社会养老保险

实施时间：2011年7月试点，2012年实现全覆盖。

参保范围：年满16周岁（不含在校学生）、不符合职工基本养老保险参保条件的城镇非从业居民，可在户籍地自愿参保。

缴费方式：居民缴费、政府补贴。

享受待遇：年满60周岁，可按月领取养老金。已年满60周岁、符合规定条件的城镇居民，不用缴费，可按月领取基础养老金。

覆盖范围：截至2011年年底，27个省份试点，覆盖率约为60%。

二、统一的城乡居民基本养老保险的任务目标

按照全覆盖、保基本、有弹性、可持续的方针，以增强公平性、适应流动性、保证可持续性为重点，全面推进和不断完善覆盖全省城乡居民的基本养老保险制度；坚持和完善社会统筹与个人账户相结合的制度模式，巩固和拓宽个人缴费、集体补助、政府补贴相结合的资金筹集渠道；完善基础养老金和个人账户养老金相结合的待遇支付政策，强化长缴多得、多缴多得等制度的激励机制；建立基础养老金正常调整机制，健全服务网络，提高管理水平，为参保居民提供方便快捷的服务。

具体目标是在“十二五”末，在全国基本实现新农保和城居保制度合并实施，并与职工基本养老保险制度相衔接。2020年前，全面建成公平、统一、规范的城乡居民养老保险制度，与社会救助、社会福利等其他社会保障政策相配套，充分发挥家庭养老等传统保障方式的积极作用，更好地保障参保城乡居民的老年基本生活。

三、统一的城乡居民基本养老保险的参保范围

我国建立统一的城乡居民基本养老保险的参保范围是：年满16周岁（不含在校学生），非国家机关和事业单位工作人员及不属于职工基本养老保险制度覆盖范围的城乡居民，可以在户籍地参加城乡居民养老保险。但是，我国城乡居民基本养老保险实行自愿参保政策，而非企业职工基本养老保险的强制保险，部分城乡居民未能参加养老保险。

四、统一的城乡居民基本养老保险的基金筹集

我国城乡居民养老保险基金由个人缴费、集体补助、政府补贴构成。

1. 个人缴费

参加城乡居民养老保险的人员应当按规定缴纳养老保险费。设为每年100元、200元、300元、400元、500元、600元、700元、800元、900元、1000元、1500元、2000元12个档次，以后将依据城乡居民收入增长等情况适时调整缴费档次标准。参保人自主选择档次缴费，多缴多得。

例如，江苏省城乡居民养老保险个人缴费档次的安排是：每年100元、300元、400元、500元、600元、700元、800元、900元、1000元、1500元、2000元、2500元12个档次。其中，100元的缴费档次，原则上只适用于重度残疾人等缴费困难群体。市、县（市、区）人民政府可以根据经济社会发展水平适当增设缴费档次，最高缴费档次标准原则上不超过当

地灵活就业人员参加企业职工基本养老保险的年缴费额。

北京市规定，城乡居民养老保险费实行按年缴纳，每年的缴费时间为4月1日至12月10日。最低缴费标准为本市上一年度农村居民人均纯收入的9%。参保人员可根据经济承受能力提高缴费标准，最高缴费不得超过本市上一年度城镇居民人均可支配收入的30%。同时，对于达到领取年龄但不符合按月领取养老待遇条件的参保人员，需要继续按年缴纳保险费的（延期缴费），缴费标准不低于本市上一年度农村居民人均纯收入的9%。

每年劳动保障行政部门根据统计部门公布的上一年度农村居民人均纯收入和上一年度城镇居民人均可支配收入，在每年3月31日前发布最低缴费标准和最高缴费标准。

2. 集体补助

有条件的村集体经济组织应当对参保人缴费给予补助，补助标准由村民委员会召开村民会议民主确定，鼓励有条件的社区将集体补助纳入社区公益事业资金筹集范围。鼓励其他社会经济组织、公益慈善组织、个人为参保人缴费提供资助。补助、资助金额不超过最高缴费档次标准。

3. 政府补贴

政府补贴分为基础养老金补贴（出口补）和缴费补贴（入口补）两部分。

（1）基础养老金补贴（出口补）。政府对符合领取城乡居民养老保险待遇条件的参保人全额支付基础养老金。其中，中央确定的基础养老金标准所需资金由中央财政给予全额补助，省政府提高的基础养老金标准所需资金由省级财政补助或市县级财政共同补助，市县政府自行提高的基础养老金标准所需资金由市县政府补助。

例如，我国中央财政对中西部地区按中央确定的基础养老金标准给予全额补助，对东部地区给予50%的补助。

（2）缴费补贴（入口补）。对于参加城乡居民养老保险的居民缴费，中央政策规定：地方人民政府应当对参保人缴费给予补贴，对选择最低档次标准缴费的，补贴标准不低于每人每年30元；对选择较高档次标准缴费的，适当增加补贴金额；对选择500元及其以上档次标准缴费的，补贴标准不低于每人每年60元，具体标准和办法由省（区、市）人民政府确定。对重度残疾人等缴费困难群体，地方人民政府为其代缴部分或全部最低标准的养老保险费。

例如，北京市规定，参加北京市城乡居民基本养老保险人员可享受的缴费补贴：①对选择最低缴费至2000元以下（不含2000元）标准的，每人每年补贴60元；②选择2000元至最高缴费标准的，每人每年补贴90元。

山西省的政策：市、县（市、区）人民政府应当对参保人缴费给予补贴。最低补贴标准：缴100元补30元、缴200元补35元、缴300元补40元、缴400元补50元、缴500～600元补60元、缴700～900元补70元、缴1000～2000元补80元。对重度残疾人、低保户等缴费困难群体，由当地政府为其代缴最低标准的养老保险费。

上述缴费补贴和政府代缴费用，由市、县（市、区）两级财政共同承担，市、县（市、区）承担比例由各市自行确定。有条件的市、县（市、区）可以适当提高补贴标准，具体办法由市、县（市、区）人民政府研究确定。鼓励和引导城乡居民普遍参保和正常缴费，政府对参保人的缴费补贴不能冲抵个人缴费。个人不缴费的不予补贴，事后追补缴费的也不予补贴。

五、建立个人账户和城乡居民养老保险基金

1. 建立个人账户

国家为每个参保人员建立终身记录的养老保险个人账户，个人缴费、地方人民政府对参保人的缴费补贴、集体补助及其他社会经济组织、公益慈善组织、个人对参保人的缴费资助，全部记入个人账户。个人账户储存额按国家规定计息。

个人账户资金在积累期内参考银行同期一年期定期存款利率计息，实行分段计息，个人缴纳的保险费从缴费的次月开始起息。积累期内遇银行同期一年期定期存款利率于6月30日以前调整时，个人账户从当年7月1日开始按新的利率计息；积累期内遇银行同期一年期定期存款利率于7月1日以后调整时，个人账户从次年1月1日开始按新的利率计息。半年内银行同期一年期定期存款利率多次调整的，按照最后一次调整的利率计息。

参保人员在领取养老保险待遇期间死亡的，其法定继承人或指定受益人应在规定时间内到户籍所在地社保所办理继承手续，其个人账户的剩余部分一次性退给其法定继承人或指定受益人；无法定继承人或指定受益人的，街道社会保障事务所（村委会）应在规定时间内办理相关手续，参照城镇职工的标准支付丧葬费。丧葬费标准高于个人账户余额的，按个人账户余额支付丧葬费；丧葬费标准低于个人账户余额的，按标准支付丧葬费，个人账户的剩余部分并入城乡居民养老保险基金。

2. 建立城乡居民养老保险基金

城乡居民养老保险基金一般包括：

（1）个人账户资金（责任金）：包括个人缴费、集体补助、其他收入及利息。

新型农村社会养老保险的个人账户资金并入城乡居民养老保险个人账户。

（2）调剂金：超过应计个人账户利息以外的增值结余，以及参保人员死亡无继承人时支付丧葬费后的余额等资金。

（3）基础养老金：在参保人领取待遇时由政府补助的财政性资金。

六、统一的城乡居民养老保险待遇的按月享受条件

参加城乡居民养老保险的个人，年满60周岁、累计缴费满15年，并且未领取国家规定的基本养老保障待遇的，可以按月领取城乡居民养老保险待遇。

例如，北京市城乡居民养老保险政策规定：

（1）参保人员符合下列条件之一的，自男性年满60周岁、女性年满55周岁的次月起，按月享受城乡居民养老保险待遇：

1）《北京市城乡居民养老保险办法》施行之日，累计缴费年限满15年的。

2）《北京市城乡居民养老保险办法》施行之日，男性已年满45周岁、女性已年满40周岁的人员（不含本办法实行之后外埠迁入本市户籍的人员），每年按照规定的缴费标准不间断缴费的。

（2）《城乡居民养老保险办法》施行之后，外埠迁入本市户籍的人员，男性年满60周岁、女性年满55周岁时缴费年限不满15年的，按照上一年度最低缴费标准，一次性补足差额年限保险费的。

（3）参保人员达到领取年龄时缴费年限不符合第1）、2）项规定的，本人自愿，可以

延期缴费，最长延期缴费5年，在延长缴费期内达到规定的；延长缴费5年累计缴费年限仍不符合第（2）项规定的，按照不低于上一年度最低缴费标准，一次性补足差额年限保险费的。

城乡居民养老保险待遇领取人员死亡的，从次月起停止支付其养老金。有条件的地方人民政府可以结合本地实际探索建立丧葬补助金制度。社会保险经办机构应每年对城乡居民养老保险待遇领取人员进行核对；村（居）民委员会要协助社会保险经办机构开展工作，在行政村（社区）范围内对参保人待遇领取资格进行公示，并与职工基本养老保险待遇等领取记录进行比对，确保不重、不漏、不错。

七、统一的城乡居民养老保险待遇

城乡居民养老保险待遇由基础养老金和个人账户养老金构成，支付终身。

1. 基础养老金

基础养老金是在参保人领取待遇时由政府补助的财政性资金，中央确定基础养老金最低标准（目前每人每月55元），建立基础养老金最低标准正常调整机制，根据经济发展和物价变动等情况，适时调整全国基础养老金最低标准。地方人民政府可以根据实际情况适当提高基础养老金标准；对长期缴费的，可适当加发基础养老金，提高和加发部分的资金由地方人民政府支出，具体办法由省（区、市）人民政府规定，并报人力资源社会保障部备案。

2014年第三季度，全国城乡居民月人均基础养老金标准约为90元，最高的是上海、北京、天津，分别为每月540元、430元、220元，而吉林、河北、安徽等省份仍然执行2009年中央政府规定的55元标准。省际差距最高达10倍左右。

而在同一省内，差距同样存在。根据一些省份安排，基础养老金由省级财政负担，同时，鼓励各市、县（市、区）政府根据本地实际增加地方基础养老金，所需资金由当地财政承担。因此，虽然辽宁省基础养老金2014年每人每月为70元，但大连市人社局的标准是180元。湖南省基础养老金最低标准为每人每月60元，长沙市则为每人每月105元。

对此，今后我国有必要建立城乡居民基础养老金的正常调整机制，以上年度城乡居保基础养老金为标准，综合考虑经济发展水平及各项物价补贴等因素，实行一年一调，并通过建立中央财政补助资金动态投入机制，使基础养老金随着城乡经济发展、居民收入的提高而提高。

为了鼓励城乡居民长期缴费，江苏省政府规定，对符合领取城乡居民基本养老保险待遇条件的参保人员全额支付基础养老金。对于连续缴费超过15年的参保人员，每超过1年，基础养老金增发1%。

2. 个人账户养老金

个人账户养老金的月计发标准，目前为个人账户全部储存额除以139（与现行职工基本养老保险个人账户养老金计发系数相同）。参保人死亡，个人账户资金余额可以依法继承。

例如，北京市个人账户养老金月领取标准的相关政策：城乡居民养老保险个人账户养老金实行分段计发：

2004年7月1日前参加农村社会养老保险的人员，在2008年1月1日前缴纳的保险费按8.8%的计发系数确定个人账户养老金标准。

2004年7月1日之后参加农村社会养老保险的人员，在2008年1月1日前缴纳的保险费按5%的计发系数确定个人账户养老金标准。

2008年缴纳的新型农村社会养老保险费和参保人员缴纳的城乡居民养老保险费，按照国家规定的基本养老保险个人账户养老金计发月数确定个人账户养老金标准。

个人账户养老金支付完时，由城乡居民养老保险基金的调剂金支付；调剂金支付完时，由财政资金拨补，至被保险人死亡时止。

八、统一的城乡居民养老保险关系的转移

参加城乡居民养老保险的人员，在缴费期间户籍迁移、需要跨地区转移城乡居民养老保险关系的，可在迁入地申请转移养老保险关系，一次性转移个人账户全部储存额，并按迁入地规定继续参保缴费，缴费年限累计计算；已经按规定领取城乡居民养老保险待遇的，无论户籍是否迁移，其养老保险关系不转移。

例如，北京市相关政策规定：

(1) 参保人员户口迁居外埠的，由本人提出申请，迁出区县经办机构将其保险关系连同缴纳的保险费本息转入迁入地的社会保险经办机构。若迁入地尚未建立社会养老保险制度的，将参保人员个人账户全部资金一次性返还参保人。

(2) 参保人员户口在本市区县之间迁移的，由本人提出申请，迁出区县经办机构将其保险关系连同缴纳的保险费本息转入迁入地的经办机构，在迁入地继续缴纳保险费，享受城乡居民养老保险待遇。参保人员户口在区县内迁移的，只转移保险关系。

(3) 已领取城乡居民养老保险待遇的人员，户口在本市区县之间迁移的，不再办理保险关系的转移，由原户口所在地区县继续发放城乡居民养老保险待遇。

九、统一的城乡居民养老保险制度的衔接

城乡居民养老保险制度必须与职工基本养老保险、优抚安置、城乡居民最低生活保障、农村“五保”供养等社会保障制度以及农村部分计划生育家庭奖励扶助制度相衔接，如北京市规定：

(1)《北京市城乡居民养老保险办法》施行之日，已经按照新型农村社会养老保险制度规定领取养老金的人员，继续按照领取时确定的养老金标准领取养老金。如遇基础养老金待遇调整，按调整后的待遇标准计发基础养老金。

(2) 已参加新型农村社会养老保险还未达到领取年龄的人员，应参加城乡居民养老保险并继续缴费，其新型农村社会养老保险个人账户资金并入城乡居民养老保险个人账户，新型农村社会养老保险缴费年限计为城乡居民养老保险缴费年限。

《北京市城乡居民养老保险办法》施行前，其缴纳的保险费预期月领取的个人账户养老金达到本区县2008年1月农村最低生活保障标准的，不受缴费年限的约束，达到领取年龄时享受基础养老金；其缴纳保险费预期月领取的个人账户养老金未达到本区县2008年1月农村最低生活保障标准的，应按照《北京市城乡居民养老保险办法》的规定继续按年缴纳保险费。

参保人员于2007年12月31日前累计缴纳的农村社会养老保险费，按照2008年本区县最低缴费标准折算缴费年限，每满一年的缴费年限视同为城乡居民养老保险的缴费年限，不足一年的缴费年限不视同为城乡居民养老保险的缴费年限。

（3）在城乡居民养老保险和基本养老保险都有缴费记录的人员，达到退休年龄时，符合基本养老保险按月领取条件的，由本人到户籍所在地的社保所提出申请，将其在城乡居民保险的个人账户资金转入基本养老保险，并按规定将城乡居民保险费折算为基本养老保险的缴费年限，同时将折算的资金分别计入基本养老保险的个人账户和统筹基金。

（4）在城乡居民养老保险和基本养老保险都有缴费记录的人员，达到退休年龄时，不符合基本养老保险按月领取条件的，由本人到参保地的社保经办机构提出申请，经区县经办机构核实后，可将其按照基本养老保险规定计发的待遇转入其户口所在地的城乡居民养老保险个人账户，其基本养老保险每满一年的缴费年限视同城乡居民养老保险一年的缴费年限。

（5）同一年度在城乡居民养老保险和基本养老保险都有缴费的，折算年限时不累计计算缴费年限。

（6）已享受基础养老金的人员，再享受建设征地超转人员生活补贴、工亡人员供养直系亲属抚恤金等待遇的，从享受待遇的当月停发基础养老金。按照本人意愿，可继续按月领取个人账户养老金，也可一次性清退个人账户剩余资金。

（7）在城乡居民养老保险有缴费的人员，又享受工伤保险定期待遇、建设征地超转人员生活补贴、工亡人员供养直系亲属抚恤金等待遇的，达到领取年龄时，符合城乡居民养老保险规定缴费年限的，可按月领取个人账户养老金，也可一次性清退个人账户资金；不符合城乡居民养老保险规定缴费年限的，享受一次性养老待遇，其待遇为个人账户全部资金。

复习思考题

1. 简述中国养老保险制度的发展历史。
2. 在中国养老保险发展过程中，国家颁布了哪几个具有阶段性意义的文件？
3. 中国职工基本养老保险制度为什么要选择社会统筹与个人账户相结合的模式？
4. 为什么中国要建立”三柱式”养老保险体系？
5. 实行个人缴纳养老保险费制度的意义何在？
6. 企业职工基本养老保险制度的基本结构和内容是怎样的？
7. 统一城乡居民基本养老保险制度的基本结构和内容是怎样的？
8. 职工基本养老保险针对“老人”“中人”“新人”的计发办法是如何设计的？
9. 我国现阶段基本养老保险制度存在的问题有哪些？你认为应如何解决？
10. 查阅相关资料文件，简述我国机关事业单位工作人员养老保险改革的主要思路。

第五章

医疗社会保险

本章概要

本章主要介绍医疗保险的一般原理，包括医疗社会保险的概念、医疗社会保险消费的特点、医疗社会保险建立的原则、医疗社会保险的基本类型、医疗社会保险的覆盖范围、医疗社会保险基金的筹集模式、医疗社会保险待遇的享受条件及待遇项目、医疗社会保险支付等内容。此外，本章还对我国职工基本医疗社会保险制度、我国城乡居民医疗社会保险制度的主要内容及操作实务进行了介绍。

第一节　医疗社会保险概述

一、医疗社会保险的概念

医疗社会保险是由国家立法强制实施，通过国家、用人单位及劳动者个人共同筹集资金建立基金，在受保人遇到伤病需要医疗时给予帮助和经济补偿的一种制度。这一概念的界定包括以下三层含义：

(1) 医疗社会保险一般用来对付法定范围内的劳动者因疾病而导致的两个方面的经济风险：一是支付预防或治疗疾病的费用；二是保证病假期间的经济来源。

(2) 医疗社会保险的具体做法因时间、空间和法定对象的不同而表现出极大的差异，有的是“全部”负担，有的是“部分”负担，具体的标准一般以保障基本医疗需要为最低标准。

(3) 医疗社会保险是以社会保险为手段来达到保障目的的。

与其他社会保险相比，医疗保险有其特殊性。首先，在保障形式上，它不同于养老保险的收入保障，而属于支出保障。由于疾病风险的随机性和差异性，每个人所遇到的风险有很大不同，不是人人都一定需要获得这种支出保障，需要获得保障时具体的程度也有很大差异。医疗保险的责任是保障职工因伤病造成的危及生命和生存的大的医疗风险，没有必要将对受保人构不成的、个人在经济上完全能够承受的一般医疗全部都“保”下来。其次，从保险费性质上来看，医疗保险费属于必要劳动，是劳动力的维修费用，是劳动力再生产费用的一部分，即属于排除劳动力再生产障碍的费用。因此，医疗保险费应包含在必要劳动创造的价值之中，是工资收入的一个组成部分，企业缴纳的医疗保险费应计入产品和劳务的成

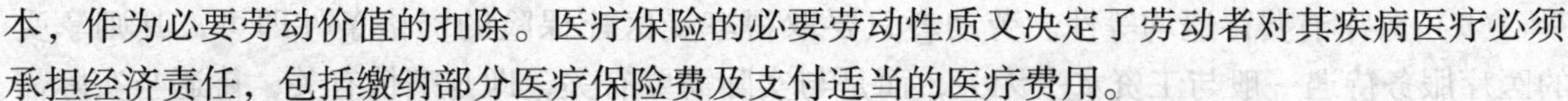

本，作为必要劳动价值的扣除。医疗保险的必要劳动性质又决定了劳动者对其疾病医疗必须承担经济责任，包括缴纳部分医疗保险费及支付适当的医疗费用。

二、医疗保险消费的特点

医疗保险的对象是医疗消费。要建立一种适宜的医疗保险制度，必须从医疗消费的特性入手进行研究。事实证明，医疗消费是一种特殊消费，它较其他一些保险消费（如养老消费）具有如下显著特点：

（1）医疗消费的需求弹性大于以衣食为主要需求对象的养老保险消费。在国民收入渐次增长的条件下，以衣食为基本需求的养老保险消费在家庭总支出中的比重将趋于下降，衣食需求尤其是食物需求的收入弹性很小，在数量上甚至具有某种极限；而医疗消费及与之相关的保健需求则会随着人们收入水平的提高而大大增加，其收入的需求弹性极大。

（2）医疗消费的技术相关度高。与养老保险不同，医疗需求与科技发展的关系极为密切，一旦新的医疗技术出现，只要经济条件许可，无论其成本何等高昂，人们总是力图尽快用于自己的医疗过程，因而无疑会大大加重医疗支出和保险费用。

（3）医疗消费过程环节复杂，随机行为和道德风险较大。养老保险的需求明晰，既定的养老金数量即可界定其消费水平，而医疗保险涉及医、患、药、保等各个方面，任何一个环节的浪费行为或道德下降都会加重支出负担。

（4）医疗消费的伦理色彩浓。与养老保险的日常性、必要性消费不同，医疗消费除了正常支出之外，往往还受到伦理因素的影响，即使一些疾病明知属于不治之症或救治无望，但也难免不惜成本延续生命。

（5）医疗消费的社会互济性需求高。与养老基金的普遍性、个人消费性不同，医疗消费中个人或家庭难以承受的重病大灾支出往往只发生在一小部分人身上，医疗保险意味着身体健康者要为体弱多病者、年轻力壮者要为老弱病残者提供健康援助，即为数较少的人群将占用较大比例的医疗费用，需要较强的社会共济机制。

（6）医疗消费具有经常性和不确定性。与养老保险的长期积累、滞后消费、可通过养老基金的保值与增值机制增强其保险功能不同，医疗消费随时可能发生，费用支出不可预测。

（7）医疗消费具有信息不对称性。与养老消费对象的普通商品由供求双方参与市场价格决定不同，医疗消费则由于医患双方的信息不对称，医方既可以是医疗需求的提供者，又可以是医疗需求的创造者，患者则几乎完全处于被动地位。对医疗保险机构来说，医疗机构和患者的信息非常复杂，医疗保险机构很难对每一个医疗机构、每一个医务人员和所有患者每日每时发生的诊疗行为进行有效监督，或者监督成本极其高昂。

（8）医疗消费福利性明显。从医疗保险的性质看，医疗保险制度带有明显的福利性质。第一，享受医疗保健服务者，几乎都不交任何费用或只交很少费用便可享受到价值很高的医疗保健服务；第二，医疗保险的目的是能给伤病者及时的治疗，并使其尽快地恢复健康和正常工作，这对于个人、企业和国家都是有利的。因此，医疗机构不应以营利为目的。我们强调医疗卫生事业的福利性，决不意味着不需要对医疗卫生事业加强管理，不需要进行经济核算，不讲究经济效益。但更重要的是讲社会效益，应在坚持社会效益的同时，把经济效益和社会效益正确地统一起来。

（9）医疗消费待遇均等性。劳动者只要取得享受医疗保险的资格条件即可，其则享受的医疗服务待遇一般与工资水平无关，而是与实际需要有关，即与病情有关，待遇与实际需要呈正相关关系。这是医疗保险在待遇上与其他险种的不同之处，其他险种的待遇享受一般都与工资有关，如退休金多寡与退休者在业时的工资高低有关，生育津贴与妇女工作者的工资有关，失业津贴与失业者的工资有关。

三、医疗社会保险建立的原则

从各国医疗社会保险建立与发展的历史经验总结，医疗社会保险建立的原则一般包括：

（1）法制化管理原则。法制化管理是指医疗保险管理工作要有法可依，依法参保、依法享受医疗保险待遇，依法协调医疗保险机构、约定医疗单位、参保单位或参保人之间的利益关系。这是社会保险强制性特点所决定的。

（2）保障基本医疗原则。医疗社会保险把“保障基本医疗需求”作为医疗保障水平的目标，首先是依据处于社会主义初级阶段的中国基本国情——人口多、经济发展落后，没有满足更高需求的经济能力；其次借鉴了福利国家的教训——福利的刚性原则和泛福利政策造成了沉重的财政负担；同时也总结了我国医疗社会保险发展的历史经验——过高的水平承诺实际上无法实现。基本医疗是指基本用药、基本技术、基本服务和基本收费，具体说就是医疗保险规定范围的医疗服务。基本医疗服务之外的各种医疗服务，只有通过补充医疗保险或商业保险来解决。

（3）公平与效率相结合的原则。医疗社会保险的公平性，一是按规定比例缴纳医疗保险费，无论实际金额是多少，享受的医疗待遇是一样的；二是无论患病大小，享受的医疗保险待遇是一样的，不会因为患大病需要更多的医药费用而医疗保险基金不予支付，相反，对家庭特别困难的，还可适当减免自付的医药费；三是医疗社会保险面前人人平等，不存在“特权阶层”或“特权人物”。所谓效率是指筹集医疗保险基金的效率和使用医疗保险基金的效率。参保单位和个人缴纳医疗保险费的积极性越高，筹集的资金越多，说明基金筹集的效率越高；执行因病施治、合理检查、合理用药、合理治疗的医疗原则越好，医疗保险基金浪费得越少，说明使用医疗保险基金的效率越高。

（4）鼓励节约、减少浪费原则。这一原则有两层含义：一是医疗服务的“供方”医院要做到因病施治、合理检查、合理用药、合理治疗和合理收费，主动适应医疗社会保险制度，加强医护人员教育，避免过度提供医疗服务，减少不合理的医疗费用支出；二是医疗服务的“需方”，即参保人要转变观念，减少不合理治疗和用药，节约开支。

（5）属地化管理原则。以地级市为中心，打破行业界限，无论是中央各部委兴办的企业还是省属企业，都必须参加当地举办的医疗社会保险。之所以要实行这一原则，是由于如果医疗社会保险基金的统筹层次太高，如省级或全国统筹，管理的难度太大，各地经济发展的差异性太大，特别是医疗资源的分布极不均衡；医疗保险基金的统筹层次太低，医疗保险的抗风险能力不强，将难以达到医疗社会保险的目的。因此，最佳的统筹层次：城市以地级及市级为单位，农村以县为单位。

（6）社会化原则。现代社会，劳动者已不是家庭劳动力，而是社会劳动力，劳动者的身体健康状况和家庭经济状况直接影响着劳动力再生产，而劳动力再生产又是社会再生产的重要条件，因此，社会化大生产中劳动力的修复，必须在依靠个人力量抵御疾病风险的同时

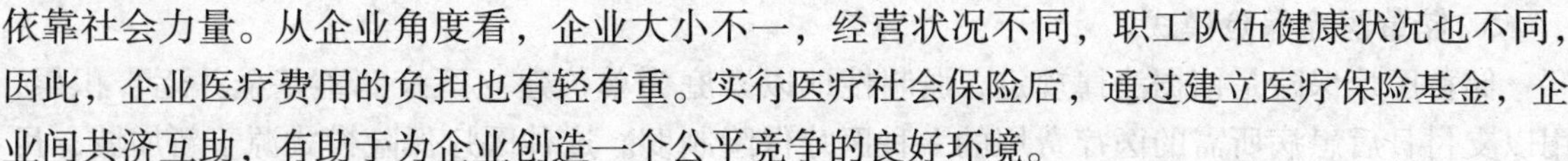

依靠社会力量。从企业角度看，企业大小不一，经营状况不同，职工队伍健康状况也不同，因此，企业医疗费用的负担也有轻有重。实行医疗社会保险后，通过建立医疗保险基金，企业间共济互助，有助于为企业创造一个公平竞争的良好环境。

四、医疗社会保险的模式

国外迄今存在并继续运作的医疗社会保险模式可划分为以下几种模式：

1. 以英国、瑞典为代表的国家（政府）医疗保险模式

国家医疗保险也称政府医疗保险，是指由政府直接举办的医疗保险事业，通过税收形式筹集医疗保险基金，并采用国家财政预算拨款的形式将医疗保险资金分配给医疗机构，向国民提供免费或低收费的医疗服务。采取这种模式的国家主要是西方福利国家，如英国、瑞典、加拿大等。

国家医疗具有以下特征：

（1）医疗保险基金绝大部分来源于国家财政预算，政府可以根据资金投入量来控制医疗费用总量。

（2）卫生行政部门直接参与医疗服务的计划、管理、分配与提供，医疗基金往往通过全额预算下拨给政府举办的医疗机构，或者通过合同购买民办医疗机构、私人医生的医疗服务。医疗服务具有国家垄断性。

（3）向全体国民提供免费或低收费的医疗服务，体现了公平性和福利性。

（4）卫生资源的配置具有较高的计划性，市场机制对其基本不起调节作用。

这种医疗保险模式的突出问题在于，医疗机构微观运行缺乏活力，卫生资源配置效率低下，难以满足国民不断增长的医疗需求；由于供需双方缺乏费用意识，使得医疗消费水平较高，政府财政不堪重负。

2. 以德国为代表的社会医疗保险模式

社会医疗保险是国家通过立法形式强制实施，由雇主和个人按一定比例缴纳保险费，建立社会医疗保险基金，支付雇员（有时可包括其家属）医疗费用的一种医疗保险制度。实行这类医疗保险的国家有德国、日本、法国、韩国等。

社会医疗保险具有以下特征：

（1）医疗保险基金的筹集可以得到法律的保证。

（2）医疗保险基金由医疗保险机构统一筹集、管理和使用，以达到互助共济的目的。其实质是个人收入的再分配，或者说是个人收入的横向转移，即健康者的一部分收入向患病者转移，高收入者的一部分收入向低收入者转移，以求实现社会共济和稳定的目标。

（3）社会医疗保险基金管理的原则是“以支定筹，以收定支”，力求当年收入平衡。

（4）社会医疗保险所提供的医疗服务项目一般包括基本医疗服务、大多数病种的住院治疗及必要的药品费用。

（5）社会医疗保险对参保人的医疗保障一般分两种方式：一是直接向病人提供免费或部分免费的医疗服务；二是病人垫付医疗费用后由保险机构予以补偿（报销）。

社会医疗保险模式的优点在于社会互助共济、风险分担。医疗保险机构同医疗机构建立了契约关系，促使医院提供优质医疗服务，对控制医疗服务提供者的垄断行为较为有效。

3. 储蓄医疗保险模式

储蓄医疗保险是依据法律规定，强制性地以家庭为单位建立医疗储蓄基金并逐步积累，用以支付日后患病所需的医疗费用的一种医疗保险制度。这种医疗保险模式源于新加坡，目前只有少数国家采用这种模式。

这种医疗保险模式以个人责任为基础，政府分担部分费用，强调个人通过积累支付部分医疗费。个人享受的医疗服务水平越高，付费也越多，这样可避免过度利用医疗服务行为的发生，减少浪费。这一模式要求每个有收入的国民都要为其终生医疗需求而储蓄，以解决自身的医疗保健费用，从而避免上一代人的医疗保健费用转移到下一代人身上。

储蓄医疗保险模式的缺陷是不能实现社会互助共济、共同分担疾病风险，低收入人群得不到医疗保障或难以得到更好的医疗服务。

4. 以美国为代表的有选择性的医疗社会保险模式

美国现行的医疗保险制度是混合型的医疗保障制度，没有全国统一的医疗保险，而是分成私人医疗保险计划和公共医疗保险计划两类，以私人医疗保险计划为主。私人医疗保险市场由两部分构成，一部分是雇主性医疗保险。雇主性医疗保险是自愿提供的，有1.65亿人由此获得医疗保险，美国约50%医疗费用来自私营医疗保险计划，而且政府医疗保险计划的很多操作工作是由私营医疗保险公司去执行的。另一部分是商业性个人医疗保险，由个人在市场上购买获得保险。目前，这一人群在美国有1700万人。公共医疗保险由联邦政府和州、地方政府所举办，主要是帮助弱势人群（老人、穷人等）的强制性的医疗保险计划，主要包含七个保险项目：联邦雇员健康福利项目（FEHBP）、三军医疗照护计划（TRICARE）、退伍军人健康计划（VHA）、印第安人健康计划（IHS）、医疗救助计划（Medicaid）、州儿童健康保险计划（SCHIP）、医疗照顾计划（Medicare）。

美国这种以自由竞争为主要特征的制度的优点在于：参保自由，灵活多样，适合需求方的多层次需求。存在的主要问题有：一是公平性较差，强制性的医疗保险只覆盖了45%的美国居民，而商业保险的逆向选择使健康条件差、收入低的居民往往被拒绝投保；二是医疗费用畸高，保险公司作为第三方给医院和医生付费，出于盈利性的考虑，导致全社会医疗费用增长过快。

5. 商业医疗保险模式

商业医疗保险是把医疗保险作为一种特殊商品，按市场法则自由经营的医疗保险模式。在医疗保险市场上，卖方是指营利或非营利性的私人医疗保险公司或民间医疗保险公司；买方既可以是企业、社会团体，也可以是政府或个人。商业医疗保险的供求关系由市场调节，保险公司根据社会的不同需求开展业务。一般而言，商业医疗保险能较好地满足中高收入者高层次的医疗需求，但其医疗保险费用较高，低收入人群难以参加，保险病种项目有限，社会公平性差。同时，保险公司以营利为目的，对参保人身体条件要求十分严格，体弱多病者和老年人往往被排除在外。商业医疗保险的主要特征：

（1）社会人群自愿投保，共同分担由意外事故所造成的经济损失。

（2）保险人与被保险人签订合同，缔结契约关系，双方履行权利和义务。

（3）医疗保险作为一种特殊的商品，其供求关系由市场进行调节，保险机构根据社会的不同需求开展业务。

（4）大多数医疗保险机构以营利为目的。

商业医疗保险形式灵活、多样，能够满足不同社会阶层对医疗服务的需求。在这种医疗保险模式下，医疗消费者的自由选择迫使保险机构在价格和服务质量上进行竞争，提供低价优质的服务，也迫使医疗服务的提供者降低医疗服务成本，从而控制医疗保险费用。

商业医疗保险模式的弊端：一是由于低收入者难以支付昂贵的医疗保险费，因而只能提供较低水平的医疗服务，社会公平性差；二是医疗消费主要通过市场来调节，缺乏有力的制约，容易造成费用的失控；三是保险机构主要以营利为目的，对参保人的身体条件要求十分严格，体弱多病者和老年人往往被排除在外。

6. 社区合作医疗保障模式

社区合作医疗保障模式是指依靠社区的力量，按照“风险共担，互助共济”的原则，在社区范围内通过公众集资建立集中的医疗基金（政府通常也给予一定补贴），采取预付方式支付参保人及其家庭的医疗、预防、保健等服务费用的一项综合性基本医疗保健措施。中国传统的农村合作医疗和泰国的医疗保险卡制度是社区合作医疗保障模式的代表。

例如在泰国，泰国农民主要是通过购买健康卡的形式参加社区合作医疗保障。该制度于1983年6月开始在农村推行，以家庭（户）为单位参加，1户1卡，超过5人者再购1张卡，50岁以老人上和12岁以下儿童享受免费医疗。每张卡由家庭自费500泰铢，政府补助500泰铢。为了推动健康卡的发行，政府规定只有当全村35%以上家庭参加时，政府才给予补贴。健康卡所筹资金，由省管理委员会统筹管理（全国分为76个省），90%用于支付医疗保健费用，10%用于支付管理费用。健康卡可用于医疗、母婴保健和计划免疫。

社区合作医疗制度将一个区域内医疗资金的筹集、因病造成经济损失的分担机制及医疗保健服务的提供三者结合在一起，能够在基层单位提供较好的基本医疗和预防保健，有效保障基层农民的身体健康。其局限性是资金有限，覆盖人群少，抵御大病风险的能力差。

五、医疗社会保险的作用与意义

医疗社会保险是人们生活中最基本的需求之一，涉及千家万户的切身利益。劳动者一旦遭受损失，生产也会受到影响。因此，建立医疗社会保险制度具有极为重要的作用和深远的历史意义。

（1）保证劳动者的身体健康，促进劳动力再生产的正常进行。劳动者有了疾病，不仅影响身体健康，造成痛苦，而且使劳动力的再生产受到阻碍，影响劳动和工作。通过医疗保险，给劳动者的病伤以及时治疗，解除病伤痛苦，减轻或免除劳动者医疗费的负担，使劳动者早日恢复健康，保证劳动力再生产的正常进行，提高劳动者的出勤率，以满足生产过程对劳动力的需求。

（2）使病伤劳动者的基本生活得到保障，解除劳动者的后顾之忧。劳动者患了病或负了伤就不能参加劳动和工作，也就不能通过劳动取得报酬，从而不能满足本人及家属的基本生活，其生活就会遇到困难。建立医疗和疾病保险，不但给病伤的劳动者以及时治疗，而且对其基本的生活给予保障，使他们的基本生活需要得到满足。这样就解除了劳动者的后顾之忧，有利于稳定劳动者的劳动情绪，调动劳动积极性。对因工负伤和患职业病的劳动者，在保险待遇上还给予优惠，这是对这部分劳动者的特殊照顾和关怀，可以使广大职工受到鼓舞，激发劳动者对劳动和工作的献身精神。

（3）有利于促进企业更好地关心职工的身体健康和生产安全。医疗保险不仅是事后保险和补偿，而且可以起到事先预防的作用。通过医疗保险费支出情况的分析，可以了解职工患病情况及生产安全工作的状况。这样就会促进企业搞好疾病的预防工作，更好地关心职工的身体健康，搞好安全生产，减少工伤事故，确保职工的生产安全。

第二节 医疗社会保险的基本构造

一、医疗社会保险的覆盖范围

医疗社会保险范围是指根据国家有关规定或保险合同的相关条款，可以享受医疗保险待遇的公民范围。从理论上讲，医疗保险涉及全体社会成员，应以全民为医疗保险对象。但由于各种条件的限制和经济发展水平的差异，特别是一个国家内部的经济社会发展的不平衡，要想做到人人享有医疗保障，困难很大。大多数国家在医疗保障对象上都有一定的条件限制。

各国医疗保险不同的覆盖范围是由这些国家社会发展的状况和经济、文化背景所决定的。从历史发展看，大多数国家医疗社会保险实施范围都是从小到大逐渐扩展起来的，通常都是从靠工资为生、收入较低的生产工人开始的，然后进一步扩大到其他特定的社会群体，最后达到全体公民。例如，在许多发达国家，享受医疗服务已成为公民的一项基本权利。与此相对应，医疗保险的覆盖范围越来越广，如英国、意大利等16个国家已将全民作为覆盖范围；法国、德国等12个国家已将主要受雇人员确定为医疗保险的享受范围；美国则比较特殊，主要的实施范围是65岁以上的退休职工；还有些国家，其医疗保险有多个体系，分别覆盖职业人口中的某些类别的人员。

在德国，参加医疗保险的人均由法律规定，主要分为三类：一是强制参保人，一般是有收入的人和其雇主；二是自愿参保人，一般是收入超过一定上限的人或通过其他途径解决了医疗保险问题的有收入的人群；三是连带参保人，主要是指强制参保人的配偶和子女，可以免缴医疗保险费而连带成为法定医疗保险的参保人，享受与义务投保人同等的医疗保险待遇。据统计，德国的法定医疗保险系统覆盖了约90%的人口，再加上其他形式的医疗保险，99.5%以上的德国国民享有医疗保险。

至于劳动者家属是否与劳动者本人享有一样的医疗保险，各国也有不同的规定，如英国、意大利等28个国家规定，劳动者家属与劳动者一样，享有相同的医疗待遇；奥地利、美国、日本则规定劳动者家属享受的待遇与受保人略有区别。

我国根据2012年国务院发布的《卫生事业发展“十二五”规划》，到2015年，初步建立覆盖城乡居民的基本医疗卫生制度，使全体居民人人享有基本医疗保障，人人享有基本公共卫生服务，医疗卫生服务可及性、服务质量、服务效率和群众满意度显著提高，个人就医费用负担明显减轻，地区间卫生资源配置和人群间健康状况差异不断缩小，基本实现全体人民病有所医，人均预期寿命在2010年基础上提高1岁。

目前，我国医疗保险已经覆盖全民，其中基本医疗保险覆盖城镇所有用人单位和职工及人民解放军官兵；城镇居民医疗保险覆盖没有正式工作的城镇户口的居民和在校学生；农村合作医疗保险覆盖所有农民和农村户口的孤寡老人及告老还乡的农民工。

截止到2014年11月，我国医疗保险参保人数已经突破了13亿人，其中职工基本医疗

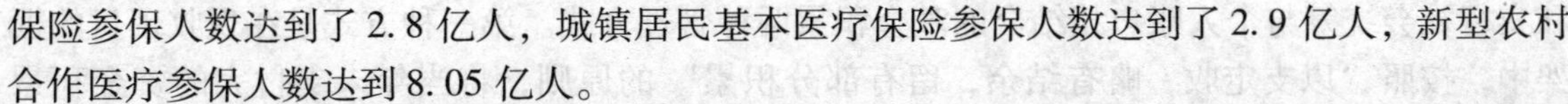

保险参保人数达到了2.8亿人，城镇居民基本医疗保险参保人数达到了2.9亿人，新型农村合作医疗参保人数达到8.05亿人。

二、医疗社会保险基金的筹集

社会医疗保险基金是指通过法律或合同的形式，由参加医疗保险的企事业单位、机关团体或个人在事先确定比例的情况下缴纳规定数量的医疗保险费汇集而成的、为被保险人提供基本医疗保障的一种货币资金。

我国医疗保险基金包括基本医疗保险基金、地方补充医疗保险基金和生育医疗保险基金。其中，基本医疗保险基金包括：①个人医疗账户基金，主要用于参保人员门诊就诊、购药及住院个人承担等费用；②社会统筹基金（社会共济基金），由大病统筹基金、社区门诊统筹基金和调剂金组成，主要由医保机构统一支配，用于参保人大病、特病费用的支付；③储备金，主要用于突发性传染病、流行病等超常风险支付；④预防保健费，主要用于疫苗、体检、防疫等费用的支出；⑤管理费，主要为社会医疗保险事业正常运转的必要费用。

（一）医疗保险基金的筹集原则

综合各国医疗社会保险基金的筹集原则，可以概括为：一是法制化原则；二是共同负担原则；三是“以支定收，收支平衡，略有结余”的基本保障原则；四是相对稳定原则；五是现收现付制原则。当然，各国在医疗社会保险基金筹集原则的选择组合中各有特点。

（二）社会保障基金筹集的模式

1. 现收现付制

现收现付制是以一定时期（一般为一年）收支平衡作为筹资目标，先测算出近年来支付的纯医疗保险费，然后制定本期的筹资标准，并按一定比例分摊到参加保险的各方。“这种方法是以保险期内不同年龄、体质的医疗投保人之间的互助共济实现收支平衡的，即所谓的“横向平衡”，普遍用于强制性医疗保险。这种方法的优点是简便易行，由于平衡期短，风险波动较小，不必维持较大数量的风险储备金，还可以减少通货膨胀导致的基金贬值风险。其缺点是每隔一段时期就要调整收费标准，随着保险收费的逐年增加，可能导致企业、国家负担过重而难以承受。

2. 基金积累制

基金积累制又称“基金制”“储蓄制”，是根据长期（若干个会计年度）收支总平均的原则确定收费率的，即在未来时期社会保险支出需求的基础上，确定一个可以保证相当长的时期内收支平衡的总平均收费标准，分摊到若干年中，并对已提取但尚未支付的保险基金进行有计划的管理运营。投保人早年付出的保险费大于保险支出，其差额作为以后年份的储备资金；随着投保人年龄增长，保险支出会逐渐超过其缴纳的保险费，这时用储备资金及其利息弥补收支差额，做到整个保险期内收支大体平衡。投保人的权利和义务之间具有较严格的对应关系，我们把这种资金平衡形式称为“纵向平衡”。其缺点是计算复杂，实施难度大，社会共济能力差，由于跨越时间较长，储备基金易受到通货膨胀的侵蚀，基金的运营管理也有一定难度。

3. 部分积累制

部分积累制又称“部分基金制”“混合制”，是将近期横向收支平衡原则与远期纵向收支平衡原则结合起来的筹资模式。部分积累制包括在现收现付的基础上增加一定比例的积累和实行社会统筹与个人账户相结合的基金积累两种管理方式。第一种方式是在现收现付的框架中，按照“以支定收，略有结余，留有部分积累”的原则，将当年未支付完的资金积累起来，形成基金并在支付高峰期时用来补充当年收不抵支的缺口。第二种方式是将收缴的社会保障资金分为社会统筹账户和个人账户两部分。社会统筹账户按“以支定收，不留结余”的现收现付方式筹集；个人账户则实行完全积累。

部分积累制可以集中现收现付制和基金积累制的优点，并有效克服二者的缺点，既能够根据短期支付需要进行社会统筹，又可以形成适度积累。积累部分通过投资运营实现保值与增值，可以减轻下一代的负担，缓解代际之间的矛盾。

1998 年 12 月，《国务院关于建立城镇职工基本医疗保险制度的决定》颁布，我国城镇职工基本医疗保险开始实行社会统筹与个人账户相结合的基金筹集模式。这种把社会共济保障与个人自我保障结合起来的筹资结构既能体现社会公平原则，又考虑到了按劳分配中的“权利和义务”统一的因素。它有利于消费者（被保险人）树立费用意识，自觉约束医疗消费行为，也有利于促进消费者监督服务提供者，规范医疗单位的行为。

（三）医疗保险基金的筹集渠道和组合类型

医疗社会保险基金的筹集渠道包括雇主（单位）资助、雇员（个人）出资、国家补贴、利息和投资收入、调剂收入、转移收入、其他收入（滞纳金及财政部门核准的其他收入，不包括罚金）。

医疗保险基金筹集渠道的组合类型有：

（1）政府全额负担。在一些实行全民免费医疗制度的国家，医疗保险费用全部或大部分由中央政府或地方政府从财政预算中拨款，个人只交付少量挂号费或少量的门诊费用。前苏联和朝鲜、英国等国家属于这一类型。

政府全额负担有以特殊人群或特殊病种为对象的医疗保险支出。例如，一些国家政府规定，残疾儿童、结核病或糖尿病等特定病种患者可免交医疗保险金。还有的国家政府规定一些特殊工种，如矿工、铁路工人或海员等可免交医疗保险金，以上人群或病种的费用由政府全额负担。

（2）政府和个人共同负担。主要有两种办法：一种是政府负担居民在公立医院或公立医疗保险机构的费用，如英国和澳大利亚政府均规定，居民在公营医疗保险机构的国立医院就医可以免费，参加私立医疗保险或到私人医院就医必须自费；另一种是个人缴纳少量医疗保险费，政府给予大部分补助，如日本、韩国等国家对农民的医疗保险均采用这种方式，由于农民的收入不固定，医疗保险金是每年按户缴纳的，政府补助的比重较大。许多国家对老年人的医疗保险费用也采用这种方法。

（3）政府、雇主与雇员三方负担。在这里，政府的负担包括税收政策、利率政策、财政政策、国家财政直接拨款，属于社会福利，为税收再分配；雇主的负担既是集体福利，也是雇主的人力资本投资或竞争策略；个人负担既是家庭和个人的健康投资，也减少经济风险。实行社会型医疗保险制度的国家大都采用三方负担的形式，只是各自所占的比例差异很大。

德国法定医疗保险的保险费根据德国政府统一规定的个人收入比例计算。收入越高，保险费越高。2015 年，德国政府规定的法定医疗保险费比例为员工收入的 14.6%，即每月法定医疗保险费 = 收入 ×14.6%。保险费由雇主和员工各付一半。近几年，实际上雇主承担少于雇员承担的费用，雇主平均约为6.6%，雇员为7.4%。计算缴费的基数设封顶线和保底线，并由政府每年加以调整。2015年，封顶线为月收入4125欧元，保底线为月收入405欧元，即4125欧元以上部分不再征缴，而工资性收入低于月收入405欧元可免除缴费义务。从2015年起，德国各法定医疗保险公司在收入14.6%的基础上，可收取0～1.3%的附加费，附加费由个人承担。此外，德国法定医疗保险是以家庭为基础的。当员工按工资比例缴纳保险费后，其配偶和未成年的子女如果没有收入或收入很低（2015年标准为每月收入低于405欧元），可作为家属免费参加员工的法定医疗保险，不需缴纳保险费。自愿选择参加法定医疗保险者，也同样由工作的公司和员工分担保险费用。自雇人员需按照收入的14.6%全部自己支付保险费。对于退休人员及失业人员，其保险费由养老基金和失业保险金承担。

在日本的医疗保险制度中，职工一般缴纳工资的5%左右，雇主缴纳5%，政府给予各保险组织一定补助，或按比例补助、或每年一次性的定额补助。1990年，日本的医疗保险费用中政府补助占31.4%（其中中央财政占24.6%），雇主和被保险者缴纳的保险费占56.3%，就医时个人自付占12.1%。

匈牙利的医疗保险，筹资比例为15%，其中雇主承担11%，个人承担4%，自由职业者参加医疗保险要个人全部负担15%的保费。

（4）雇主、雇员共同负担。这一筹资方式最典型的是新加坡的保健储蓄计划，政府虽然参与管理实施，但不给经费补贴。新加坡的保健储蓄式的医疗保险，其基金来自个人和雇主公积金，公积金的总额相当于本人工资的40%，从公积金中提取6%作为医疗保险费用，保证居民基本需要的住院服务。

（5）个人全额负担（自筹资金）。在一些经济不发达的国家，仍有居民自发组织的医疗互助会，其形式是社区内合作与系统内合作，经费得不到任何方面的固定补助。即使在美国这样的经济发达国家，仍有10%以上的人没有任何医疗保险，只能完全靠自费来购买医疗服务。

目前，我国医疗保险基金由政府、单位和个人三方面共同筹集。对政府而言，作为均等化的基本公共服务提供者，政府通过补助基本医疗保险基金的不足或直接给予参保人缴费补贴成为基本医保出资的一方，并以社会管理者的身份对医疗保险进行制度规范与运行监督，可以保证社会经济政策得到有效的贯彻落实。对用人单位而言，用人单位对劳动力修复和再生产有着不可推卸的责任，理应为其职工缴纳一部分基本医疗保险费；同时，单位把一部分原来由自己办理的事项转交给了社会，减轻了企业负担，从而有利于转化经营机制，增强竞争活力。对职工和居民而言，个人应缴纳医疗保险费并在患病时享有获得医疗服务的权利，这体现了权利和义务对等的原则。个人缴纳一定医疗保险费有利于促进社会成员增强“费用意识”和“健康意识”，珍惜有限的医疗资源，从而主动监督医疗服务，积极锻炼身体，注意减少浪费，有助于促进医疗服务质量和效率的提高。

（四）医疗保险基金的统筹方式

目前，国际上通行的医疗保险基金统筹方式有：

（1）政府经由财政统筹。具体又包括：①全国统筹，即医疗保险基金全部集中到中央，在全国范围内统一调剂使用。在这种方式下，基金由中央管理，全国实行统一的医疗保险税率。英国与东欧国家的医疗保险及美国的老年人健康保险就是这一类型。②省级统筹，如加拿大，由各州自己统筹，调剂医疗保险基金的使用，联邦政府根据通货膨胀率或按固定比例进行定额补助。③县级统筹，如瑞典，由县政府通过收取地方税的形式向企业征缴医疗保险金，在当地调剂使用资金，负责当地居民的医疗。

（2）分块统筹。分块统筹是指区分不同人群、行业、企业，分别实行医疗保险。例如，德国实行的是按行业筹集医疗保险基金，同时并行地方医疗保险的做法。行业前景好，收入高，实行较低的医疗保险费率；企业脆弱或工资低的行业，则与所在城市低收入者、个体人员、农民一起参加地方医疗保险，实行地方医疗费统筹、政府补助的做法。日本则实行大企业、行业、老年、地方、公务员等医疗保险，每一部分自行医疗费用的统筹。

（3）多元统筹。例如，特殊病重统筹和高费用统筹、特定人群内统筹等，再如在部分经济发展较慢的国家，政府没有财源负担全民的医疗保险，所以把农村和城市医疗分开，重点是扩大城市的保险人群，建立医疗保险制度，提高医疗保险补偿待遇，在农村则由政府组织预防保健医疗，并由政府补充一部分资金。

（五）医疗保险基金的费率确定和缴纳方式

1. 医疗保险基金的费率确定

基本医疗保险费率是指从社会平均水平看，在一定时期内（通常为一个月）各参与主体所缴纳的基本医疗保险费占工资的比重。也就是说，从社会平均水平看，在一定时期内，劳动就业人口创造的价值，即工资中有多大比例用于其基本医疗保险。在工资总额一定的情况下，它是从供给方面来衡量基本医疗保险规模的数量指标的。

最简单的医疗社会保险费率（CR）的计算公式为

$$CR = \frac{\text{支付待遇} + \text{管理费} + \text{必要结余储备}}{\text{被保险人工资总额}}$$

个人和单位可以按相同比例缴纳医疗保险费，如新加坡的保健储蓄计划，费率是工资的6%～8%；雇员和雇主各一半。例如，德国法定医疗保险规定，医疗经费主要来源于雇主和雇员，政府不拨款。全国没有统一的费率（平均为13.5%），雇主和雇员各一半。也可以按不同比例缴纳，一般雇主缴纳的医疗保险基金比雇员缴纳的保险基金多。

同时，各国一般均规定医疗社会保险缴费工资或收入上、下限，即当工资或收入达到下限水平时，才开始计算应缴纳的医疗保险基金，而超过上限的工资或收入，不再多收保险基金。例如，德国规定，计算缴费的基数设封顶线和保底线，并由政府每年加以调整，2015年的封顶线为月收入4125欧元，保底线为月收入405欧元。美国的社会保障税，1995年的缴费上限规定为61200美元。美国的社会保障税，1995年的缴费上限规定为61200美元。

2. 医疗保险基金的缴纳方式

医疗保险基金的缴纳有多种方式：固定保险费金额、与工资挂钩（按工资的百分比缴纳）、与收入挂钩（按个人收入的百分比缴纳，不仅仅是工资）、按区域缴纳（按各区域内卫生基本设施的条件确定保险费级别）等，通常采用的方式是与工资挂钩的方式，即工薪税的方式。这种方式的优点在于：①考虑了每个人的支付能力，使每个人都能支付医疗保险基金；②有利于控制医疗保险筹资与工资收入的相对水平；③有利于建立随工资水平变化而相应调整医疗保险筹资水平的自然调整机制。不仅如此，由于社会人群收入差别拉大，这种筹资方式的收入再分配意义更明显。

三、医疗社会保险的享受条件

享受医疗社会保险待遇需要一定的条件。首先，受益者必须在患病前已从事有报酬的工作。但是否因患病失去工作能力，则需要医生证明。其次，受益者停止了工作，并开始进行治疗。不过，从世界各国推行医疗社会保险的实践看，更重要的享受条件有以下几种：

(1) 被保险人必须依法缴纳一定期限的保险费。只有缴了保险费，才有资格领取医疗保险的津贴。例如英国规定，被保险人在本年度内必须缴纳保险费满 26 周，或者在任何一年交足任何一个纳税人最低收入的 25 倍的保险费，才有资格领取疾病津贴。黎巴嫩规定，被保险人必须在最近半年内投保满三个月，才具有领取疾病津贴的资格。智利规定，被保险人必须正式投保满六个月，并在最近六个月内缴纳三个月的保险费，才有资格享受疾病津贴。

(2) 被保险人必须达到一定的就业期限，方有享受疾病津贴的资格。例如法国规定，被保险人在患病前三个月受雇 200 小时，患病后才有资格享受疾病津贴。

(3) 在国内组织各种社会保险基金会的情况下，被保险人只有首先获得基金会会员资格，并参加基金会满一定期限，才有资格领取疾病津贴。例如卢森堡规定，被保险人必须参加基金会满三个月，成为疾病基金会成员，才能领取疾病保险津贴。

(4) 以居住在该国的期限为条件，即被保险人在该国居住规定达到合格期限，经收入调查，调查符合条件，才能享受疾病补助金。

我国相关政策规定，城镇职工享受基本医疗保险的条件是：

1) 职工从缴费次月起，享受基本医疗保险待遇。用人单位未按规定缴费或中断缴费的，从未缴费的次月起，其职工不再享受基本医疗保险待遇。中断缴费后重新参加基本医疗保险的，除补足中断期间缴纳的基本医疗保险费外，必须连续缴满 6 个月的基本医疗保险费后，方可重新享受基本医疗保险待遇。用人单位按照有关规定申请缓缴医疗保险费的，在批准的缓缴期内，职工可以享受基本医疗保险待遇。缓缴期最长不得超过规定的月数。

2) 职工在未达到法定退休年龄前，应连续参加基本医疗保险，并由用人单位和职工共同缴纳基本医疗保险费。职工到达法定退休年龄退休时，连续缴费年限不足 20 年的，由用人单位一次性补满 20 年后，可以继续享受基本医疗保险待遇。

《实施〈中华人民共和国社会保险法〉若干规定》（人力资源和社会保障部令第 13 号）第七条第一款规定："社会保险法第二十七条规定的退休人员享受基本医疗保险待遇的缴费年限按照各地规定执行。"目前，全国大部分地区规定的最低缴费年限为男性满 25 年、女性满 20 年，或男性满 30 年、女性满 25 年。本条规定了退休人员未满最低缴费年限时继续延迟缴费的人性化解决办法。

四、医疗社会保险待遇

医疗社会保险待遇是医疗社会保险最重要和最基本的职能之一，主要是指保险机构和被保险人在获得医疗服务后，向医疗服务供方支付医疗费用的行为。待遇项目包括：

1. 疾病津贴

疾病津贴指的是劳动者患病期间的生活费用，一般用现金形式给付，并与劳动者患病之前的工资水平呈正相关关系。一般只有实行疾病社会保险的国家才支付疾病津贴，实行医疗社会保险的国家，如我国，企业劳动者的收入损失由原单位按病假工资支付。疾病津贴的支付方式有以下几种：

(1) 薪资比例制。疾病津贴实行薪资比例制的国家很多，如英国、西班牙、日本、中国等。这种给付方式的特点如下：①在劳动者患病初期，给付的比例往往很高，大多规定为工资的100%；②随着给付时间的延长，给付比例会逐渐地降低；③给付比例往往与工龄有关，与劳动贡献挂钩。大多数国家，疾病津贴相当于患者在业期间平均工资的50%～70%，而且常常根据其亲属补助而有所提高。美国有的州规定为本人收入的55%，有的州规定为本人收入的66%。西班牙规定为本人工资的75%，日本规定为本人最近3个月平均日标准工资的60%。

我国政府规定，工人、职员因为疾病或非因工负伤停止工作且连续医疗期在6个月以内者，应由企业行政方面或资方按下列标准支付给病伤职工假期工资：本企业工龄不满2年者，为本人工资的60%；已满2年不满4年者，为本人工资的70%；已满4年不满6年者，为本人工资的80%；已满6年不满8年者，为本人工资的90%；已满8年及8年以上者，为本人工资的100%。工人、职员因为疾病或非因工负伤停止工作且连续医疗期超过6个月者，企业行政方面或资方停发病伤假期工资，改为救助，发放疾病或非因工负伤救济费，其标准如下：本企业工龄不满1年者，为本人工资的40%；已满1年不满3年者，为本人工资的50%；已满3年及3年以上者，为本人工资的60%。

再如广州市规定：①对在12个月内病假累计不满6个月的职工，本年度的病假工资以上年度本人月平均工资总额（以下简称“月均工资”）为基数，如超过上年度市属（县级市）职工月均工资，则以上年度市属职工月均工资为基数，连续工龄不满5年，按45%发放；满5年不满10年，按50%发放；满10年不满20年，按55%发放；满20年及其以上，按60%发放。获得各级政府授予劳动模范（先进生产工作者）称号的职工，按65%发放。享受新中国成立前参加革命工作离休、退休待遇的职工，按70%发放。②对在12个月内病假累计满6个月及其以上的职工，本年度的疾病救济费以上年度本人月均工资总额为基数，如超过上年度市属职工月均工资，则以上年度市属职工月均工资为基数，连续工龄不满10年，按40%发放；满10年不满20年，按45%发放；满20年及其以上，按50%发放。获得各级政府授予劳动模范（先进生产工作者）称号的职工，按55%发放。单位可根据本企业职工工资增长水平，适当调整长期病休待遇。③单位根据实际情况，可在上述计发比例的基础上，提高5%～10%的比例计发病假待遇。④按上述标准计发病假工资后，如低于本市规定的职工生活困难补助标准90%的，可给予补足；如超过本人全年正常上班月（日）均工资收入的，按本人当年正常上班的工资收入发放。

（2）均等给付制，即按照统一的标准给付，而不考虑患者工资水平的高低。这种给付方式在爱尔兰、英国、瑞典等少数国家实行。例如，爱尔兰于1990年规定，疾病津贴按每一个被保险人每周48英镑的标准发放，同时，在患者供养直系亲属中对成年人每人每周发放31英镑，不满18周岁的头两个子女，每人每周发放11.4英镑，其他每一个合格子女发放11英镑。另外，若患者系工资劳动者，还加发患病前周工资的一定比例。

（3）按“基数”的一定比例计发疾病津贴。例如瑞典，一概为1个“基数”的90%。所谓1个“基数”，就是保障最低生活所需物品和服务的价格总和。1991年1个“基数”为32200克朗。

疾病津贴的给付大多有等待期和给付期两方面的时间限制。大多数国家的被保险人因病失去劳动能力三天以上才能领取疾病津贴。这样规定的理由是，大多数人易患短期疾病，这种病对患者的收入造成的影响不大。如果对大量的短期患者支付津贴，就意味着需要支付一笔庞大的开支，如社会保险机构为核实病情所花费的人力、物力、财力和时间等。1967年，第51届国际劳工大会通过的《医疗护理与疾病津贴公约》（第130号）规定等待期不得超过三天。但也有些国家规定，如果丧失劳动能力持续一段时间，通常为2～3周，则等待期内的补助金仍可补发。

医疗社会保险给付期限是指患病劳动者获得疾病津贴的时间期限。医疗保险是一种特定期限的保险，各国几乎都规定了医疗保险津贴发放的最长期限。最早在1983年，德国在世界上第一个推出医疗保险办法时，规定给付期为13周，后来普遍实行26周给付期的规定。这是因为，1952年第35届国际劳工大会第102号公约向各成员国提出了最低26周的建议。1969年，第53届国际劳工大会第130号公约做了修订，建议不得少于52周，并建议对有治愈希望者继续给付津贴。目前，多数国家规定的给付期是39～52周，少数是26周，最短的只有2～3天，而我国规定的给付期为6个月。超过6个月者由社会救助制度提供保障。

大多数国家规定，领取疾病津贴的规定期限若已满，并确定为丧失劳动能力，改发伤残抚恤金。

大多数国家规，疾病津贴申请者必须缴纳保险费达到最低限度的合格期限，或者在发病前从事受保职业且有一定的工龄。例如印度规定，疾病津贴申请者最近26周内缴纳保险费13周方可享受疾病现补助；芬兰规定，疾病津贴申请者必须最近受雇3个月方可享受现金补助；丹麦规定，收入来自就业或独立劳动的人方可享受疾病现金补助；塞浦路斯规定，疾病津贴申请者必须缴纳保险费26周，并且最近一年缴纳或视同缴纳20周，方可享受现金补助享受期到期后，还可在缴纳保险费13周的基础上重新享受现金补助。但有一些国家已取消了缴费最低限度合格期限的条件。

2. 被扶养家属现金补助

在实行医疗社会保险制度的国家，除了向患病劳动者提供医疗服务外，一般还向患病劳动者所扶养的家属（一般为直系亲属）提供优惠的医疗服务和现金补贴。因为劳动者患病以后，依赖其生活的配偶和未成年子女也会受到影响，为保证他们的基本生活，除了向患者给付津贴以外，还向患病者供养的直系亲属给付一定数额的现金补助。家属现金补助给付标准一般要低于疾病津贴，给付形式有固定金额制，有按患者本人疾病津贴的一定比例给付。英国政府规定，患病劳动者抚养的配偶每周可以获得9.75英镑的现金补贴，每个子女可以获得0.85英镑的现金补贴。

3. 患者医疗服务

患者医疗服务包括门诊、检查、医治、给药、整容、住院在内的所有医疗护理活动，它是医疗保险的主要内容。国家用于医疗保险的费用绝大部分包含在医疗服务里面，不仅包括对患者的诊断、医治、护理服务的现金和实物支出，而且包括建立公立医院、购置医疗器械的投资，以及医生的工资和医院日常办公开销。我们所说的医疗保险主要指的是这一项目，其特点是依病情出发进行诊治，直至治愈，而不问医疗服务费用多少。而更具特色的是，恰恰这项十分重要的待遇是免费或只收很低费用的。医疗保险具有很大的福利性，常常和社会福利分不开。

例如，德国法定医疗保险提供的医疗服务包括各种预防保健服务、各种医疗服务、各种药品和辅助医疗品、患病（包括不孕）期间的服务或津贴、各种康复性服务、免费或部分免费就诊所需的交通费用等。以联员医疗保险基金会为例，2001年其医疗保险费用支出构成中：住院和急诊为35.4%，门诊为16%，检查为8.4%，药费为15%，各种辅助治疗、材料为7%，疗养、康复为7.4%，病休工资津贴为5.3%，管理费为5.5%。

例如，日本医疗保险各项制度中，除国民健康保险只负担一般国民医疗费的70%、退休人员住院费的80%、门诊费的70%外，其他制度都规定只要在社会保障指定医院看病，本人只负担诊疗费的20%，医疗保险负担80%。但对在个人要求的医疗机构看病的医疗费，本人按其金额负担部分费用，具体数额是：医疗费在1500日元以下的负担200日元；1500~2500日元的负担400日元；2500~3500日元的负担600日元；超过3500日元的负担80%。

4. 被扶养者医疗服务

实行医疗社会保险的国家，除了向患病投保者提供减免费用和医疗服务外，一般都还向投保人扶养的家属提供优惠的医疗服务。例如我国规定，国有企业职工的直系亲属患病，可在所在企业的诊所、医院或指定医院免费诊治，手术费与普通药费按半数缴纳。德国规定，参加了法定医疗保险的雇员，其家庭成员中的无业配偶和未成年子女将跟随在他的名下，可免缴保险费并享受同等的法定医疗保险待遇。日本受雇者医疗保险的参保家属均可享受住院费的80%、门诊费的70%由医疗保险负担的待遇。

医疗保险在项目上还可以分为工伤（含职业病）医疗和一般病伤医疗。其中，工伤医疗保险项目全、待遇高，不仅包括医疗诊治、住院、护理、休养等，而且连膳食费、看病有关的交通费、矫形器具也一应免费。绝大多数国家的医疗保险项目都不包括美容和镶牙。

根据我国现行立法的规定，职工医疗保险待遇有下述主要内容：

(1) 医疗期待遇。职工享受医疗保险待遇，除完全丧失劳动能力者外，只限于规定的医疗期内。医疗期的长度根据职工本人连续工龄和本单位工龄档次确定，最短不少于3个月，最长一般不超过24个月；难以治愈的疾病，经医疗机构提出，本人申请，劳动行政部门批准后，可适当延长医疗期，但延长期限最多为6个月。

(2) 疾病津贴。疾病津贴又称病假工资。职工患病或非因工负伤，停止工作满1个月以上的，停发工资，由用人单位按其工龄长短给付相当于本人工资一定比例的疾病津贴，不得低于当地最低工资标准的80%。

(3) 医疗待遇。职工一般可选择在与社会保险经办机构签订医疗保险合同的定点医院就医。其保险待遇项目主要有规定范围内的药品费用、规定的检查费用和治疗费用、规定标准的住院费用。其中，职工个人账户用于支付小额医疗费用，社会统筹基金用于支付大额医疗费用。此外，职工供养亲属患病治疗时，一般仅就某些项目（如药费、手术费等）的医疗费用给予一定比例（一般为50%）的医疗补助。

五、医疗社会保险的支付方式

随着社会医疗保险事业的发展，医疗保险费用支出不断攀升，控制医疗费用膨胀是医疗保险制度运行过程中一项非常重要的工作。而医疗保险机构对医疗服务供方的控制又是通过选择合理的医疗费用支付方式实现的。因此，医疗保险支付方式是医疗保险制度改革的重点与难点，直接关系着医疗保险各方的经济利益，影响医疗保险制度的平稳运行，也是医疗保险费用控制的关键。

医疗保险的支付方式可以分为后付制和预付制。后付制是指按服务项目付费；预付制有总额预算制、按人头定额付费、按病种分类付费等方式。医疗保险的支付方式还可以分为对医院和对医生的支付方式。不同的支付方式对费用的控制、服务质量及管理的要求不同，具体见表5-1。

表5-1　不同支付方式的效果比较

支付方式	费用控制	服务质量	管理难度
按服务项目付费	很差	很好	非常难管理
按病种分类付费	好	良	难管理
总额预算制	非常好	良	容易管理
按平均定额付费	良	差	很容易管理
按人头定额付费	非常好	良	非常容易管理
工资	良	差	容易管理
以资源为基础的相对价值标准	好	好	容易管理

（1）按服务项目付费制。这是医疗保险最传统，也是运用最广泛的一种费用支付方式。医疗保险机构根据约定的医疗机构或医生定期上报的医疗服务记录，按每一个服务项目（如诊断、治疗、化验、药品、麻醉、护理等）向服务提供者支付费用。按服务项目付费属于后付制。这种付费方式的优点是实际操作方便，适用范围较广。缺点是由于医院的收入同提供医疗服务的项目多少有关，因而有提供过度服务的动机，医疗费用难以控制；保险机构为了控制过度提供服务，必然要高度介入医疗行为的规范与审查，行政管理成本高。具体如图5-1所示。

（2）按人头定额付费制。由医疗社会保险机构根据医院或医生服务的被保险者人数，定期向医院或医生支付一笔固定的费用。在此期间，医方负责提供合同规定的一切医疗服务，不再另收费。按人头定额付费是一定时期一定人数的医疗费用包干制。其特点是医疗服务提供方服务的被保险者人数越多，收入就越多；提供的医疗服务越多，收入越少，具体如图5-2所示。这种支付方式能够鼓励医疗机构和医生以较低的医疗费用为更多的人提供服务，鼓励医疗资源流向预防服务。美国的健康维护组织（HMOs）广泛采取了这种办法。另外，英国的持有执照的全科医生也采取这种形式。但是，按人头定额付费制也有缺点，即医院会选择相对健康、病情简单的患者，推诿病情反复、严重的患者，并可能出现医院为节约费用而减少服务或降低服务质量。

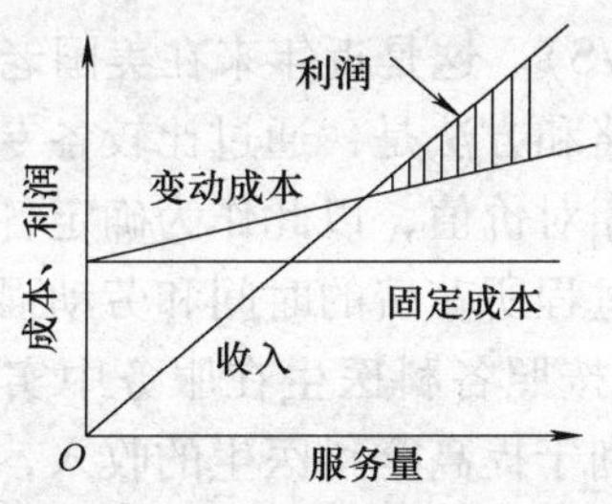

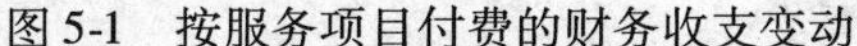

图5-1　按服务项目付费的财务收支变动

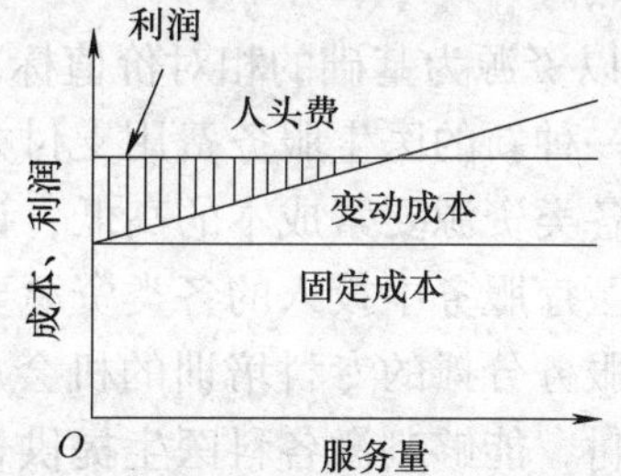

图5-2　按人头定额付费的财务收支变动

（3）总额预算制。由医疗社会保险机构根据与医院协商确定的年度预算总额进行支付。其特点是医院必须为前来就诊的所有被保险人提供合同规定的服务，但收入不能随服务量的增加而增加；如果全部服务的费用超出了年度总预算，医疗社会保险机构不再追加支付，亏损由医院自负。实行这种支付方式的优点是，消除了医院提供过度医疗服务的经济动因，促进医疗行为的规范化，有效地控制医疗费用的不合理增长，手续简便，管理成本较低。其缺点是适用性较差，医院可能出现医疗服务提供不足和医疗服务质量下降的现象，而且确定年度预算总额是一件困难的事情，因为变动因素很多，难以事先估计准确。

（4）按平均定额付费制。按照预先确定的住院日费用标准支付住院病人每天的费用，按预定的每次费用标准支付门诊病人的费用。基特点是对同一家医院所有病人的每日住院或每次门诊费用支付都是相同的、固定的，与每个病人每日或每次治疗的实际花费无关。实行这种支付方式的优点主要在于简单易行，管理要求不高，有利于医疗保险机构的监督与审核，并能够实现医院主动节约，费用控制比较有力，抑制医疗费用的不合理增长，在定额标准合理的情况下也不影响医疗质量。其缺点是医院可能通过分解医疗服务项目、不合理地增加住院人次、降低服务质量等手段获得更多的收益，也不利于选择正确的治疗方式和开展新技术。尤其是在定额标准不合理的情况下，医院可能会采取降低住院标准、分解住院、推诿危重病人、降低医疗质量等损害参保人利益的行为。

（5）按病种分类付费制。根据国际疾病的分类法，将住院病人的疾病分为若干组，每组又根据疾病的轻重程度及有无合并症、并发症分为若干级，对每一组的不同级别分别制定价格，按这种价格对该组某级疾病治疗的全过程进行一次性支付。简单地讲，就是按诊断的住院病人的病种进行定额预付。其特点是，医疗保险支付给每个住院病人的费用只与诊断的病种有关，而与服务质量和每个病人的实际费用无关。因此，这种支付方式可以激励医院为获得利润而主动降低成本，缩短平均住院日，有利于费用控制。其缺点是当诊断界限不明时，容易诱使医生令诊断升级，以获得较多的费用支付；诱导病人住院或手术，分解住院日，而且制定标准的进程复杂，调整频繁，管理成本过高。这种方式最早在美国老年医疗保险中实行，现已受到许多国家的关注。

（6）工资制。由社会保险机构根据医生或其他卫生人员提供的服务向其发工资。这是医疗保险常见的一种支付医生费用的形式，广泛地运用于芬兰、瑞典、西班牙、葡萄牙、希腊、土耳其、印度、印度尼西亚、以色列及拉美国家等。英国、加拿大等国对医院里的医生也实行这种方式。工资制的特点是社会保险机构对医生支付固定的费用，不考虑医生看病的次数和服务人数的多少。所以，工资制存在着难以调动医生多提供服务、提高服务质量的积极性的缺点。

（7）以资源为基础的相对价值标准支付制（RBRVS）。这是近年来在美国老年医疗保险中采取的一种新的医生服务费用支付办法。其基本思路和方法是：通过比较各专科医生服务中投入的各类资源要素成本的高低，计算每项服务的相对价值，以此作为确定各项服务费用的依据。医疗服务中投入的各类资源要素包括服务全过程所花费的时间和劳动强度、业务成本和每次服务分摊的专科培训的机会成本等。RBRVS按照各科医生在服务中实际投入的资源进行支付，能够刺激各科医生提供合理的服务，有利于提高全科医生的收入，降低专科医生过高的收入，从而有利于优化卫生人力结构和布局。

医疗社会保险的费用支付有多种形式，各有各的经济诱因，对医疗保险机构、医疗服务提供者及保险人的影响不同，也各有利弊。医疗社会保险机构可以根据不同的情况和需要选择不同的费用支付方式或其组合。医疗费用支付方式决定并影响着整体医疗费用支出水平及其上涨率、医疗体系总体及部门收入与规模、医疗服务质量、保险管理组织及事务繁简。所以，支付制度的改革成为各国医疗社会保险制度改革的核心内容之一。

第三节 中国城镇职工基本医疗保险制度

新中国成立以来，我国在党政机关和事业单位就实行了公费医疗制度，在企业实行劳保医疗制度，在农村实行农村医疗合作制度。随着改革开放，我国的医疗保险进行了系列改革，并取得了巨大成就。目前，我国已经建立了由职工基本医疗保险、新型农村合作医疗和城镇居民基本医疗保险三项制度组成的基本医疗保险制度。截至2014年11月底，我国城镇基本医疗保险参保5.9亿人，其中职工医保2.8亿人，居民医保3.1亿人，新型农村合作医疗参保7.35亿人，总覆盖超过13亿人，95%以上的城乡人口有了基本医疗保险。全民医保基本实现。

一、我国传统的医疗保险制度

（一）我国传统的医疗保险制度形式

1. 公费医疗制度

1952年6月27日，国务院颁布了《关于全国各级人民政府、党派、团体及所属事业单位的国家工作人员实行公费医疗预防措施的指示》，其中规定从同年7月开始分期实施，这标志着我国社会保障制度重要组成部分——公费医疗制度的建立。此后的40年中，政府对公费医疗做过多次补充和修订。

公费医疗的享受范围是各级人民政府、党派、人民团体及文化、教育、卫生事业等单位的国家工作人员和离退休人员，还有国家正式核准的高等院校学生和残废军人。享受的待遇是除挂号费、营养滋补药品及整容、矫形等少数项目由个人自付费用外，其他医药费用全部或大部分由公费医疗经费开支。支付内容主要是门诊、住院的检查费、药品费、治疗费、手术费、床位费，计划生育手术的医药费，因公负伤、致残的医药费用等。

公费医疗经费来源于国家预算拨款，由各级政府卫生行政部门设立公费医疗管理机构统管，享受单位及个人实报实销。为了加强公费医疗经费管理，杜绝浪费，财政部、卫生部于1965年10月27日发布《关于改进公费医疗管理问题的通知》，规定享受公费医疗待遇的人员治病的门诊挂号费和出诊费改由个人缴纳，不得在公费医疗经费中报销。1974年卫生部、财政部发布了《享受公费医疗人员自费药品范围（试行）的联合通知》，1977年10月卫生部、财政部、国家劳动总局联合发布了《关于检发享受公费医疗、劳保医疗自费药品范围的规定》的通知，在1974年规定的基础上，进一步扩大自费药品的范围。规定各种营养滋补药品和非治疗必需的药品及各种药酒、水果膏剂和各类滋补膏剂等均自费。这些措施明确规定了自费药品的范围，体现了个人负担“少量费用”的原则，对制约费用支出起到了一定的作用。

2. 劳保医疗制度

1951年2月26日政务院公布试行、1953年1月2日政务院修正公布的《中华人民共和国劳动保险条例》中，第十三条规定：工人与职员患病或非因工负伤，在该企业医疗所、医院、特级医院或特约中西医师处医治时，其所需诊疗费、手术费、住院费及普通药费均由企业行政管理方或出资方负担（当时尚存在民族资本的工商业）。这一规定的实施确立了我国劳动保险医疗制度，简称劳保医疗。

劳保医疗经费开支原则上列入企业成本开支项目，并受国家有关政策的制约。新中国成立以来，国家财政不断调整企业劳保医疗经费（后列入“职工福利基金”项目）开支政策。劳保医疗经费的增加通过增大企业成本来相应减少上缴国家财政的利润，实际上是用减少上缴利润的部分来增加对劳保医疗经费的投入。

1953 年以前，我国的劳保医疗经费全部由企业行政负担。1953 年以后，改为根据行业性质分别按工资总额的 5% ~7% 提取。1969 年财政部规定，将原按工资总额 2.5% 提取的福利费、3% 的奖励基金和 5.5% 的医疗卫生费合并为按工资总额 11% 提取“职工福利基金”。

3. 农村医疗合作制度

20 世纪 50 年代，我国计划经济下二元户籍制度建立之初，政府财力有限，只顾及国家机关、企事业单位职工医疗保障制度的建立，农村医疗保障出现了制度性空缺。农村合作医疗最早源于村民在合作化运动背景下的实践与创造，以集体经济组织为依托，通过农民、农村社区卫生组织与集体经济互助合作，为农民提供基本医疗保健服务的集体互助医疗保障制度。它在筹资上依赖集体经济组织支持；在医疗服务供给和基金管理上依赖农村社区卫生组织。这一保障形式在我国农村地区经济发展水平较低的条件下，基本上解决了农民看不上病、看不起病的问题。我国人口的预期寿命由新中国成立前的 35 岁迅速上升到 1996 年的 71 岁，这一巨大成就的取得，为占总人口 80% 的农村居民提供健康保障的农村合作医疗和农村卫生服务网络功不可没。

然而，从 20 世纪 80 年代农村经济体制改革以来，农村医疗保障发生了严重的衰退。随着集体经济体制的解体，原有农村合作医疗制度所赖以生存的经济基础不复存在，于是农村合作医疗事业发生了大幅度的滑坡，到 1996 年，全国农村参加合作医疗的人口由 1976 年的 90% 锐减到 5% 左右。绝大部分农民失去了医疗保障，退回到家庭保障状态。

4. 医疗卫生服务

新中国成立后，我国学习其他社会主义国家的经济模式，建立了三级卫生服务网，建立和不断扩大各种卫生服务设施，免费或低费用提供医疗、预防、保健、康复等各种形式的服务。

卫生服务设施包括各级各类医院、卫生院、疗养院、独立门诊部、防疫机构、妇幼保健机构、药品检验机构、食品检验机构、卫生检疫机构及卫生教育机构等。这些机构主要靠国家财政预算投资兴建，并依靠拨付卫生事业费来维持。这些机构分为两类，实行两种财务制度。凡是没有或基本上没有收入的单位，采取全额预算管理办法，经费由国家预算拨款，其中少数单位有少量收入的，采取抵支一部分经费的办法，或者收入按预算外资金管理。凡是有经常性业务收入的单位，基本上采取金额管理、差额补助的管理形式，具体补助办法又有定额补助、差额补助等不同办法。这种预算管理办法基本上是“统收统支”的形式，对保证卫生单位的资金供应、支持卫生事业的发展起过良好的作用。但其弊端是统得过多、管理过死，助长了吃“大锅饭”的思想，不利于调动单位的积极性，近些年正在不断进行改革。

（二）我国传统医疗保险制度存在的问题和弊端

我国医疗保险制度在建立初期，对保持职工身心健康、保障职工生活水平、促进经济发展、维护社会稳定都发挥了重要的作用。但是随着国家经济体制改革的深化，原有的制度已难以适应现行体制的要求，其存在的缺陷和矛盾日益突出，它的弊端主要表现在：

（1）医疗费用由国家和企业包揽，负担过重，缺乏合理的医疗费用筹措机制，制约了经济的发展。

（2）医患双方缺乏制约机制，医疗费用增长过快，浪费严重。在“大锅饭”的体制下，医患双方都不承担任何经济责任，“管钱的不管医”“管医的不管钱”“看病的不问价”致使医疗费用不断增加，助长了医疗服务上的不正之风，在一定程度上刺激了不合理的过度消费，最终导致了医疗费用的浪费，如小病大养、以药谋私，出现了有的职工利用管理上的混乱，一人看病全家吃药的情况，造成了不合理的医疗费用的支出。

（3）基本医疗覆盖面比较窄，难以保障社会劳动者的基本医疗，不利于劳动力的合理流动。

（4）重症病人的医疗费支出过大，无法预算和控制。

二、我国职工基本医疗保险制度的基本框架

我国职工基本医疗保险制度是依法对职工的基本医疗权利给予保障的社会医疗保险制度，都属社会保险的一个基本险项。加快医疗保险制度改革，保障职工基本医疗，是建立社会主义市场经济体制的客观要求和重要保障。为此，在认真总结各地医疗保险制度改革试点经验的基础上，我国于1998年在全国范围内进行城镇职工医疗保险制度改革。

（一）我国城镇职工基本医疗保险制度的目标和原则

我国城镇职工基本医疗保险制度的目标是：建立起适应社会主义市场经济体制要求、覆盖城镇所有从业人员、资金来源多渠道、权利与义务相适应、社会统筹与个人账户相结合的基本医疗保险，并配以补充医疗保险、社会医疗救助等多层次的医疗保险体系。

我国城镇职工医疗保险制度建立的基本原则是：①基本医疗保险的水平与社会主义初级阶段的生产力发展水平相适应；②城镇所有用人单位及其职工都要参与基本医疗保险，实行属地管理；③坚持促进公平和提高效率相结合；④基本医疗保险基金实行社会统筹和个人账户相结合；⑤保障城镇所有从业人员的基本医疗需求；⑥坚持制度建设和体制机制创新相结合；⑦坚持政府主导与引入市场机制相结合。

（二）我国城镇职工基本医疗保险制度的模式

我国实行社会统筹与个人账户相结合，现收现付的管理模式。这是总结我国职工医疗保险制度改革经验，借鉴国外医疗保险制度的经验教训，并结合我国国情提出的基本医疗保险基金管理模式。它是具有中国特色的制度创新，也是建立城镇职工基本医疗保险制度的核心内容。建立基本医疗保险社会统筹基金，体现了社会保险的“大数法则”，即医疗保险社会共济的特征，有利于在一定社会范围内实现医疗保险基金的互助共济、统筹调剂，分散劳动风险，均衡医疗费用负担，实现社会公平。建立个人账户，则体现了个人所应承担的责任，有利于增强职工个人的健康投资意识，促使职工年轻、健康时为年老、多病时积累医疗保险基金，以建立起纵向的个人积累保障机制。同时，个人账户归个人所有，提高了个人的责任感，有利于增强个人的医疗费用意识，促使职工个人在医疗消费中自我约束，强化费用的制约机制。基本医疗保险基金实行社会统筹和个人账户相结合，实现了医疗保险基金横向社会互助共济与个人纵向积累保障作用的结合，兼顾了公平与效率，是适应我国社会主义初级阶段基本国情的一种选择。

基本医疗保险采取社会统筹和个人账户相结合的方式，基本医疗保险基金由统筹金和个

人账户构成。职工个人缴纳的基本医疗保险费，全部计入个人账户。用人单位缴纳的基本医疗保险费分为两部分，一部分用于建立统筹基金，另一部分划入个人账户。用人单位缴费按30%左右划入个人账户，这是在控制筹资水平下，根据全国医疗费用总体开支情况测算确定的，具体到每个统筹地区，其划转比例由统筹地区根据当地的筹资水平、个人账户的支付范围和职工年龄等因素确定。

（三）我国城镇职工基本医疗保险的覆盖范围

《国务院关于建立城镇职工基本医疗保险制度的决定》（国发［1998］44号）规定，城镇所有用人单位，包括企业（国有企业、集体企业、外商投资企业、私营企业等）、机关、事业单位、社会团体、民办非企业单位及其职工，都要参加城镇职工基本医疗保险。

此后十多年，随着职工医保制度改革的深入，覆盖范围逐渐扩大到全体从业人员。

（1）将灵活就业人员纳入医疗保险范围。随着我国经济体制改革的进一步深化和产业结构的调整，以非全日制、临时性和弹性工作等灵活形式就业的人员（以下简称“灵活就业人员”）逐步增加，这部分人的医疗保障问题日益突出。为解决灵活就业人员的医疗保障问题，原劳动保障部于2003年5月印发《关于城镇职工灵活就业人员参加基本医疗保险的指导意见》（劳社厅发［2003］10号），规定已与用人单位建立明确劳动关系的灵活就业人员，要按照用人单位参加基本医疗保险的方法缴费参保；其他灵活就业人员，要以个人身份缴费参保。该指导意见要求各级劳动保障部门要重视灵活就业人员的医疗保障问题，积极将灵活就业人员纳入基本医疗保险制度范围。同时，还应结合经济发展水平和医疗保险管理能力，在区分灵活就业人员的人群类别、充分调查分析其基本医疗需求的基础上，针对不同类别的人群制定相应政策和管理办法。灵活就业人员参加基本医疗保险要坚持权利和义务相对应、缴费水平与待遇水平相挂钩的原则。在参保政策和管理办法上既要与城镇职工基本医疗保险制度相衔接，又要适应灵活就业人员的特点。

（2）积极推进非公有制经济组织从业人员参加医疗保险。随着经济体制改革的进一步深化，国有企业向混合所有制企业转制的进程加快，个体、私营等非公有制经济组织迅速发展，混合所有制企业和非公有制经济组织成为我国城镇新增劳动力、下岗失业人员和农村进城务工人员就业的主要渠道。为解决这部分人员的医疗保障问题，2004年5月原劳动保障部印发《关于推进混合所有制企业和非公有制经济组织从业人员参加医疗保险的意见》（劳社厅发［2004］5号），要求推进混合所有制企业和非公有制经济组织从业人员参加医疗保险，要以做好在职职工医疗保险关系接续和解决退休人员医疗保险资金为重点，巩固和扩大国有企业转制为混合所有制企业后的参保面；要以私营、民营等非公有制企业为重点，提高中小企业参保率；要以与城镇用人单位建立了劳动关系的农村进城务工人员为重点，积极探索他们参加医疗保险的有效途径和办法；要以大中城市为重点，加强工作指导，妥善处理各方面关系，梯次推进。

（3）开展农民工参加医疗保险专项扩面行动。农民工是我国改革开放和工业化、城镇化进程中涌现的一支新型劳动大军。他们户籍仍在农村，主要从事非农产业，有的在农闲季节外出务工，亦工亦农，流动性强，有的长期在城市就业，已成为产业工人的重要组成部分。大量农民进城务工或在乡镇企业就业，为我国现代化建设做出了重大贡献。党中央、国务院高度重视农民工问题，制定了一系列保障农民工权益和改善农民工就业环境的政策措施，取得了显著成效。但农民工面临的问题仍然很多，进城务工期间的大病医疗问题是突出问题之一。2006年1月21日，国务院出台了《国务院关于解决农民工问题的若干意见》

（国发［2006］5号），把农民工医疗保障问题作为农民工社会保障的重点问题，要求优先解决。考虑到农民工流动性大，就业不稳定，为了便于农民工医疗保险关系和待遇的转移接续，使农民工在流动就业中的医疗保障权益不受损害，同时考虑到农民工工资收入偏低的实际情况，《国务院关于解决农民工问题的若干意见》在总结各地做法的基础上，提出了农民工参加医疗保险的具体政策，概括起来就是“低费率、保大病、保当期、主要由用人单位缴费”。2006年5月，原劳动保障部印发《关于开展农民工参加医疗保险专项扩面行动的通知》（劳社厅发［2006］11号），要求以省会城市和大中城市为重点。以农民工比较集中的加工制造业、建筑业、采掘业和服务业等行业为重点，以与城镇用人单位建立劳动关系的农民工为重点，统筹规划，分类指导，分步实施，全面推进农民工参加医疗保险的工作。

（四）我国城镇职工基本医疗保险的缴费

《社会保险法》第二十三条规定了职工基本医疗保险的筹资方式，即职工参加基本医疗保险，由用人单位和职工按照国家规定共同缴纳基本医疗保险费；无雇工的个体工商户、未在用人单位参加职工基本医疗保险的非全日制从业人员及其他灵活就业人员可以参加职工基本医疗保险，由个人按照国家规定缴纳基本医疗保险费。

《国务院关于建立城镇职工基本医疗保险制度的决定》规定：基本医疗保险费由用人单位和职工共同缴纳。用人单位缴费率应控制在职工工资总额的6%左右，职工缴费率一般为本人工资收入的2%。退休人员个人不缴纳基本医疗保险费。随着经济发展，用人单位和职工缴费率可做相应调整。

例如，2014年北京市规定：用人单位按职工工资总额的10%，职工个人按本人上每月平均工资收入的2%+3元，缴纳基本医疗保险费。如果本人月平均工资低于上一年本市职工月平均工资的60%，则以上一年本市职工月平均工资的60%为基数缴费；高于300%的，则以300%为基数缴费。改革前已退休的人员不缴纳基本医疗保险费，可享受基本医疗待遇。

例如，深圳市对退休人员缴纳基本医疗保险费的规定是：缴费年限实行逐步过渡的方式，即从2014年起，本市医疗保险实际缴费年限10年、累计缴费年限15年，退休后可免费享受医疗保险待遇；通过10年过渡，到2024年，退休人员累计缴费年限达到25年及本市实际缴费年限达15年的，退休后可免费享受医疗保险待遇；退休时缴费年限不足的，应继续缴费至规定的年限。

《劳动保障部办公厅关于城镇灵活就业人员参加基本医疗保险的指导意见》规定，灵活就业人员参加基本医疗保险的缴费率原则上按照当地的缴费率确定。从统筹基金起步的地区，可参照当地基本医疗保险建立统筹基金的缴费水平确定。缴费基数可参照当地上年度职工年平均工资核定。

（五）建立统筹基金和个人账户

我国城镇职工基本医疗保险的企业和个人缴纳的医疗保险费，将建立基本医疗保险基金。基金设立的原则是以收定支，收支平衡。

基本医疗保险原则上以地级以上行政区（包括地、市、州、盟）为统筹单位，也可以县（市）为统筹单位，北京、天津、上海三个直辖市原则上在全市范围内实行统筹。所有用人单位及其职工都要按照属地管理原则参加所在统筹地区的基本医疗保险，执行统一政策，实行基本医疗保险基金的统一筹集、使用和管理。铁路、电力、远洋运输等跨地区、生产流动性较大的企业及其职工，可以相对集中的方式异地参加统筹地区的基本医疗保险。

城镇职工基本医疗保险基金由下列各项构成：

(1) 用人单位缴纳的基本医疗保险费。

(2) 职工个人缴纳的基本医疗保险费。

(3) 基本医疗保险费的利息。

(4) 基本医疗保险费的滞纳金。

(5) 依法纳入基本医疗保险基金的其他资金。

个人医疗账户是医疗保险机构为每位参保人设立的一种特殊账户，医疗保险机构根据规定将全部个人缴纳的医疗保险费和一部分参保单位缴纳的医疗保险费划入这个账户（目前一般为用人单位缴费的30%左右，具体比例由统筹地区根据个人账户的支付范围和职工年龄等因素确定），账户资金不能取做他用，只能用于参保人的医疗费，个人账户的本金和利息归个人所有，可以结转使用和继承。

例如，北京市规定：用人单位缴纳的基本医疗保险费的一部分按照下列标准划入个人账户：

(1) 不满35周岁的职工按本人月缴费工资基数的0.8%划入个人账户。

(2) 35周岁以上不满45周岁的职工按本人月缴费工资基数的1%划入个人账户。

(3) 45周岁以上的职工按本人月缴费工资基数的2%划入个人账户。

(4) 不满70周岁的退休人员按上一年本市职工月平均工资的4.3%划入个人账户。

(5) 70周岁以上的退休人员按上一年本市职工月平均工资的4.8%划入个人账户。

用人单位缴纳的基本医疗保险费，除了划入个人账户的部分，其余部分建立统筹基金。

(六) 我国城镇职工基本医疗保险待遇的享受条件

《社会保险法》第二十七条规定："参加职工基本医疗保险的个人，达到法定退休年龄时累计缴费达到国家规定年限的，退休后不再缴纳基本医疗保险费，按照国家规定享受基本医疗保险待遇；未达到国家规定年限的，可以缴费至国家规定年限。"

在具体实践中，我国城镇职工基本医疗保险待遇的享受条件一般包括：

(1) 用人单位和个人参加城镇职工基本医疗保险，按时足额缴纳基本医疗保险费，方可享受基本医疗保险待遇。

(2) 新设立的用人单位初次参保，当月足额缴纳医疗保险费的，从次月1日起享受基本医疗保险待遇。

(3) 用人单位在欠缴之日起三个月内补缴欠缴费用、利息和滞纳金的，给予参保人员计算缴费年限，参保人员可予追溯享受欠缴期间的社会医疗保险待遇。用人单位超过三个月补缴欠缴费用、利息和滞纳金的，给予参保人员计算缴费年限，欠缴期间参保人员发生的有关医疗费用由负有缴费义务的用人单位负担。

(4) 城镇灵活就业人员从第一次缴纳医疗保险费之日起，个人账户可用于门诊医疗，180天后才能享受基本医疗保险统筹基金待遇。

(5) 城镇灵活就业人员参保后中断缴费的暂停享受基本医疗保险待遇，中断缴费超过三个月的，在足额补缴医疗保险费（含滞纳金）后，还必须等待180天方可重新享受基本医疗保险待遇。

(6) 参加职工基本医疗保险的个人，达到法定退休年龄时累计缴费满25年（包括视同缴费年限和实际缴费年限，其中实际缴费年限必须满5年以上），退休后不再缴纳基本医疗保险费，按照国家规定享受基本医疗保险待遇。

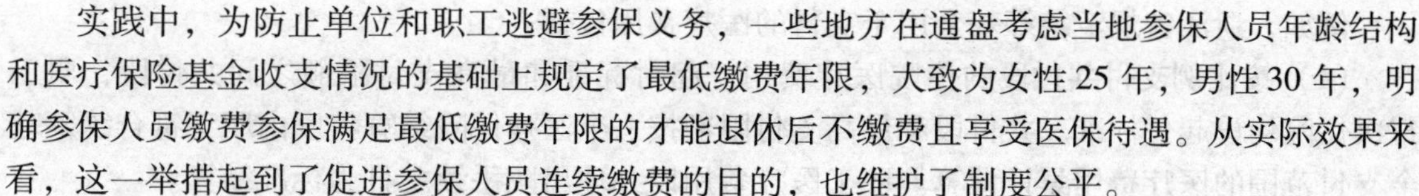

实践中，为防止单位和职工逃避参保义务，一些地方在通盘考虑当地参保人员年龄结构和医疗保险基金收支情况的基础上规定了最低缴费年限，大致为女性25年，男性30年，明确参保人员缴费参保满足最低缴费年限的才能退休后不缴费且享受医保待遇。从实际效果来看，这一举措起到了促进参保人员连续缴费的目的，也维护了制度公平。

（七）城镇职工基本医疗保险待遇

1. 城镇职工基本医疗保险待遇的内容

我国城镇职工基本医疗保险待遇包括：

（1）符合规定的基本医疗保险药品目录所列的西药、中成药和中药饮片，以及按有关规定列入报销范围的定点医疗机构自制剂费用。

（2）符合规定的基本医疗保险诊疗项目费用。

（3）符合规定的基本医疗保险医疗服务设施费用。

（4）国家和省规定的属于基本医疗保险支付范围的其他项目费用。

（5）在定点医疗机构发生的列入基本医疗保险支付范围的费用。

（6）在定点零售药店发生的处方外配购药费用。

（7）在非定点医疗机构急诊抢救发生的医疗费用。

（8）在当地非盈利性医疗机构发生的急诊医疗费用。

（9）经批准由基本医疗保险予以支付的费用。

《社会保险法》第三十条规定下列医疗费用不纳入基本医疗保险基金支付范围：①应当从工伤保险基金中支付的；②应当由第三人负担的；③应当由公共卫生负担的；④在境外就医的。按照法律规定，如果出现上述四种情况中的一种或多种，即使这部分医疗费用符合《社会保险法》第二十八条的规定，通过除外责任，基本医疗保险也不应支付费用。

此外，各地也规定下列费用项目不能用基本医疗保险基金支付：

（1）省规定的基本医疗保险药品目录、诊疗项目、医疗服务设施以外的项目费用。

（2）用于科研、临床验证的药品和诊疗项目费用。

（3）应审批而未经审批发生的大型仪器检查及特殊治疗项目费用。

（4）国家和省规定的属于基本医疗保险不予支付的其他项目费用。

（5）未经批准在非定点医疗机构、非定点零售药店就医、购药的费用。

（6）未经定点医疗机构和省级医疗保险服务中心同意，擅自到外地医疗机构就医发生的费用。

（7）用人单位及其职工欠缴医疗保险费期间发生的医疗费用。

（8）由于自杀、自残、斗殴、吸毒、违法、犯罪、医疗事故等所发生的医疗费用。

（9）出国、出境期间所发生的医疗费用。

（10）因交通事故、大面积食物中毒及有其他赔付责任的医疗费用。

（11）职工工伤（含旧伤复发）及女职工生育发生的医疗费用。

（12）国家和省规定的其他基本医疗保险不予支付的费用。

2. 城镇职工基本医疗保险中统筹基金和个人账户的支付范围

《国务院关于建立城镇职工基本医疗保险制度的决定》规定：统筹基金和个人账户要划定各自的支付范围，分别核算，不得互相挤占。这样规定的目的是明确各自的责任，避免统筹基金透支个人账户，也便于管理。

例如，浙江省规定统筹基金用于支付的医疗费用包括：

(1) 按比例支付共付段的住院医疗费用。起付标准和最高支付限额之间共付段，职工每次住院均设起付标准。共付段和最高支付限额按一个医疗保险结算年度内职工符合统筹基金支付范围的医疗费用累计计算。职工医疗费用以办理出院手续之日为标准结算。

(2) 按比例支付规定病种的门诊医疗费用。规定病种暂定为各类恶性肿瘤、系统性红斑狼疮、血友病、再生障碍性贫血、慢性肾功能衰竭透析治疗和列入诊疗项目的器官移植后抗异治疗。规定病种可以根据经济发展和统筹基金平衡等情况适时调整公布。

(3) 规定病种的门诊医疗费用，按医疗保险结算年度累计做一次性住院医疗费处理，扣除起付标准以下的医疗费用后，累计计入统筹基金共付段。

例如，广州市规定参加职工社会医疗保险的人员可以使用个人账户的资金支付本人或其直系亲属的下列费用：

1) 在本市定点医疗机构就医发生的应当由个人负担的医疗费用。

2) 在本市定点医疗机构预防接种和体检的费用。

3) 在本市定点零售药店购买药品的费用。

4) 个人需补交的社会医疗保险费用。

5) 其他符合国家、省、本市规定的医药费用。

3. 制定统筹基金的起付标准（起付线）**和最高支付限额**（封顶线）

我国城镇职工基本医疗保险政策规定，要确定统筹基金的起付标准和最高支付限额，起付标准原则上控制在当地职工年平均工资的10%左右，最高支付限额原则上控制在当地职工年平均工资的6倍左右。起付标准以下的医疗费用，从个人账户中支付或由个人自付。起付标准以上、最高支付限额下的医疗费用，主要从统筹基金中支付，个人也要负担一定比例。超过最高支付限额的医疗费用，可以通过商业医疗保险等途径解决。统筹基金的具体起付标准、最高支付限额及在起付标准以上和最高支付限额以下医疗费用的个人负担比例，由统筹地区根据以收定支、收支平衡的原则确定。具体思路如图5-3所示。

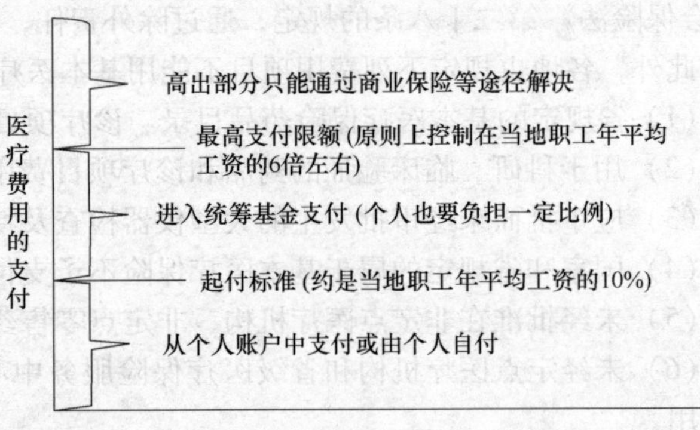

图5-3 医疗费用支付的模式

例如，北京市城镇职工医保门诊报销比例及最高限额见表5-2。

表5-2 北京市城镇职工医保门诊报销比例及最高限额

人员类别		起付线/元	报销比例				最高限额/元
			社区（本市）		其他定点		
			大额	补充	大额	补充	
在职		1800	90%	/	70%	/	20000
退休	70岁以下	1300	80%	10%	70%	15%	20000
	70岁以上		80%	10%	80%	10%	

例如，北京市城镇职工医住院费用报销比例及最高限额见表5-3。

表5-3　北京市城镇职工医保住院费用报销比例及最高限额

类　别	报销级别	起付线/元	统筹支付			最高限额/万元
			一级医院	二级医院	三级医院	
在职人员	起付标准毒至3万元（含3万元）	1300	90%	87%	85%	10
	3～4万元（含4万元）		95%	92%	90%	
	4～10万元		97%	97%	95%	
	10～30万元		大额医疗费用互助资金支付85%			20
退休人员	起付标准至3万元（含3万元）	1300	94%	92.2%	91%	10
	3～4万元（含4万元）		97%	95.2%	94%	
	4～10万元		98.2%	98.2%	97%	
	10～30万元		大额医疗费用互助资金支付90%			20

注：1. 起付标准：一个医疗保险年度内，第一次住院的起付标准为1300元，第二次及以后均为650元。
2. 报销比例：采取分段计算、累加支付的办法，支付比例按医院级别分别计算。
3. 支付限额：基本医疗保险统筹基金在一个年度内累计最高支付限额为10万元，大额互助资金累计最高支付限额20万元，共30万元。

（八）医疗卫生体制的配套改革

传统医疗卫生体制的弊端是导致医疗费用迅猛上涨的主要原因之一。因此，在建立职工基本医疗保险制度的过程中，必须使医疗机构的改革配套进行。具体措施包括：

（1）制定基本医疗保险服务范围和标准，包括基本药物制度、诊疗项目和医疗服务设施标准。全面实施国家基本药物目录，严格规范地方增补药品。政府办的基层医疗卫生机构全部配备及使用基本药物，提高二、三级医院基本药物使用比例。完善政策措施，有序推进村卫生室和非政府办基层医疗卫生机构逐步实行基本药物制度。同时，建立短缺药品供应保障机制。对临床必需但用量小、市场供应短缺的药物，通过招标采取定点生产等方式确保供应。完善短缺药品储备制度，重点做好传染病预防、治疗药品和急救药品类基本药物供应保障。

（2）对提供基本医疗保险服务的医疗机构实行定点管理。指定定点医疗机构和药店并对其进行管理，有利于促进医疗机构公平竞争、规范医疗行为、降低医疗成本、提高服务质量。同时，建立适应医疗行业特点的公立医院人事薪酬制度，建立健全收入分配激励约束机制。创新绩效考核机制，鼓励引入第三方考核，强化量化考核、效果考核，将考核结果与绩效工资总量、财政补助、医保支付等挂钩，与医务人员收入挂钩。

（3）理顺医疗服务价格。按照“总量控制、结构调整、有升有降、逐步到位”的原则，综合考虑取消药品加成、医保支付能力、群众就医负担及当地经济社会发展水平等因素，提高护理、手术、床位、诊疗和中医服务等项目价格，逐步理顺医疗服务比价关系，体现医务人员技术劳务价值。降低药品和高值医用耗材价格，降低大型医用设备检查、治疗价格，已贷款或集资购买的大型设备原则上由政府回购，回购有困难的限期降低价格。价格调整政策要与医保支付政策相衔接。公立医院综合改革试点地区要制定价格调整的具体方案，明确时间表并组织实施。

（4）完善县级公立医院药品采购机制。县级公立医院使用的药品要依托省级药品集中采购平台，以省（区、市）为单位，采取招采合一、量价挂钩等办法开展集中招标采购，同时允许地方根据实际进行不同形式的探索。进一步增强医疗机构在药品招标采购中的参与度。鼓励跨省联合招标采购，保证药品质量安全，切实降低药品价格，有条件的地区要建立与基层基本药物采购联动的机制。逐步规范集中采购药品的剂型、规格和包装。推进高值医用耗材公开透明、公平竞争网上阳光采购。药品和高值医用耗材采购数据实行部门和区域共享。

（5）完善药品价格形成机制。完善药品价格管理政策，创新政府定价形式和方法，改革药品集中采购办法，确保药品质量，合理降低药品费用，推动医药生产与流通产业健康发展。选取临床使用量较大的部分药品，参考主导企业成本，以及药品集中采购价格和零售药店销售价格等市场交易价格制定政府指导价格，并根据市场交易价格的变化等因素适时调整。坚决查处药品购销中的暗扣行为。健全药品价格信息监测制度，推动建立药品零售价格、采购价格、医保支付标准信息共享机制，加强药品价格信息采集、分析和披露，引导形成药品合理价格。改进药品定价方法。完善进口药品、高值医用耗材的价格管理。

（6）深化医保支付制度改革。结合门诊统筹推行按人头付费，结合门诊大病和住院推行按病种付费等支付方式改革。积极推动建立医保经办机构与医疗机构、药品供应商的谈判机制和购买服务的付费机制。建立健全考核评估和质量监督体系，防止简单分解额度指标的做法，防止分解医疗服务、推诿病人、降低服务质量。逐步将对医疗机构医疗服务的监管延伸到对医务人员医疗服务行为的监管。

（7）优化社会办医政策环境。各地要集中清理不合理的规定，加快落实对非公立医疗机构和公立医疗机构在市场准入、社会保险定点、重点专科建设、职称评定、学术地位、等级评审、技术准入、科研立项等方面同等对待的政策。研究制定在人才流动、土地、投融资、财税、产业政策等方面进一步支持社会办医的政策，并向社会资本举办非盈利性医疗机构和投向医疗资源稀缺及满足多元需求服务领域倾斜，放宽对盈利性医院的数量、规模、布局及大型医用设备配置的限制。非公立医疗机构医疗服务价格实行市场调节。完善按照经营性质分类的监管和评价政策，逐步建立符合卫生行业和医务人员执业特点的管理制度。依法加强行业监管。

（8）继续加强基层医疗卫生服务网络建设，健全以县级医院为龙头、乡镇卫生院和村卫生室为基础的农村医疗卫生服务网络。在城市，要加快建设以社区卫生服务为基础，与大医院分工协作的新型城市医疗卫生服务体系。

第四节　中国城乡居民基本医疗保险制度

城乡居民基本医疗保险是社会医疗保险的组成部分，具有强制性，采取以政府为主导，以居民个人（家庭）缴费为主，政府适度补助为辅的筹资方式，按照缴费标准和待遇水平相一致的原则，为城乡居民提供医疗需求的医疗保险制度。

1998年，我国开始建立城镇职工基本医疗保险制度，之后又启动了新型农村合作医疗制度试点，建立了城乡医疗救助制度。至2007年，没有医疗保障制度安排的主要是城镇非从业居民。为实现基本建立覆盖城乡全体居民的医疗保障体系的目标，我国从2007年起开展了城镇居民基本医疗保险试点。

一、新型农村合作医疗

新型农村合作医疗简称“新农合”，是指由政府组织、引导、支持，农民自愿参加，按照个人缴费、集体扶持、政府补助的方式筹集资金，实行门诊统筹与住院统筹相结合的农村居民基本医疗保障制度。

我国新型农村合作医疗制度建立的原则是公开公正、公平享有、便民惠民、保障基本、民主管理、依法管理。

1. 农村合作医疗制度的建立及其历史沿革

农村合作医疗保险是由我国农民（农业户口）自己创造的互助共济的医疗保障制度，在保障农民获得基本卫生服务、缓解农民因病致贫和因病返贫方面发挥了重要的作用。它的基本特点是：农民个人和农村集体经济在一定范围内共同筹集合作医疗基金，对参加合作医疗的农民患病时所需的医疗费用给予一定比例的补助。我国合作医疗在将近50年的发展历程中，先后经历了20世纪40年代的萌芽阶段、50年代的初创阶段、60～70年代的发展与鼎盛阶段、80年代的解体阶段和90年代以来的恢复和发展阶段。

合作医疗促进了农村卫生防疫、妇幼保健、计划生育等各项工作的开展，为农民创造了就近医疗的条件，增进了广大农民的身体健康，不仅为中国人民的健康事业做出过重大贡献，而且对其他发展中国家农村社区医疗卫生制度的建立起到了积极的示范作用，得到了世界卫生组织的肯定。但是，由于农村生产方式的变化及其自身存在的一些问题，到20世纪80年代初，合作医疗在我国广大农村地区基本解体。后来虽经政府几度号召，但农村合作医疗的恢复与重建工作收效不是很明显，农民的健康保障问题再次突出。

2002年10月，中共中央、国务院做出了《关于进一步加强农村卫生工作的决定》，再次强调了农村卫生工作是我国卫生工作的重点，关系发展农村经济、维护农村社会发展和稳定，以及全面建设小康社会的大局。2003年，国务院又转发了卫生部、财政部等部门《关于建立新型农村合作医疗制度意见的通知》，进一步明确了有关目标原则、组织管理、筹资标准、资金管理、医疗服务管理等基本政策。自此，新型农村合作医疗制度从2003年起在全国部分县（市）试点，到2010年逐步实现基本覆盖全国农村居民。

2. 新型农村合作医疗制度的建立原则与管理体制

我国新型农村合作医疗制度建立的原则：

（1）政府组织引导，农民自愿参加。有关区县、乡镇政府要加强对建立新型农村合作医疗制度工作的领导，坚持农民自愿参加，不得强迫命令。

（2）以农民大病医疗统筹为主，多种形式并存。新型农村合作医疗重点解决农民因患大病出现的因病致贫和因病返贫问题，首先保证对农民大额医疗费用的补助。在实行农民大病医疗统筹的基础上，有条件的地方可实行门诊统筹等其他多种形式的合作医疗，对农民大病医疗统筹进行补充保障。

（3）多方筹资，合理负担。农民以家庭为单位参加新型农村合作医疗，遵守有关规章制度，按时足额缴纳合作医疗费。村集体和乡村企业要对新型农村合作医疗给予资金扶持。市、区县、乡镇各级财政每年要安排一定专项资金用于支持新型农村合作医疗。农民参加新型农村合作医疗所履行的缴费义务不视为增加农民负担。

（4）以收定支，保障适度。新型农村合作医疗的保障水平要与当地的经济发展水平、财政状况、农民经济承受能力和医疗费用水平相适应，既保证农民享有最基本的初级医疗保障，又使这项制度能够持续有效运行。

根据多年实践总结，我国新型农村合作医疗制度的管理体制是：

1）新型农村合作医疗制度一般采取以县（市）为单位进行统筹。县级人民政府成立由有关部门和参加合作医疗的农民代表组成的农村合作医疗管理委员会。

2）农村合作医疗管理委员会下设经办机构，负责具体业务工作。经办机构的人员和工作经费列入同级财政预算，不得从合作医疗基金中提取。

3）省、地级人民政府成立由卫生、财政、农业、民政、审计、扶贫等部门组成的合作医疗协调小组。各级卫生行政部门内部设立专门的农村合作医疗管理机构。

4）农村合作医疗基金的监管。农村合作医疗基金在国有商业银行设立专用账户。农村合作医疗经办机构定期向农村合作医疗管理委员会汇报合作医疗基金的收支、使用情况；保证参加合作医疗农民的参与权、知情权和监督权。成立由相关政府部门和参加合作医疗的农民代表共同组成的农村合作医疗监督委员会。审计部门定期对农村合作医疗基金进行审计。

3. 新型农村合作医疗的对象

我国新型农村合作医疗原则上适用于具有农业户口的农村居民。

新型农村合作医疗与职工基本医疗保险不同，农民参加合作医疗以自愿为原则，不是法定义务，不能硬性要求农民参加，也不能硬性要求集体经济组织出资，这是由目前农村经济发展水平决定的。然而，农村合作医疗的性质需要有一定数量的人参加才能正常运作，因此，农村基层组织需要积极引导农村居民参加合作医疗保险制度。

关于新型农村合作医疗的适用对象，全国没有统一规定，各地根据自己的情况制定。例如，北京市规定：本市行政区域内具有农业户口的农村居民、中学毕业由农业户口转为城镇户口尚未参加工作的居民，以及父母为农业户口而本人为城镇户口的新生儿童，均可参加。

例如，江苏省关于新型农村合作医疗适用对象的规定：

（1）农村居民（含农村中小学生）以户为单位参加户籍所在地统筹地区的新型农村合作医疗。农村居民因就学等原因户口迁出本地，现又回到原籍居住，未参加或停止参加其他基本医疗保险的，可以参加原户籍所在地统筹地区的新型农村合作医疗。居住在乡镇的城镇居民和其他人员，按照县级以上地方人民政府的规定，参加当地新型农村合作医疗或其他基本医疗保险。

（2）在新型农村合作医疗上一个缴费期至下一个缴费期之间出生的婴儿、退役的士兵，可以参加当年度的新型农村合作医疗。农村居民停止参加其他基本医疗保险的，凭相应的医疗保险经办机构出具的证明，可以参加当年度的新型农村合作医疗。

4. 新型农村合作医疗的筹资方式

新型农村合作医疗资金是民办公助的社会性资金，按照农民负担、集体扶持、政府资助的原则筹措。由中央、市、区、镇政府（街道办事处）安排的专项补助资金和参合人员个人缴费等组成。

新型农村合作医疗基金的来源包括：

（1）参加人个人缴费。

（2）财政补助资金。

（3）农村集体经济组织扶持资金。

（4）社会捐赠资金。

（5）利息收入。

（6）其他。

江苏省规定：统筹地区人民政府应当按照国家和省的规定，根据本地区经济社会发展水平确定筹资标准。筹资标准应当不低于本地区上一年度农村居民人均纯收入的3%，并应当高于国家最低筹资标准，其中个人缴费比例一般不超过筹资标准的20%。筹资标准一般每两年调整一次。

例如，北京市昌平区规定：2014 年新型农村合作医疗资金筹集标准为年人均 1000 元，其中：中央、市、区财政年人均补助 800 元，镇级财政年人均补助 100 元，个人缴费 100 元。对于农村残疾人、低保对象、优抚对象参加新型农村合作医疗，其个人应缴纳费用由区财政负担；出生三个月内新生儿参加新型农村合作医疗，中央、市、区、镇政府（街道办事处）补助资金可于下一年予以补齐。

新型农村合作医疗资金个人缴费部分由各村委会代收，由各镇人民政府（街道办事处）统一交至区农村合作医疗管理中心。

新型农村合作医疗资金设风险基金，由筹集的新型农村合作医疗资金总额中按 10% 比例提取。风险基金当年未使用，下一年度不再继续提取。如按规定动用或提高筹资标准，应在下一年度由筹集的新型农村合作医疗资金中提取补齐，确保风险资金占当年筹资总额的比例为 10%。

新型农村合作医疗资金出现结余，累计结余超过 25%，给予二次补偿；累计结余低于 25%，转入下年使用。新型农村合作医疗资金超支，首先由历年结余资金予以解决，历年结余资金不足的按程序申请动用风险基金，风险基金不能解决的部分由政府自行解决。

新型农村合作医疗资金实行收支两条线、纳入财政专户。按照以收定支、收支平衡、保障适度的原则进行管理，依据筹资确定补偿比例和保障水平，确保资金使用安全。

根据财政部、国家卫生和计划生育委员会、人力资源社会保障部发布《关于提高 2014 年新型农村合作医疗和城镇居民基本医疗保险筹资标准的通知》，2014 年新型农村合作医疗和城镇居民基本医疗保险筹资方法为：各级财政对新农合和居民医保人均补助标准在 2013 年的基础上提高 40 元，达到 320 元。其中：中央财政对原有 120 元的补助标准不变，对 200 元部分按照西部地区 80% 和中部地区 60% 的比例安排补助，对东部地区各省份分别按一定比例补助。农民和城镇居民个人缴费标准在 2013 年的基础上提高 20 元，全国平均个人缴费标准达到每人每年 90 元左右。个人缴费应在参保（合）时按年度一次性缴清。

5. 农村居民享受新型农村合作医疗制度的待遇

参加新型农村合作医疗制度的农村居民，可以同时享受新型农村合作医疗按标准支付范围内的门诊医疗费用、住院医疗费用的报销。

例如，北京市房山区规定：农民按规定及时足额缴纳当年新型农村合作医疗费用，领取医疗证后，可享受如下待遇：

（1）门诊费用按医院等级、相应比例予以报销。门诊费用以人为单位可累计报销，在同级别医院发生的门诊费用，起付线只计一次；在不同级别医院发生的门诊费用，减去相应起付线按相应比例报销；在辖区内定点社区卫生站就诊享受一级医院报销标准，具体见表 5-4。

表 5-4　2014 年北京市门诊费用报销比例

医院级别	报销起付线/元	核准报销费用/元	报销比例	报销封顶总额/元
一级	100	>100	57%	3000
二级	550	>550	47%	
三级	550	>550	35%	

（2）住院医疗费用按照医院等级和费用数额，采取分段计算、累加支付的方法报销。报销按人、按次结算，年度内多次住院的，首次住院扣除相应起付线，第二次以后（含第二次）住院在首次起付线基础上减半后分别扣除。住院周期不超过 60 天，60 天以外的费用不予报销（精神病人除外），特病门诊中的肝移植、肾移植或肝肾联合移植后服用抗排异药、儿童再生障碍性贫血和儿童血友病结算周期与住院相同。特病门诊中的恶性肿瘤放射治疗和化学治疗、肾透析结算周期为一个季度，具体见表 5-5。

表 5-5　2014 年北京市住院报销比例

医院级别	起付线/元		核准费用/元		报销比例	报销封顶限额/万元
	首次	二次以后（含第二次）	首次	二次以后（含第二次）		
一级	300	150	300 ~ 5000	150 ~ 5000	78%	18
			>5000	>5000	83%	
二级	1000	500	1000 ~ 10000	500 ~ 10000	58%	
			10000 ~ 20000	10000 ~ 20000	63%	
			>20000	>20000	68%	
三级	1300	650	1300 ~ 20000	650 ~ 20000	45%	
			20000 ~ 30000	20000 ~ 30000	50%	
			>30000	>30000	55%	

（3）被民政局批准的农村“低保户”和“五保户”，以及持有残疾证的残疾人、新中国成立前入党的农村老党员、持有独生子女证的独生子女报销时提高 5%，上述条件同时具备时只提高 5%。使用中医、中药、中医适宜技术报销时再提高 5%（十五类重大疾病和特殊病种门诊费用报销除外）。

（4）学生儿童患急性淋巴细胞白血病、急性早幼粒细胞白血病、房间隔缺损、室间隔缺损、动脉导管未闭和肺动脉瓣狭窄实行按病种付费，具体内容执行（京卫基层字［2011］12 号文件）的相关规定。

（5）十五类重大疾病在定点医疗机构的住院费用，政策范围内（核准报销费用）补偿比例为 75%（以第一诊断为准），封顶线同普通住院。特殊病种门诊医疗费用按十五类重大疾病住院标准报销（符合提高 5% 条件的不再提高报销比例）。

（6）农村学生儿童参加新型农村合作医疗的补偿标准，参照城镇学生儿童大病医疗保险补偿标准进行补偿，新型农村合作医疗补偿政策超出城镇学生儿童大病医疗保险补偿的项目，再按照新型农村合作医疗政策进行补偿。

（7）因急诊抢救并留观收入住院治疗前的留观费用、因病情加重急诊抢救未转入病房就死亡所发生的医药费用，按同一级别医院住院标准报销，未收住院治疗的急诊按门诊标准报销。

（8）实行分娩医疗费用定额补助。持有“生育服务证”的育龄妇女发生的住院分娩医疗费用，正常分娩补助500元，剖宫产补助800元。

（9）医事服务费纳入新农合报销范围的公立三级非营利性综合医院和专科医院，门（急）诊实行基金定额支付，门诊每人次40元，急诊每人次60元，住院按住院报销比例给予报销。其余部分由个人负担。

农村居民享受新型农村合作医疗制度的待遇中医疗费用的报销与支付政策是：

（1）新型农村合作医疗补偿结算时间按年度计算，当年参加，当年受益。参合人员补偿结算周期为每年的1月1日至12月31日，末次补偿日期延长至翌年的1月31日。跨年度发生的住院医疗费用按年度分别报销支付，当年部分在起付线以上的，翌年部分不再重新计算起付线；当年部分在起付线以下、次年部分在起付线以上的，按次年补偿标准重新计算起付线；当年部分和次年部分均在起付线以下的，不予报销。当年12月31日前发生的医疗费用，参合人员要求医院12月31日前进行结算，并于次年1月15日前将医疗费用报销单据交村合作医疗专干。

（2）门诊、门诊特病和住院医疗费用审核标准参照现行的《药物目录》《北京市基本医疗保险药品目录》《北京市基本医疗保险医疗费用支付范围及标准》《北京市统一服务收费标准》执行。检查费、化验费、材料费和治疗费80%纳入核准报销费用，诊疗、护理、会诊和煎药费不予报销，输血费只限平价血费用。

（3）新型农村合作医疗采取直接报销与统一报销相结合的补偿支付方式。在辖区内定点医疗机构发生的门诊、住院费用，自参合工作结束封库后，持本人新型农村合作医疗证可选择直接报销。参合人员基本信息不符的、辖区外住院费用及参合工作未结束前的住院费用，将报销单据交村合作医疗专干，经乡（镇）新型农村合作医疗办公室初审，报送区新型农村合作医疗管理中心统一审核报销。不能直报的门诊费用，由本乡（镇）新型农村合作医疗办公室审核录入，报送区新型农村合作医疗管理中心复核后进行基金拨付。

（4）门诊报销时应提供门诊收费专用收据和复方（或诊断证明）。住院报销时应提供诊断证明、收据、费用清单等；在辖区外非营利性医院就诊的，还应提供转诊证明或急诊证明；按规定享受住院报销提高5%的及分娩患者需提供相关证明复印件。

（5）参加新型农村合作医疗同时又参加商业保险的，可同时享受两方报销待遇。在辖区内定点医疗机构就诊时，可自愿选择一种报销方式。参与直报的，需自行复印医疗费用报销单据，持合作医疗费用报销审批单，到区新型农村合作医疗管理中心加盖财务章后参与商业保险报销；不参与直报的，应全额支付医疗费用，在保险机构报销后，将医疗费用报销单据复印件及保险机构出具的费用报销分割单及时交村合作医疗专干。

有下列情形之一的，医药费用不纳入新型农村合作医疗基金补偿范围：

1）按照国家和本市规定应当由个人自付的。

2）新型农村合作医疗规定报销范围之外的。

3）康复治疗、疗养、计划生育手术及不孕不育等发生的医疗费用。

4）因工伤、交通事故、医疗事故及其他原因造成伤害的。

5）有责任人意外伤害发生的门诊和住院费用。

6）因本人吸毒、打架斗殴或其他违法行为造成伤害的。

7）因自杀、自残、酗酒（慢性酒精中毒所致精神障碍除外）、犬及动物咬伤等原因进行治疗的。

8）不能提供统一、规范的医疗机构医疗费用报销票据的。

9）因先天或生理缺陷施行整容、美容、矫治手术等的费用。

10）已享受国家党政、事业、企业单位医疗保障部门报销的。

11）非转诊或急诊发生在辖区外非营利性医疗机构的门诊和住院费用；发生在非公立、营利性医疗机构的门诊和住院费用。

《国务院关于印发医药卫生体制改革近期重点实施方案（2009—2011年）的通知》提出：逐步提高新农合对政策范围内的住院费用报销比例。逐步扩大和提高门诊费用报销范围和比例，将新型农村合作医疗最高支付限额提高到当地农民家庭人均纯收入的6倍左右。

6. 参加新型农村合作医疗办理流程

(1) 登记。根据政府组织引导，农民自愿原则，以户为单位，符合条件的家庭成员全部参加方可参合。参合人员每人提供近期一寸正面免冠照片一张。按时间要求到村委会登记并缴纳费用。

(2) 汇总。村委会负责填写“新型农村合作医疗登记表”和“新型农村合作医疗大病统筹医疗证”的基本情况部分，并将本村参保人员情况汇总，填写“新型农村合作医疗花名册”。

(3) 审核。镇（乡）新型农村合作医疗管理委员会办公室负责审核各村参保人员情况并颁发医疗证。

(4) 备案。各镇（乡）新型农村合作医疗结算中心在规定时间内将参合人员花名册报区新型农村合作医疗管理委员会备案。

(5) 发证。新型农村合作医疗证为一人一证一编码，医疗证由区新型农村合作医疗管理委员会办公室统一印制，镇（乡）新型农村合作医疗管理委员会办公室填写完整，盖章生效并负责发放。

二、城镇居民基本医疗保险

《社会保险法》第二十五条第一款规定：“国家建立和完善城镇居民基本医疗保险制度。”

2007年7月，国务院印发《关于开展城镇居民基本医疗保险试点工作的指导意见》（国发［2007］20号），在全国启动城镇居民基本医疗保险试点，确定了88个试点城市开展这项工作。2008年，在总结经验的基础上，我国扩大试点范围，确定了229个城市，进一步推进城镇居民基本医疗保险工作。2008年10月，国务院办公厅印发了《关于将大学生纳入城镇居民基本医疗保险试点范围的指导意见》（国办发［2008］119号），明确将大学生也纳入城镇居民基本医疗保险试点范围，这样城乡全体居民都有了基本医疗保障制度安排。按照建立覆盖城乡的社会保障制度和深化医药卫生体制改革的精神，2009年，人力资源和社会保障部、财政部联合印发了《关于全面开展城镇居民基本医疗保险工作的通知》（人社部发［2009］35号），要求全国所有城市都要开展城镇居民基本医疗保险工作。至此，城镇居民基本医疗保险制度在全国范围内建立起来。

（一）城镇居民基本医疗保险的参保人员范围

按照《国务院关于开展城镇居民基本医疗保险试点工作的指导意见》，城镇中不属于城镇职工基本医疗保险制度覆盖范围的中小学阶段的学生（包括职业高中、中专、技校学生）、少年儿童和其他非从业城镇居民，都可自愿参加城镇居民基本医疗保险。《国务院办公厅关于将大学生纳入城镇居民基本医疗保险试点范围的指导意见》，明确纳入城镇居民基本医疗保险范围的为各类全日制普通高等学校（包括民办高校）、科研院所（以下统称“高校”）中接受普通高等学历教育的全日制本科与专科生、全日制研究生。至此，城镇居民基本医疗保险制度就覆盖了城镇居民全体非从业人员。

为了适应城镇化的快速发展、城乡人员流动的加剧及就业形式多样化等变化，解决关闭破产企业退休人员及困难企业职工、灵活就业人员及农民工等的医疗保障问题，国务院在深化医药体制改革中提出打通城镇职工基本保险、城镇居民基本医疗保险和新型农村合作医疗制度。具体政策措施如下：①参加职工医疗保险有困难的关闭破产企业退休人员和困难企业职工，经省政府批准后，参加城镇居民医保；②灵活就业人员自愿选择参加城镇职工医保或城镇居民医保；③签订劳动合同并与企业建立稳定劳动关系的农民工要参加城镇职工基本医疗保险，其他农民工根据实际情况参加户籍所在地新型农村合作医疗或务工地城镇居民基本医疗保险。也就是说，符合一定条件的从业人员也可选择参加城镇居民基本医疗保险。

北京市政策规定，参加本市城镇居民基本医疗保险的人员范围包括：

（1）具有本市非农业户籍且未纳入城镇职工基本医疗保险范围，男性年满60周岁和女性年满50周岁的居民。

（2）中等专业学校、技工学校、中等职业技术学校、特殊学校、工读学校和各类普通高等院校（全日制学历教育）就读的在册学生，以及参保缴费当年年龄在16周岁以下非在校少年儿童、托幼机构儿童和散居婴幼儿。

（3）具有本市非农业户籍，男性年满16周岁不满60周岁，女性年满16周岁不满50周岁，未纳入城镇职工基本医疗保险覆盖范围的居民。

（4）未纳入城镇职工基本医疗保险范围，七级至十级残疾军人、城镇优抚对象及民政部门负责管理的见义勇为的城镇居民。

（二）城镇居民基本医疗保险的筹资

《社会保险法》第二十五条第二款规定：“城镇居民基本医疗保险实行个人缴费和政府补贴相结合。”第三款规定：“享受最低生活保障的人、丧失劳动能力的残疾人、低收入家庭60周岁以上的老年人和未成年人等所需个人缴费部分，由政府给予补贴。”第六十五条第二款规定：“县级以上人民政府在社会保险基金出现支付不足时，给予补贴。”

现行政策规定，城镇居民基本医疗保险以家庭缴费、政府补助为主（中央财政2014年城镇居民医保和新农合人均政府补助标准达到320元）。有条件的用人单位可以对职工家属参保缴费给予补助。国家对个人缴费和单位补助资金制定税收鼓励政策。

例如，南京市2015年度居民医保筹资和财政补助标准分别为：

（1）老年居民筹资标准由每人每年780元提高至840元，其中，财政补贴由400元提高到440元，个人缴费由380元提高到400元。

（2）其他居民筹资标准由每人每年780元提高至840元，其中，财政补贴由320元提高到360元，个人缴费由460元提高到480元。

（3）学生儿童筹资标准由每人每年460元提高至480元，其中，财政补贴由340元提高到360元，个人缴费仍为120元。

（4）大学生筹资标准由每人每年420元提高至460元，其中，财政补贴由320元提高到360元，个人缴费仍为100元。

（5）参保居民中，享受最低生活保障待遇、二级以上重度残疾人、重点优抚对象、特困职工家庭子女、孤儿，个人不需要缴费，参保费用由财政予以全额补助。

例如，北京市规定，自2015年度居民医保筹资和财政补助标准分别为：

1. 个人缴费部分

（1）学生儿童由每人每年100元调整为每人每年160元。

（2）城镇老年人由每人每年300元调整为每人每年360元。

（3）无业居民由每人每年600元调整为每人每年660元，无业居民中残疾人员、七级至十级残疾军人由每人每年300元调整为每人每年360元。

2. 政府补助标准

由每人每年860元调整为每人每年1000元。调整城镇居民基本医疗保险筹资标准所需政府补助增量资金由市、区（县）财政各负担50%。

3. 个人免缴居民医保参保费用的11类居民

（1）享受本市城市居民最低生活保障待遇人员。

（2）享受本市城市居民生活困难补助待遇人员。

（3）退养人员。

（4）退离居委会老积极分子。

（5）重度残疾人员。

（6）社会救助对象。

（7）去世离休干部无工作配偶。

（8）七级至十级残疾军人。

（9）城镇优抚对象。

（10）见义勇为人员。

（11）福利机构内由政府供养的服务对象。

（三）医疗保险待遇

《国务院关于开展城镇居民基本医疗保险试点工作的指导意见》规定，城镇居民基本医疗保险基金重点用于参保居民的住院和门诊大病医疗支出，有条件的地区逐步试行门诊医疗费用统筹。2008年，人力资源和社会保障部、财政部、卫生部联合印发了《关于开诊城镇居民基本医疗保险门诊统筹的指导意见》（人社部发［2009］66号），提出有条件的地方通过统筹共济的方式合理分担参保居民门诊医疗费，将城镇居民基本医疗保险保障范围拓展到了普通门诊。

1. 城镇居民医保报销范围

我国各地规定，参保人员在定点医疗机构、定点零售药店发生的下列项目费用纳入城镇居民基本医疗保险基金报销范围：

（1）住院治疗的医疗费用。

（2）急诊留观并转入住院治疗前7日内的医疗费用。

（3）符合城镇居民门诊特殊病种规定的医疗费用。

（4）符合规定的其他费用。

城镇居民基本医疗保险基金不予支付下列医疗费用：

（1）在非本人定点医疗机构就医的，但急诊除外。

（2）因交通事故、医疗事故或者其他责任事故造成伤害的。

（3）因本人吸毒、打架斗殴或因其他违法行为造成伤害的。

（4）因自杀、自残、酗酒等原因进行治疗的。

（5）在国外或者香港、澳门特别行政区及台湾地区治疗的。

（6）按照国家和本市规定应当由个人负担的。

2. 城镇居民医保报销比例

随着居民医保制度的推进及财政补助的提高，我国逐步提高居民医疗保险待遇，一些地方探索建立了居民医疗保险门诊统筹。目前，城镇居民基本医疗保险政策范围内住院费用积极支付比例达到70%以上，封顶线达到城镇居民可支配收入的6倍以上，60%以上的统筹地区建立门诊统筹。

例如，北京市城镇居民基本医疗保险报销比例见表5-6。

表5-6 北京市城镇居民基本医疗保险报销比例

<table>
<tr><th colspan="2">报销层次</th><th>参保人员类别</th><th>起付线/元</th><th>报销比例</th><th>封顶线</th></tr>
<tr><td rowspan="4">首次报销
（城镇居民医保）</td><td rowspan="2">门诊</td><td>城镇老年人
城镇无业居民、
残疾人员</td><td rowspan="2">650</td><td rowspan="2">50%</td><td rowspan="2">2000元</td></tr>
<tr><td>学生儿童</td></tr>
<tr><td rowspan="2">住院</td><td>学生儿童</td><td>650</td><td>70%</td><td>17万元</td></tr>
<tr><td>城镇老年人
城镇无业居民、
残疾人员</td><td>1300</td><td>70%</td><td>17万元</td></tr>
<tr><td rowspan="2">二次报销
（大病医保）</td><td rowspan="2">36469元
（2013年）</td><td colspan="2">36469～86469元</td><td>50%</td><td rowspan="2">不封顶</td></tr>
<tr><td colspan="2">86469元以上</td><td>60%</td></tr>
</table>

例如，洛阳市居民医疗保险的待遇是：

（1）住院报销比例，具体见表5-7。

表5-7 2015年洛阳市居民医疗保险住院报销比例

医院级别	起付标准/元	报销比例	2007年以来连续参保5年的报销比例
一级医院	100（含定点社区基层卫生服务机构）	80%	85%
二级医院	400	70%	75%
三级医院	600	60%	65%
家庭病床	100	60%	65%

（2）大病保险待遇。参保居民单次住院发生的医疗费用中，属城镇居民基本医保统筹基金支付范围内的部分，在基本医保统筹基金按比例支付后，其个人负担部分超过8000元以上的部分，由大病保险资金对超过部分按55%的比例给予“二次报销”；参保居民个人年度多次住院发生的医疗费用，在基本医保及“二次报销”支付后，个人年度累计负担的住院医疗费（含合规、合理的自费部分）超过2.5万元以上的部分，由大病保险资金对超过部分按55%的比例给予“再次报销”，大病保险资金年度个人最高支付限额为25万元。

（3）学生儿童重大疾病医疗保障待遇。不满18周岁（含18周岁）的城镇居民和各类在校学生患白血病或先天性心脏病的，住院时所发生的起付线以上符合统筹基金支付范围的医疗费用，由城镇居民医保基金按90%的比例支付，个人负担10%。

（4）意外伤害住院医疗费用报销待遇。符合意外伤害报销范围的住院医疗费，按各级医院报销比例支付。

（5）计划生育医疗待遇。计划生育住院医疗费按限额补助：正常分娩500元，异常分娩（难产）800元，剖宫产（有剖宫产手术指征的）1500元。

（6）普通门诊待遇。全体参保居民均享受普通门诊待遇。一个医疗保险年度内，普通门诊不设起付线，进入门诊统筹基金支付范围内的医疗费用按50%比例报销（《河南省基本医疗保险药品目录》中规定的乙类药费用按40%比例报销），普通门诊统筹基金年度最高支付限额为300元。

（7）特殊疾病门诊待遇。

2015年3月，人力资源与社会保障部副部长胡晓义表示，今年全面推行城乡居民大病医保制度。

城乡居民大病保险（即大病医保）是在基本医疗保障的基础上，对大病患者发生的高额医疗费用给予进一步保障的制度性安排。根据保监会披露的数据，截至2014年年底，城乡居民大病医保已在27个省开展了392个统筹项目，覆盖人口7亿人。这一制度的目标分两个层面：一是各地全部出台政策；二是全部实施政策并开始支付待遇。其中，大病医保资金来源于城镇居民医疗保险和新农村合作医疗保险，由这两项基金向保险公司招标（据不完全统计，中国人保、中国人寿、太保寿险、泰康养老、阳光人寿等多家大型险企已经参与到大病医保的承办中），支付相关保费，最后实现由商业保险公司支付城乡居民大病医保待遇。

复习思考题

1. 医疗社会保险的意义是什么？
2. 试比较世界各地医疗保险模式。
3. 试比较世界各国医疗保险基金的筹集方式。
4. 我国的医疗社会保险制度经历了哪些变化？
5. 我国的医疗保险制度改革为什么实行社会统筹与个人账户相结合、现收现付的管理模式？
6. 我国城镇职工基本医疗保险统筹基金和个人账户的支付范围有何不同？
7. 概述我国城镇职工基本医疗保险享受条件的设计思路。
8. 我国城镇职工基本医疗保险待遇的支付思路是什么？
9. 概述我国新型农村合作医疗保险制度的主要环节及内容。
10. 概述我国城市居民医疗保险制度的主要环节及内容。

第六章

失业社会保险

本章概要

本章主要介绍失业保险的概念、性质、作用与意义等，阐述失业社会保险制度建立和设计的原则；重点阐述失业社会保险制度的具体内容，如失业保险的覆盖范围、享受失业保险待遇的条件及履行的义务、失业保险金的给付水平、失业保险金的给付时间、失业保险基金的管理、失业保险的组织管理等内容；全面介绍与探讨我国失业保险制度深化改革的思路及操作实务，并有针对性地分析部分发达国家的失业保险制度。

第一节　失业社会保险的一般原理

一、失业与失业社会保险

（一）失业的概念与类型

1. 失业的概念

失业是一种社会经济现象，是指在劳动年龄内，有就业能力，并有求职要求的劳动者未能找到或丧失就业岗位的情况。失业意味着劳动者失去了运用生产资料进行生产活动的机会，从而也就失去了获得劳动报酬的机会。

2. 失业的类型

由于失业原因的不同，失业有很多种类型。国际上根据造成失业的原因是主观的还是客观的，将失业分为自愿性失业和非自愿性失业。自愿性失业为劳动者自行提出离开劳动岗位而导致的失业；非自愿性失业是指非因本人意愿而导致的失业。按照造成失业的客观原因的不同，失业又可分为摩擦性失业、技术性失业、结构性失业、和季节性失业。

（1）摩擦性失业。摩擦性失业是指劳动者进入人力资源市场寻找工作到获得就业岗位之间所产生的时间滞差，以及劳动者在就业岗位之间的变换所形成的失业称为摩擦性失业。它是一种正常性失业，反映了劳动力市场的动态性变化，是高效率利用资源的需要，即使劳动力市场处于供求平衡的状态也会存在这种类型的失业。造成劳动者在就业岗位变换之间的时间滞差的原因主要有：①失业者缺乏有关的岗位空缺信息，企业缺乏求职者的求职信息，即两者之间存在着信息不对称；②失业者缺乏迅速流动的条件；③信息成本和流动成本的障碍等。由于摩擦性失业不是由经济的周期性波动被动造成的，故增加劳动力的流动性、完善人力资源市场的信息情报工作、提高劳动力市场的效率及缩短寻找工作所花费的时间等措施，将会使此类失业得到缓解。

（2）技术性失业。技术性失业是指在生产过程中由于引进先进技术代替人力，以及改善生产方法和管理而造成的失业。从短期和长期的角度来看，技术进步对就业的影响有着明显的差异。从长期看，劳动力需求的总水平并不因为技术进步而受影响。当代社会技术进步的速度超过以往任何时代，可是当代的就业规模也达到了前所未有的高水平。技术进步对就业的影响主要表现在劳动时间的缩短方面。18 世纪、19 世纪劳动时间通常为每个工作日 10 小时以上，而目前则为 6 ~ 8 小时。从短期看，先进的技术和先进的生产方法及完善的经营管理必然会取代一部分劳动力，从而造成失业，这类失业是效率提高的必然结果。解决技术性失业最有效的办法是推行积极的人力资源市场政策，强化职业培训，实施普遍的职业技能开发等。

（3）结构性失业。结构性失业是指由于经济结构如产业结构、产品结构、地区结构的变动，造成劳动力供求结构上的失衡所引致的失业。科学技术的发展，以及收入水平的提高和消费者偏好的变化，对劳动力需求结构产生着全面而系统的影响。如果劳动力供给结构不能适应需求的变化，并且劳动力不能完全替代，就造成失业与职业空位的并存。失业人员在市场货币工资率给定的情况下没有具备重新就业所需要的知识和技能，工人之间不能互相代替，造成缓解结构性失业的困难。产业需求与劳动力需求结构的调整，在国民经济各产业部门重新配置劳动力所需要的时间越长，总需求构成的变化造成的劳动力在产业间的转移所需要的人力资本投资越多，结构性失业的持续时间就相应延长。缓解结构性失业最有效的对策是推行积极的人力资源市场政策，包括超前的职业指导和职业预测，以及广泛的职业技术培训和低费用的人力资本投资计划等。

（4）季节性失业。季节性失业是指由于气候状况有规律的变化所引致的失业。气候有规律的变化对就业的影响主要表现在两个方面：一是气候变化对某些行业的生产产生影响，进而影响劳动力需求，如农业、林业、农副产品加工业，以及内河航运业等；二是气候状况对某些消费需求发生影响，进而影响劳动力的需求，如食品行业、社会服务业等。

以上四类失业是动态的市场经济中经常性存在的正常性失业，其所以为正常失业，是因为在劳动力市场上当劳动力供给与劳动力需求保持总量均衡时这几类失业也会存在。通常，上述失业可以实现生产要素的优化配置，使劳动力优先配置到对个人和社会有较大收益的就业岗位。

（二）失业社会保险的概念与类型

1. 失业社会保险的概念

失业社会保险是对劳动年龄内有就业能力并有就业意愿的公民，由于非本人原因而失去工作，无法获得维持生活所必需的薪酬收入，在一定时间内由国家和社会为其提供基本生活保障的社会保险制度。

失业保险最早起源于 1901 年的比利时，其首创的失业保险为自愿性保险，1905 年法国成为世界上第一个通过立法实施自愿性失业保险制度的国家，随即挪威、丹麦也分别于 1906 年和 1907 年建立起自愿性失业保险制度。1911 年，英国在世界上第一个建立了强制性失业保险制度，继之，欧洲各国在 20 世纪 20 年代基本建立了强制性失业保险制度，美国、加拿大等美洲国家在20世纪30年代世界经济危机后建立了强制性失业保险制度。第二次世界大战后，一些发展中国家也通过立法对失业者进行失业救助或实行失业保险制度。迄今为止，世界上已有70多个国家实行了强制性和自愿性的失业保险制度。

2. 失业社会保险的类型

世界各国采用的失业保险的保障方式大体可分为下述几种类型：

（1）强制性失业保险制度。强制性失业保险制度是指由国家以法律形式强制规定符合失业保险条件的人员都必须参加失业保险，并规定多种条件，如缴费次数、非自愿失业等领取失业保险待遇的条件，符合条件的失业者均可以获得一定数额的失业保险金。目前，世界上70多个实行失业保险制度的国家，其中约有半数国家的实施范围包括大多数企业雇员，其余国家的实施范围则以工商业雇员为主。在我国，实行的是强制性失业保险制度。

（2）非强制性失业保险制度。非强制性失业保险制度是指并非由国家立法强制实施，而是由劳动者的意愿决定是否加入所实施的失业保险制度。目前，实行这种制度的有瑞典、丹麦、瑞士、芬兰、冰岛、加纳、坦桑尼亚等国家。这些国家的失业保险不是由政府管理，而是由工会自愿建立的失业基金会管理，政府给予大量补贴。例如，瑞典的失业保险就是由工会主办，国家资助，个人自愿参加。凡自愿建立了失业基金的各工会会员，必须加入失业保障，目前丹麦有半数的企业雇员参加了非强制性的失业保障。

（3）失业补助制度。这种制度只适用于符合经济情况调查或收入情况调查规定条件的失业者及无资格享受正常保险的失业者，带有一定的社会救济色彩。目前，澳大利亚、匈牙利、新西兰、阿根廷等国家实行这种失业保险制度。

（4）复式结构模式。国外失业保险的主要成果之一，就是向强调多重保障的方向逐步发展。其目的一是扩大保障覆盖面，二是提高失业者及其家庭生活的保障程度。目前，下列三种复式结构模式颇为典型，并且发展令人瞩目：

德国的“失业保险+失业救济”的衔接型。国家对所有的就业人口（公务员和雇主除外）实施强制失业保险，同时规定，对于那些在失业保险给付期过后仍然未能找到工作而生活困难者，不是由社会公共救济系统实施救助，而是领取失业救济金。这一方面体现了失业救济与失业保险在性质和权益上的不同，同时又考虑到救济对象是失业者（而非社会贫困者），其待遇水平要比社会救济高，其目的是促进失业者再就业。失业保险与失业救济的衔接为失业人员又提供了一个新层次的保障，避免了部分失业者因未能及时再就业而陷入难以维生的贫困境地。

美国的“失业保险+企业补充失业保险金”的补充型。政府实施强制性失业保险，对所有失业者提供收入损失补偿，同时，为了不使失业者及其家庭的基本生活受到严重影响，从1955年起，美国福特公司率先在企业内实施“补充失业保险金”制度，由企业为其职工提供另一个层次的失业补偿。这一做法后来逐渐延伸到行业内其他企业乃至其他行业。企业良好的效益是实行这种补充手段的前提。

加拿大的“失业保险+特殊失业补助”的援助型。在普遍实施失业保险的同时，对失业者中有特殊困难的弱者，如有特殊困难的伤病失业者、老年失业者、孕期女性失业者等，还给予特殊失业补助。这种特殊失业补助的职能主要是对失业保险对象中的特殊困难者，提供1~15周的补助，其性质是一种国家援助，而不是失业救济，是专门针对法定失业保险者中特殊困难者的。

二、失业保险的性质

失业保险属于社会保险的范畴，作为社会保险的重要组成部分，失业保险同其他社会保险项目有相同的性质，具有互济性、强制性，是一种政府行为。它的主要形式是以货币资金为物质帮助，侧重于保障基本生活。但另一方面，失业保险又具有其独立性，最根本的不同是失业保险具有社会保险与就业服务的双重性质。

(1) 社会保险是依赖大数法则运行的。失业保险通过社会筹集基金，在失业者符合一定的条件下给予的失业保障，即是多数人的筹资少数人的享受，体现了失业保险的互济性。

(2) 失业保险是由国家建立制度，强制实施的一种社会保险，比其他保险更具有强制性。因为劳动者都会考虑年老丧失劳动能力或疾病后的生活保障问题，故其参加养老保险和医疗保险的动机较强，而危险岗位的职工参加工伤保险。但对于失业保险，许多劳动者不相信自己会失业，所以参加的积极性不高。另外，部分企业的雇主认为企业不会解雇员工，对缴纳失业保险也有抵触情绪。因此，推行失业保险必须有政府的强制措施为后盾。

(3) 失业保险是以保障失业人员及其所负担的家庭人口（主要是未成年子女）的基本生活需要为标准，而不可能满足他们各方面的需要。

(4) 失业保险是社会保险与就业服务事业的连接点。各国的失业保险都是只保障失业者的基本生活，其宗旨是为失业者重新找到工作提供暂时的生活来源，使失业者有时间来寻找工作。一旦出现劳动者把失业救济作为目的，不想就业的状况，就意味着失业保险走到了它的反面。因此，失业救济水平的设计必须有利于促进失业者积极地寻找工作。从第二次世界大战后失业保险的发展趋势看，失业保险基金用于就业服务事业的比例越来越大。从就业训练延伸到扶持自谋职业乃至用于改善企业的劳动条件，这种基金的使用使失业保险促进就业的功能表现得更为突出。

三、失业保险的作用

失业保险的作用主要表现为：

(1) 保障了失业人员的基本生活，促进了失业人员再就业。各国失业保险制度从建立之日起就显示了双重功能，通过施行失业保险制度，给付失业保险待遇，保障失业人员的基本生活，帮助他们渡过了难关。同时，各国通过劳动部门扶持就业训练中心的发展，对失业人员开展转业训练，提高其再就业能力；还通过职业介绍所推荐大批失业人员重新就业，为失业人员的进一步安置创造了条件。

(2) 增强了企业职工的竞争与风险意识。失业保险制度的建立使企业职工逐步认识到，在市场经济条件下竞争就业是一种正常现象，要想使自己不失业，就必须和企业结成命运共同体，共同为企业的生存发展做出积极贡献。即使由于种种原因失业，也要尽快提高自身素质，参与竞争，争取早日走上工作岗位。

(3) 失业保险还有抑制和预防失业的作用。例如，我国部分地区规定对失业保险基金结余较多的统筹地区，在确保当前和今后一个时期按时足额支付失业保险待遇的前提下，对采取在岗培训、轮班工作、协商薪酬等办法稳定员工队伍，并保证不裁员或少裁员的困难企业，可通过开展扩大失业保险基金使用范围试点，使用失业保险基金支付社会保险补贴或岗位补贴，补贴期限最长不超过6个月。

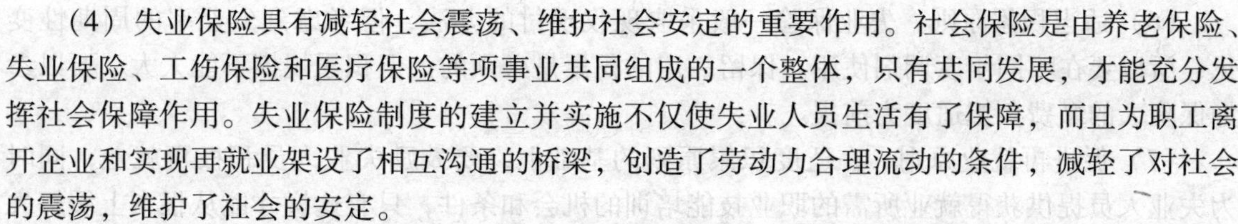

（4）失业保险具有减轻社会震荡、维护社会安定的重要作用。社会保险是由养老保险、失业保险、工伤保险和医疗保险等项事业共同组成的一个整体，只有共同发展，才能充分发挥社会保障作用。失业保险制度的建立并实施不仅使失业人员生活有了保障，而且为职工离开企业和实现再就业架设了相互沟通的桥梁，创造了劳动力合理流动的条件，减轻了对社会的震荡，维护了社会的安定。

第二节　失业社会保险的基本构造

失业保险制度是一个复杂的系统，其主要内容有失业保险制度设计的基本原则、资金筹集、享受条件、给付项目与标准、给付期限和管理制度等多方面。

一、失业保险制度的设计原则

失业社会保险建立的一般原则包括：

（1）强制原则。失业保险首先是一种政府行为，必须以政府的立法为前提。这种强制性对投保人和受保人表现为义务。目前，世界上约有 70 多个国家和地区以立法形式建立了失业保险制度，实行强制性保险的国家占大多数，我国的失业保险也属于强制性保险。我国《失业保险条例》第二条对此做出了规定。

（2）统一性原则。社会保险政策要统一，管理要法制化，这是我国建立社会保障体系的基本要求。《失业保险条例》体现了这一精神。第一，失业保险由国务院立法决定了全国实行统一的失业保险制度；第二，《失业保险条例》中明确了国务院人保行政部门主管全国的失业保险工作，体现了国家对这一工作的统一管理监督；第三，《失业保险条例》对失业保险的费率、支出项目、待遇给付标准、享受条件等均做出统一规定，同时也给地方留有一定余地；第四，《失业保险条例》明确了由人保行政部门统一执法；第五，《失业保险条例》关于失业保险费的征缴等规定依照国家有关规定征缴，体现失业保险制度与社会保险其他制度的统一性。

（3）适度原则。所谓适度是指失业保险的待遇水平和待遇项目要顾及国力，同时要随着经济发展和人民收入水平的提高适当增加缴费比例，提高救济水平，特别注意提高救济水平不能成为企业和政府的沉重负担。失业经费的发放应量入为出，以缴费的适度原则作为发放适度的前提。

（4）三方负担原则。失业保险制度的发展，得益于筹资机制的建立，但是筹资中的各方费用负担却是个政策性很强的敏感问题。根据国外的经验，决定费用负担一般受以下因素的影响：①相关政策和历史传统；②政府对失业应负责任的认识程度；③企业对新创造就业机会的积极性；④企业本身的经济效益。不同的费用负担方式也由此产生。例如，劳企分担、政企分担、企业负担、政府负担、被保险者负担等。但是，应该看到，由企业、个人、政府三方负担的方式是当前世界失业保险制度费用负担的主流，约占全部实行失业保险制度国家总数的 40% ~50%。根据我国的国情，实行按三方负担的原则来筹集失业保险基金。

（5）专款专用原则。为了保证专款专用原则，一般要在银行建立失业保险储蓄专户，同时，建立严格的财务管理制度，使基金能依法管理，并对基金有计划地使用，实行严格的监督。

（6）适当积累原则。失业保险一般采取现收现付的办法，但考虑到失业率的周期性变化，所以要在不同年度调剂使用。保留一定的积累是必须的，但积累规模不能太大，要以参加保险人的缴费负担适度为前提。

（7）促进再就业原则。在适度积累原则的基础上，要鼓励失业人员积极再就业，同时为失业人员提供获得就业所需的职业技能培训的机会和条件，只有这样才能从根本上缓解失业压力，促进经济的稳定发展。

（8）效益原则。效益原则是指失业保险立法必须注重社会效益和经济效益，而不能单纯地为了救济而救济。社会效益是指对社会观念等人文领域产生的积极作用。失业保险要促进社会成员的团结、互助，促进公民整体意识的形成。救济是一种扶助，容易形成依赖性，如果失业保险造就了不劳而获的社会风气，就走到了失业保险的反面。失业保险应当在承担对失业人员的相应救助的同时，激发起被救助人的一种社会责任感，重新为社会做贡献；经济效益是指对社会生产等经济活动产生的一种积极作用。

二、失业保险的覆盖范围

失业社会保险是为遭受失业风险，暂时丧失工资收入的失业者设计的，因而覆盖范围十分明确，也十分严格，那就是仅仅覆盖容易受失业风险之苦的劳动者，并且还仅限于正式参加经济活动、有了稳定的职业、暂时失去工作岗位的工资劳动者。也正因此，几乎在一切实行失业社会保险的国家，起初，都不将职业不稳定、不正规的季节工人、农业工人、临时工、家庭佣人包括在内，国家公务员也不包括在覆盖范围内，至于个体劳动者及中等以上学校毕业生中寻求职业的青年，也都不在覆盖范围内。

但是，随着社会和经济的发展，对失业概念的解释和理解发生了变化，从极狭窄的界定转变为比较宽泛的定义。根据国际劳工组织1988年举行的第75届劳工大会对失业做出的新的界定，凡有能力参加经济活动，可以工作，并且确实在寻找职业而未能得到适当工作，以致没有任何工资收入，生活无着落的劳动者，都属于失业者，都理应受到失业社会保险制度的覆盖。于是乎，不仅所有挣工资的劳动者，即便以前未被覆盖在失业保险范围的季节工人、临时工、家庭佣人、学徒和公务员，也被列为应该享受失业保险待遇的对象。

除了这些人员以外，还有七种寻找工作的人也被覆盖在失业社会保险范围之内。这七种对象是：结束了学业且成长为劳动力的青年；完成了职业培训的青年；完成了国家规定的服兵役义务的青年；刑满释放的犯人；结束职业康复的残疾者；回归祖国的劳动者；结束抚育子女义务的父亲和母亲。

实行强制性失业保险制度的国家中，失业保险范围基本包括全部受雇人员，不论其所在行业的类别。例如，美国绝大多数劳动者都受到失业保险法的保障。失业保险的范围最初限于私人企业部门的雇员，1970年扩大到非营利部门，1976年扩大到州地方政府雇员，1978年扩大到所有工薪工作者。例如英国规定，失业保险适用于所有受雇者，但70岁以上（女性60岁以上）从业人员及家属不在适用范围内；德国规定，适用失业保险的雇员范围与疾病保险范围一样且还包括农业受雇者、试用人员、家庭受雇者及特定约聘公务人员，但家庭劳动者和季节工人不在适用范围内。

有些国家的保险范围则只限于工业和商业工人。少数国家的保险范围不包括收入超过一定限额的薪金雇员。有些国家对于临时工和季节工人的保险另有规定，如日本规定季节性受雇者、短期受雇者（不满一年）可享受一次性保险金。还有几个国家分别实行了特种职业的失业保险制度，如美国对海员、铁路工人的失业保险分别设有专门制度。

实行自愿保险制度的国家，其实施范围只限于工会已经建立失业基金会的那些产业，因而保险范围的大小取决于这些产业工会的组织程度。在受保产业中，工会会员参加基金会是强制性的，而非工会会员则是自愿参加。例如，瑞典和丹麦产业工会的会员都参加失业保险基金会，非会员可以自愿参加。未参加自愿保险的雇员，如新毕业的学生和独立劳动者，失业时有资格领取政府补贴的失业救济金。

三、失业保险基金的筹集

根据国际经验，决定失业保险费用负担一是受相关政策和历史传统的影响；二是受政府对失业应负责任的认识的影响；三是受企业对创造新就业机会的积极性的影响；四是受企业本身的经济效益的影响。

一般失业保险基金的筹集有不同的费用负担方式。例如，劳企分担、政企分担、三方共同负担等。国际劳工组织制定的有关失业保险的公约和建议书指出：“可以采取缴费基金制，也可以采取非缴费制，或是两种办法结合。具体采取哪种方式，要根据本国的情况决定。”

据49个国家和地区的统计，54%的国家和地区不要求雇员负担，明确雇主不负担的有18%，明确政府不负担的有29.4%。另外，38个国家和地区雇主平均缴费相当于雇员平均工资的2.71%，22个国家和地区雇员缴费相当于雇员平均工资的1.53%。上述资料表明，为失业保险融资的主要责任在雇主，其次在政府，第三才是雇员个人的责任。

英国失业保险资金来源主要是国民保险基金收入和政府拨付。国民保险基金由雇员和雇主双方按雇员周工资的一定比例缴纳，其覆盖范围包括周收入在62英镑以上的雇员、自我雇佣者、缴纳减额养老保险费的已婚妇女和遗孀。日本失业保险费主要由单位和被保险人双方共同负担，按年工资的一定比例缴纳，国库给予适当补贴。缴费比例因行业不同而有所不同，基本上按照各行业失业率的高低来确定缴费率。例如，在一般行业中，总负担比例为1.15%，其中业主负担0.75%，被保险人负担0.4%；在建筑业中，总负担比例是1.45%，其中业主负担0.95%，被保险人负担0.5%。

四、享受失业保险待遇的条件及履行的义务

失业保险制度的对象是失业者，由于该制度担负着促进就业的重任，因此与其他社会保险险种相比，失业保险的资格条件不仅较特殊且更严格。经过几十年的发展，各国强制性失业保险的资格条件有趋同的一面。例如，法定劳动年龄内、非自愿失业、无个人收入、必要的就业经历和缴费期，以及在就业机构登记等。一般来说，领取失业保险金的前提条件包括：

（1）失业人员必须符合劳动年龄标准，即处于法定最低劳动年龄与退休年龄之间的劳动者才有可能享受失业保险待遇。1979年6月6日，国际劳工组织发布138号公约，即准予就业最低年龄公约，规定了相应劳动年龄标准。同时，各国在禁止使用童工方面也有规定，低于法定最低劳动年龄的未成年人不在就业范围内，也就不存在失业问题。退休的老年人不再有法定的劳动义务，并且享受养老保险待遇，所以也不在失业保险的保障范围。

（2）失业人员必须是非自愿性失业。因为自愿失业的责任在劳动者个人，所以他们没

有享受失业保险待遇的理由。发生非自愿性失业的原因不在失业人员个人，是由于企业生产经营发生变化甚至破产，或者由于严重自然灾害造成企业停产等客观原因，或是因企业终止、解除劳动合同造成劳动者失业的，这部分人可以享受失业保险待遇。

(3) 失业人员必须依照法律法规履行规定的义务。具体包括：一是就业期限条件，如法国政府规定，失业者在最近8个月内至少工作4个月。二是缴费期限条件，即失业者缴纳失业保险费必须达到规定的期限，才有资格领取失业保险金。例如爱尔兰政府规定，失业者必须缴纳失业保险费26周；初次申请失业保险金者，在24个月内必须缴费52周。我国政府规定，享受失业保险待遇的失业者所在单位或本人已经按照规定缴纳失业保险费满一年。三是投保年数与缴纳保险费期限条件。例如意大利政府规定，被保险人必须投保两年，并且在最近两年内缴纳保险费52周。德国规定，失业者获得失业保险资格，必须是失业前三年累计从事一年以上缴纳失业保险费的就业。四是居住期限条件，如澳大利亚政府规定，失业前必已居住国内满一年。

(4) 失业人员必须具有就业愿望。失业者正在采取各种措施寻找工作，愿意就业者才能领取失业保险金。为了审核失业者的就业愿望，各国政府大多做出如下规定：一是失业者必须在规定的期限内到职业介绍所或失业保险管理机构进行登记，并要求重新工作；二是失业期间定期与职业介绍所联系，报告个人的情况，以便有关管理部门能够及时掌握失业者的就业意愿和就业信息；三是愿意接受职业训练和合理的工作安置。当失业者因为特殊的原因不接受职业介绍机构介绍的职业时，不能视为拒绝接受就业。

在美国，申领失业金必须同时满足五项基本要求：

1）失业前的就业经历符合州规定（主要指工作时间及缴费长短）。

2）在就业服务机构注册，心理和身体上具备劳动能力，并且在领取失业保险金期间积极寻找工作。

3）凡被认定为个人原因造成的失业没有资格享受失业待遇。

4）除13个州外，其余州设置等待期，一般为一周，在此期间相关部门对申领者进行资格认定。

5）在享受失业待遇期间，失业保险机构要求失业者履行定期汇报求职情况的义务。

五、失业保险金的给付水平

由于失业保险制度是社会保险制度的一个类别，不同于社会救济，也不同于商业保险，因此，失业保险金的给付水平既不能完全以当事人或其雇主为其缴纳的失业保险的数量为依据，也不能只考虑当事人的基本生活需要。失业保险制度对失业保险金的给付水平的规定，一般以使当事人的收入损失得到一定的补偿，同时又不对再就业产生阻碍为原则。

设计失业保险金的给付水平通常考虑的因素有：本人失业前收入水平或社会平均收入水平、基本生活消费水平、资金支付能力及对再就业是否产生消极影响等。一些国家以本人失业前收入水平为确定依据，作为其收入损失的补偿，也有的国家以最低工资为上限。

目前，世界上许多国家的失业保险给付水准都有一种标准化趋势，即一般为本人原工资收入的40%～60%，其原则是维持失业者的一定生活水平。1988年，国际劳工大会制定的《促进就业和失业保护公约》指出：“失业津贴的给付以缴费职工缴纳的失业保险费或以失业前的工资为依据时，其给付额应确定在职工失业前工资水平的50%以上；失业津贴给付不以职工缴纳的失业保险费或失业前工资为依据时，应不少于法定最低工资或一位普通工人工资的50%。”

失业保险金标准的计算基准有以下几种：

（1）失业保险金发放的标准以失业人员在失业前一定时间内的工资收入为基数按比例发放。例如德国规定，失业者有子女的，其失业保险金为其失业前净工资收入的67%，其他情况下为工资的60%；加拿大规定，失业保险金为失业人员失业前平均工资的60%；荷兰规定为工资的80%；瑞典和丹麦则规定为工资的90%；西班牙规定失业后最初180天为参考收入的70%，以后为60%。

（2）有的国家采用统一的失业保险金标准，并根据家庭状况和本人年龄有所差别。例如，英国缴费型失业保险待遇为：年龄在25岁以上的失业者，每周49.15英镑（1997年）；18~24岁的失业者为38.90英镑；18以下的失业者为29.60英镑。而英国收入调查型失业保险待遇的确定取决于年龄、家庭收入水平和家庭结构。例如，单身失业者根据其年龄，失业保险待遇为每周29.60~49.15英镑。意大利规定为每日800里拉；新西兰规定，失业者为独身成年者，其失业救济金为每周至多66新元，有配偶者为每周至多110新元，20岁以下无人供养的可享受失业救济者，每周至多为50.21新元。

（3）有的国家规定对失业保险金实行递减计发，即津贴额在最开始领取失业保险金的一段时间内最高，以后逐步降低直至津贴期满。例如，法国规定失业保险投保保险期较短的，失业津贴为：50岁以下者，开始时支付全额失业津贴水平的85%，每隔6个月，降低到原失业津贴的85%；50岁以上者，支付全部失业津贴的90%，每隔9个月，减少到原失业津贴的90%；超过55岁者，不再减发失业津贴。比利时规定，对已婚的长期失业者，第一年失业保险金为收入的55%，其后的7个月内降为35%。

（4）有的国家按本人失业前工资的一定比例+定额给付。失业保险金的发放采取工资比例制和固定金额制相结合的方法，一部分按失业前工资的一定比例发放，另一部分则按固定金额发放。例如芬兰规定，失业保险金的一部分按原工资的45%发放，另一部分为每日70芬兰马克；法国规定，一部分为原工资的40.4%，另一部分为每日49.52法郎，但失业保险金和供养亲属补助金的总额不得超过其工资的85%。

（5）有的国家按最低工资标准的一定比例给付，如波兰是最低工资标准的95%。

（6）有些国家对失业人员的养老、医疗等社会保险待遇也做出了安排。例如，德国失业人员仍然参加养老、医疗和护理保险，所需保险费由劳动局从失业保险基金中支出。法国规定享受失业保险津贴的失业人员有权享受医疗保险待遇，有两种津贴：一是医疗开支的返还，包括医疗、药品和住院开支；二是医疗费用日补贴。

此外，国外还要根据具体情况调整给付水准。影响给付水准的特别规定主要包括：

1）为有无工作配偶和未成年子女的失业者提供额外给付。例如，英国为有无工作配偶加算定额给付20.20英镑/周。而对未成年子女则按子女数累计加算，如美国每一个子女增加25美元/周的给付金额，冰岛是每一个子女能获得加算额66克朗/日等。

2）在失业期间参加临时工作，其失业保险将受到限制。例如，德国的失业者的临时收入，若高于给付的25%，就要实行必要扣除。

3）对“部分”失业的人员保险给付也另做规定。例如，美国一般仅给付失业人员部分工作收入与完全失业给付之间的差额。

4）为破产企业的失业人员提供比一般失业者较高的给付待遇。例如，乌克兰采取“保障+补偿”的制度，给付比例提高到原工资收入的75%（一般失业者为50%）。

六、失业保险金的给付期限和等待期

1. 失业保险金的给付期限

失业保险制度是以因各种原因暂时失去工作的劳动者为对象。失业保险金的给付不同于养老保险金的给付和因工完全丧失劳动能力的工伤保险金的给付，失业保险金的给付并不是无期限的，所以，失业保险制度需要对失业保险金的给付期限做出明确规定。

对失业保险金的给付期限的规定，不同的国家以不同的条件为依据。

（1）以失业前缴纳失业保险费的持续时间确定领取失业保险金的连续时间，一般筹资期越长，给付期限就越长。例如，法国投保筹资3个月，给付3个月；而投保筹资6个月，给付期就增至5个月。阿根廷筹资22个月，给付4个月；而筹资35个月，给付8个月。

（2）根据失业者的年龄确定给付期限。例如，瑞典规定55岁以下的给付期为150天，55~69岁为300天，60~64岁为450天。德国规定42岁以下的失业者至少能领取156天，最多能领取312天，年岁较大的失业者领取保险金的时间要长些，但最长不超过832天。日本的失业津贴支付期限依参保时间和失业者的年龄而定，最短90天，最长330天。

（3）根据本国的失业严重程度对失业保险金的给付期限进行调整。例如，美国以失业率水平作为决定给付期限的一个因素，规定在失业率较高的就业困难时期，自动延长津贴计划启动，按照这一计划，失业者在领取完26周失业金后仍没找到工作时，可继续领取13周的失业救助，延长部分的失业保险金由各州和联邦政府各负担50%。日本规定在求职者就业发生困难、参加职业培训、异地就业及国家就业状况严峻的情况下，支付期限可延长30~90天。加拿大规定失业率在6%以下时，就业期要求20周/年；失业率在11%时，就业期要求15周/年，失业率越高，就业期要求就越低。

（4）根据失业者的年龄及重新就业老龄工人的困难程度来确定失业保险金的给付时间。例如法国规定，对有权领取失业津贴至少达365天的60岁或以上人员，其津贴权利可延长至有权领取全额退休金的年龄，但不得超过65岁。葡萄牙、芬兰规定，失业者年满55岁可一直享受失业津贴至退休年龄。

（5）将失业待遇与参加培训、是否积极寻找工作等促进就业措施相结合。例如英国规定，从2001年起，失业人员领取失业保险一定时间后必须参加就业培训。

（6）采取“统一期限+加算期限”的办法操作，即根据基本条件获取统一规定的失业保险给付期限，而后再根据各个失业者的年龄、投保期和家庭责任等予以加算延长。目前，实行这种加算规定的国家，约占实行失业保险制度国家的1/3。例如，加拿大、埃及统一规定给付期限分别为25周和16周，但根据各种情况加算延长后可分别延至50周和28周。

另外，在有些实行失业保险津贴与失业救济“混合失业保险制度”的国家，享受失业津贴期满仍未找到工作者，经家计调查或收入低于规定标准的，可以领取失业救济。

目前，各国失业保险金的给付时间最短的为8周，最长的，如我国是24个月，大多在90天至1年之间。一年以内的给付期限是当今世界主流，其发展趋势是适度提高给付水准而相应缩短给付期限。国际劳工组织制定的有关失业保险的公约和建议书指出：“如果国家立法规定津贴的支付期应随资格时间的长短而变化，则该期限至少不低于26周，但在特定的国家也可缩短到13周。”超过了失业保险制度规定的保险金给付时间以后，到期仍然没有就业的人就要转为领取失业救济金。

2. 失业保险金的等待期

在失业人员失业前的最后一天和支付失业保险待遇的第一天之间有一定的间隔时间，为失业保险金的等待期。等待期的长短取决于各国实行的就业政策及失业保险基金积累的规模和财政状况。这项规定的作用是为了保证失业保险机构有时间对失业人员的情况进行审核，以确定其是否符合领取失业保险金的条件。同时，等待期的规定还可以取消对失业时间少于等待时间的人的失业补偿，减少失业保险金的支出。

国际劳工组织的《促进就业和失业保护公约》第十八条规定：如果会员国立法规定，在全失业情况下失业保险金的发放只能在等待期期满后开始，则这一等待期不应超过7天；如有例外，最长不超过10天。我国《失业保险条例》规定：城镇企事业单位应将失业人员名单自终止或者解除劳动关系之日起7日内报社会保险经办机构备案。

20世纪50年代，西方工业化国家规定，失业保险金给付的等待期为7天。到20世纪70~90年代，大多数工业化国家出现等待期缩短的趋势。例如，瑞典的等待期为5天，英国的等待期为3天，瑞士的等待期为2天。有些国家失业保险金给付的等待期较长，阿根廷规定的失业保险金的等待期为120天，加纳为30天，厄瓜多尔为60天。目前，已有不少国家在立法中完全取消失业保险给付的等待期。

七、失业保险金的取消或削减

国际劳工组织制定的有关失业保险的公约和建议书指出，在下列情况下，可以拒付、取消、停发或削减本应支付的失业保险金：当事人不在国内期间；主管机关断定失业是当事人自愿离职造成的；在发生劳资纠纷期间，当事人停工参与纠纷处理或由于劳资纠纷导致停工，当事人无法参加工作；当事人通过欺骗手段试图获得或已经获得失业保险金时；当事人无正当理由不利用职业安置、职业指导、职业培训、重新培训或重新安置合适工作的机会；当事人除家庭补助外得到了国家立法规定的其他收入补助，而且这种补助数额超过了失业保险金的数额时。

八、失业保险的组织管理

为了使失业保险制度的各项规定得以贯彻落实，失业保险制度必须由相应的组织管理机构执行、监督。在失业保险制度中，对机构的设置也做出了明确的规定，主要内容包括：管理机构、执行机构、监督机构的设置，中央政府与地方政府的职责划分，以及分散失业风险的范围等。

我国《失业保险条例》规定，国务院社会保险行政行政部门主管全国的失业保险工作。县级以上地方各级人民政府社会保险行政行政部门主管本行政区域内的失业保险工作。社会保险行政行政部门按照国务院规定设立的经办失业保险业务的社会保险经办机构依照本条例的规定，具体承办失业保险工作。

九、失业保险与促进就业

传统的失业保险制度设计重在实施积极的失业保护政策，注重保障失业者及其家庭的基本生活。但是，20 世纪 80 年代以来，失业问题成为严重的全球性问题，与通货膨胀、资源匮乏、环境恶化一起被列为当今世界各国发展经济的四大难题。为此，越来越多的国家开始改革单一对劳动者的失业保护，不仅要体现在基本生活津贴的发放上，更重要的是发挥其促进就业的功能。

世界失业保险改革所奉行的基本理念是，摆脱以往那种不断提高保护水平为基本目标的传统做法，消除实施过度保护和过高福利政策所导致的负面影响，恢复市场的激励机制，以便在降低失业保护整体水平、实施积极的失业保护政策和确保失业人员基本生活的前提下，充分发挥失业保险制度的促进再就业功能。例如 20 世纪 60 年代末，德国的《失业保险法》就改称为《劳动促进法》，国际劳工组织关于失业保险的公约也更名为《就业促进与失业保护公约》。1997 年 1 月，加拿大出台了《就业保险法》，该法不仅将失业保险更名为就业保险，而且增强了运用失业保险促进就业的功能。日本、英国也分别将失业保险改为就业保险和求职津贴，并将失业津贴的发放同就业安置紧密结合起来实行统一管理。积极的失业保障制度成为国际上失业保险制度改革和发展的趋势。

其具体做法是：

（1）将失业保险资金用于职业介绍。例如，法国通过全国 700 多所职业介绍机构为失业人员提供再就业服务，并规定其 26% 的工作经费由失业保险基金提供。英国规定，失业保险制度管理机构对能工作的人员提供帮助，稳定他们的就业状态，主要通过多种形式为求职者提供免费服务，为雇主提供发布用工信息的服务和对长期失业人员提供的特殊帮助和服务，最终达到促进失业者再就业的目标。2011 年 11 月，我国天津市社会保险行政部门规定：将失业人员自谋职业一次性领取剩余失业保险金政策延伸到灵活就业人员。规定正在领取失业保险金期间的九种失业人员，实现灵活就业并进行灵活就业登记的，除可得到灵活就业社会保险补贴待遇外，还可以到街道社会保险行政服务中心一次性申领剩余失业保险金和门诊医疗补助金。

（2）将失业保险资金用于就业培训。英国对参加受训并取得资格证书的失业人员，分别按资格等级增加失业保险；美国规定参加职业培训的失业人员，可适当延长失业保险给付期（最多不超过 52 周）；德国、意大利对参加培训的失业人员提供生活补贴，失业保险部门负担部分培训费用，包括注册费、书费、交通费等。经济合作与发展组织国家规定，失业者领取津贴一段时间后（青年为 6 个月，其他人为 12 个月），如未能就业则必须参加培训才能继续领取失业津贴。据资料统计，德国培养一线工人平均花费约 20 万元人民币，在保费支出中，60% 用于保险金给付，40% 被用作职业介绍、职业培训及补贴企业雇用等。澳大利亚和西班牙等国规定，参加培训的失业人员可以享受疾病、工伤、失业和养老保险待遇。日本劳动者近几年加大了对失业者的再就业援助力度。以前规定，失业者只能在指定的公办职业训练机构接受学习和训练，结果造成公办机构的培训负担繁重，培训人数受到限制。新制度规定，失业者在一定的金额范围内，可以完全自由选择职业培训点，自由选择培训内容，培训费用可以从失业保险金中全部或部分报销。同时，接受培训者的失业保险金可相应地延长，失业者从接受一项再训练开始到培训结束，一直可以领取失业保险金，并且在培训结束后三个月内，也可享受失业保险金。

（3）将失业保险资金用于鼓励企业招聘失业人员、抑制解雇、预防失业。美国采取了浮动失业保险费率的做法，即企业解雇的人越多，所缴纳的保险费率越高，最高高达工人工资的10%以上。韩国规定，对面临困难但不解雇劳动者的企业，提供这些劳动者停产工资的1/2资助；对企业内部为职工转岗培训所需设施提供长期低息贷款等，使转岗职工能在企业内部实现重新就业；对雇用55岁以上劳动者占所有劳动者比例达6%以上的企业，支付每人每年36万韩元的雇用补贴。英国对雇用25岁以上的失业者达6个月以上的企业给予每周750英镑的培训补贴。芬兰对雇用失业人员的中小企业实行减税4%的优惠政策。日本的做法是，在征收失业保险费时单独征收促进就业费，用于以下就业补贴项目：对不景气而被迫缩小经营规模的企业给予为期1年的工资补贴，以便安置内部富余人员；对转产、重组企业提供一次性就业稳定特别补贴；对再就业特别困难地区开办的企业给予奖励性补贴；对创造出大规模就业岗位的企业给予岗位开发补贴；向企业和失业者个人直接提供培训补贴。

（4）实行差别性的失业保险金给付期和限制性的保险金给付条件，促使失业者积极寻找就业机会。目前，各国失业保险支付期多在90天至1年之间。根据失业期长短，失业期越短，给付标准就越高，并且对领取失业保险金的失业者附加一些限制性的条件和义务。例如，阿根廷规定失业4个月以内，可获相当于原工资收入的失业保险，而失业期超过4个月便逐月降低给付金额，直至60%。

（5）实行浮动性的失业保险征税制度，抑制雇主对雇员的解雇，保持企业工作岗位的稳定。例如，美国实施的浮动失业保险税税率制度，即“经验税率”制度最具有代表性。美国实行的“经验税率”制度是指按照雇主解雇雇员的情况而确定企业缴纳失业保险税税率的制度。也就是说，企业解雇的人越多，企业缴纳的保险税税率越高，最高可高达职工工资总额的10.5%。这种浮动费率的做法有助于强化企业承担解聘责任。

（6）将失业保险基金用于补助失业人员提前就业或从事临时性的非技能职业。补助失业人员提前就业是指在享受失业保险法定给付期限内，因其提前找到工作而向其支付部分尚未支付的保险金。例如日本规定，失业保险金支付期限为300天，如果重新就业，剩余支付期限在200～300天者，可以继续领取120天的再就业补助金；如果支付期限在150～200天者，可领取70天的再就业补助金；如果失业者在其失业津贴领取期结束前100天或还剩一半的时间就找到持续1年以上的工作，则可领取30～120天的再就业补助金。法国对因经济性裁员失业而在6个月内再就业的人，不作为失业人员处理，而由失业保险管理机构发给其相当于原工资80%的转业安置津贴。6个月后仍未找到工作，再按失业人员进行登记并领取失业津贴。对领取失业津贴期间愿意接受一份比原来工作待遇差的工作的失业者，规定在其从事这项工作并继续寻找更合适的岗位期间，可继续领取失业津贴。

第三节　我国失业社会保险的建立与发展

一、我国失业保险的历史回顾

我国失业保险经历了一个由失业救济、待业保险到失业保险三个历史时期的演变过程。

（1）新中国成立初期的失业救济制度。新中国成立初期，国民经济千疮百孔，出现了大量失业人员，1950年6月，劳动部经政务院批准及时发布了《救济失业工人暂行办法》，规定了救济失业工人的范围，以及失业救济标准和失业救济基金的来源，确定了新中国成立初期的失业救济制度，这一制度对于妥善安置失业工人、稳定社会，促进国民经济的恢复和发展起到重要作用。

（2）20世纪80年代中期到90年代初期的待业保险制度。20世纪80年代以后，我国开始了由农村到城市经济体制的全面改革，企业改革是城市改革的中心环节，为了适应企业进入市场的需要，劳动用工领域进行了重大改革。1986年7月，国务院同时发布了四个劳动用工改革方面的行政法规，其中之一为《国营企业职工待业保险暂行规定》，规定了国营企业中的四类职工为待业人员，并对待业救济金的批准、给付期限及待业保险金的来源、筹集与使用做了规定。1986年的暂行规定与国务院同时颁布的三个劳动用工制度改革规定一起，成为我国计划经济向市场经济转轨中劳动用工制度改革的重要指南。1993年，在1986年暂行规定的基础上，待业保险规定进一步扩大了待业保险的范围，调整了基金收缴基数，设立了有一定幅度的基金收缴比例，提高了救济金的发放标准，并进一步完善了待业保险基金的管理、监督制度。国务院上述两个规定的执行，既推动了企业改革的深化，又建立了失业保险制度的雏形。

（3）1999年1月，国务院发布的《失业保险条例》是我国失业保险制度由不规范走向比较规范，从计划走向市场的重要标志，是适应我国社会主义市场经济体制建立的社会保障体系的组成部分。

截至2013年年底，全国参加失业保险人数为16417万人，比2012年增加1192万人。全国失业保险基金收入1289亿元，比2012年增加150亿元；基金支出532亿元，比2012年增加81亿元。2013年年末基金累计结存3686亿元，比2012年增加757亿元。全国共有417万失业人员领取了不同期限的失业保险金，比2012年增加27万人，月人均失业保险金水平为767元。全年共有77万名劳动合同期满未续签或提前解除劳动合同的农民合同制工人领取了一次性生活补助。

二、我国失业保险的主要内容

1999年1月，国务院颁布《失业保险条例》，标志着为适应社会主义市场经济的进一步发展，中国失业保险制度的改革也相应地进入了一个新的阶段。下面是其主要的内容。

（一）失业社会保险制度的覆盖范围

失业保险的范围必须根据现阶段我国经济发展状况和保障能力来确定。《失业保险条例》将其适用范围界定为城镇企事业单位及其职工。

城镇企业是指国有企业、城镇集体企业、外商投资企业、城镇私营企业及其他城镇企业，包括台湾、香港、澳门投资企业，以及联营企业等。关于乡镇企业是否纳入范围的问题，经反复研究认为目前我国乡镇企业从业人员数量很大，并且许多乡镇企业经营状况不稳定，失业人员较多，如果将这部分人员纳入，失业保险基金难以承受，而且乡镇企业从业人员的主体是农民，农民均有承包土地等作为其生活的保障条件，农民失业与城镇人口失业情况完全不同，因此，《失业保险条例》未将乡镇企业职工纳入失业保险的范围。

关于农民合同制工人，《失业保险条例》从城镇企业招用的农民合同制工人有土地作为一种基本生活保障的实际情况出发，遵循权利与义务相统一的原则，对农民合同制工人问题做如下处理：农民合同制工人原则上不享受失业保险待遇，但考虑到目前企业按本单位职工工资总额一定比例缴纳的失业保险费中已经包括农民合同工的实际情况，根据工作时间的长短，在其回乡前，给予一次性的生活补助。

案例：张先生，湘西街道农村户籍，原系某有限公司职工。公司从2010年8月以农民工身份为其参加失业保险（个人不缴费），2010年9月按照有关规定本人自愿实行与城镇职工同比例缴费，个人开始缴费。同年10月公司产业结构调整，双方未就变更劳动合同达成一致，公司解除了和张某的劳动合同。张某及时向失业保险科申请失业保险待遇，经审核，可以领取7个月失业保险金，享受与城镇失业人员同等待遇。

分析：根据失业保险政策规定，失业农民工也可以领取失业保险金，像张某这样的农民工，没出台该政策之前，只能领取一次性生活补助金，总额不足1800元，也没有其他促进再就业的补助。而现在，他能领取7个月失业保险金，总额是原来待遇的2.7倍以上，还能享受培训补贴、职业介绍补贴等一系列失业保险待遇。

关于国家机关，我国国家机关包括人大机关、行政机关、检察机关、审判机关。国家行政机关实行公务员制度。实际管理中，我国人大机关、检察机关、审判机关及党的机关、政协机关、人民团体、各民主党派工作机构的有关工资、福利、保险等均参照公务员制度进行管理。根据目前我国的实际情况，失业保险条例未将公务员纳入失业保险的调整范围。

关于国家行政机关工勤人员是否纳入的问题，随着国家行政机关的改革，行政机关从事后勤服务的机构逐步与行政机关分离，成立相应的服务中心，成为事业组织，因此今后这类组织的人员将分别按照有关事业单位职工进行挂钩，可以纳入失业保险范围。

社会团体是指中国公民自愿组成，为实现会员共同意愿，按其章程开展活动的非营利性组织。民办非企业单位是指企事业单位、社会团体和其他社会力量及公民个人和利用非国有资产举办的，从事非营利性社会服务活动的社会组织。这两类组织是我国重要的非营利性组织，在改革中也存在人员流动、失业等问题，应纳入失业保险的范围。但从目前来看，这两类组织的机构不够规范，人员的工资福利等方面的管理不稳定、不规范，各地情况差别也很大。目前，将其统一纳入失业保险的范围尚不成熟。因此，《失业保险条例》对这两类组织是否纳入失业保险的范围，在附则中授权省级人民政府根据当地实际情况决定。

关于个体工商户及其雇工，鉴于个体工商户的组织形式灵活、规模较小、人员变化多等情况，对其是否纳入失业保险的范围不应统一规定。因此，《失业保险条例》也在附则中授权省级人民政府根据当地实际情况决定是否将有雇员的个体工商户及其雇工纳入失业保险。

（二）失业社会保险的资金筹集

我国《失业保险条例》规定，失业保险基金的筹集，由单位、职工和国家三方共同负担。其中城镇企事业单位按照本单位工资总额的2%缴纳失业保险费、城镇企事业单位职工按照本人工资的1%缴纳失业保险费（城镇企事业单位招用的农民合同制工人本人不缴费）。在失业保险基金入不敷出时，为保证失业保险金正常支出，财政给予必要补贴。此外，失业保险基金存入银行和购买国债所得利息，也是失业保险基金收入的一部分，必须并入基金。

此外，省、自治区、直辖市人民政府根据本行政区域失业人员数量和失业保险基金数额，报经国务院批准，可以适当调整本行政区域失业保险费的费率。

例如，北京失业保险规定中失业保险费缴纳标准是：

（1）国有企业、城镇集体企业、股份制企业及各类联营企业、私营企业和事业单位，按本单位上年职工月平均工资总额的1.5%缴纳失业保险费。

（2）外商投资企业和香港、澳门、台湾投资企业按本单位中方职工上年月平均工资总额的1.5%缴纳失业保险费。

（3）职工个人按本人上年月平均工资的0.5%缴纳失业保险费。职工本人月平均工资高于上年本市职工月平均工资300%以上的部分，不作为缴纳失业保险费的基数。

（4）用人单位招用的农民合同制工人本人不缴纳失业保险费。

此外，用人单位缴纳的失业保险费在缴纳所得税前列支，职工个人缴纳的失业保险费不计入个人当期的工资薪金收入，免征个人所得税。失业保险基金不计征税、费。

再如天津市规定，2015年用人单位按照本单位职工工资总额的1%缴纳失业保险费。职工按照本人工资的1%缴纳失业保险费。职工应当缴纳的失业保险费，由所在单位依法从其本人工资中代扣代缴。用人单位应当按月将缴纳失业保险费的明细情况告知职工本人。职工缴纳的失业保险费不计入个人当期应税工资收入，免征个人所得税。

2015年2月25日，国务院常务会议确定将失业保险费费率由现行条例规定的3%统一降至2%，单位和个人缴费具体比例由各地在充分考虑提高失业保险待遇、促进失业人员再就业、落实失业保险稳岗补贴政策等因素的基础上确定。初步测算，仅这一减费措施，每年将减轻企业和员工负担400多亿元。

（三）领取失业保险金的条件

我国规定，失业人员失业后要领取失业保险金，但必须同时具备以下三个条件：

（1）按照规定参加失业保险。所在单位和本人已按照规定履行缴费义务满一年。

（2）非因本人意愿中断就业，即只有非自愿失业才能领取失业保险金。这是大多数国家在失业保险立法中所遵循的一条基本原则。许多国家在立法中对自愿失业者领取失业保险金做了禁止性或限制性规定，如因自己过失或无正当理由而自愿离职者和因品行不端而被解雇者，其在一定期限内不得领取失业保险金；因劳动争议而离职或因介入劳动争议而导致停工造成自己失业者，在争议期间不发失业保险金。我国的《失业保险条例》虽然对什么是非自愿中断就业没有一个固定的说法，但在具体执行过程中，社会保险机构可以参照上述原则做出认定。《失业保险条例》规定失业者必须是非自愿失业者才有权领取失业保险金，是为了杜绝因故意失业而获取失业保险金的弊端，因为这类失业现象的发生责任不在失业者本人，而是与失业者无关的原因造成的。例如，企业因经营不善而破产，致使企业全体职工失业；劳动合同到期，用人单位不再与之订立新的劳动合同，劳动者又未找到新的工作等，对于这种失业人员，国家有义务为其提供失业保险待遇，失业者也有权利享受失业保险待遇。

（3）已办理失业登记并有求职要求。失业人员失业后，要想领到失业保险金，除了符合上述条件，还应持有关材料到当地经办失业保险事务的社会保险经办机构办理失业登记，经办机构应对其报送的有关材料进行审核，看其是否具备领取失业保险金的条件。具备领取条件的，应给失业人员发放领取失业保险金证明卡，失业人员按规定的时间到经办机构领取失业保险金。失业人员具备了领取失业保险金的条件，并领取了失业保险金后，在失业期间还应积极寻找工作，如应接受为失业人员举办的职业培训、职业介绍等。对职业介绍机构介绍的工作应积极响应，如果失业人员无正当理由拒不接受职业介绍机构介绍的工作，经办机构应当告知其领取失业保险时间有限，如不尽快找到工作对其本人将十分不利。《失业保险条例》这样规定，主要是为了促进失业人员积极寻找工作，克服单纯依靠失业保险金的思想，激励失业人员积极主动地利用各种就业机会和就业服务，不断提高自身素质，增强竞争就业的能力。

具备上述条件的失业人员，可以申请领取失业保险金，在领取失业保险金的同时，符合享受其他失业保险待遇条件的，可以享受其他失业保险待遇，如医疗补助金、丧葬补助金及配偶直系亲属的抚恤金等；不符合上述条件的，不能领取失业保险金，同时也不能享受其他失业保险待遇。

案例：黎某2004年7月7日入职江门某大厦，担任点心师傅，最后一份劳动合同期限至2010年9月30日届满，约定月工资为1850元。该大厦自2006年10月开始为黎某购买失业保险至2010年9月30日止，缴费期限共48个月。2010年9月26日下午，黎某接到单位通知，单位经营场所将转由江门某食品公司进行经营管理，要求黎某回单位商讨续签劳动合同事宜，但双方就续签劳动合同和经济补偿事宜未能达成一致意见，同月30日某大厦以合同期满，黎某不同意续签为由终止劳动合同。其后，黎某认为单位的行为属违法解除，经仲裁机构和一、二审法院审理后，二审法院于2011年11月15日以双方劳动合同期满终止为由，做出终审判决，判令某大厦向黎某等人支付经济补偿金。2012年7月10日，该大厦才向黎某开具解除劳动关系的证明。黎某以该大厦未能及时开具解除或终止劳动合同的证明，致使其没法领取失业保险金为由，于2012年9月28日申请劳动仲裁，要求该大厦赔偿双倍失业保险金。

裁决结果：江门市劳动人事争议仲裁委员会裁决该大厦赔偿黎某4个月的失业保险待遇损失。

案例点评：《社会保险法》第四十五条规定，失业人员符合下列条件的，从失业保险基金中领取失业保险金：①失业前用人单位和本人已经缴纳失业保险费满一年的；②非因本人意愿中断就业的；③已经进行失业登记并有求职要求的。黎某所在大厦自2006年10月开始为黎某缴纳失业保险费至2010年9月30日止，已超过1年。法院的终审判决认为单位劳动合同期满不续签，双方终止劳动合同，属非因本人意愿中断就业，黎某也进行了失业登记，故黎某符合领取失业保险金的条件。

（资料来源：江门市人事考试院）

《社会保险法》第五十条规定，用人单位应当及时为失业人员出具终止或解除劳动关系的证明，并将失业人员的名单自终止或解除劳动关系之日起15日内告知社会保险经办机构。失业人员应当持本单位为其出具的终止或解除劳动关系的证明及时到指定的公共就业服务机构办理失业登记。失业人员凭失业登记证明和个人身份证明到社会保险经办机构办理领取失业保险金的手续。失业保险金领取期限自办理失业登记之日起计算。《广东省失业保险条例》第三十一条规定：失业人员应当在终止、解除劳动关系或者劳动争议的裁决、判决生效之日起60日内，持身份证、终止或者解除劳动关系的证明材料和失业证或者流动人员就业证，到社会保险经办机构办理申请领取失业保险待遇或者转移失业保险关系手续。无正当理由逾期办理申请领取或转移手续的，每超过一个月减少一个月的失业保险待遇（不满一个月的按一个月计算）。本案例中，黎某所在大厦在法院二审判决生效半年后，才向黎某开具解除劳动关系的证明，是导致黎某未能在社保经办机构领取失业保险金的主要原因。《广东省失业保险条例》第四十一条第二款："因单位不及时为失业人员或者农民合同制工人出具终止或者解除劳动关系证明，导致失业人员、农民合同制工人不能按规定享受失业保险待遇或者一次性生活补助的，由单位负责赔偿。"，黎某依法可以向其所在大厦主张失业保险待遇损失。

（四）失业保险金的发放标准

我国《失业保险条例》规定，失业保险金的标准按照低于当地最低工资标准、高于城市居民最低生活保障标准的水平，由省、自治区、直辖市人民政府确定。

制定低于最低工资标准和高于城市居民最低生活保障标准的规定，主要考虑失业保险金是为了保障失业人员在失业期间的基本生活而发放的一项社会保险待遇。它有两大基本功能，即保障失业人员在失业期间的基本生活和促进失业人员再就业。从这两个原则出发，失业保险金的发放标准应不高于提供了正常劳动的劳动者所得工资的最低标准，即最低工资标准，如果超过这个标准，容易形成养懒汉的制度，不利于失业人员积极寻找工作，实现再就业；同时，也不应低于城市居民最低生活保障标准，如果低于这个标准，不但难以保障失业人员的基本生活，也不利于失业保险制度的实施。正是基于上述各方面考虑，《失业保险条例》对失业保险金的发放标准作了上述规定。

失业保险金的发放标准与工资和城市居民最低生活保障标准挂钩，主要考虑到随着社会的进步和经济的发展，人民的生活水平应逐步提高，与此相适应，失业保险待遇的水平也应逐步提高，使失业人员和其他劳动者一样，享受社会进步和经济发展的成果。将失业保险金的发放标准与最低工资和城市居民最低生活保障标准挂钩，可使失业保险金随着最低工资和城市居民最低生活保障标准的调整而调整，有利于保障失业人员的基本生活。同时，考虑到各地社会经济发展水平存在较大差异，情况千差万别，全国规定一个统一的标准不好操作。为此，条例将具体发放标准授权省、自治区、直辖市人民政府根据当地的实际情况自行确定。

上海市2015年失业保险金发放标准为：

(1) 累计缴费年限满1年不满10年：

失业人员年龄小于35岁：

第1~12个月支付标准：1065元/月。

第13~24个月支付标准：852元/月。

失业人员年龄大于或等于35岁：

第1~12个月支付标准：1120元/月。

第13~24个月支付标准：896元/月。

延长领取支付标准：720元/月。

(2) 累计缴费年限满10年不满25年：

失业人员年龄小于45岁：

第1~12个月支付标准：1120元/月。

第13~24个月支付标准：896元/月。

延长领取支付标准：720元/月。

失业人员年龄大于或等于45岁：

第1~12个月支付标准：1170元/月。

第13~24个月支付标准：936元/月。

延长领取支付标准：749元/月。

(3) 累计缴费年限25年以上：

第1~12个月支付标准：1170元/月。

第13~24个月支付标准：936元/月。

延长领取支付标准：749元/月。

再如北京市规定：失业人员在领取失业保险金期间患病（不含因打架斗殴或交通事故

等行为致伤、致残的）且到社会保险经办机构指定的医院就诊，可以补助本人应领取失业保险金总额60%～80%的医疗补助金，具体标准为：

（1）累计缴费时间不满5年的，其医疗费补助比例为60%；累计医疗补助金不超过本人应领取失业保险金总额的60%。

（2）累计缴费时间满5年不满10年的，其医疗费补助比例为65%；累计医疗补助金不超过本人应领取失业保险金总额的65%。

（3）累计缴费时间满10年不满15年的，其医疗费补助比例为70%；累计医疗补助金不超过本人应领取失业保险金总额的70%。

（4）累计缴费时间满15年不满20年的，其医疗费补助比例为75%；累计医疗补助金不超过本人应领取失业保险金总额的75%。

（5）累计缴费时间满20年以上的，其医疗费补助比例为80%；累计医疗补助金不超过本人应领取失业保险金总额的80%。

北京市规定：失业人员在领取失业保险金期间患危重病，按前款规定给予补助后，个人及其家庭负担医疗费仍确有困难的，由本人申请，区（县）社会保险经办机构审查，报市社会保险经办机构批准，可给予一次性补助。但补助标准不得超过本人应领失业保险金总额的200%。

北京市规定：失业人员在领取失业保险金期间，符合国家计划生育规定生育或采取计划生育措施的，可按国家有关规定给予补助。

北京市规定：失业人员在领取失业保险金期间死亡的，参照本市在职职工社会保险有关规定发给丧葬补助金。有供养直系亲属的，发给一次性抚恤金，抚恤金标准按失业人员死亡当月领取失业保险金的数额和供养人数给付。供养一人的，给付6个月；供养两人的，给付9个月；供养三人或三人以上的，给付12个月。

北京市规定：失业人员符合城镇居民最低生活保障条件的，可以按照规定享受本市城镇居民最低生活保障待遇。

案例：吴阿姨所在单位因经营不善倒闭，单位与其解除合同，吴阿姨很担心失业后的生活，因为她已经50岁了，也没有特别的劳动技能，但是她的单位说她可以领取失业保险金，她想咨询下她能够得到哪些失业保险待遇。

分析：吴阿姨可以申请的待遇如下：

（1）失业保险金。根据上海市的相关规定，缴费年限满1年不满2年的失业保险金领取期限为2个月，以后缴费年限每增加1年，领取期限增加两个月。依此类推，但一次核定领取的期限最长不超过24个月。

（2）经济补偿金。根据规定，经济补偿金是指解除劳动合同后，用人单位给劳动者经济上的补助。根据《中华人民共和国劳动法》第二十八条、劳动部《关于贯彻执行〈中华人民共和国劳动法〉若干问题的意见》及《违反和解除劳动合同的经济补偿办法》，劳动者的用人单位在依据《中华人民共和国劳动法》第二十四条、第二十六条、第二十七条的规定解除劳动合同时，必须给予经济补偿。吴阿姨所在单位因生产经营状况发生严重困难，必须裁员，用人单位应当按吴阿姨在用人单位工作的年限支付经济补偿金。标准是在用人单位工作时间每满1年，发给相当于1个月工资的经济补偿金。如果用人单位解除劳动合同后未按规定给予劳动者经济补偿的，则根据相关的法律规定，吴阿姨所在的用人单位除全额发给其经济补偿金外，还必须按该经济补偿金数额的50%支付额外的经济补偿金。

（3）医疗补助金。吴阿姨如果在领取失业保险金或失业补助金期间患病，还可以到失业保险管理部门指定的医院就诊，同时可以按照规定向社会保险经办机构申请领取医疗补助金。医疗补助金的标准根据其所在地人民政府规定的标准执行。

（4）职业培训。吴阿姨在领取失业保险金期间，可以参加社会保险行政部门所属的就业训练机构组织或认可的职业培训，或者经失业保险经办机构同意后参加其他形式的职业培训，接受职业指导和职业培训，并且可以接受职业介绍和职业培训补贴。

（5）吴阿姨如果实现再就业，按照再就业的相关规定可以享受就业服务减免费用及税收、金融等各项优惠政策。

（6）如果吴阿姨符合城市居民最低生活保障条件，还可以按照有关规定享受城市居民最低生活保障待遇。

吴阿姨拿着退工单、劳动手册等证明去办理，通过审核后即可享受失业保险。

（资料来源：慧择网）

（五）失业保险金的停领规定

（1）重新就业。失业保险待遇是用来保障失业人员失业期间的基本生活的，领取失业保险金的失业人员一旦重新就业，就不再属于失业人员，停止其失业保险待遇乃是应当的。

（2）应征服兵役。失业人员按照《中华人民共和国兵役法》规定的条件、程序应征入伍，就成为一名军人，将根据兵役法和军事条令的规定享受权利、承担义务，其生活将得到充分保障。所以，失业人员应征入伍后，不再享受失业人员的待遇。

（3）移居境外。根据中国公民出境、入境管理法及其实施细则的规定，公民移居境外的，一般在境外有一定的经济基础，而且，如果失业人员移居境外，其在境外的就业、生活等情况社会保险经办机构也难以掌握。从技术上讲，移居境外的失业人员也难以继续享受失业保险待遇。但是，此处所指的移居境外，是指失业人员到境外定居，不包括那些因私短期出境探亲、访友的情形。

（4）享受基本养老保险待遇。享受基本养老保险待遇的人员，已经是办理了退休手续的人员，他们所处状态并不是失业的状态，而且可以享受基本养老保险待遇，生活是能够得到保障的，所以不可以再享受失业保险待遇。

（5）被判刑收监或被劳动教养。如果失业人员在其失业期间被判刑收监或被劳动教养，在其劳改或劳教期间就丧失了选择就业的自由，他们应当在监狱或劳动教养场所进行改造，以改造成为能够自食其力的新人。而且，劳改、劳教人员在其改造期间的基本生活是得到国家保障的，所以不应当享受失业保险待遇。

（6）无正当理由，拒不接受当地人民政府指定的部门或机构介绍的工作。如果失业人员没有正当的理由，拒不接受这些机构介绍的工作，则表明这些失业人员并不是没有就业机会，而是在有机会的情况下放弃了就业。鉴于此，就不应当让他们继续享受失业保险待遇，否则，就会有悖于《失业保险条例》关于“促进再就业”的宗旨。

（7）有法律、行政法规规定的其他情形。此条款旨在弥补列举方式的局限，并考虑到《失业保险条例》与将来制定的法律、行政法规的衔接。

（六）失业保险金的支出项目

失业保险基金用于下列支出：

(1) 失业保险金。失业保险金是失业人员在失业期间依法领取的保障其基本生活的费用，是主要的失业保险待遇。失业保险金的来源是投保者缴纳的失业保险费，按法定的应发额度发放，并且发放是有期限的，只要失业者及其失业前所在单位依法参加了失业保险，履行了缴费义务，符合领取失业保险金的条件，就都能得到应得的失业保险金。

(2) 领取失业保险金期间的医疗补助金。领取失业保险金期间的医疗补助金是支付给失业人员在其领取失业保险金期间发生的医疗费用的补助。多年来，我国在医疗保险制度方面一直实行公费医疗和劳保医疗制度，这两种制度都是对有工作单位的劳动者实行的医疗保障制度，未将失业人员纳入其中，导致失业人员的医疗费用无人负责。近年来，在实行医疗保险制度改革的地区，为劳动者建立了医疗保险个人账户，其失业后，医疗费用可以按规定从其在职时所建立的个人账户中支取。但是，由于账户的资金很有限，难以保障失业人员在失业期间的基本医疗需求。可见，保障失业人员在失业期间的基本生活，对其在失业期间发生的医疗费进行补助是有必要的。鉴于此，《失业保险条例》规定的基金支出项目包括领取失业保险金期间的医疗补助金。对失业人员的医疗费进行补助，并不意味着将医疗费全额报销，具体怎样补助，标准如何确定，各地可以根据失业人员的具体情况和基金的承受能力制定相应的医疗补助办法。

(3) 领取失业保险金期间死亡的失业人员的丧葬补助金和其供养的配偶、直系亲属的抚恤金。领取失业保险金期间死亡的失业人员的丧葬补助金和其供养的配偶、直系亲属的抚恤金是针对死亡的失业人员的家属的开支项目。《失业保险条例》规定从失业保险基金支出领取失业保险金期间死亡的失业人员的丧葬补助金和其供养的配偶、直系亲属的抚恤金。具体执行可参照当地政府对在职职工的有关规定。

(4) 领取失业保险金期间接受职业培训、职业介绍的补贴。职业培训和职业介绍的补贴是失业保险基金用于促进失业人员再就业的部分，目的是为了帮助、促进失业人员积极参加培训，提高技能，积极寻找工作，尽快实现再就业。由于各地失业人员的情况不同，基金的承受能力也存在差异，因此，关于失业保险基金用于职业培训、职业介绍补贴的办法和标准，不便在《失业保险条例》中统一规定。《失业保险条例》授权省、自治区、直辖市人民政府规定失业保险基金用于职业培训、职业介绍补贴的办法和标准。

(5) 国务院规定或批准的与失业保险有关的其他费用。这一规定主要是考虑上述几项支出项目只是在目前情况下实际发生的几种开支项目，随着时间的推移、形势的变化，可能会有一些新的项目需要从基金中支出，但考虑到基金是保障失业人员基本生活的活命线，确定新的开支项目对基金有着直接而重大的影响，应当采取慎重的态度。因此，《失业保险条例》规定了两种新设项目的情形：一是由国务院规定；二是经国务院批准。《失业保险条例》的这一规定也为调剂一部分失业保险基金用于再就业服务中心、保障国有企业下岗职工基本生活提供了法律依据。

(七) 失业保险金的给付期限

《失业保险条例》规定，失业人员失业前所在单位和本人按照规定累计缴费时间满 1 年不足 5 年的，领取失业保险金的最长期限为 12 个月；累计缴费时间满 5 年不足 10 年的，领取失业保险金的期限最长为 18 个月；累计缴费时间 10 年以上的，领取失业保险金的期限最长为 24 个月。重新就业后，再次失业的，缴费时间重新计算，领取失业保险金的期限可以与前次失业应领取而未领取的失业保险金的期限合并计算，但是最长不得超过 24 个月。

《失业保险条例》将失业人员失业前的累计缴费时间作为领取失业保险金的条件，目的是为了保护阶段性失业人员享受失业保险待遇的权利。在我国，劳动者可以通过多种形式实现就业。例如，劳动者可以自愿组织起来就业，以及从事个体经营和通过非全日制工作等形式实现就业。在这种情况下，很容易出现劳动者就业期限不满1年就失业，也可能出现劳动者多次就业又多次失业的情况。例如，一个劳动者工作满6个月后失业了，一段时间后又再次就业，就业6个月后又再次失业，假如该劳动者在就业期间用人单位和他本人都按照规定履行了缴费义务，在这种情况下，按照《失业保险条例》失业前累计缴费时间的规定，这个劳动者就符合享受失业保险待遇的条件，就应当领到失业保险金；但如果只是把失业前的连续缴费时间作为领取失业保险金的条件，不承认间断的累计，上述失业人员就不符合享受失业保险待遇的条件，也就不能领取失业保险金。《失业保险条例》将缴费时间加以累计，不仅保护了这一部分人的合法权益，同时在实践中将起到鼓励失业人员通过多种方式尽快实现再就业的作用。

案例：赵某于2004年3月进入某企业工作，自工作时起，该企业一直为赵某缴纳失业保险费。2008年3月，因效益下降，该企业停止为职工缴纳失业保险费。2009年5月，该企业破产倒闭，赵某因此失业，并办理了失业登记。

试分析：

（1）赵某是否符合领取失业保险金的条件？

（2）赵某最多能领取多长时间的失业保险金？

案例解析：

（1）赵某符合领取失业保险金的条件。失业人员领取失业保险金的条件为：按照规定参加失业保险，所在单位和本人已按照规定履行缴费义务满1年的；非因本人意愿中断就业的；已办理失业登记，并有求职要求。

（2）赵某领取失业保险金最长的时间为12个月。《失业保险条例》规定，失业人员失业前所在单位和本人按照规定累计缴费时间满1年不足5年的，领取失业保险金的期限最长为12个月。赵某所在企业前后总共为赵某缴了4年的失业保险费，因此最长领取期限为12个月。

（3）赵某如果在失业期间死亡，仍可享受失业保险金待遇。根据我国《失业保险条例》规定，失业保险基金主要支出项目包括领取失业保险金期间死亡的失业人员的丧葬补助金和其供养的配偶、直系亲属的抚恤金。因此，尽管赵某死亡，其供养的配偶、直系亲属仍享受相应的抚恤金和丧葬补助金。

（八）失业保险费的费率调整规定

1. 影响失业保险基金的因素

失业保险基金按照现收现付的原则建立，主要来源是用人单位和个人缴纳的失业保险费。在一定的工资水平下，影响失业保险费收入数量的有如下几个因素：①缴纳失业保险费的用人单位数量和其职工人数；②失业保险费的费率；③失业保险费的收缴率。在这几个因素中，费率的高低直接影响基金的支付能力。因此，有必要确定科学合理的、切实可行的缴费比例，并应建立相应的调整机制。

2. 费率调整

根据《失业保险条例》的规定，在进行费率调整时必须注意以下两个因素：①失业人员数量，也就是说，应考虑失业保险基金有能力保障现实失业人员基本生活的需要；②失业保险基金数额，即应考虑基金的承受能力，如果根据已确定的费率，在保证一定收缴率的情况下，失业保险基金能够支付失业人员的失业保险金、有关人员的其他失业保险待遇及其他应当从失业保险基金中支付的项目，这时已确定的失业保险费费率就无须调整。

如果根据已确定的费率，在保证一定收缴率的情况下，失业保险基金在支付失业人员的失业保险金、有关失业人员的其他失业保险待遇及其他从失业保险基金中支出的项目时出现困难，在省级调剂和地方财政补贴后仍解决不了问题的，失业保险费费率应适当提高；如果根据已确定的费率，在保证一定收缴率的情况下，失业保险基金在支付失业人员的失业保险金、有关失业人员的其他失业保险待遇及其他应从失业保险基金中支出的项目后，年内还有较多节余，失业保险费费率应适当降低。提高或降低失业保险费费率的具体方法是：省级政府应在全面、科学测算的基础上提出调整方案，报经国务院批准后实施。

（九）失业保险调剂金的建立

失业保险调剂金是指从各统筹地区失业保险基金中提取一定比例的基金，在统筹地区的失业保险基金不敷使用时，用于帮助解决统筹地区基金支付能力不足的资金。它有以下几个特点：①调剂金的提取比例以应当缴纳的保险费为基础确定；②缴纳主体是统筹范围内的各统筹地区；③管理主体是设立调剂金的同级行政部门；④调剂金必须按规定的用途支付。调剂金只能用于各统筹地区之间的基金调剂使用，管理机构不能直接使用。

我国《失业保险条例》将失业保险调剂金的筹集基数规定为以应当征收的失业保险费为基数，而不是统筹地区实际收缴的基金数，这样规定可以防止有的统筹地区依赖省级调剂，而放松对本地区内失业保险费的征缴，同时也避免有的统筹地区为了少缴调剂金而少报基金基数的行为发生。关于缴纳失业保险调剂金的比例，失业保险条例没做具体规定，而是授权省、自治区人民政府根据当地实际情况确定。各地在确定调剂金的筹集比例时，应当根据当地的实际情况，本着既能满足实际需要又不致发生过多积累的原则，在对本地区内基金收支状况进行科学测定的基础上确定一个科学合理的比例。

（十）失业保险基金收支的预算、决算规定

失业保险基金的收支应编制预算、决算报告。由于统筹层次不同，预算、决算也由不同的统筹层次编制。实行直辖市统筹的，由直辖市社会保险经办机构编制失业保险基金收支的预算、决算报告；实行设区的市统筹的，由市级社会保险行政行政部门所属社会保险经办机构编制失业保险基金收支的预算、决算报告；不设区的市，实行县统筹的，由县级社会保险行政部门所属社会保险经办机构编制失业保险基金的预算、决算报告；由省、自治区社会保险行政行政部门所属的社会保险经办机构编制失业保险调剂金收支的预算报告。

（十一）失业保险基金的财务制度和会计制度

1. 失业保险基金的财务制度

财务作为一般的经济工作的分支是指某项资金的形成、分配和运作的过程中的管理活动。作为经济范畴，财务是因资金运动而发生的各种经济关系。我国自1986年10月建立失业保险制度起，就是以筹集相对独立的失业保险基金作为前提的，筹集社会保险基金用于失业人员的失业保险待遇，这就产生了失业保险财务。关于失业保险基金的财务管理制度，财政部正在会同有关部门就社会保障基金的财务管理制定专门的制度规范。目前，关于失业保险基金的运行，我国《失业保险条例》规定，失业保险基金必须存入财政部门在国有商业银行开设的社会保障基金财政专户，实行收支两条线管理，由财政部门依法进行监督。存入银行和按照国家规定购买国债的失业保险基金，分别按照城乡居民同期存款利率和国债利息计息，失业保险基金的利息并入失业保险基金。

关于失业保险基金收支两条线的基本制度和程序，依照我国1998年发布的《企业职工基本养老保险基金实行收支两条线管理暂行规定》执行，具体内容是：失业保险费由负责征缴的部门征缴完成后，作为失业保险基金存入国有商业银行。社会保险经办机构和财政部门应在经协商确定的银行开设以下三个专用账户：

（1）社会保险经办机构开设保险基金收入户。其主要用途是用于暂存征集的失业保险费及其利息收入、滞纳金收入、财政补贴收入及下级社会保险经办机构上解的失业保险基金收入或上级社会保险下拨的失业保险基金收入。

（2）财政部门开设社会保障基金财政专户。该账户的主要用途是：接受社会保险经办机构收入户划入的基金，接受国债到期本金及该账户资金形成的利息收入，划拨购买国家债券资金，根据社会保险经办机构支出账户拨付基金。

（3）社会保险经办机构开设保险基金支出账户。该账户的主要用途是：接受社会保障基金财政专户拨入的保险基金，支付与失业保险基金有关的其他必要支出，上解上级社会保险经办机构失业保险基金或下拨下级社会保险经办机构失业保险基金。

对保险金的支出，由社会保险经办机构按月向同级财政部门提出用款计划，经财政部门审核后，及时将基金从社会保障基金财政专户拨到社会保险经办机构的支出账户。财政部门除根据社会保险经办机构的用款计划核拨资金外，不得自行安排和使用保险基金。

对失业保险基金实行收支两条线管理之后，社会保险主管部门、社会保险经办机构、财政部门、银行及审计部门在加强基金的管理方面有着比较明确的职责分工，同时有利于失业保险基金的专款专用。

2. 失业保险基金的会计制度

会计制度是经济管理工作的重要基础。严格会计核算和会计监督，对加强失业保险基金的管理具有十分重要的意义。目前，国家财政部门正在会同有关部门制定社会保险基金的会计制度，失业保险基金的会计管理要严格按照法律、法规的规定及财政部门的会计规范和要求建立会计制度，并自觉接受财政、审计部门的监督。

三、我国失业保险制度改革后的问题及继续深化改革的思考

1999年，我国《失业保险条例》在覆盖范围、缴费比例、统筹层次和监督管理等方面做了比较大的修改，在很大程度上促进了我国失业保险制度的贯彻落实。但是，我们必须看到，我国进行的是渐进式改革，在相当长的一段时间内，经济社会结构会处于向市场经济转型的状态，整个市场经济体制的建设和统一劳动力市场的形成都将是一个持续渐进的过程，失业保险制度也只能在这个过程中逐渐完善。鉴于我国目前的实际情况，在1999年失业保险改革的基础上，我们应进一步探索更完善且更全面的失业保险制度。其现存的问题主要是失业保险法律体系不健全、覆盖范围比较狭窄、基金收缴没有保证及基金承受能力偏低等。针对失业保险现存的问题，我们做了以下几个方面的思考：

1. 失业保险的法律体系建设

我国现行的《中华人民共和国宪法》对社会保险的原则做出了基本规定：“国家建立健

全同经济发展水平相适应的社会保障制度。”而《失业保险条例》只是一个行政法规，在法律体系中属于较低层次的规范性法律文件，立法层次偏低，规定不够细密，执行弹性过大。在法律制度的纵向协调方面，急需一部对相关领域的问题做出准确的具体规定、有可操作性、系统性的法律。在横向方面，需要与失业保险法律相配套的失业统计、失业登记与管理、失业保险基金的审计和监督等完善的法规，为失业保险提供良好的制度支持。更进一步，在促进就业已成为各国失业保险法重要组成部分的今天，加强失业保险法的促进就业功能是我国失业保险法发展的必然趋势，这就要求我们要做好与《中华人民共和国就业促进法》的衔接甚至是融合工作。

2. 加大政策宣传力度，营造制度实施的社会环境

随着改革开放的进一步发展，市场经济体制不断完善，企业用人制度不断改变，人们的工作压力逐渐增强，就业危机意识加强，对失业也有了切实的感受。各部门尤其是社会保险经办机构、主管单位不断加大宣传失业保险的力度，逐渐加强宣传和管理工作力度，增强人们的失业保险意识。随着人们切身感受的加强，失业保险工作的开展将会逐渐好转。

3. 进一步扩大失业保险的覆盖范围

我国城镇失业保险制度覆盖范围的有限性：①失业保险制度在名义上包括所有的城镇企事业单位和职工及各类城镇居民，但目前参加失业保险的人员绝大部分是国有企业的职工，相当一部分非国有企业职工被排除在外。即使在国有企业内部，临时工和计划外用工等也不能完全享受失业保险。②失业保险制度名义上已把国家公务员纳入其覆盖范围，但是公务员失业保险工作还有待进一步落实。③城镇企业的农民合同制工、乡镇企业职工和一些特殊人群，如未就业的学生也未完全参加失业保险。为此，我国有必要进一步扩大失业保险的覆盖范围，努力实现应保尽保。

4. 缩短失业保险给付期限、提高给付水平、优化支出结构

目前，世界各国的失业保险基金的给付期限多在90天至1年之间，给付水平多在相当于失业者失业前工资的55%～75%。而我国《失业保险条例》规定，给付期限最长为2年，给付水平则由各省、市、自治区自行规定，从实际执行标准来看，替代率也就在20%左右。实际上，我国现行的失业保险制度的最初设计是为国有企业改革服务的，给付期限和标准也是考虑到这一目标而制定的。目前，国有企业已经历了大规模下岗分流，非国有企业和外资企业就业人数的比例大幅度增加。因此，如果再延续当初的给付期限规定，显然不适应形势的变化。这种低水平、长期限的失业保险给付政策既不利于促进就业，也不利于保障失业者的基本生活。

为此，有必要进一步优化失业保险基金的支出结构。①缩短失业保险给付期限、提高给付水平，以促进失业者积极就业；②转变长期以来重救济、轻培训的观念，把失业保险的重点转移到促进再就业的功能上来，通过职业培训、职业介绍等措施提高失业者的竞争能力，帮助其重新走上工作岗位；③失业保险金的支付应体现权利与义务对等的原则，改变目前按固定数额支付失业保险金的做法，建立与缴费的数量、时间适当挂钩的多档次的失业保险金支付制度，个人缴费时间越长、数量越多，可享受的失业保险待遇就越高。

5. 提高失业保险基金的统筹层次

据《失业保险条例》的规定，失业保险基金在直辖市和设区的市实行，全市统筹，是将原来大部分地区实行的县级统筹提高到地市级层次统筹，在更大的范围内调剂使用基金，从而发挥失业保险的作用。但我国现在的失业保险基金存在条块分割现象，大部分在县、市一级统筹，虽然新出台的《社会保险法》规定失业保险关系可以跨统筹地区转移，但各地都有自身相对独立的地方利益及不统一的政策，使得职工在跨地区流动过程中无法避免地产生保险关系转移接续难的问题，不能适应当前劳动力跨统筹区域流动的需要。为此，失业保险基金要加大省级调剂力度，要逐步实现失业保险的全国统筹。

6. 强化失业保险制度就业促进功能

《失业保险条例》和《社会保险法》把失业保险的目的定义为保障失业人员的基本生活和促进再就业。但是，两者都没有提及稳定经济、促进就业的标准等问题，对于该项功能如何实施也没有具体的规定。这样，失业保险往往只有作为一种维持失业人员基本生活的失业救济而存在。强调促进就业却没有提到促进就业的标准和具体措施，导致在实际运行过程中衡量促进就业的效果往往仅仅体现为失业率的上升或下降。为此，在我国如何强化失业保险制度的就业促进功能显得十分必要。

第一，调整失业保险给付期待遇，失业期越短，给付额越高，鼓励尽早就业。第二，抑制解雇，可借鉴国际经验，通过增加雇主缴纳失业保险金额来限制裁员。第三，调整失业保险基金中用于职业培训的比例，强化职业培训机构的作用。我国的失业类型主要是结构性失业和周期性失业。从整体上说，我国的劳动力知识水平低，技术技能差，必须及时、有效地对其进行培训，使失业者掌握一技之长，增强就业竞争力。第四，充分发挥职业介绍机构的作用，利用各种渠道，特别是通过计算机网络，为失业者提供及时、准确的就业信息，促使其实现再就业。

7. 加强就业信息网络建设，完善就业服务机构

建立完备的就业服务网络，是劳动力市场良性运转的必要条件之一。目前，许多国家都建有专门机构，通过普查、登记的办法掌握失业人员的基本情况，如人数、年龄、性别、健康状况、特长、就业愿望和经济条件等，同时还从预测一定时期的经济发展趋势入手，分析劳动力的供给，适应经济发展和产业结构改变对劳动力的需求，尽快实现再就业。例如，英国的人力资源委员会在全国设有1000多个直接管辖的职业辅导中心，辅导中心设有计算机终端机，与人力资源委员会的主机、其他社区行政部门的终端机联网。求职者的个人资料存入计算机后，辅导中心每月两次自动提供劳动市场的最新资料和求职机会、申请办法。对经过就业培训的失业人员，劳动就业服务机构积极地开展中介服务工作，根据劳动力市场的需求及失业人员本身的技能、专长及爱好进行介绍与推荐，组织供求双方见面洽谈，相互选择。

第四节 国外失业社会保险制度

一、美国的失业社会保险制度

（一）美国失业保险制度的基本内容

1. 覆盖范围和资金筹集

美国失业保险的联邦项目覆盖所有工商企业雇员，以及一年有20周是属于4人以上的非营利机构的雇员、所有州和地方政府的雇员、家庭雇工、2/5的农场工人。州政府设立的失业保险项目的覆盖范围与联邦项目相同，某些农业雇主、自我雇佣者也在覆盖范围之内。铁路雇员、联邦政府雇员及退役军人则另行设立特别的联邦项目。此外，对于一些由于自然灾害或联邦立法而遭受严重失业的群体，还有一些特殊的失业项目。例如，由政府扩大某种产品进口而导致的失业。

美国失业保险资金来源于对雇主征收的工资税。《联邦失业税收法案》规定，凡是符合下列条件之一的雇主必须缴纳失业救济税（工资税）：①本年度或上一年度雇用 1 个或 1 个以上雇员至少 20 周，或者在本年度或上一年度的任何一个季度向雇员支付了 1500 美元或 1500 美元以上；②雇用家政人员（如驾驶员、保姆、私人护士、园丁）在本年度或上一年度的任何一个季度向家政人员支付了 1000 美元或 1000 美元以上；③雇用农业雇员，在任何一季度向雇员支付 2 万美元或 2 万美元以上，或者在本年度或上一年度的 20 周内至少有 1 天雇用 10 个或更多的雇员从事农业劳动。联邦政府的失业救济税税率为 6.2%。但由于联邦政府允许已缴纳州失业保险税的雇主享有 5.4% 的税率抵扣，因此，联邦政府的税率仅为 0.8%（6.2% -5.4%），2008 年后又降为 0.6%。因而雇主为每个雇员年度缴纳的联邦失业保险税仅为 56 美元。按现行法案，到各个州的计税依据和税率由各个州的《失业保险法》确定。失业保险税的税基为 7000 ~29300 美元，税率为 1% ~10.095%。

2. 失业待遇的给付

由于美国失业保险金的征收和具体支付办法都是由州政府制定的，所以各州规定不尽相同。每个州每一年都可能根据需要对其失业保险制度的具体规定进行修订。

3. 领取的资格条件

美国的失业保险领取的资格条件主要有三点：

（1）失业者能够且愿意重新就业。主要表现为在公共就业机构登机，并且积极寻找或接受合适的工作。

（2）对失业者的就业和工资收入状况有要求。一般是申请津贴前一年多的时间内至少就业半年，并且工资收入总额不低于每周失业保险金额的 30 倍或季度最高工资收入的 1.5 倍。这一条件对新进入劳动队伍者、临时工、低收入者都有限制作用。

（3）40 多个州规定，失业者在领取津贴前必须有一个等待期，一般为 1 个星期。

4. 失业待遇的领取期限

（1）基本领取期限。10 个州规定，每个合格的失业者都可以享受 26 周津贴。其余各州也都有最长领取期限规定，一般是根据受益者失业前的工资和就业状况确定。

（2）附加领取期限。各州规定，在高失业率情况下，超过基本领取期限的失业者还可以享受延长期津贴。延长领取期限一般是基本领取期限的一半，并且两者之和不得超过 39 周。只有当某州失业率在一个季度以上的时间里大于 5%，并且比过去两年同期值高 20% 以上时，该州延长期津贴制度才开始运行。延长期津贴标准与基本领取期津贴水平一样。

5. 失业待遇的水平

（1）每周津贴额是由过去的工资收入决定的，并且有最高限和最低限规定。大多数州的津贴计发是以失业前一年本人季度最高收入为基数的，这个收入被看作失业者在业时充分就业的工资收入。津贴计发公式为：每周津贴额 =50% ×本人季度最高工资收入 ×1/13 =1/26 ×本人季度最高工资收入。有些州认为，本人季度最高工资收入仍不是理想的充分就业收入，所以其计发公式中采用 1/25 或更大的乘数。另外，对于不同收入水平的失业者，有些州不采取统一比例的计发公式，而是照顾低收入者。例如，低收入者的计发比例为1/20，高收入者是1/25。

(2) 失业待遇有最高限额和最低限额，最低限额为5~73美元（因各州而异），最高限额为133~347美元（1995年数字）。

(3) 对于部分失业的工人，所有各州都有减额津贴的规定。减额津贴一般是完全失业保险金与部分就业（失业）的工资收入差，再加上一点补贴。

(4) 约有1/4的州为失业者的子女或其他受供养人提供受供养人补助，每个受供养人每周补助1~95美元。

6. 失业救济金领取人的义务和责任

申请领取救济的失业人员必须向当地失业机构提交申请：每周填写继续领取失业救济金的表格，呈报所做的一切工作；呈报一切收入，包括假期的付款、停顿工作时的付款、罢工的福利、节日的付款、病假得到的付款、无预先通知的解雇付款、自己经营事务的收入、员工赔偿金付款、折旧付款、陪审团费、红利、佣金、证人费、小费；接受失业发展局办事处周期性的检查（其目的是证实申请人能够工作及随时可以工作，查阅申请人找寻工作的记录，并帮助找寻工作）。

（二）美国失业保险制度的组织管理

1. 行政管理

早期的失业保险行政管理部门处于经常的变化之中。1937年，社会保障委员会与劳工部达成协议，规定由该委员会下设的代理机构处理以前由劳工部监管的失业保险工作。1946年，该委员会被撤销，由社会保障行政管理局所属的就业保障署接管失业保险工作。从1949年劳工部重新管理失业保险到现在，美国的失业保险工作一直由联邦和州劳工部门的就业与培训机构承担。

联邦立法由直属美国劳工部的就业与训练署监督实施，该署下设联邦失业保险服务机构，具体负责联邦失业保险工作，其职能主要是：就联邦和州失业保险计划及其他相关计划的发展、改进和运作向各州就业保障机构提供领导和政策指导；检查各州的失业保险法律及其管理；监督计划的发展、津贴支付方式、裁决、申诉、税收和基金管理；帮助各州提高工作效率和服务质量等。

每个州必须指定一个就业保障机构执行本州的就业与失业保险工作：管理档案、收税、资格判定、处理申请和支付津贴等。各州的就业培训机构由州政府劳工局直接领导，并接受劳工部派驻各区专家的业务指导和监督。各州就业培训局下设执行机构，负责各辖区内失业保险金的发放与职业介绍等工作。地方一般通过公共就业办公室接受申请，提供就业服务。联邦财政部负责征集联邦失业保险税，投资失业保险信托基金。

2. 基金管理

每个州征收的失业保险基金必须全部存入财政部信托基金。每个州有一个独立账户，记录其收入（征收额及投资利息收入）、支出（津贴和退税）情况。信托基金还有三个总账户：①就业保障管理账户，支付联邦—州联立的失业保险项目的管理费；②失业账户，向收支平衡暂时出现赤字的州提供贷款，各州有偿借贷且到期不还时，联邦失业保险税减免幅度降低（相当于增加在该州的税收）；③延长期津贴账户，支付联邦政府负担的50%费用。

二、德国的失业保险制度

德国在1927年颁布《失业介绍法和失业保险法》，开始建立失业保险制度；1969年颁布《劳动法》和《就业促进法》，工作的重心由单纯的保险救济转变为以促进就业和预防失业为主，表明该制度进一步发展；1974年的《失业救济条例》则使失业保障更加完善；1994年8月实施的《就业促进法》允许建立私营的职业介绍所，从而更有利于减少失业。德国目前使用的失业保险制度是2002年修改后的制度，其是德国社会相对稳定、经济发展较快的基础条件，在降低失业率和促进再就业方面起到了积极的作用。

（一）德国失业保险制度的主要内容

1. 德国失业保险的覆盖范围和资金筹集

在德国，失业保险是强制性的义务险，每个雇员都必须参加，包括家政人员、学徒工和接受培训的人员，在某种情况下，也包括其他群体（如参加职业培训计划的人），其范围相当广。但各种自由职业者、不能被解聘的公务员、年满65岁的雇员、养老金领取者除外。

德国的失业保险基金的筹集，原则是作为一种法律的义务，由每个雇主和雇员缴纳。但根据《就业促进法》，以下人员无须缴纳失业保险费：政府官员、法官、职业军人、神职人员、短暂就业者、假期打工的大中专学生、65岁以上的人、失去工作能力的人、长期不能被介绍工作的人、临时工作的人、进修的外国人。

德国的失业保险采取现收现付方式筹集保险费。失业保险费有四个来源：雇员缴费、雇主缴费、联邦政府财政贷款和补贴、其他方面筹集到的资金。雇员与雇主的费率标准是全部工作总额的6.5%，由雇主和雇员各承担一半，但雇主与雇员的缴费有上限规定：1997年的缴费上限为年收入98400马克（原东德地区为85200马克），超过上限的部分不再作为缴费工资基数。失业保险基金的缴费标准不是固定不变的，根据劳动力市场需求和失业状况做相应调整。如果雇员与雇主的缴费收入收不抵支，联邦政府将用财政收入予以补贴。此外，联邦政府还负责承担失业救济费用和为失业者缴纳失业保险费。

2. 德国失业保险的待遇给付

（1）给付条件。按照德国《就业促进法》的规定，享受失业保险待遇的最基本条件有五项：①参加了强制性失业保险。②已经失业、正在等待职业介绍。等待职业介绍是指年龄在58岁以下的失业者，愿意接受劳动局介绍的、劳动市场提供的、失业者有能力承担的、又符合失业者的合理兴趣的职业。对于这样的职业，失业者不得以其他原因加以拒绝。③取得保险资格。失业者必须在失业前三年内缴纳了一年以上的失业保险金。④已在劳动局申报过失业，并正式提出申请失业保险费。⑤必须接受职业介绍。德国法律规定，自行解除劳资关系或由于违背合同的行为而被解雇；经由法定程序劝导，仍不愿接受劳动局所介绍的工作；逃避职业培训措施和技能训练的人，不得领取失业保险金。

（2）享受失业保险待遇的期限和标准。《就业促进法》规定，如果失业者具备了享受失业保险待遇的条件，就可以领取失业保险金。失业保险金从失业者正式向劳动局申报失业之日开始支付，领取时间的长短根据失业者失业前的工作和失业者的年龄确定。享受失业保险待遇的期限为78~832天。德国失业保险金标准的确定主要考虑两个因素：一是纯工资；二是有无孩子。纯工资的多少，依据税收等级计算。如果有至少一个18岁以下的孩子，享受的失业保险待遇是纯工资的67%，其他失业者的待遇是60%。失业保险金无须缴税。

按照规定，如果一个失业者在自己应享受的失业保险待遇期限之内重新就业，在今后7年之内一旦再次失业，还可以将原来应享受而未享受的期限加上。但两次享受期限相加，不能超过按照规定所应享受的最多的天数。同时，在享受期限上，德国还做了相应的扣除期限的规定，即当失业者由于自身过失而被扣除失业保险金时，也要相应缩短其享受失业保险待遇的期限。

（3）额外收入的扣除。德国《就业促进法》规定，失业者在失业期间从事非全日制工作，仍可领取失业保险金，但工作时间不能超过每周18小时。同时规定，当失业者从事非全日制工作时，要从其应享受的失业保险待遇中扣除一部分额外收入。所谓额外收入，是指失业期间从事非全日制工作而获得的收入。其扣除方法不是简单地从应享受的失业保险待遇中减去所有的额外收入，而是规定了一套非常严格的标准和操作程序。总原则是失业保险金加上额外收入不能超过原工资的80%。德国对申报额外收入进行了严格的规定，除了要求失业者必须自觉申报外，还要求企业必须对本企业的非全日制就业情况进行申报，同时填写收入证明。

（4）享受失业保险待遇资格的取消。按照《就业促进法》的规定，在下列情况下，享受失业保险待遇的资格将被取消：

1）享受工资或有权依法要求工资期间。德国的就业关系和劳动关系是两个不同的概念，二者之间的区别对失业保险的影响很大。按照《就业促进法》的规定，失去了就业关系就等于失业，而按照劳资协议的规定，在一些情况下，失业者虽然失去了就业关系，但仍然与雇主存在着劳动关系。在劳动关系依然存在的情况下，失业者有权向雇主要求工资，直到劳动关系解除为止。在这段时间内，失业者不能享受失业保险金。

2）享受休假补助期间。按照德国劳资协议的规定，劳动者是可以带薪休息的。如果失业者在失业前由于各种原因没有休成，在其失业后雇主必须为此进行补偿。雇主必须按失业者失业前应享受的假期发给工资。在此期间，失业者领取失业保险金的资格是被取消的。

3）享受其他社会保险待遇期间。德国的法律规定，一个人不能同时享受两种以上的具有工资替代作用的社会保险待遇，失业者享受以下社会保险待遇期间，享受失业保险的资格就要被取消：职业培训补助金、残疾人职业培训救济金、医疗保险金、护理医疗保险金、工伤保险金、生育保险金、孕产妇保护法规定的特殊补助、提前退休金、其他法律规定的社会保险金。

4）失业保险的封锁期。在一定的时期内，由于失业者本身的过失，劳动局拒绝发给其所应享受的失业保险待遇，这就是“失业保险的封锁期”。按照法律规定，在以下情况下，失业者进入“封锁期”：①因为违反劳动合同规定而被解雇；②没有充足的理由自己解除了劳动关系；③为了达到被雇主解雇的目的而明知故犯，导致被雇主解雇；④拒绝接受职业介绍所介绍的合适的工作；⑤没有重要的理由而中断劳动局为其安排的职业培训，或者由于自身过失被培训单位除名。

德国《就业促进法》规定，封锁期最少为6周，最长为12周。如果某人进入了封锁期，他享受的失业保险期限就要缩短。德国还有一种因报到延误而被扣减失业保险待遇的情况。德国《就业促进法》规定，凡申请失业保险待遇的失业者，必须按照要求，定期（一般为3个月）到职业介绍员那里报到。如果失业者没有正当理由而延误报到，就进入“报到延误期”，按照法律规定，将减少其两周的失业保险享受期限和扣除两周的失业保险金。

在“报到延误期”内失业者仍不到职业介绍员处报到，就要加重处罚，享受期限就要被减少6周。

5）享受失业保险和失业救济待遇期间的医疗、护理、事故和养老保险问题。按照德国法律的规定，在享受失业保险和失业救济期间，自动享受医疗和护理保险，但保险单位必须是公立的医疗保险机构、企业的医疗保险机构等，劳动局为其缴纳保险费用。失业者在失业期间如果出现了受伤事故，并到劳动局指定医生处检查治疗，发生的费用由劳动局承担。如果失业者失业前是缴纳养老费用的，在失业期间劳动局要继续为其缴纳养老费用。

（二）德国失业保险制度的管理组织机构

德国失业保险与其他保险不同的是，它由政府机构—联邦劳工局承办。所有的失业保险金，包括雇员和雇主上交的部分，都由劳工局统一管理。劳工局负责失业保险金的收取和发放、对失业者的职业介绍和职业培训、对劳动市场情况进行调查、劳动与社会保障方面政策的制定。

联邦劳工局下设10个州（大区）一级劳工局；州劳工局下设181个市一级劳工局，主要负责就业替换、职业指导和管理当地的失业保险基金。这种垂直式的管理体制有利于形成高度统一，保证高效率运作，充分发挥失业保险的功能。

（三）德国失业保险制度的调整

德国失业保险制度的调整是对以往“福利化”偏向的纠正，是一个系统的且相当完善的工程，涉及社会诸多方面的变革。从整体上来看，德国在失业保险制度调整方面主要表现在以下几个方面：①调整劳动力市场政策，加强职业培训，刺激就业增长；②调整失业保险基金的投向；③调整失业保险给付水平；④缩短失业保险给付期限；⑤提高雇主和雇员费用负担的比例。

三、瑞典的失业保险制度

瑞典的失业保险是1934年通过立法开始实施的。瑞典失业保险的现行立法是根据1956年工会关联办法和1973年的劳工市场支持办法建立的，它是由国家补助的自愿保险和劳动力市场失业救济组成的双重制度。自愿保险项目采取的形式是国家资助，工会主办，个人自愿参加，由工会或自我雇佣者组织成立失业保险基金会，向失业者提供失业保险金。从失业保险基金会中领取失业保险金的人，必须是参加该基金会的会员。在瑞典，90%的蓝领工人和88%的白领职员都参加了工会。对于普通工资劳动者来说，人们在加入了工会的同时，也就加入了这种基金会，而不需再办理其他手续。工会的会员费一般仅为工资额的5%，失业保险金却相当于原工资收入的90%。劳动力市场失业救济项目由政府部门主办和实施。

（一）覆盖范围和资格条件

瑞典的自愿保险项目覆盖了年龄在65岁以下的参加了工会或自我雇佣者组织的失业保险基金会的雇员或自我雇佣者。一般情况下，工会会员参加失业保险基金会是强制性的，但也允许某些产业的雇员自愿参加失业保险基金会。目前，大约有80%的雇员是失业保险基金会的成员。劳动力市场失业救济项目涵盖没有参加自愿保险项目的雇员和20岁以下正在求职的人员。

加入工会满一年的人，在失业5天后，即开始领取失业保险金。法律规定，连续领取失业保险金的期限为300天，55岁以上的职员可以延长至450天。领取失业保险金者必须是有劳动能力，并已向地方职业介绍所登记，对所分配的“合适工作”不得拒绝的失业者。非工会会员，参加失业基金不满10个月，或者领取失业保险金时间超过300～450天的人，可领取失业救济金，但他必须在过去的12个月中工作过5个月，每月又不少于10天。每天的失业救济金为100瑞典克朗。可领取失业救济金的时间也不尽相同，55岁以下的为150天，55～60岁的为300天，年过60岁的不受限制。

（二）资金来源

瑞典的失业保险费用主要由雇员、雇主和政府三方面负担：雇主的自愿保险加劳动力市场失业救济的缴费率为工资总额的5.42%；雇员参加自愿保险项目的缴费，不同的失业保险基金会的费率不同，范围在每月33～100瑞典克朗。雇员无须向劳动力市场失业救济项目缴费。政府主要承担弥补赤字的责任。

（三）待遇给付

享受自愿保险待遇的人必须满足如下条件：参加失业保险基金会满12个月；失业前12个月从事有收益的工作5个月；已在公共职业介绍机构进行失业登记；具有工作能力；非因自愿离职、渎职、介入劳动争议或拒绝合适工作而失业。

自愿保险项目的失业保险待遇为原工资的75%。一般根据雇员的工资等级确定具体金额，最低为一天230瑞典克朗，最高不超过一天564瑞典克朗。自愿保险项目的失业待遇要缴税。自愿保险项目的失业待遇一周支付5天，每次失业最多支付300天，55～64岁者可支付450天。

没有参加工会的失业者（包括刚毕业三个月以后的学生）每天可领取75瑞典克朗的现金补助，一次可连续领取30个星期，超过55岁的失业者可连续领取60个星期，超过60岁的失业者可提前退休或可长期领取，每天75瑞典克朗。

对于长期失业者，社会有义务通过社会救济等方式保证其基本生活，但失业者必须定期与职业介绍所联系，并随时准备接受职业介绍所介绍的工作。没有正当理由拒不接受者，则停发救济金4个星期。

由于工作失职被辞退或无理由而辞职不干的，补助也可扣发2～4个星期。所找到的工作如在外地，国家提供搬迁费和安家费等。工作一段后想搬回原址者还可再得搬迁补助。

瑞典还设立了培训补贴。如果失业者参加有关培训，即可获得培训补贴。培训补贴作为一种日常的工薪福利，最多一周按5天支付。培训补贴由社会保障机构支付，接受培训者必须向州雇用委员会或有关机构提出获得此项补贴的申请。

复习思考题

1. 失业保险的概念、性质及特点是什么？
2. 建立失业保险制度的作用和意义是什么？
3. 目前世界失业保险模式有哪些？各有什么特点？
4. 我国失业保险的具体内容有哪些？
5. 根据我国失业保险基金的支出结构，如何完善我国失业保险的促进再就业功能？
6. 改革后我国失业保险还存在哪些问题？如何进一步深化改革？
7. 如何理解失业保险与再就业的关系？
8. 纵观各国规定的失业保险，其保险待遇享受的必备条件着重强调哪些内容？
9. 同其他国家的失业保险制度相比，我国失业保险制度的主要内容有哪些相同和不同之处？

第七章

工伤社会保险

本章概要

工伤社会保险是社会保险制度的基本内容，同时也是整个社会保障体系的重要组成部分。本章主要介绍了工伤社会保险的概念、意义、产生与发展历史、工伤的范围及其认定、工伤保险基金的社会筹集和管理及工伤保险待遇给付等内容。另外，本章还简要介绍了其他一些国家的工伤社会保险的情况。最后，本章针对我国工伤社会保险现状分析并探讨了工伤社会保险制度改革的一些问题。

第一节　工伤社会保险概述

在社会化劳动过程中，一些企业的职工会受到工作直接带来的或与工作有关的间接的伤害，我们把这些伤害称为“工伤”。“工伤”是职业性伤害的简称。在劳动者的劳动过程中，由于与劳动工具或劳动对象直接接触，或者由于置身于不良的工作环境，使得劳动者的生理机能遭到破坏，从而导致劳动者身体的某些功能部分或全部丧失，有时甚至可能导致伤残或死亡。

一、工伤社会保险的概念

工伤社会保险简称工伤保险，又称职业伤害保险。工伤保险是通过社会统筹的办法，集中用人单位缴纳的工伤保险费，建立工伤保险基金，对劳动者在生产经营活动中遭受意外伤害或职业病，并由此造成死亡、暂时或永久丧失劳动能力时，给予劳动者及其实用性法定的医疗救治以及必要的经济补偿的一种社会保障制度。

工伤社会保险针对的主要对象是职业病及意外事故导致的伤残。这里所谓“伤”，是指由于劳动者在生产中发生不测事故，从而致使器官或生理功能的损伤，包括器官受伤和职业病两种情况。一般表现为暂时的和部分的劳动能力的丧失。所谓“残”，是指虽经过治疗休养仍然不能完全恢复，以致身体或智力功能部分或全部丧失。残废表现为永久性全部或永久性部分劳动能力的丧失。

工伤和疾病伤害有一定的相似之处：他们都使得劳动者暂时失去劳动能力且造成劳动者工作的中断；都可能会导致劳动者永久性丧失劳动能力。在整个社会保障体制中，之所以将工伤从一般的疾病伤害中分离出来，是因为这种伤病是打上“职业”烙印的，并且同雇主和企业的责任相关。因此，相对其他类别的保险就经济后果而言，雇主或企业承担的工伤社会保险的份额应大一些。

工伤社会保险主要是对受到损害的劳动者进行经济补偿。这种补偿可以帮助劳动者缓解两个方面的经济问题：一是与工伤和职业病有关的预防、治疗、护理、康复和疗养的全部费用；二是工伤职工因伤害而导致的经济收入的损失。

二、工伤社会保险的意义

18 世纪 30 年代的英国工业革命揭开了现代大生产序幕。二百多年来，社会生产有了突飞猛进的发展，社会化大生产规模和社会劳动队伍急剧壮大，社会产品不断丰富，社会经济逐步走向繁荣。但是生产发展的同时，工伤伤害和职业病也随之大量发生，正所谓“利之所在，害也随之”。据联合国的有关组织统计，20 世纪 70 年代的工业发达国家每年发生的工业伤害事件总数平均在 1500 万件以上，20 世纪 80 年代每年平均达到 2300 万件。不论社会制度如何，职业性伤害都构成了各国的劳动问题和社会问题。因此，各国政府都着力于加强劳动工作中的职业安全卫生立法和社会保险立法，一方面是为了预防工伤事故的发生，另一方面则是为了对受害者给予一定的补偿。实施工伤社会保险制度的意义具体可以表现在以下几个方面：

（1）工伤保险作为社会保险制度的一个组成部分，是国家通过立法强制实施的，是国家对职工履行的社会责任，也是职工应该享受的基本权利。工伤保险的实施是人类文明和社会发展的标志和成果。

（2）实行工伤保险保障了工伤职工医疗及其基本生活、伤残抚恤和遗属抚恤，在一定程度上解除了职工和家属的后顾之忧，工伤补偿体现出国家和社会对职工的尊重，有利于提高他们的工作积极性。

（3）建立工伤保险有利于促进安全生产，保护和发展社会生产力。工伤保险与生产单位改善劳动条件、防病防伤、安全教育，医疗康复、社会服务等工作紧密相联。对提高生产经营单位和职工的安全生产，防止或减少工伤、职业病，以及保护职工的身体健康至关重要。

（4）工伤保险保障了受伤害职工的合法权益，有利于妥善处理事故和恢复生产，维护正常的生产、生活秩序，维护社会安定。

三、工伤社会保险制度的实施原则

1. 无责任补偿原则

无责任补偿原则首创于德国。1884 年 7 月 16 日，德国公布了世界上第一个《工人灾害赔偿保险法》，明确规定企业主无论对于工伤事故有无责任，均应赔偿工人损失。此后，在各国工人阶级的斗争下，许多国家纷纷仿效，现在这一原则已经为各国普遍遵守。无责任补偿原则又称为无责任赔偿原则或补偿不究其过失原则。它是指工伤社会保险中，在伤害事故发生后进行补偿时，无论事故责任在谁，均应给予劳动者经济补偿。因此，这一原则又称为“无过失补偿原则”。

作为自然界的人，在与周围的环境接触中、在与自然界的斗争中，由于受到一定科学技术条件的限制或受到自身教育程度的限制，就整个劳动群体而言，遭受这样或那样的伤害是难免的。凡是与生产有关的一切人员都有可能成为工伤事故的受害者或造害者。劳动者一旦在工作中遭受到伤害，不仅身心经受到极大的痛苦，而且会断绝正常的收入来源。因此，实行“无责任补偿”，不论过失在谁都给予受害者及时的物资帮助，就成为工伤社会保险的首要原则。

无责任补偿原则有其理论基础：

（1）风险理论。该理论认为，各个行业都应当把职业伤残费用摊入生产成本，即使因此提高产品成本价格也是应该的。

（2）最低社会成本理论。该理论认为，工伤赔偿保险制度可以把工伤事故给企业造成的经济损失减少到最低限度，从而间接降低社会成本。企业如果不参加保险而单独处理工伤赔偿，其费用支出会大于工伤保险的缴费额。

（3）社会折中理论。该理论认为，工伤保险制度体现了雇主与雇员之间的妥协和得失均衡。受伤的工人愿意放弃诉讼，以潜在的、更大的但未必能够实现的获赔来换取较少的但却是可靠的保险金；企业也愿意缴纳少量保险费，以免支付大量诉讼费和更多赔偿。

实行“无责任补偿”原则符合社会保险的性质，能够保证广大劳动者在因工伤残时无条件地得到经济补偿，不会因事故责任问题而影响本人及其家属的正常经济生活，这对增强职工的“安全”感，稳定职工队伍，鼓励职工不畏艰险进行工作，以及保持社会安定都有重大意义。但是，伤残事故的无责任补偿原则仅针对社会保险而言，并不是说对工伤事故所造成的伤残后果不予追究、不分析原因、不强化安全措施、不进行处理或处罚。只是由于这些内容不属于社会保险研究的范畴，而属于劳动保护科学的研究范畴，在此不予论述。

2. 直接经济损失和间接经济损失相区别的原则

直接经济损失和间接经济损失相区别的原则指的是工伤社会保险只对劳动者的直接经济损失进行补偿，对于间接部分不予补偿。

劳动者的直接经济损失是针对他的直接经济收入而言的，而所谓直接经济收入就是劳动者的全部收入中的第一职业的劳动报酬。按照马克思的劳动力再生产理论来分析，这一部分收入是劳动者维持本人及其家属生活、进行劳动力再生产的最直接、最主要的费用来源。劳动者在发生伤残事故以后，其所遭受的直接经济损失必须得到适当补偿。

间接经济损失是劳动者直接经济收入以外的其他经济收入的损失，包括兼职收入、业余劳动收入及直系亲属为护理伤残者而失去的经济收入等。这一部分收入只是部分劳动者享有的，数额也不容易掌握，对劳动者的基本生活不构成太大影响，一般不被认为是劳动力再生产的基本需要。因此，这一部分收入不属于工伤社会保险补偿的范围。

3. 因工伤残与非因工伤残相区别的原则

劳动者因工伤残是个人为国家或企业劳动而付出的代价，体现了劳动者在劳动中不畏艰险的精神。非因公伤残中虽然个人也付出了代价，但是不属于为社会劳动所付出的。两者性质不同，因此在保障待遇上也理应不同。工伤社会保险待遇从性质上看属于损失补偿，并具有一定的物质奖励作用；而非因公伤残社会保险待遇属于物质帮助，并带有福利和救助性质。

4. 共担风险原则

共担风险原则是各项社会保险的共同原则。通过政府立法强制征收保险费用，建立工伤保险基金，对基金实行统一管理。社会保险机构在统收统支和社会化管理中，应用再分配原则进行互助调剂达到共担风险的目的，这是社会保险的基本原理和工作机制。建立工伤保险基金是实现共担风险的物质基础。共担风险原则体现了互助合作精神，由于它有强制性措施作为保证，所以能更有效地解决问题。

5. 个人不缴费原则

工伤是职业性的伤害，是在生产劳动过程中，职工为社会和企业创造物质财富而付出的代价，因而工伤保险待遇具有明显的“劳动力修理与再生产投入”的性质，属于企业生产成本的特殊组成部分。因此，个人不缴费，法定费用均由用人单位承担。这也是工伤保险与其他保险项目不同之处。

6. 补偿工资损失原则

工人遭受职业伤害，损伤了肢体或器官，甚至丧失了生命，这种损失既无法挽回也不能像财产一样作价赔偿。因此，工伤赔偿主要是对工资损失进行的适当的补偿。这种补偿是从劳动力再生产的角度出发的。补偿的待遇标准与受伤害工人以前的工资收入保持一个适当的比例关系，对永久丧失劳动能力的工伤职工的待遇和对死亡者的抚恤待遇也是由若干年工资表示的。补偿具有一定的限度，这种限度体现了雇主和雇员分担风险的原则，因为在一般情况下，雇员在事故中也负有一定的责任。

7. 补偿与预防、康复相结合的原则

工伤保险首要的、直接的任务是工伤补偿，但这不是它的唯一任务。社会保险的根本任务是保障职工生活，保护职工健康，促进社会安定和生产力发展。从这个根本任务出发，工伤保险就应当与事故预防、医疗康复和职业康复相结合。加强安全生产，减少事故发生，在事故发生后及时地进行抢救治疗，采取有力措施帮助职工恢复健康并帮助他们重新走上工作岗位，这些对社会和职工来说，远比工伤补偿具有更积极和深远的意义。虽然社会保险机构不具体从事预防康复工作，但是工伤社会保险要支持、促进、配合预防和康复任务，并从经费资助、宣传教育、转业培训和管理监督等方面采取适当的措施。

8. 短期补偿与长期补偿相结合的原则

工伤职工享受的短期补偿主要是指工伤事故发生后的医疗救治及工伤职工享受的停薪留职期间的补助。短期补助带有过渡性质，可以及时弥补工伤职工的收入损失，保障目前的基本生活。长期补偿项目是指按月支付的伤残津贴，津贴标准依劳动者的伤残程度而定，主要是为了维持工伤劳动者以后的基本生活，弥补工伤职工的工资损失。

四、工伤保险的范围

就工伤保险的实施范围而言，各个国家有不同的规定。一般来说，发达国家工伤保险的覆盖面要比发展中国家相对宽一些。在某些发达国家，工伤保险的实施范围几乎覆盖了社会的所有劳动者。例如，德国、日本、奥地利、瑞典等国规定，个体劳动者也可以参加工伤社会保险。一些国家甚至将学生、家庭教师、学徒工也纳入到工伤社会保险的范围中来。而在发展中国家，由于经济和社会发展的缘故，还有一些小企业的职工没有被纳入到保障范围中来。不过，就世界总体趋势来看，工伤社会保险的保障范围正在不断扩大。

在我国，随着经济水平的进一步提高，各项法律法规进一步健全，工伤保险的实施范围也在逐步扩大。1996 年颁布的《企业职工工伤保险试行办法》规定，工伤保险的实施范围为中华人民共和国境内的企业。2003 年《工伤保险条例》将工伤保险的实施范围扩大为中华人民共和国境内的各类企业及有雇工的个体工商户，同时对企业“职工”的范围做了清楚的界定，指出与用人单位存在劳动关系（包括事实劳动关系）的各种用工形式、各种用工期限的劳动者（具体包括固定职工、合同制职工、计划内临时工、学徒工、见习人员和依法签订劳动合同并经劳动部门鉴定的农民工）都属于“职工”范畴。2010 年 12 月 20 日《国务院关于修改〈工伤保险条例〉的决定》修订，指出我国工伤保险的范围包括中华人民共和国境内的企业、事业单位、社会团体、民办非企业单位、基金会、律师事务所、会计师事务所等组织和有雇工的个体工商户。

五、工伤社会保险的发展历史

1. 依靠民事诉讼解决的阶段

在西欧工业化初期，工伤赔偿是依据民事赔偿法律，通过法院裁决实现的。只有在受害者能够证明伤害是由于雇主或同事的过失造成的情况下，法院才能判决给予赔偿，否则后果自己承担。通常情况下，由于受害人负担不了法律诉讼费或担心起诉雇主会带来被解雇的后果，往往不愿意起诉雇主。另一方面，工伤职工很难找到证据证明伤害是由雇主责任造成的，因而往往不得不自己承担伤害所带来的一切后果。

2. 雇主责任保险阶段

随着社会的进一步发展，政府的工伤赔偿法律逐步产生。19 世纪末，西欧国家出现了雇主责任保险的工伤保险立法，法律规定受伤害工人或遗属可以直接向雇主索赔，雇主向他们直接支付伤亡待遇。那个时候的雇主责任保险的赔偿主要有两种实施方式，英国、意大利和西班牙规定由雇主直接赔偿，德国和奥地利规定由雇主集体组织赔偿。

雇主责任制在政府立法上主要存在着三种形式：①只规定雇主负有赔偿责任，但对具体赔偿标准不做规定。发生工伤事故后，用人单位按政府规定的原则，根据本身经济能力自行支付工伤待遇，遇有争端由法院裁决。在这种自我保险的情况下，雇主为了减少意外事故给他们带来的经济损失，希望保险公司能够为他们承担一部分风险，于是商业保险公司开始介入。②明确规定雇主责任，规定赔偿的最低标准并规定某些危害性大的行业必须向商业保险公司投保。这种方法加强了对雇主和商业保险公司的约束，进一步增强了保险的强制性。③政府立法规定雇主和承担工伤保险的商业保险向政府主管部门缴纳保险金，以便雇主和保险公司破产时，能够保证向工人支付工伤保险待遇。这样，雇主工伤赔偿责任又得到进一步保证。目前，实行雇主责任制的美国就采用第三种办法。

雇主责任制虽然较以前的民事赔偿办法有了一定的进步，但是也存在明显弊端：在这种制度下，赔偿费通常都是一次性支付的，标准一般为职工三年的平均工资（大体相当于治疗期间由于丧失劳动能力所造成的损失），这种办法不能解决永久性全残工人和死亡职工遗属的长期困难，更不能解决工伤职工的职业康复问题。雇主责任制下，工伤职工向雇主提出索赔以后，赔偿要根据责任大小来定，因此，雇主与雇员之间往往很难达成一致，有时还要诉诸法律。由于实际上追究事故责任十分复杂，办案时间长，一方面造成法院工作量大，另一方面使雇主损耗精力。对于雇员来说，可能既打不起官司，又得不到及时、公平的保障。

在某些行业里，职业病有几年甚至十几年的潜伏期，工人转换几个企业工作后患病便很难追溯是哪一个雇主的责任，其结果就是没有保障。一些中小生产单位“自我保险”能力脆弱，以及保险公司对事故多的企业拒绝承保，都导致这些企业工人得不到可靠的工伤保障。另外，一些雇主参加了商业保险公司的保险，但是商业保险公司主要以营利为目的，其保险支付率（赔偿给付与收费之比）较低（30%~40%），绝大部分保险费作为公司收入或巨额管理费的开支，而没有用于工人身上。

案例：2004年9月12日，某国有企业职工张某因操作失误导致工伤事故，失去了3根手指，企业以张某是事故的主要责任者为由，只给予少量的一次性赔偿。张某听说他所受的伤害可以获得工伤保险赔偿，于是到区社会保障服务中心咨询，经工作人员查询，该企业并未参加工伤保险，张某不能得到工伤保险基金的赔偿。

分析：张某的公司未办理工伤保险，而工伤保险属强制保险，公司未办理，就应自行对张某的损失负赔偿责任。公司不能以张某是主要责任者只给予少量赔偿。工伤只存在是否认定的问题，而没有责任之分，其目的是为了保护劳动者的利益。

3. 工伤社会保险阶段

雇主责任制存在的这些弊端促使人们寻求更好的制度来解决工伤保险问题，因而产生了工伤社会保险方式。1883—1889年，德国在首相俾斯麦的主持下，制定了疾病、工伤和养老三项社会保险，从而建立了世界上第一个社会保险制度。随后，欧洲许多国家纷纷效仿，德国1884年制定《工人灾害赔偿法》，同年英国颁发《雇主责任法》，法国于1898年实行工伤保险。1968年，国际劳工组织在东京召开了亚洲地区会议，在一项亚洲社会保障发展的决议中强调：应由社会保险代替雇主责任保险，雇主应缴纳社会保险基金以确保职工的切身利益，避免受职业伤害的工人个人负担费用。由此至今，工伤社会保险遍及全球。工伤社会保险是由国家立法强制实行，统一筹措基金，共担风险，并以支付长期待遇为主的社会保障制度。

社会保险制度组织管理可分为三种类型：

（1）由政府直接（集中或分级）管理，如日本、英国、芬兰、冰岛、伊朗、韩国等。

（2）政府指定中央部门进行监督，由自治性的各种协会（基金会、理事会或联合会）在国家法律范围内管理，如法国、意大利、哥伦比亚、德国和荷兰等。

（3）在国家立法范围内由政府委托工会管理业务，如匈牙利、前苏联和民主德国及捷克、斯洛伐克、保加利亚和斐济等少数几个国家。

我国工伤社会保险立法历程是：1951年2月26日，原劳动部颁布了《劳动保险条例》，确立了中国的工伤保险制度。1996年，原劳动部根据《劳动法》的有关规定发布了《企业职工工伤保险试行办法》（劳部发［1996］266号）。2003年4月27日，国务院颁布了《工伤保险条例》，共分8章64条，自2004年1月1日起施行。2010年12月12日，国务院颁发586号令，对《工伤保险条例》若干条目进行了修改，并自2011年1月1日起施行。

六、工伤保险与商业性的人身意外伤害保险的区别

工伤保险与商业性的人身伤害保险有一些相似之处。例如，它们都可以保障受保人在受到伤害以后获得一定的经济补偿，都是以受保人受到伤害为保险待遇给付的前提条件，都可以起到维持社会安定的作用等。但是，它们也有很大不同。主要表现在：

（1）工伤保险是政府为了社会的安定而设立的一项强制性的社会保障政策，所有的企业都必须参加。工伤保险的被保险人必须是企业的职工，工伤保险实行的是无责任赔偿原则，作为一种特殊的伤害保险，受保人自己不需要缴纳保险费，而且保险待遇相对其他的保险项目而言更优惠。在商业性的人身意外伤害保险中，投保是自愿的。投保人必须缴纳一定的保险费之后才可以享有被保险的权利，保险待遇的给付也有严格的条件限制，不仅要符合给付条件，而且给付金额的多少也要按照事先的约定严格执行。

（2）商业性的人身意外伤害保险中，保险公司的主要目的是为了获取利润，因此在考虑保险金给付时，需要在自己的利润与劳动者缴纳的保费、劳动者的基本生活保障三者之间进行平衡。工伤社会保险则主要考虑社会、经济发展状况及劳动者的基本生活需要。

（3）工伤保险与事故预防相互结合，既有事前的控制又有事后的保障；而商业性的人身意外伤害保险是一种事后的行为，在事前对事故一般不加以控制。

第二节 工伤认定、职业病认定与劳动能力鉴定

职工在遭遇人身伤害事故，负伤、残疾乃至死亡时，能否享受工伤社会保险待遇，必须符合有关的工伤范围及其认定条件。

1952 年，国际劳工局《社会保险最低标准公约》第 102 号规定享受工伤待遇的条件是：

（1）因工伤身体呈疾病状态者。

（2）因工丧失劳动能力并因此中断工资收入者。

（3）由于永久或暂时丧失劳动能力而完全丧失或部分丧失工资收入者。

（4）由于供养者死亡而失去生活费来源者。

我国自 2011 年 1 月 1 日起开始施行新修订的《工伤认定办法》。

一、工伤范围

根据国际通行做法，凡是由于工作原因或由于从事与工作有关的活动而造成的伤残、死亡或患职业病者，均应确认为工伤。为了进一步详细、具体地明确工伤认定的资格条件，使之具有可操作性，根据 2010 年修改后的《工伤保险条例》，规定以下情形之一的应当认定为工伤：

（1）在工作时间和工作场所内，因工作原因受到事故伤害的。

（2）工作时间前后在工作场所内，从事与工作有关的预备性或收尾性工作受到事故伤害的。

（3）在工作时间和工作场所内，因履行工作职责受到暴力等意外伤害的。

（4）患职业病的。

（5）因工外出期间，由于工作原因受到伤害或发生事故下落不明的。

（6）在上下班途中，受到非本人主要责任的交通事故或城市轨道交通、客运轮渡、火车事故伤害的。

（7）法律、行政法规规定应当认定为工伤的其他情形。

案例：黄某是某建筑公司汽车驾驶员。2010 年 11 月的一天，他受公司指派给施工工地运输材料，途中违章超车与对面车辆发生剐蹭。黄某驾驶的车辆滑入路旁沟内，右脚踝骨折。交管部门做出的事故责任认定书认为黄某违章超车是造成事故的主要原因，应负全部责任。建筑公司因此未向当地社会保险行政部门提出工伤认定。2011 年 4 月，黄某本人向当

地社保部门提出工伤认定申请。同年5月，社保部门出具“工伤认定结论通知书”，认定黄某受伤为工伤。而建筑公司对工伤认定结论有异议，向当地法院提起行政诉讼，认为交管部门已认定黄某负事故全责，其受伤是自己违章驾驶所致，不应享受工伤保险待遇。

法院认为，根据《工伤保险条例》第十四条第一项的规定，职工在工作时间和工作场所内，因工作原因受到交通事故伤害的，应认定为工伤。本案中，黄某是在执行本单位工作任务时发生交通事故受到伤害的，虽然交管部门认定黄某违章超车应负全部责任，但黄某这一行为属于一般性过失违章，并未构成交通事故肇事罪，应该按职工工伤保险无责任补偿原则处理。无责任补偿原则是指劳动者在发生工伤事故时，无论事故责任是否属于劳动者本人，受伤者均应无条件得到一定的补偿。法院判决维持“该工伤认定结论通知书”。所以，职工违章驾驶也应认定为工伤。

（资料来源：中国普法网）

案例：张某系某公司职工，上班时无证驾驶一摩托车，在离单位不远处，遇到王某驾驶的轿车，该轿车超越张某时将其刮倒，造成伤残。事故责任认定王某对事故负全部责任，张某因无证驾车，违反《治安管理处罚条例》，被罚款100元。张某能否被认定为工伤?

分析：能否认定为工伤，首先看是否在工作期间受伤并与工作有关联或上下班途中受到机动车事故伤害。其次看张某受伤是与谁的行为有因果关系，即导致的伤害结果是因张某自身无证驾驶还是王某违章超速驾驶导致的。本案中张某受伤系王某违章驾驶造成的，并且公安交通部门已认定王某对此事故负全部责任。张某无证驾驶虽违反治安管理，但与此事故的发生无必然的因果关系，与其受到伤害也无必然因果关系。所以，张某受伤符合《工伤保险条例》第十四条第六项“在上下班途中，受到机动车事故伤害的，应当认定为工伤”的规定。所以张某受伤可以认定为工伤。

（资料来源：百度文库）

案例：孙某系某公司员工，2003年6月10日上午受公司负责人指派去北京首都机场接人。其从公司所在地天津市某产业园区国际商业中心（以下简称商业中心）八楼下楼，欲到商业中心院内开车，当行至一楼门口台阶处时，孙某脚下一滑，从四层台阶处摔倒在地面上，经医院诊断为颈髓过伸位损伤合并颈部神经根牵拉伤、上唇挫裂伤、左手臂擦伤、左腿皮擦伤。孙某向园区劳动局提出工伤认定申请，园区劳动局于2004年3月5日出具“工伤认定决定书”，认为没有证据表明孙某的摔伤事故是在工作场所、基于工作原因造成的，决定不认定为工伤。

裁判结果：经天津市第一中级人民法院一审，天津市高级人民法院二审认为，该案焦点问题是孙某摔伤地点是否属于工作场所和工作原因。《工伤保险条例》规定，职工在工作时间和工作场所内，因工作原因受到事故伤害，应当认定为工伤。该规定中的“工作场所”是指职工从事职业活动的场所，在有多个工作场所的情形下，还应包括职工来往于多个工作场所之间的必经区域。本案中，位于商业中心八楼的孙某所在公司的办公室，是孙某的工作场所，而其完成去机场接人的工作任务需驾驶的汽车，是其另一处工作场所。汽车停在商业中心一楼的门外，孙某要完成开车任务，必须从商业中心八楼下到一楼门外停车处，故从商业中心八楼到停车处是孙某来往于两个工作场所之间的必经的区域，应当认定为工作场所。园区劳动局认为孙某摔伤地点不属于其工作场所，将完成工作任务的必经之路排除在工作场所之外，既不符合立法本意，也有悖于生活常识。孙某为完成开车接人的工作任务，从位于商业中心八楼的公司办公室下到一楼，并在一楼门口台阶处摔伤，系为完成工作任务所致。园区劳动局以孙某不是开车时受伤为由，认为孙立兴不属于“因工作原因”摔伤，理由不能成立。故判决撤销被告园区劳动局所做的决定。

（资料来源：人民法院报）

案例：原告何某系原北沟镇某小学教师，2006 年 12 月 22 日上午，原告被学校安排到新沂城西小学听课，中午在新沂市区就餐。因何某所在小学及原告居住地到城西小学无直达公交车，原告采取骑摩托车、坐公交车、步行相结合方式往返。下午 15：40 左右，何某所在小学邢某、周某等开车经过石涧村大陈庄水泥路时，发现何某骑摩托车摔倒在距离石涧小学约二三百米的水泥路旁，随即送往医院抢救治疗。12 月 27 日，原告所在单位就何某的此次伤害事故向被告江苏省新沂市劳动和社会保障局提出工伤认定申请，后因故撤回。2007 年 6 月，原告就此次事故伤害直接向被告提出工伤认定申请。经历了二次工伤认定、二次复议、二次诉讼后，被告于 2009 年 12 月 26 日做出“职工工伤认定”，认定：何某所受机动车事故伤害虽发生在上下班的合理路线上，但不是在上下班的合理时间内，不属于上下班途中，不认定为工伤。原告不服，向新沂市人民政府申请复议，复议机关做出复议决定，维持了被告做出的工伤认定决定。之后，原告诉至法院，请求撤销被告做出的“工伤认定决定”。

裁判结果：经江苏省新沂市人民法院一审，徐州市中级人民法院二审认为：上下班途中的“合理时间”与“合理路线”，是两种相互联系的认定，属于上下班途中受机动车事故伤害情形的必不可少的时空概念，不应割裂开来。结合本案，何某在上午听课及中午就餐结束后返校的途中骑摩托车摔伤，其返校上班目的明确，应认定为合理时间。故判决撤销被告新沂市劳动和社会保障局做出的“职工工伤认定”，责令被告在判决生效之日起六十日内就何某的工伤认定申请重新做出决定。

（资料来源：中国法院网）

职工有下列情形之一的，视同工伤：

（1）在工作时间和工作岗位，突发疾病死亡或在 48 小时之内经抢救无效死亡的。

（2）在抢险救灾等维护国家利益、公共利益活动中受到伤害的。

（3）职工原在军队服役，因战、因公负伤致残，已取得革命伤残军人证，到用人单位后旧伤复发的。

其中职工有上述第（1）项、第（2）项情形的，享受工伤保险待遇；职工有上述第（3）项情形的，享受除一次性伤残补助金以外的工伤保险待遇。

职工符合以上规定，但是有下列情形之一的，不得认定为工伤或视同工伤：

（1）故意犯罪的。

（2）醉酒或吸毒的。

（3）自残或自杀的。

案例：孙先生的老婆王某今年46岁，原在龙岗某鞋厂上班，2010 年1 月23 日在上班期间晕倒在同事身上，经诊断为右基底节区脑内出血并破入脑室，经过抢救后虽活下来了，但是成了植物人。

分析：根据《工伤保险条例》规定：“在工作时间和工作岗位，突发疾病死亡或48 小时之内经抢救无效死亡的，视同工伤。”因此，只有在工作中伤了才能认定为工伤，而能认定为病的只有两种，一种是职业病，另一种就是在48小时内死亡的突发性疾病，这两种情况王某都不符合。2010年8月，社保局认定为不属于或不视同工伤。王某家属不服，先后向福田法院、市中院提起行政诉讼，一审、二审均维持社保局的认定结论。

二、职业病的范围

按照2011年12月31日施行的《中华人民共和国职业病防治法》的规定，职业病是指企业、事业单位和个体经济组织等用人单位的劳动者在职业活动中，因接触粉尘、放射性物质和其他有毒、有害因素而引起的疾病。各国法律都有对于职业病预防方面的规定，一般来说，凡是符合法律规定的疾病才能称为职业病。

《中华人民共和国职业病防治法》规定的职业病必须具备四个条件：

（1）患病主体是企业、事业单位或个体经济组织的劳动者。

（2）必须是在从事职业活动的过程中产生的。

（3）必须是因接触粉尘、放射性物质和其他有毒、有害物质等职业病危害因素引起的。

（4）必须是国家公布的职业病分类和目录所列的职业病。

它包括十大类，分别是：

1）尘肺。有矽肺、煤工尘肺等。

2）职业性放射病。有外照射急性放射病、内照射亚急性放射病、外照射慢性放射病、内照射放射病等。

3）职业中毒。有铅及其化合物中毒、汞及其化合物中毒等。

4）物理因素职业病。有中暑、减压病等。

5）生物因素所致职业病。有炭疽、森林脑炎等。

6）职业性皮肤病。有接触性皮炎、光敏性皮炎等。

7）职业性眼病。有化学性眼部烧伤、电光性眼炎等。

8）职业性耳鼻喉疾病。有噪声聋、铬鼻病。

9）职业性肿瘤。有石棉所致肺癌、间皮癌，联苯胺所致膀胱癌等。

10）其他职业病。有职业性哮喘、金属烟热等。

三、工伤认定、职业病认定与劳动能力鉴定

1. 工伤认定

职工发生事故伤害或按照职业病防治法规定被诊断、鉴定为职业病，所在单位应当自事故伤害发生之日或被诊断、鉴定为职业病之日起30日内，向统筹地区社会保险行政部门提出工伤认定申请。遇有特殊情况，经报社会保险行政部门同意，申请时限可以适当延长。

用人单位未按规定提出工伤认定申请的，工伤职工或其近亲属、工会组织在事故伤害发生之日或被诊断、鉴定为职业病之日起1年内，可以直接向用人单位所在地统筹地区社会保险行政部门提出工伤认定申请。同时，用人单位未在规定的时限内提交工伤认定申请，在此期间发生符合规定的工伤待遇等有关费用由该用人单位负担。

提出工伤认定申请应当提交下列材料：

（1）工伤认定申请表。

（2）与用人单位存在劳动关系（包括事实劳动关系）的证明材料。

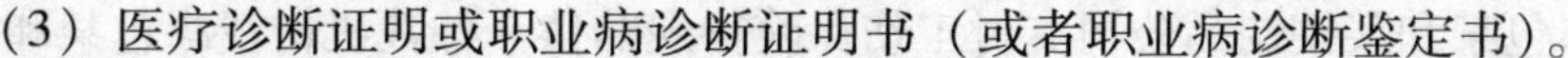

（3）医疗诊断证明或职业病诊断证明书（或者职业病诊断鉴定书）。

工伤认定申请表应当包括事故发生的时间、地点、原因及职工伤害程度等基本情况。

工伤认定申请人提供材料不完整的，社会保险行政部门应当一次性书面告知工伤认定申请人需要补正的全部材料。申请人按照书面告知要求补正材料后，社会保险行政部门应当受理。

社会保险行政部门收到工伤认定申请后，应当在15日内对申请人提交的材料进行审核，材料完整的，做出受理或不予受理的决定；材料不完整的，应当以书面形式一次性告知申请人需要补正的全部材料。社会保险行政部门收到申请人提交的全部补正材料后，应当在15日内做出受理或不予受理的决定。

社会保险行政部门决定受理的，应当出具“工伤认定申请受理决定书”；决定不予受理的，应当出具“工伤认定申请不予受理决定书”。

社会保险行政部门应当自受理工伤认定申请之日起60日内做出工伤认定决定，出具“认定工伤决定书”或“不予认定工伤决定书”。

“认定工伤决定书”应当载明的事项包括：

（1）用人单位全称。

（2）职工的姓名、性别、年龄、职业、身份证号码。

（3）受伤害部位、事故时间和诊断时间或职业病名称、受伤害经过和核实情况、医疗救治的基本情况和诊断结论。

（4）认定工伤或视同工伤的依据。

（5）不服认定决定申请行政复议或提起行政诉讼的部门和时限。

（6）做出认定工伤或视同工伤决定的时间。

“不予认定工伤决定书”应当载明的事项包括：

（1）用人单位全称。

（2）职工的姓名、性别、年龄、职业、身份证号码。

（3）不予认定工伤或不视同工伤的依据。

（4）不服认定决定申请行政复议或提起行政诉讼的部门和时限。

（5）做出不予认定工伤或不视同工伤决定的时间。

“认定工伤决定书”和“不予认定工伤决定书”应当加盖社会保险行政部门工伤认定专用印章。

社会保险行政部门对于事实清楚、权利与义务明确的工伤认定申请，应当自受理工伤认定申请之日起15日内做出工伤认定决定。

社会保险行政部门应当自工伤认定决定做出之日起20日内，将“认定工伤决定书”或“不予认定工伤决定书”送达受伤害职工（或者其近亲属）和用人单位，并抄送社会保险经办机构。

案例：包某承包了某钢制品公司的业务，双方签订“安全生产责任状”，按月结算相关费用。包某雇用吴某，吴某的工作由包某管理，工资由包某发放。2009年8月，吴某在市省道由北向南行驶时与邱某发生交通事故，邱某、吴某相继死亡。2011年5月，市人社部门做出吴某为工亡的决定，某钢制品公司不服，申请行政复议后又提起行政诉讼，法院判决维持人社部门做出的工伤决定。因包某、某钢制品公司均未支付工伤赔偿费用，吴某的妻子钱某申请仲裁，要求包某和某钢制品公司支付工伤保险待遇赔偿。仲裁机构裁决包某和某钢制品公司连带承担赔偿责任。包某不服，诉至法院，请求判决其不承担对吴某工伤待遇赔偿的连带责任。法院认为，某钢制品公司实行承包经营，实际用工的包某不具备用工资格，包某违反规定招用劳动者，劳动者在工作过程中发生伤亡的，由某钢制品公司承担工伤保险责任，包某对此承担连带责任，遂判决驳回包某的诉讼请求。

【法官点评】对于企业经常采用的承包经营方式，《江苏省实施工伤保险条例办法》第三十条规定：用人单位实行承包经营，使用劳动者的承包人不具备用人单位资格，由具备用人单位资格的发包人承担工伤保险责任。《劳动合同法》第九十四条规定：个人承包经营违反规定招用劳动者，给劳动者造成损害的，发包的组织与个人承包经营者承担连带责任。这意味着，如果劳动者在工作过程中发生伤亡被认定为工伤的，企业不得以与劳动者之间没有劳动关系为借口而不承担工伤保险待遇赔偿责任，同时，作为实际用工的个人承包经营者，其是劳动者的真正雇主，当然也责无旁贷地应当对劳动者的工伤保险待遇与企业一起承担连带赔偿责任。（资料来源：江苏法院网）

案例：李某系某新型材料公司的员工，该公司未为李某办理工伤保险。2012 年 3 月 8 日 4：50 左右，李某在切割机西边挂钩区清理垃圾时，被从行车上脱落的铁模框砸伤，后经救治无效死亡。2012 年 6 月 24 日，人社部门出具“工伤认定决定书”，认定李某受到的事故伤害为工伤。李某的丈夫刘某诉至法院，请求判令该新型材料公司赔付李某的工伤保险待遇。在案件审理期间，公司辩称李某于 2012 年 3 月 8 日因工受伤，而公司现所有人是在 2012 年 6 月 1 日从原法定代表人处接手的，故对之前发生的事情并无责任。法院认为，用人单位变更名称、法定代表人、主要负责人等事项，不影响工伤保险责任承担，遂判决支持刘某的诉讼请求。

【法官点评】企业的法定代表人或股东发生变更，只是其内部的组织结构发生了变化，并不影响企业对外民事责任的承担。因此，我国《劳动合同法》第三十三条规定：“用人单位变更名称、法定代表人、主要负责人或投资人等事项，不影响劳动合同的履行。”企业现在的法定代表人或股东如果以争议的事件发生在其接手之前为由，主张不对劳动者承担用工责任，是不会得到法院的支持。收购过程中除应当对公司的财产、股权进行谨慎的评估外，还需注意劳动用工风险方面的调查，否则，盲目地收购可能会导致自己承担意想不到的责任。（资料来源：江苏法院网）

案例：某纺织公司系经依法核准登记设立的企业法人，其住所位于被告广东省佛山市禅城区劳动和社会保障局辖区内。邓某与纺织公司存在事实劳动关系。2006 年 4 月 24 日，邓某在纺织公司擅自增设的经营场所内操作机器时左手中指被机器压伤，经医院诊断为“左中指中节闭合性骨折、软组织挫伤、肌腱断裂”。7 月 28 日，邓某在不知情的情况下向被告申请工伤认定时，列纺织厂为用人单位。被告以纺织厂不具有用工主体资格、不能与劳动者形成劳动关系为由不予受理其工伤认定申请。邓某后通过民事诉讼途径最终确认与其存在事实劳动关系的用人单位是纺织公司。2008 年 1 月 16 日，邓某以纺织公司为用人单位向被告申请工伤认定，被告于 1 月 28 日出具“工伤认定决定书”，认定邓某于 2006 年 4 月 24 日所受到的伤害为工伤。2008 年 3 月 24 日，纺织公司经工商行政管理部门核准注销。邹某作为此纺织公司的法定代表人于 2009 年 3 月 10 日收到该工伤认定决定书后不服，向佛山市劳动和社会保障局申请行政复议，复议机关维持该工伤认定决定。邹某仍不服，向佛山市禅城区人民法院提起行政诉讼。广东省佛山市禅城区人民法院判决维持被告出具的“工伤认定决定书”。宣判后，邹某不服，向广东省佛山市中级人民法院提起上诉。

裁判结果：法院经审理认为，因某纺织公司未经依法登记即擅自增设营业点从事经营活动，故2006年7月28日邓某在不知情的情况下向禅城劳动局申请工伤认定时，错列此纺织公司为用人单位并不存在主观过错。另外，邓某在禅城劳动局以纺织公司不具有用工主体资格、不能与劳动者形成劳动关系为由不予受理其工伤认定申请并建议邓某通过民事诉讼途径解决后，才由生效的民事判决最终确认与其存在事实劳动关系的用人单位是纺织公司。故禅城劳动局2008年1月16日收到邓某以纺织公司为用人单位的工伤认定申请后，从《工伤保险条例》切实保护劳动者合法权益的立法目的考量，认定邓某已在1年的法定申请时效内提出过工伤认定申请，是因存在不能归责于其本人的原因而导致其维护合法权益的时间被拖长，受理其申请并做出是工伤的认定决定，程序并无不当。被告根据其认定的事实使用法规正确。依照行政诉讼法的规定，判决维持被告出具的“工伤认定决定书”。

注：此案例来源于2014年8月21日《工人日报》(06版)。

2. 职业病认定

根据卫生部［1998］卫字第70号文件精神，职业病确认程序为：

(1) 职业病报告实行以地方为主逐级上报的办法，不论是隶属国务院各部门还是地方的企业、事业单位发生的职业病，一律由所在地区的卫生监督机构统一汇总上报。

(2) 地方各级卫生行政部门相应的劳动卫生职业病防治院（所）或卫生防疫机构（以下简称“卫生监督机构”）负责职业病报告工作，被确定的单位应设专职或兼职人员负责具体工作。

(3) 急性职业病由最初接诊的任何医疗卫生机构在24小时之内向患者单位所在地的卫生监督机构发出“职业病报告卡”。

(4) 凡有死亡或同时发生3名以上急性职业中毒及发生1名职业性炭疽时，接诊的院疗机构应立即电话报告患者所在地卫生监督机构并及时发出报告卡。卫生监督机构在接到报告后经报卫生部，立即赴现场，会同劳动部门、工会组织、事故发生单位及其主管部门，调查分析发生原因，并填写“职业病现场劳动卫生学调查表”，报送统计卫生行政部门和上一级卫生监督机构，同时抄送当地劳动行政部门、企业主管部门和工会组织。

(5) 尘肺病、慢性职业中毒和其他慢性职业病由各级卫生行政部门授有职业病诊断权的单位和诊断组负责报告，并在15天内将其报送患者单位所在地的卫生监督机构。

(6) 尘肺病患者死亡后，由死者所在单位填写“尘肺病报告卡”，在15日内报送给所在地的卫生监督机构。

(7) 凡有尘、毒危害的企事业单位，必须在年底以前向所在地的卫生监督机构报告当年度生产环境有害物质浓度测定和工人健康体检情况。

(8) 省、自治区、直辖市卫生监督机构应于每季度后的20天内，将本地区上季度的“职业病季报表”报中国预防医学科学院劳动卫生与职业病研究所；次年2月底，将本地区上一年度的“尘肺病年报表”“生产环境有害物质浓度测定年报表”“有害作业工人健康检查年报表”报该所。上述报表应同时抄报省、自治区、直辖市卫生、劳动厅（局）和总工会。

职业病诊断鉴定书应当包括以下内容：

（1）劳动者、用人单位的基本情况及鉴定事由。

（2）参加鉴定的专家情况。

（3）鉴定结论及其依据。如果为职业病，应当注明职业病名称和程度（期别）。

（4）鉴定时间。

参加鉴定的专家应当在鉴定书上签字，鉴定书加盖职业病诊断鉴定委员会印章。

当事人对职业病诊断有异议的，可在接到职业病诊断证明书之日起30日内，向做出诊断的医疗卫生机构所在地设区的市级卫生行政部门申请鉴定。设区的市级卫生行政部门组织的职业病诊断鉴定委员会负责职业病诊断争议的首次鉴定。当事人对设区的市级职业病诊断鉴定委员会的鉴定结论不服的，在接到职业病诊断鉴定书之日起15日内，可以向原鉴定机构所在地省级卫生行政部门申请再鉴定。省级职业病诊断鉴定委员会的鉴定为最终鉴定。

3. 劳动能力鉴定

劳动能力鉴定是指劳动功能障碍程度和生活自理障碍程度的等级鉴定。企业职工在发生工伤，经治疗伤情相对稳定后存在残疾、影响劳动能力的，应当进行劳动能力鉴定。

劳动能力鉴定的标准是劳动能力鉴定时所依据的尺度，是确定工伤职工伤残等级的标准。至2014年，中国实施的工伤职工劳动能力鉴定标准是2006年国家发布的《职工工伤与职业病致残程度鉴定》（GB/T 16180—2006），这是工伤鉴定的国家标准。劳动功能障碍分为十个伤残等级，最重的为一级，最轻的为十级。生活自理障碍分为三个等级：生活完全不能自理、生活大部分不能自理和生活部分不能自理。对于职工非因工伤残或因病丧失劳动能力后的劳动能力鉴定，是以《职工非因工伤残或因病丧失劳动能力程度鉴定标准（试行）》（劳社部发〔2002〕8号）作为劳动能力鉴定的标准。

劳动能力鉴定标准由国务院社会保险行政部门会同国务院卫生行政部门等部门制定。

劳动能力鉴定由用人单位、工伤职工或其近亲属向设区的市级劳动能力鉴定委员会提出申请，并提供工伤认定决定和职工工伤医疗的有关资料。

省、自治区、直辖市劳动能力鉴定委员会和设区的市级劳动能力鉴定委员会分别由省、自治区、直辖市和设区的市级社会保险行政部门、卫生行政部门、工会组织、经办机构代表及用人单位代表组成。

设区的市级劳动能力鉴定委员会收到劳动能力鉴定申请后，应当从其建立的医疗卫生专家库中随机抽取3名或5名相关专家组成专家组，由专家组提出鉴定意见。设区的市级劳动能力鉴定委员会根据专家组的鉴定意见做出工伤职工劳动能力鉴定结论；必要时，可以委托具备资格的医疗机构协助进行有关的诊断。

设区的市级劳动能力鉴定委员会应当自收到劳动能力鉴定申请之日起60日内做出劳动能力鉴定结论，必要时，做出劳动能力鉴定结论的期限可以延长30日。劳动能力鉴定结论应当及时送达申请鉴定的单位和个人。

申请鉴定的单位或个人对设区的市级劳动能力鉴定委员会做出的鉴定结论不服的，可以在收到该鉴定结论之日起15日内向省、自治区、直辖市劳动能力鉴定委员会提出再次鉴定申请。省、自治区、直辖市劳动能力鉴定委员会做出的劳动能力鉴定结论为最终结论。

自劳动能力鉴定结论做出之日起1年后，工伤职工或其近亲属、所在单位或经办机构认为伤残情况发生变化的，可以申请劳动能力复查鉴定。

我国工伤保险申报与认定流程如图 7-1 所示。

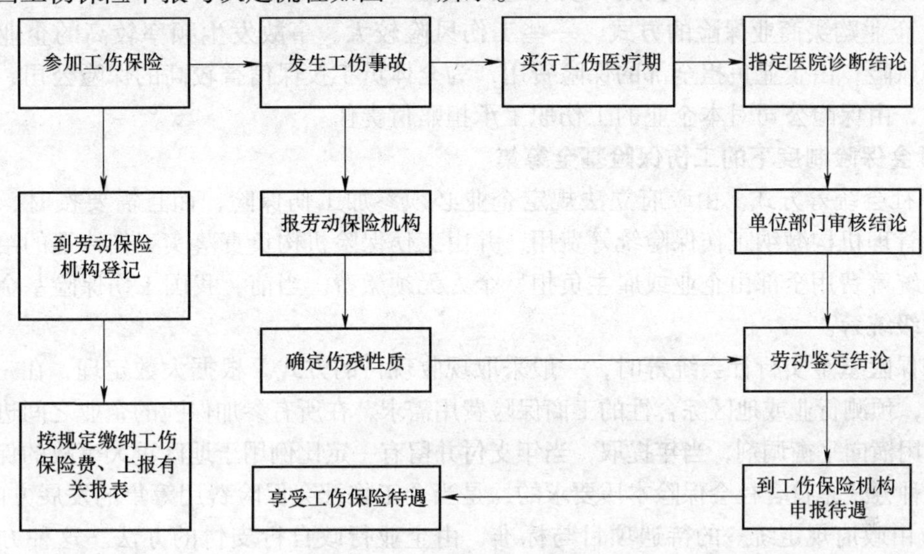

图 7-1　工伤保险申报与认定流程

第三节　工伤社会保险基金

工伤社会保险基金是当职工在工作岗位上和工作过程中因发生意外事故或因患职业病而导致负伤、致残、死亡时用于支付保险费用的一种保险基金。在我国，工伤社会保险基金主要用于支付职工的工伤医疗费、护理费、伤残补助金、供养亲属抚恤金、一次性工亡补助金等工伤社会保险的待遇。此外，还用于事故预防费、职业病康复费用、安全奖励金、宣传和科研费、工伤保险经办机构管理费、劳动鉴定委员会办公经费等。

与其他社会保险基金比较，工伤社会保险基金的特点是：

（1）职工个人不负担任何费用，完全由其所在单位负担。

（2）基金提取比率不求整齐划一，根据不同行业、不同工种和不同的工作条件，按大数法则分别确定。

（3）工伤事故具有突发性，难以预测，因此保险基金应留有必要的储备，用于统筹地区重大事故的工伤保险待遇支付。

在我国，工伤社会保险基金由下列项目构成：用人单位缴纳的工伤保险费、工伤保险基金的利息、依法纳入工伤保险基金的其他资金。

一、工伤社会保险基金统筹的方式

目前，由于世界的工伤保险存在雇主责任制和社会保险制两大类型，因此，工伤保险基金的筹集也存在两种不同的思路。

1. 雇主责任制下的工伤保险基金筹集

雇主责任制下，各企业要分别承担自己企业员工的工伤风险及赔偿责任。企业通常有如下两种做法：

（1）企业自担方式。由企业在政府原则指导下，根据自身的经济赔付能力，自行确定待遇给付标准、自行负担所需费用，政府进行监督。

（2）企业购买商业保险的方式。一些工伤风险较大、事故发生频率较高的企业，为了转移工伤风险，由企业负担全部的保险费用，为全体员工投保信誉较高的保险公司，工伤事故发生时，由保险公司对本企业的工伤职工承担赔付责任。

2. 社会保险制度下的工伤保险基金筹集

（1）社会统筹方式。由政府立法规定企业必须参加工伤保险，而且需要按时、足额向社会保险管理机构缴纳工伤保险统筹费用，并由工伤保险机构负责落实工伤待遇的给付。企业应缴的统筹费用全部由企业或雇主负担，个人无须缴费。当前，我国工伤保险基金正在逐步实行省级统筹。

工伤保险基金实行社会统筹时，一般采取现收现付的方式。根据大数定理，在一定的统筹范围内，预测行业或地区综合性的工商保险费用需求，在所有参加保险的企业之间进行合理分配。费用横向平衡调剂，当年提取，当年支付并留有一定比例用于地区重大事故的保险待遇支付。这种方式是符合社会保险本质要求的，是当今工伤社会保险费用筹集的发展方向。

（2）由政府规定统一的待遇项目与标准，由企业行政自行支付的办法。这种方法不同于雇主责任制的地方在于给付项目和标准由政府统一规定，企业无权更改，也不能向商业保险公司“再投保”。所需开支费用由企业全部负担，计入成本，职工个人不缴费。

20 世纪 50 年代，我国的工伤保险费用采取综合基金的模式，由企业按一定比例向主管部门上缴“总基金”，用于各项保险之间的调剂，但支付仍由企业直接负责。目前，工伤保险基金按以支定收、收支基本平衡的原则由当地社会保险机构统一筹集。我国工伤保险基金正在逐步实行省级统筹。对于一些跨地区、生产流动性较大的行业，可以采取相对集中的方式异地参加统筹地区的工伤保险。

目前，我国由用人单位向工伤保险基金按时缴纳工伤保险费。职工个人不缴纳工伤保险费。用人单位缴纳工伤保险费的数额为本单位职工工资总额乘以单位缴费费率之积。

案例：2011 年 3 月 23 日起，匡某到重庆某劳务公司承建的某工业园区巴福东风小康三号车间从事木工工作，双方未签订劳动合同，原告未参加工伤保险。同年 5 月 10 日 6：30 左右，匡某上班支模时，不慎从钢管架上坠落受伤，后被依法认定为工伤。

用人单位未为职工办理工伤保险登记，劳动者被认定为工伤向社会保险经办机构申请先行支付工伤保险待遇，法院是否支持？

法院判决：重庆市第五中级人民法院做出维持原判的二审行政判决，认定用人单位未缴纳工伤险且不支付工伤保险待遇的由工伤保险基金先行支付，再向用人单位追偿，判决被告重庆市江津区医疗保险中心审核并发放原告匡某应获得的工伤保险待遇。

【法官说法】《中华人民共和国社会保险法》第四十一条规定：“职工所在用人单位未依法缴纳工伤保险费，发生工伤事故的，由用人单位支付工伤保险待遇。用人单位不支付的，从工伤保险基金中先行支付。从工伤保险基金中先行支付的工伤保险待遇应当由用人单位偿还。用人单位不偿还的，社会保险经办机构可以依照本法第六十三条的规定追偿。”

（资料来源：中国法院网）

案例：皮某 2011 年 1 月 1 日入职江海区某物流公司，合同期限自 2011 年 1 月 1 日至 2012 年 12 月 31 日，约定月工资为 969 元，参加了社会保险。2011 年 6 月 20 日，皮某在送货途中发生交通事故，在医院住院治疗37天，同年7月27日出院，休息一个月后上班，某物流公司支付了皮某住院期间工资，皮某没有对停工留薪期进行认定。皮某于2012年10月8日至11月8日第二次入医院治疗，住院期间，某物流公司向皮某发放了工资，皮某第二次出院后一直没有上班。2011年8月5日，皮某所受伤被认定为工伤，2013年3月11日，劳动能力鉴定复查为伤残等级九级。皮某2011年1—5月平均工资为2020元，而某物流公司以1215元作为皮某月工资标准缴纳工伤保险费。皮某认为某物流公司没有足额缴纳社保，导致其享受的工伤待遇降低，皮某申请劳动仲裁，要求某物流公司支付一次性伤残就业补助金及一次性伤残补助金、一次性工伤医疗补助金的差额。

案例点评：皮某的伤残等级为九级，如果双方解除或终止劳动关系，《广东省工伤保险条例》第三十四条、第六十六条规定，皮某可以享受的工伤待遇包括由工伤保险基金支付一次性伤残补助金（9个月的本人工资）和一次性工伤医疗补助金（2个月的本人工资），由某物流公司支付一次性伤残就业补助金（8个月的本人工资）。皮某受伤前的月平均工资为2020元，而某物流公司仅按1215元的标准为皮某缴纳工伤保险费，因而工伤保险基金核发的工伤待遇与按皮某发生工伤前12个月平均工资计算的工伤待遇存在差额。《广东省工伤保险条例》第五十八条规定：用人单位少报职工工资，未足额缴纳工伤保险费，造成工伤职工享受的工伤保险待遇降低的，工伤保险待遇差额部分由用人单位向工伤职工补足。由于某物流公司未如实申报皮某的实际工资额，因此某物流公司除要支付一次性伤残就业补助金外，还要承担工伤待遇差额部分。

二、工伤保险费率的确定

目前，各国工伤保险主要存在三种费率确定机制：①差别费率机制。通过行业差别费率和企业浮动费率，将行业和企业的缴费费率与其工伤风险相关联。约有41%的国家采用这种费率机制，如德国、日本、加拿大和我国。②统一费率机制。按照法定统筹范围内预测基金支出的需求制定出平均工伤保险费率，企业都按照这一比例缴费。有37%的国家采用这种方法，如瑞典、以色列、埃及、巴西等。③市场调节费率机制，即利用市场原则，由雇主与有资质的保险机构协商确定保险费率，如丹麦、葡萄牙等国工伤保险费率的确定。

在我国，国家根据不同行业的工伤风险程度确定行业的差别费率，并根据工伤保险费使用、工伤发生率等情况在每个行业内确定若干费率档次。行业差别费率及行业内费率档次由国务院社会保险行政部门制定，报国务院批准后公布施行。

同时，工伤保险统筹地区经办机构根据用人单位工伤保险费使用、工伤发生率等情况，适用所属行业内相应的费率档次确定单位缴费费率。

国务院社会保险行政部门则定期了解全国各统筹地区工伤保险基金收支情况，及时提出调整行业差别费率及行业内费率档次的方案，报国务院批准后公布施行。

（一）工伤保险的行业差别费率

1. 工伤保险行业风险分类方式

德国是通过在行业内部划分风险组的方法来实现行业风险分类的，共划分成40个风险组。日本根据工伤历史数据将全国8大产业共划分了51个行业风险类别。加拿大的安大略省，将省内行业划分为27个大类，再细划分出109个行业风险类别。我国台湾省将全省行业分为16大类，细化为61个行业风险类别。

我国《关于工伤保险费率问题的通知》（劳社部发［2003］29号）对行业划分、费率确定和费率浮动做出规定：根据不同行业的工伤风险程度，参照《国民经济行业分类》（GB/T 4754—2002），将行业划分为三个类别：第一类为风险较小行业（如银行业、证券业等）；第二类为中等风险行业（如房地产业、铁路运输业等）；第三类为风险较大行业（如石油加工业、煤炭开采业等）。

2. 行业差别费率档次

德国共有380个差别费率档次，日本有51个，加拿大的安大略省和魁北克省分别有109个和321个，我国台湾省有61个。我国政策规定，参保单位工伤保险缴费费率按不同的行业确定，初次缴费费率按行业基准费率执行。其中，机关为0.25%；企事业单位、一类行业为0.5%；二类行业为1%；三类行业为2%；

3. 行业基准费率确定的方法和调整周期

德国行业基准费率确定办法：一是国家研究出确定费率的科学思路和计算办法，各同业公会根据计算办法结合本公会企业的历史统计数据，确定本同业公会的有关费率值；二是基准费率每年根据基金实际需求做小调整，每3~6年做大调整。日本行业基准费率调整周期为三年，调整依据是前三年各行业的保险收支和工伤事故发生情况，在“以支定收”的原则下调整。我国台湾省行业基准费率至少每三年调整一次，主要依据前三年行业工伤保险给付总额和应缴工伤保险费总额情况。

4. 我国工伤保险的行业差别费率

我国是根据不同行业的工伤风险程度确定行业的差别费率，并根据工伤保险费使用、工伤发生率等情况在每个行业内确定若干费率档次的。行业差别费率及行业内费率档次由国务院社会保险行政部门制定，报国务院批准后公布施行。同时规定，国务院社会保险行政部门应当定期了解全国各统筹地区工伤保险基金收支情况，及时提出调整行业差别费率及行业内费率档次的方案，报国务院批准后公布施行。

例如，我国湖南省2012年省本级参保单位的工伤保险基准费率的标准是：用人单位属一类行业的，工伤保险基准费率为1%；用人单位属二类行业的，工伤保险基准费率为2%；用人单位属三类行业的，工伤保险基准费率为3%。再如，我国常州市自2014年1月1日起，市本级工伤保险基准费率调整为：一类行业0.8%；二类行业1.6%；三类行业2.4%。

（二）工伤保险浮动费率

1. 确定工伤保险费率浮动的方法

世界各国一般采用“奖罚并用”的方式，即对实际风险值较小或过大的企业分别实行费率的下浮或上浮。例如，日本、加拿大、德国的部分同业公会都采用了这种形式。

2. 工伤保险费率浮动的具体依据

大多数国家和地区以支缴率（指企业在一个特定的观察期内实际享受的工伤保险数额与该企业同期缴纳的工伤保险费数额的比率）为费率浮动依据，如日本、加拿大、德国的部分同业公会。也有部分国家和地区以企业在一个特定的观察期内所发生的工伤事故的数量或事故的严重程度或支缴率等复合因素作为浮动费率确定依据。

3. 工伤保险费率浮动档次、幅度和周期

例如，德国费率浮动的最大幅度为基准费率的30%，加拿大安大略省为15%。日本对于从事连续性生产的企业，在行业基准费率的基础上可上、下各浮动8档，上、下最大浮动幅度均为40%；对于有限期事业，按30%的幅度调整其缴费额。

德国、加拿大均每年调整一次浮动费率，日本为三年浮动一次。

北京市规定，用人单位属一类行业的，按行业基准费率缴费，不实行费率浮动。用人单位属二、三类行业的，费率实行浮动。用人单位的初次缴费费率按行业基准费率确定，以后由统筹地区社会保险经办机构根据用人单位工伤保险费使用、工伤发生率、职业病危害程度等因素，1~3年浮动一次。在行业基准费率的基础上，可上、下各浮动两档：上浮第一档到本行业基准费率的120%，上浮第二档到本行业基准费率的150%；下浮第一档到本行业基准费率的80%，下浮第二档到本行业基准费率的50%。费率浮动的具体办法由各统筹地区社会保险行政部门会同财政、卫生、安全监管部门制定。

案例：朱某原系某国有企业员工，由于企业改制，朱某与该企业签订了保留劳动关系至退休的协议。之后，朱某被某投资公司聘用。在劳动合同履行期间，朱某于2011年4月7日在工作时突发疾病死亡。次日，投资公司作为甲方、朱某的丈夫陈某作为乙方签订了一份赔偿协议书。协议签订后，投资公司即向陈某支付了赔偿款8万元。2011年6月30日，工伤认定部门做出工伤认定：朱某在上述时间、地点突发疾病造成的死亡，视同为工伤。2011年10月14日，陈某向仲裁委申请仲裁，要求投资公司支付急救费410元、医药费1609元、丧葬补助金21312元、一次性工亡补助金382180元。12月16日，仲裁委裁决支持陈某的仲裁请求。投资公司不服，诉至法院。

法院认为，朱某系国有企业内退人员，其在内退期间与投资公司建立劳动关系，投资公司也应当为朱某缴纳工伤保险费。投资公司没有为朱某缴纳工伤保险费导致朱某遭受工伤保险待遇损失，对此应当承担赔偿责任。投资公司、陈某签订赔偿协议的时间在事发后次日，此时尚未进行工伤认定，陈某在签订该协议时可能对朱某的死亡是否属于工伤存在认识上的不足，而且协议约定的8万元赔偿款明显低于应得的工伤保险待遇，故应当认定陈某签订协议时存在重大误解、协议内容显失公平，投资公司应当依法给付工伤保险待遇。法院亦判决支持陈某的诉讼请求。

（资料来源：江苏法院）

三、工伤保险基金的管理

工伤保险费作为企业的一项成本，在企业税前提取，通过工伤保险立法筹集起来的工伤保险基金国家不征收税款。

目前，我国工伤保险基金存入社会保障基金财政专户，用于工伤职工的工伤保险待遇、劳动能力鉴定，工伤预防的宣传、培训等费用，以及法律、法规规定的用于工伤保险的其他费用的支付。其中，工伤预防费用的提取比例、使用和管理的具体办法，由国务院社会保险行政部门会同国务院财政、卫生行政、安全生产监督管理等部门规定。

我国规定，任何单位或个人不得将工伤保险基金用于投资运营、兴建或改建办公场所、发放奖金及挪作其他用途。保险基金应当留有一定比例的储备金，用于统筹地区重大事故的工伤保险待遇支付；储备金不足支付的，由统筹地区的人民政府垫付。储备金占基金总额的具体比例和储备金的使用办法由省、自治区、直辖市人民政府规定。

工伤保险经办机构按照协议和国家有关目录、标准对工伤职工医疗费用、康复费用、辅助器具费用的使用情况进行核查，并按时足额结算费用。经办机构应当定期公布工伤保险基金的收支情况，及时向社会保险行政部门提出调整费率的建议。社会保险行政部门依法对工伤保险费的征缴和工伤保险基金的支付情况进行监督检查。财政部门和审计机关依法对工伤保险基金的收支、管理情况进行监督。

第四节 工伤社会保险待遇

工伤保险待遇是指职工因工发生暂时或永久人身健康或生命损害的一种补救和补偿，其作用是使伤残者的医疗、生活有保障，使工亡者的遗属的基本生活得到保障。工伤保险待遇的高低及项目的多少，取决于国家或该地区的经济发展水平和人们的社会生活水平。

根据2011年国务院关于修改《工伤保险条例》的决定："中华人民共和国境内的企业、事业单位、社会团体、民办非企业单位、基金会、律师事务所、会计师事务所等组织的职工和个体工商户的雇工，均有依照本条例的规定享受工伤保险待遇的权利。"同时，公务员和参照公务员法管理的事业单位、社会团体的工作人员因工作遭受事故伤害或患职业病的，由所在单位支付费用。具体办法由国务院社会保险行政部门会同国务院财政部门规定。

一、工伤社会保险待遇的种类

国际劳工组织对工伤保险待遇有一些约定规定，具体待遇包括：

（1）工伤医疗费用、矫形设备供应和维修费用。这些费用都由工伤保险基金支出，个人免费，而且不限制医疗期。但实行雇主责任制的国家和一些发展中国家还难以达到这个标准，费用限制的办法较多。

（2）暂时丧失劳动能力津贴。伤者正处医疗期，尚未鉴定劳动能力丧失的程度，在这一期间支付的生活待遇称为暂时丧失劳动能力津贴。暂时丧失劳动能力津贴是一种短期待遇，多数国家支付原工资的60%～75%，也有些国家支付100%。例如法国，最初的28天支付补助费为收入的50%，此后，支付收入的66%。意大利规定，受伤开始90天，支付收入的60%，此后支付75%，不过这些费用需要在3天等待期后支付。瑞士受伤工人需要等待2天后支付，补助金为收入的80%。1952年，国际劳工组织发布的102号公约规定伤者领取暂时丧失劳动能力津贴要有一个等待期，最低保障为工资的50%。1964年，《工伤补偿公约》（121号）规定不需要等待期，最低保障提高到工资的60%。暂时丧失劳动能力津贴，支付期限一般为26～52周。例如：英国最多支付26周；荷兰也最多支付26周，但可延长到39周；而泰国支付时间比较长，补助金最长支付52周。

（3）永久完全丧失劳动能力津贴。这项待遇是给经鉴定为永久完全丧失劳动能力的伤者支付的津贴，有伤残抚恤金或伤残年金，属工伤长期待遇。多数国家支付的标准为工资的66%～75%，需要护理的一般都规定加发护理费。例如：瑞士支付长期护理补助金为收入的30%；法国对永久伤残需要长期护理的，补助金为残废补助金的40%；意大利对需要长期护理的，补助金为每月49600里拉，每两年调整一次。实行雇主责任制的国家，一般给予一次性抚恤待遇，最高为4年工资。

（4）永久部分丧失劳动能力津贴。这项待遇是给经鉴定为轻度伤残的伤者支付的待遇。待遇标准取决于伤者的伤残程度，依据伤残程度按比例减少津贴标准。对于伤残程序达到一定界限以上的伤者定期支付，对于伤残程序达到一定界限以下的伤者按照伤残程度做一次性支付。英国规定：如果残废程度为20%～90%，一周支付8.9～39.9英镑。如果伤残程度为1%～19%，则发给一次性补助金，金额为2950英镑。法国规定：伤残程度为10%～50%，支付补助金为收入损失部分的1/2；如果伤残程度低于10%，则发给一次性补助金。丹麦规定：如果伤残程度为50%～99%，按丧失工作能力的比例计算全额年金；如果伤残程度为5%～49%，折算部分补助金，每年支付一次；年满67岁时，补助金停止逐年支付，改为一次性支付2年的补助金。

（5）死亡待遇。此项待遇一般除丧葬费外还有遗属抚恤金或遗属津贴（寡妇鳏夫补助金、孤儿补助金及父母补助金）。实行社会保险制度的国家，遗属抚恤金包括一次性抚恤金和定期抚恤金两部分。例如意大利，配偶领取的补助金为死亡者收入的50%，每个18岁以下的孤儿领取的补助金为死亡者收入的20%，父母双亡的孤儿领取的补助金为死亡者收入的40%，父母（如无上述亲属）二人领取的补助金为死亡者收入的20%。法国的标准是：遗孀领取的补助金为死亡者收入的30%；如果遗孀年满55岁或遗孀为伤残者，领取的补助金则为死亡者的50%；未满16周岁（失业者17周岁，学徒工18周岁，残疾者20周岁）者，死亡者的前两个子女每人领取的补助金为死亡者收入的15%，其余子女每人领取的补助金为死亡者收入的10%；父母双亡的孤儿，每人领取的补助金为死亡者收入的20%；其他供养亲属领取的补助金为死亡者收入的10%。实行雇主责任制的国家均支付一次性待遇，一般不少于死者生前三年工资的收入。遗属定期抚恤金按照死者生前供养人口、工资标准等情况给付，标准为死者生前工资收入一定比例。国际劳工组织发布的《工伤补偿公约》（121号）规定，一个标准家庭（夫妻加两个子女）最低补偿标准为死者生前工资收入的60%。

一般说来，工伤社会保险的待遇给付不限制最低投保年限、缴纳保险费的年限及就业时间。凡是符合规定的被保险人，自投保之日起，均有享受工伤社会保险的资格。

二、我国工伤社会保险待遇

根据2011年《国务院关于修改〈工伤保险条例〉的决定》及有关法律法则，我国工伤社会保险待遇包括：

（一）工伤医疗待遇

根据《工伤保险条例》第五章“工伤保险待遇”的规定，工伤保险待遇有以下类型：

1. 医疗康复待遇

医疗康复待遇包括工伤治疗及相关补助待遇，康复性治疗待遇，人工器官、矫形器等辅助器具的安装、配置待遇等。

我国《工伤保险条例》中规定：治疗工伤所需费用符合工伤保险诊疗项目目录、工伤保险医药目录、工伤保险住院服务标准的，从工伤保险基金支付。其中，工伤保险诊疗项目目录、工伤保险医药目录、工伤保险住院服务标准，由国务院社会保险行政部门会同国务院卫生行政部门、药品监督管理部门等部门规定。

例如，我国规定，工伤职工因日常生活或就业需要，经劳动能力鉴定委员会确认，可以安装假肢、矫形器、假眼、假牙和配置轮椅等辅助器具，所需费用按照国家规定的标准从工伤保险基金支付。

再如，我国规定，工伤职工到签订服务协议的医疗机构进行工伤康复的费用，符合规定的，从工伤保险基金支付。

2. 停工留薪期待遇

职工因工作遭受事故伤害或患职业病需要暂停工作接受工伤医疗的，享受停工留薪期。在停工留薪期内，原工资福利待遇不变，由所在单位按月支付。停工留薪期一般不超过12个月。伤情严重或情况特殊的，经市级劳动能力鉴定委员会确认，可以适当延长，但延长期不得超过12个月。工伤职工评定伤残等级后，停发原待遇，按照规定享受伤残待遇。工伤职工在停工留薪期满后仍需治疗的，继续享受工伤医疗待遇。生活不能自理的工伤职工在停工留薪期需要护理的，由所在单位负责。

案例：2014年3月2日，宋某入职某建材厂，签订劳动合同至2015年3月2日。3月18日，宋某工作时受伤，后认定为工伤，经鉴定为九级伤残。9月2日，双方解除劳动关系。

宋某多次与建材厂协商工伤补偿事宜，未达成一致意见，随后向工会申请法律援助。工会指派律师帮他维权，向劳动仲裁委员会申请仲裁，要求单位支付工伤待遇。

处理结果：经调解，建材厂向宋某支付一次性伤残医疗补助金、一次性伤残就业补助金、停工留薪期间工资共计9万元。

案件评析：本案的难点是如何确定停工留薪期的待遇。停工留薪期是指职工因工作遭受事故伤害或患职业病，需要暂停工作接受工伤医疗，并依法享受原工资福利待遇的期间。《工伤保险条例》第三十三条第一款规定：职工因工作遭受事故伤害或患职业病，需要暂停工作接受工伤医疗的，在停工留薪期内，原工资福利待遇不变，由所在单位按月支付。

本案中，职工宋某在2014年3月18日因工受伤，当日至5月30日期间住院治疗，8月18日医疗终结时伤情痊愈，由此可以确定其停工留薪期工资3万元。由于宋某是3月2日才入职的，虽刚上班十来天就发生工伤，建材厂也要支付医疗费及停工留薪期的工资。

法律关于停工留薪期的规定旨在保障工伤职工接受工伤医疗，恢复身体健康和劳动能力的权利。但在实践中，用人单位与工伤职工基于自身利益考虑，经常无法就停工留薪期的长短、待遇多少达成一致意见，职工申请维权后，劳动仲裁委员会或法院会根据工伤职工受伤的部位和程度，结合工伤医疗服务机构出具的诊断证明或医事证明书，酌情认定工伤职工停工留薪期，但一般不超过12个月。

（资料来源：劳动法库）

（二）工伤伤残待遇

工伤伤残待遇是指职工发生工伤由社会保险行政部门认定工伤并经劳动能力鉴定委员会鉴定伤残等级后享受的一种工伤待遇。该待遇不同于工伤医疗待遇，主要包括一次性伤残补助金、伤残津贴、解除或终止劳动关系享有的一次性工伤医疗补助金和伤残就业补助金等。

根据《工伤保险条例》规定，工伤伤残待遇分为一级至四级伤残待遇，五级与六级伤残待遇，七级至十级伤残待遇三个层次。具体规定如下：

1. 工伤职工被鉴定为一级至四级享有的伤残待遇

《工伤保险条例》第三十五条规定：职工因工致残被鉴定为一级至四级伤残的，保留劳动关系，退出工作岗位，享受以下待遇：

（1）从工伤保险基金按伤残等级支付一次性伤残补助金，标准为：一级伤残为27个月的本人工资，二级伤残为25个月的本人工资，三级伤残为23个月的本人工资，四级伤残为21个月的本人工资。

（2）从工伤保险基金按月支付伤残津贴，标准为：一级伤残为本人工资的90%，二级伤残为本人工资的85%，三级伤残为本人工资的80%，四级伤残为本人工资的75%。伤残津贴实际金额低于当地最低工资标准的，由工伤保险基金补足差额。

（3）工伤职工达到退休年龄并办理退休手续后，停发伤残津贴，享受基本养老保险待遇。基本养老保险待遇低于伤残津贴的，由工伤保险基金补足差额。

职工因工致残被鉴定为一级至四级伤残的，由用人单位和职工个人以伤残津贴为基数，缴纳基本医疗保险费。

2. 工伤职工被鉴定为五级与六级享有的伤残待遇

职工因工致残被鉴定为五级、六级伤残的，享受以下待遇：

（1）从工伤保险基金按伤残等级支付一次性伤残补助金，标准为：五级伤残为18个月的本人工资，六级伤残为16个月的本人工资。

（2）保留与用人单位的劳动关系，由用人单位安排适当工作。难以安排工作的，由用人单位按月发给伤残津贴，标准为：五级伤残为本人工资的70%，六级伤残为本人工资的60%，并由用人单位按照规定为其缴纳应缴纳的各项社会保险费。伤残津贴实际金额低于当地最低工资标准的，由用人单位补足差额。

经工伤职工本人提出，该职工可以与用人单位解除或终止劳动关系，由工伤保险基金支付一次性工伤医疗补助金，由用人单位支付一次性伤残就业补助金。一次性工伤医疗补助金和一次性伤残就业补助金的具体标准由省、自治区、直辖市人民政府规定。

3. 工伤职工被鉴定为七级至十级享有的伤残待遇

职工因工致残被鉴定为七级至十级伤残的，享受以下待遇：

（1）从工伤保险基金按伤残等级支付一次性伤残补助金，标准为：七级伤残为13个月的本人工资，八级伤残为11个月的本人工资，九级伤残为9个月的本人工资，十级伤残为7个月的本人工资。

（2）劳动、聘用合同期满终止，或者职工本人提出解除劳动、聘用合同的，由工伤保险基金支付一次性工伤医疗补助金，由用人单位支付一次性伤残就业补助金。一次性工伤医疗补助金和一次性伤残就业补助金的具体标准由省、自治区、直辖市人民政府规定。

案例：二十年前，牛某在工作期间滑倒被货物砸伤，后经鉴定，牛某伤残等级为七级。因仲裁委员会对牛某的工伤申请做出了不予受理案件通知书，原单位也拒绝给予工伤保险待遇，牛某愤而将单位告上法庭。10月28日，河南省许昌市魏都区人民法院判决被告某药业有限公司支付原告牛某一次性伤残补助金、医疗费、工资等共计35397元。

法院审理查明，今年63岁的牛某系许昌市医药公司的职工，2003年该公司改制为某药业有限公司。1988年2月3日，牛某在工作中因搬运货物受伤引起咯血。在随后的几年中伤病多次复发。后牛某的病情经医院诊断为闭合性胸部压伤，细支气管破裂伤。1999年牛某因病不能上班，但工资仍继续发放。2000年4月到2003年9月，牛某被单位停发工资。2003年10月份开始单位每月向原告发160元（不含单位缴纳的社会保险金）。2006年5月16日，牛某被鉴定为七级伤残。牛某现已办理退休，从社会保险部门领取退休金。2007年9月17日牛某向当地劳动仲裁委员会申请工伤劳动仲裁，该委做出不予受理案件通知书。牛某遂提起诉讼。

法院审理后认为，原告牛某作为原许昌市医药公司的职工在工作中受伤，当时公司已认可牛某为工伤。根据河南省劳动和社会保障厅豫劳社工伤（2005）4 号关于转发劳动和社会保障部《关于实施〈工伤保险条例〉若干问题的意见》的通知的第一条规定："职工 1996 年 10 月 1 日前因工作遭受事故伤害或患职业病，当时已经有关部门或单位确定为工伤，但未经劳动保障部门认定的，不再补办工伤认定手续，《工伤保险条例》实施后应继续按原规定享受有关工伤保险待遇。"原告牛某在 1988 年 2 月 3 日工作中所受伤害应属工伤。许昌市医药公司改制为某药业有限公司后，应由被告某药业有限公司承担本案民事责任。因此，判令某药业有限公司支付原告牛某一次性伤残补助金 15600 元、医疗费 3432 元、工资 16065 元、鉴定费 300 元等共计 35397 元，驳回原告其他诉讼请求。

注：此案例来自中国法院网。

（三）职工因公死亡待遇

职工因工死亡，其直系亲属按照下列规定从工伤保险基金领取丧葬补助金、供养亲属抚恤金和一次性工亡补助金：

（1）丧葬补助金为 6 个月的统筹地区上年度职工月平均工资。

（2）供养亲属抚恤金按照职工本人工资的一定比例发给，享受对象为因公死亡职工生前提供主要生活来源、无劳动能力的亲属。标准为：配偶每月 40%，其他亲属每人每月 30%，孤寡老人或孤儿每人每月在上述标准的基础上增加 10%。核定的各供养亲属的抚恤金之和不应高于因工死亡职工生前的工资。供养亲属的具体范围由国务院社会保险行政部门规定。

（3）一次性工亡补助金标准为上一年度全国城镇居民人均可支配收入的 20 倍。

案例：某单位一员工工作时间突发疾病，48 小时内死亡，此人为因项目需要在外聘请的临时性短期用工（机构工程师），因其保险无法转入公司，所以没有为其办理五险一金，并且合同于 2013 年 12 月 31 日到期，2014 年 1—4 月无合同。请问，此种情况，对其工亡，单位应如何赔偿？相关法律依据是什么？

案例分析：

（1）《工伤保险条例》第十五条规定，在工作时间和工作岗位突发疾病死亡或在 48 小时之内经抢救无效死亡的，视同工伤。

（2）发生意外，首先应提出工伤认定申请。如已认定为工伤，享受工亡待遇，但公司未购买社会保险，由公司按《工伤保险条例》赔付。第三十九条规定，职工因工死亡，其近亲属按照下列规定从工伤保险基金领取丧葬补助金、供养亲属抚恤金和一次性工亡补助金：①丧葬补助金为 6 个月的统筹地区上年度职工月平均工资；②供养亲属抚恤金按照职工本人工资的一定比例发给由因工死亡职工生前提供主要生活来源、无劳动能力的亲属。标准为：配偶每月 40%，其他亲属每人每月 30%，孤寡老人或孤儿每人每月在上述标准的基础上增加 10%。核定的各供养亲属的抚恤金之和不应高于因工死亡职工生前的工资。供养亲属的具体范围由国务院社会保险行政部门规定。具体供养亲属范围可详见《因工死亡职工供养亲属范围规定》。

（3）一次性工亡补助金标准为上一年度全国城镇居民人均可支配收入的 20 倍。

（四）其他工伤待遇

其他工伤待遇具体包括：

（1）职工因公外出期间发生事故或在抢险救灾中下落不明的，从事故发生当月起 3 个月内照发工资，从第4个月起停发工资，由工伤保险基金向其供养亲属按月支付供养亲属抚恤金。生活有困难的，可以预支一次性工亡补助金的50%，职工被人民法院宣告死亡的，按照因公死亡的规定处理。

(2) 职工被派遣出境工作，依据前往国家或地区的法律应当参加当地工伤保险的，参加当地工伤保险，其国内工伤保险关系中止；不能参加当地工伤保险的，其国内工伤保险关系不中止。

(3) 职工再次发生工伤，根据规定应当享受伤残津贴的，按照新认定的伤残等级享受伤残津贴待遇。

(五) 停止享受工伤保险待遇的规定

工伤职工有下列情形之一的，停止享受工伤保险待遇：

(1) 丧失享受待遇条件的。

(2) 拒不接受劳动能力鉴定的。

(3) 拒绝治疗的。

另外，用人单位分立、合并、转让的，承继单位应当承担原用人单位的工伤保险责任；原用人单位已经参加工伤保险的，承继单位应当到当地经办机构办理工伤保险变更登记。

用人单位实行承包经营的，工伤保险责任由职工劳动关系所在单位承担。

职工被借调期间受到工伤事故伤害的，由原用人单位承担工伤保险责任，但原用人单位与借调单位可以约定补偿办法。

企业破产的，在破产清算时依法拨付应当由单位支付的工伤保险待遇费用。

职工被派遣出境工作，依据前往国家或地区的法律参加当地工伤保险的，参加当地工伤保险，其国内工伤保险关系中止；不能参加当地工伤保险的，其国内工伤保险关系不中止。

职工再次发生工伤，根据规定应当享受伤残津贴的，按照新认定的伤残等级享受伤残津贴待遇。

第五节 国外的工伤社会保险

一、德国工伤保险法律制度

1884年7月6日，德国颁布《工伤事故保险法》，成为世界上第一个建立工伤保险制度的国家。德国工伤保险经办机构分为三大类：一是农业同业公会，二是公共系统的工伤保险经办机构，三是工商业同业公会。其中，工商业同业公会是德国最大和最重要的工伤保险经办机构，包括了26家同业公会，参保的工商企业达300万家，参保人数4217万人。

工商业同业公会的工伤保险覆盖范围包括两部分人群：一是工商业的所有雇员，必须强制性地参加工伤保险；二是雇主和雇主的配偶，他们可根据各自同业公会的章程来决定其是强制参加工伤保险，还是自愿申请参加工伤保险。

德国工伤保险的范围包括三大类：一是工伤事故，二是通勤事故，三是职业病。

德国工伤保险基金的资金来源主要包括雇主缴纳的工伤保险费、向第三方追索的赔偿费

（主要针对通勤事故）、同业公会资产收益、滞纳金和罚金。其中，最主要的部分是雇主缴纳的工伤保险费，实行行业差别费率和单位费率浮动。对不同的企业，要根据企业上年的事故发生情况确定附加的费率，即实行费率浮动。德国工伤保险同业公会2005年平均缴费费率为工资额的1.31%，其中费率最低的为工资额的0.8%（如行政管理部门），费率最高的约为8%（如建筑、采矿等行业）。

德国工伤保险的主要待遇项目如下：

（1）暂时伤残待遇。因工伤事故或职业病停止工作后，前6周由雇主支付工资；6周之后，工资停发，由工伤保险同业公会支付工伤保险待遇，支付至痊愈或证明其为永久性伤残。

（2）医疗期间待遇。在医疗康复和职业康复期间发给，依据本人过去净收入发给总收入的80%。

（3）在参加职业培训和接受就业指导期间发给临时性补贴，标准为医疗期间待遇的68%。

（4）永久伤残待遇（年金待遇）。根据事故专家的评定和医学鉴定，伤残程度为100%的，发给本人原平均收入的66.67%（为最高年金）；伤残程度为90%的，发给最高年金的90%；伤残程度为80%的，发给最高年金的80%，依次类推。如需日常照顾，每月还将发给补助金526~2100马克。

（5）死亡待遇。遗属抚恤金为被保人收入的30%~40%；孤儿年金为被保人收入的20%~30%；父母年金为被保人收入的20%~30%；同时一次性支付丧葬补助，标准为生前一个月的工资，最低为400马克。

二、美国的工伤保险待遇

工伤保险是美国最早确立的社会保险，其在规模上仅次于社会保障伤残保险和医疗保险。在美国，工伤保险分为三种方式：购买私人保险公司的工伤保险、购买州基金工伤保险和企业自我保险。其中，由私人保险公司提供的工伤保险占大多数。2001年，私人保险公司提供的工伤保险补偿占工伤保险支付补偿总额的54.8%。工伤保险的第二大方式是自我保险，占工伤保险支付补偿总额的22.9%。美国工伤保险的覆盖范围为工商业雇员及大多数的政府雇员，美国工伤保险费率分为三个层次：手册费率、经验费率和运用借贷手段做进一步调整。其中，手册费率是保险公司根据雇员从事工作的风险程度确定的，没有考虑到各个企业的实际差别。经验费率是依据企业过去的工伤事故，通常是3年内的工伤事故确定。借贷手段，即使用借贷手段做进一步调整，也就是在测算的保险费基础上打折。打折的判断标准比较主观。例如，宾夕法尼亚州法律规定，如果雇主实施合格的工作场所安全计划，就给这些雇主提供5%保险费打折。

在美国，工伤保险待遇主要有以下四种：免费医疗、伤残补助、死亡给付和康复服务。工伤事故或职业病发生以后，工伤职工可以获得免费治疗（包括住院），而且没有时间和费用金额的限制。自伤残之日起3~7天可以领取暂时伤残给付，其标准为平均工资的2/3。工伤职工被确定为永久完全残疾后可以获得家庭补助及工资的2/3的伤残补助，或者最多可获得10万~21.4万美元的一次性补偿。

对于工亡的，职工遗属可以获得抚恤金和一次性丧葬费补助。1995年规定的抚恤金标准为：配偶为被保险人收入的35%～70%，配偶加子女为被保险人收入的60%～80%。一次性丧葬费补助为700～6000美元。

另外，为使工伤职工能够恢复工作能力，重新投入生产，工伤职工还可以享受由各州提供的康复服务。在康复期间，被保险人可以支取法定的给付金，还能享受免费膳食、住宿、旅行、书籍和使用康复仪器设备等待遇。

三、瑞典的工伤保险待遇

瑞典的工伤保险的覆盖面比较广，受保人包括所有的雇员、独立经营者、在国外工作时间不超过一年的瑞典籍雇员、打算在瑞典工作一年以上的外籍人员及学生和教师。

瑞典的工伤保险待遇包括医疗待遇和现金补助两种。工伤职工在工伤发生后90天内，可以享受工伤医疗保险，医疗待遇与一般疾病保险的规定相同。现金补助包括暂时伤残补助和永久伤残年金。瑞典政府每年颁布随着物价指数浮动的养老金“基数”，伤残给付金额随每年基数变动调整。永久伤残年金根据工伤职工的伤残状况确定给付金额，但是最高不超过“基数”的7.5倍。对于因工死亡的劳动者，其遗属可以领取遗属抚恤金和相当于当年“基数”30%的丧葬补助。工亡者遗属待遇分遗属抚恤金（领取时间为1年，最高限额为“基数”的96%）、孤儿补助（18岁以下的孤儿，若为残疾则可以是20岁以下，领取永久残障年金的20%～40%）和丧葬补助（相当于当年“基数”的30%）。

四、日本工伤保险制度

1947年，日本制定了《工伤补偿保险法》，开始实行强制性的工伤保险制度，并由政府机构进行管理。日本的工伤保险并不包括所有的雇员，雇员不足5人的农业、林业和渔业企业的雇员不包括在工伤保险的范围之内，但可以自愿参加保险。海关和公共雇员实行特别的制度。日本还有私营保险机构提供的工伤保险项目，分为雇主责任保险和补充赔偿保险两类。

日本的工伤保险费（即劳灾保险费）全部由企业雇主缴纳，国库在财政预算范围内可以进行补贴，雇员一般不缴纳工伤保险费。工伤保险实行差别费率，以支定收，全国统筹。日本的工伤保险行业费率划分细密，共分8大产业51个行业，最高行业费率为12.9%（如水电建设），最低行业费率为0.5%（如供水行业等）。为促使企业注意安全、减少工伤事故，日本实行费率浮动制度。政府根据企业前3年实际支取工伤保险金占所缴纳工伤保险费总额比例划档，75%以下的降低费率，75%～85%的不变，85%以上的提高费率。降低和提高费率的最大幅度为40%。

日本工伤保险的费用给付主要体现在保险给予和劳动福利事业的给付两个方面：保险的给付包括疗养（治疗）补偿给付、休业补偿、年老与遗属补助等；劳动福利事业的支付更为广泛，包括康复治疗、遗属生活、劳动规章的更改、劳动条件的改善等。

五、印度工伤保险制度

印度于1924年实施的《工人补偿法》是一种完全的雇主责任制。印度独立后，1948年开始建立包括工伤保险的现代社会保险体系，《雇员国家保险法》也于1952年开始实施。

印度的《雇员国家保险法》覆盖了雇用20人以上的工业企业，采矿业、商业和农业不包括在内。受保护的对象包括蓝领、白领和收入低于一定水平的管理人员。该法覆盖范围逐步扩大到其他经济部门，然而，即使是所覆盖的经济部门，该法仅仅在工业中心并具有大量参保人员的地区实施。

印度实行雇主责任保险制度。政府处理工伤争议的机构根据《工人补偿法》仅负责处理一次性支付的待遇，如遗属和伤残待遇等。非法定的工伤待遇也可以向该机构申请裁定。如果该机构认定雇主有过失，可以要求雇主支付补偿。如果法院断定雇主有过失，宣判的罚款将用于支付雇员的待遇。

六、国外成功的工伤保险经验

1. 工伤保险体系完善

事故预防、工伤赔偿和康复一体化。例如，德国的工伤保险法规是就工伤保险的三大任务——预防、赔偿和康复展开的，并且每一项均有详细具体的规定。同业公会每年从工伤保险基金中提取大约15%的资金用于事故预防工作。加拿大对事故预防十分重视，每个省都将工伤赔偿与事故预防相结合。加拿大哥伦比亚省工人赔偿委员会每年安排事故预防的费用占年收取工伤保险基金总额的3.48%，主要用于安全宣传教育和宏观管理；诺沃斯高地亚省则是以15%提取管理费，其中5%作为事故预防经费，交给劳工部职安局具体管理使用。目前，以哥伦比亚省为代表的6个省，工伤赔偿与安全监察融为一体，已将安全监察职责赋予工人赔偿委员会。在2500人中配有200名专职安监员。此外，他们利用工伤保险基金建立了设备先进的康复中心，供伤员进行心理、生理功能的康复，以帮助他们尽快恢复劳动能力。

2. 工伤保险制度对工伤（亡）、职业病发生的预防机制

工伤保险制度对事故和职业病的预防主要是发挥保险机制的作用，包括采用差别费率、浮动费率和安全奖励等经济手段，并采取宣传、教育、检查等措施，以引导、激励和帮助企业搞好职业卫生安全工作。例如，加拿大通过对以事故和赔偿情况为主的综合性的科学评价，对企业实行浮动费率。费率上下浮动约为20%，最高达30%。企业事故率高于平均值的要受惩罚，事故率越高惩罚越重，反之予以奖励。这种直接的利益驱动机制，特别是这种大的浮动费率幅度，极大地刺激了企业自觉改善劳动条件，以减少伤亡事故和职业病的发生。

3. 重视康复工作，为伤残职工再就业提供帮助

瑞典一家生产微波炉的企业，为了使肌肉或骨骼损伤的工人有重返原工作岗位的机会，该厂专门开设了一条康复生产线。这条生产线与其他生产线一样，但它许可工人按照自己的速度工作。工人可以在康复生产线工作6个月，前3个月由国家保险部门支付工资，后3个月由工厂支付。如果受伤工人的状况在6个月中未见改善，则被认为不适合继续工作，企业建议去工伤保险机构领取丧失劳动能力补助金。

4. 构建“三位一体”的工伤保险机制

很多国家按照国际劳工组织的要求，把工伤保险制度发展成为同职业康复和事故预防构成的“三位一体”，在各自职责范围内共同做好安全监督工作。

复习思考题

1. 实施工伤社会保险有什么重要意义？
2. 简述工伤社会保险的实施原则，并阐述各原则是分别基于什么思想确立的。
3. 工业伤害事故发生以后如何进行工伤和职业病的确认？
4. 比较雇主责任制和社会保险制下工伤保险基金筹集方式的异同。
5. 职工因公伤残可享受哪些待遇？
6. 因工死亡职工家属可享受哪些待遇？
7. 国外成功的工伤保险经验有哪些？

第八章

生育社会保险

本章概要

本章从生育社会保险的概念出发，分析它的作用和特点，介绍生育社会保险制度的构成，主要包括基金筹集、享受条件、待遇项目及给付标准，并回顾我国生育社会保险事业的发展历史，提出存在的问题和改革思路。

第一节　生育社会保险的基本原理

妇女的生育行为首先是一种社会行为，是人类自身生产的实现。人类自身生产和物质资料的生产都是社会存在和发展的重要条件。物质资料的生产是人类改造自然、征服自然、创造物质财富的生产过程，通过劳动加工使自然界原有的物品适合人类的需要。人类自身生产是人类为了世代延续所进行的生产。两种生产共同构成人类社会存在和发展的基础。

实施生育社会保险，保护母婴健康，缓解因生育行为而出现的职业风险，保障妇女既能享有从事经济活动的权利，又能确保生儿育女重任的完成，是当今职业女性的共同心愿，也是社会保障体系的重要内容和历史使命。

一、生育社会保险的概念及其作用

生育社会保险是国家通过立法，使妇女劳动者因怀孕和分娩暂时中断劳动时，由国家和社会提供医疗服务、生育津贴和产假，国家或社会对生育的职工给予必要的经济补偿和医疗保健，以保障受保母子的基本生活，保持、恢复和增进生育女职工的身体健康和工作能力的一项社会保险制度。

众所周知，职业妇女除了正常工作以外，还负有生育子女、使劳动力再生产不断延续的重要职责。而妇女劳动者在生育期间，由于暂时丧失了劳动能力，中断了工作，一方面需要医疗保健，另一方面需要基本生活保障。因此，建立生育社会保险对职业妇女而言具有十分重要的作用。具体表现在以下方面：

（1）保障了妇女的基本权益。不仅使妇女安全、健康地度过生育期，也为日后投入正常工作创造了条件。女职工从怀孕到生育，机体变化及体力消耗很大，需要休养和照顾。生育保险为她们提供孕期检查、医疗服务、生育津贴和带薪假期，保障了生育期间的身体健康和基本生活，解除了她们的后顾之忧。

(2) 有利于提高人口素质，保证社会劳动力的再生产。人类繁衍、时代延续是社会得以生存的基础。要做到提高人口素质，首先要保护母亲健康。如果女职工生育期间的生活得不到相应保障，就会因生活困难而被迫降低必要的保健与营养水准，直接影响到婴儿的健康生存和成长。

(3) 有利于国家人口政策的贯彻实施。目前，西方一些发达国家人口出生率很低，为了鼓励生育，许多国家制定了一系列政策，其中包括生育保险政策，保证了其人口政策的顺利实施。我国实行计划生育、优生优育的基本国策，要从国家和民族发展的长远利益出发，去认识和理解生育社会保险的意义和作用，促进基本国策的贯彻落实。

(4) 为企业公平竞争创造条件。由于行业特点和社会分工不同，一些企业女性比例较高，另一些企业则较低，实行生育保险有利于均衡企业生育费用负担，促进企业公平竞争。

(5) 促进妇女平等就业。实行生育保险，女职工生育依法享受带薪假期，所需基本生活和医疗保健费用由生育保险基金给予一定补偿，解除了妇女就业的后顾之忧，有利于克服就业领域的性别歧视现象，对于促进男女平等就业、同工同酬目标的实现意义重大。

二、生育社会保险的特点

在社会保险体系中，生育社会保险就其基金规模而言是一个“小”险，就支付期限而言是一项“短”险。生育保险同养老、失业、医疗、工伤并列为社会保险五大项目，具有以下特点：

(1) 保险对象的特定性。在我国，享受生育保险的对象主要是达到法定结婚年龄、符合计划生育政策并孕产的女职工，因而待遇享受人群相对比较窄。随着社会进步和经济发展，有些地区允许在女职工生育后，给予配偶一定假期以照顾妻子，并发给假期工资。

(2) 生育社会保险实行“产前和产后都可享受的原则”。女性怀孕后，在临近预产前的一段时间，由于行动不便，已经不能工作或不宜工作；分娩以后，需要一段时间休假，恢复身体健康和照顾婴儿。所以，女职工生育保险的产假包括产前和产后两个阶段的假期，可享受98天产假，其中产前可以休假15天，产后休息83天。难产者，增加产假15天；多胞胎生育者，每多生育一个婴儿，增加产假15天（2012年《女职工劳动保护特别规定（草案）》)。而其他社会保险都带有善后的特点，如失业保险规定失业后才能享受失业津贴；医疗保险规定在生病以后才发放医疗补偿；残疾、工伤、老年等社会保险也都如此。此外，无论女职工妊娠结果如何，产妇均可享受有关待遇，并包括流产、引产及胎儿和产妇发生意外等情况，都能享受生育保险待遇。

(3) 生育期间的医疗服务主要以保健、咨询、检查为主。与医疗保险提供的医疗服务以治疗为主有所不同，生育期间的医疗服务侧重于指导孕妇处理好工作与休养、保健与锻炼的关系，使她们能够顺利地度过生育期。产前检查及分娩时的接生和助产，则是通过医疗手段帮助产妇顺利生产。分娩属于自然现象，正常情况下不需要特殊治疗。

(4) 生育保险待遇有一定的福利色彩。生育期间的经济补偿高于养老、医疗等保险。生育保险提供的生育津贴，一般为生育女职工的原工资水平，也高于其他保险项目。另外，在我国职工个人不缴纳生育保险费，而是由参保单位按照其工资总额的一定比例缴纳。

(5) 孕育、生育、哺乳保障相结合的原则。母亲、孕育儿和新生儿的特殊需要，决定生育保险需要事先与事后保障相结合的待遇。因此，生育保险给付的假期必须延续到生育之后的一定时期。例如，法国生育保险待遇包括母亲津贴和育婴津贴，如4个月的奶票。很多国家生育保险立法考虑了新生儿的护理需要，如匈牙利生育保险立法建立了新生儿护理津贴，为参保人工资的65%～75%，给付到孩子年满2周岁时。

（6）产假有固定要求。产假要根据生育期安排，分产前和产后。产前假期不能提前或推迟使用。产假也必须在生育期间享受，不能积攒到其他时间享用。各国规定的产假期限不同。我国规定正常产假为98天。在美国，没有母亲带薪产假一说，只有母亲不带薪产假12周，父亲也一样，这是所有工业化国家中最短的产假。

三、生育社会保险的历史发展

1883年，《德国劳工基本保险法》中关于生育保险的规定被认为是生育保险制度的萌芽。

随后，关于生育保险方面的公约逐渐产生：1919年召开的第一届国际劳工大会通过了涉及女工产前和产后就业的第一个公约——《妇女产前产后就业公约》（第3号公约）。随着各国社会保障事业的发展，该公约在1952年进行了修订，产生了《保护生育公约》（第103号公约），目前两个公约并存，供会员国选择。上述公约均规定适用范围内的妇女在生育子女时，享受一定时间的带薪产假及医疗服务。1952年制定的《社会保障最低标准公约》（第102号公约）也有关于生育保险的规定。

1975年，国际劳工组织通过了《女职工机会均等和待遇平等声明》，其中明确规定：由于生育是一种社会职能，所有女工应有权根据《保护生育公约》（第103号）（修订本）和《保护生育建议书》（第95号）规定的最低标准享有充分的生育保护，其费用由社会保障、其他公共基金或通过集体协议承担。

2000年，第八十八届国际劳工大会为促进劳动力中的所有妇女享有平等的就业权并保障母子的健康与安全，通过了《保护生育公约》（第183号）和《保护生育建议书》（第191号）。

第二节 生育社会保险制度的内容

根据公约和建议书的规定并结合本国国情，到2004年年底建立和实施生育保险制度的国家和地区已达到136个。由于各国社会经济发展状况不同，在制度上存在着国与国的区别，如有的发展中国家还停留在雇主责任制的阶段，少数社会保障事业滞后的国家至今尚未建立生育保险制度，而发达国家的生育保险不仅实现了“全民皆保险”，还呈现出与妇女儿童福利事业相互作用、相互渗透、相互融合的趋势。一般而言，生育社会保险制度的基本构造如下：

一、生育保险的模式

世界各国生育保险的主要模式有生育社会保险制度、强制性生育保险和普遍医疗保健相结合的制度、生育社会保险和雇主责任制度相结合的制度及其他保障类型等。

（1）生育社会保险制度。包括美国、德国、芬兰、巴西等91个国家采用生育社会保险制度。其主要做法是通过立法规定个人、雇主、政府对疾病、生育保险基金的筹资比例(不一定都是三方负担)，建立统一的基金，由基金支付覆盖群体的生育或医疗费用。这种制度一般覆盖所有或部分雇员。有些国家对铁路、银行、公务人员、自我雇佣者等特殊行业另有专门的规定。

(2) 强制性生育保险和普遍医疗保健相结合的制度。这种制度一般在经济条件比较好的国家沿用。其主要特征是本国所有雇员均可以享受疾病或生育津贴，所有常住居民可以免费或负担很少的费用享受医疗保健。享受生育津贴的人员，必须在生育前有一定时间的参保或就业记录，而享受医疗保健的人员只要求是本国常住居民。实行这种办法的有加拿大、瑞士、丹麦、新西兰等20多个国家，占15%。

(3) 生育社会保险和雇主责任制度相结合的制度。这种模式所占的国家比例较小，一般在经济不发达的国家采用，如利比亚、马耳他、布隆迪等8个国家，占6%。

(4) 其他保障类型，如储蓄基金制度、全民保险制度、社会保险和私人保险制度相结合的制度。这几种模式所占的比例很小，只有5个国家采用，占3%。其中，采取储蓄基金制度的有新加坡、尼日利亚、赞比亚3个国家；实施全民保险制度的国家是冰岛，该制度覆盖全体居民，凡是最近6个月在冰岛或欧洲其他地区居住的冰岛居民均可享受；实行社会保险和私人保险相结合的仅秘鲁一个国家，该国的保险制度正处于新旧制度变革之中。

在我国，生育保险实行两种制度并存：

第一种是由女职工所在单位负担生育女职工的产假工资和生育医疗费。根据国务院《女职工劳动保护规定》及劳动部《关于女职工生育待遇若干问题的通知》，女职工怀孕期间的检查费、接生费、手术费、住院费和药费由所在单位负担。产假期间工资照发。我国国家机关与事业单位一般采用这一模式。但近来北京进行了改革，所有事业单位将纳入生育保险的覆盖范围，北京事业单位全部缴纳生育保险。

第二种是生育社会保险。根据劳动部《企业职工生育保险试行办法》规定，参加生育保险社会统筹的用人单位，应向当地社会保险经办机构缴纳生育保险费；生育保险费的缴费比例由当地人民政府根据计划生育女职工的生育津贴、生育医疗费支出情况等确定，最高不得超过工资总额的1%，职工个人不缴费。参保单位女职工生育或流产后，其生育津贴和生育医疗费由生育保险基金支付。生育津贴按照本企业上年度职工月平均工资计发；生育医疗费包括女职工生育或流产的检查费、接生费、手术费、住院费和药费（超出规定的医疗服务费和药费由职工个人负担）及女职工生育出院后因生育引起疾病的医疗费。

二、生育社会保险的覆盖

生育社会保险的实施范围和对象，一般只包括女性工资劳动者，随着时代的进步，不少国家将享受生育保险的范围扩大到包括非职业妇女在内的一切女性。少数国家或地区对享受生育保险的资格没有规定限制条件，只要该妇女是本国公民，就有资格享受。

根据国务院2012年修订的《女职工劳动保护特别规定》，我国生育保险实施范围应为：中华人民共和国境内一切国家机关、人民团体、企业、事业单位的女职工。

但并不是该范围内每一位女职工都可以享受生育社会保险待遇，其必要条件是：必须是已婚妇女劳动者，未婚先孕的女职工不可以享受生育保险待遇；职工已按规定参加生育社会保险，用人单位已按规定缴纳该职工的生育保险费；必须是正在劳动期间，与单位建立劳动合同关系的女职工，未签订劳动合同或已解除、终止劳动合同的不可以享受相关生育保险待遇；必须是符合计划生育规定的女职工，违反计划生育政策的则不能享受生育保险待遇。

在我国部分地区，生育社会保险的实施范围和对象有所扩大。例如宁波市规定，参保职工（雇工）未就业配偶按照国家、省、市规定享受生育医疗费用待遇，所需资金由生育保险基金支付。待遇享受标准为：人工流产术（门诊）500 元，人工流产术（住院）2300 元，引产术（住院）2800 元，正常阴道分娩 3700 元，阴道助产术 4350 元，剖宫产术 5100 元。河南省规定：失业状况的女职工，符合相关条件，仍可享受生育保险。

三、生育社会保险基金的筹集

生育保险基金是指按照国家规定在一定范围内筹集，主要用于生育保险实施范围内的女职工生育期间各项待遇支付的资金。国家机关、事业单位、人民团体的生育保险基金主要来源于国家财政预算；城镇企业单位生育保险基金的来源主要是按照一定费率，由人保行政部门所属的社会保险经办机构向企业征缴的生育保险费，此外还有利息收入、财政补贴收入和滞纳金、转入收入等其他收入。生育保险基金只由参加社会统筹的企业单位缴纳，职工个人不缴纳。

生育保险和国家计划生育政策相关联，因此，预见性强，风险不大。生育保险基金以收支基本平衡为目标，一般不留有大量结余。基金管理机构在基金测算过程中，以当地职工计划生育指标数、工资标准、生育医疗费用支付情况等为参考依据，估算生育保险基金的筹资比例，统筹规划该地区的生育保险基金运作流程。生育保险基金由各地社会保险经办机构负责管理，同级财政、审计及社会保险监督机构负责监督。

目前，生育保险基金的筹集方法有两种：一是企业按照职工工资总额的一定比例向当地社会保险经办机构缴纳生育保险费；二是按照人均绝对额征缴，企业按照规定的每人每月固定交费额，向社会保险经办机构缴纳保险费。企业缴纳的生育保险费作为期间费用处理，列入企业管理费用。生育保险基金用于支付参保企业生育职工的生育津贴、生育医疗费及计划生育手术费等；由各地社会保险经办机构负责管理，同级财政、审计及社会保险监督机构负责监督。

北京市生育保险规定，按规定参加养老保险的用人单位以养老保险的缴费基数作为生育保险的缴费基数，按规定不参加养老保险的机关事业单位以国家、省、市规定的上月在职职工工资总额为基数，按 0.9% 的比例缴纳生育保险费。职工个人不缴纳生育保险费。

广州生育保险缴费比例为企业按照职工缴费基数的 0.85% 缴纳生育保险费。

案例：生育保险缴费问题

北京某合资企业，按照市政府规定 2007 年参加当地的生育保险，并按照要求以企业中方职工工资总额的 0.9% 的比例，按月向当地社会保险机构缴纳生育保险费。企业自行规定按照每位职工月工资 0.3% 的比例，向职工个人征收生育保险费。该企业职工认为，国家规定职工个人不缴纳生育保险费用。因此，向劳动仲裁部门反映此情况，劳动部门与企业就这一问题进行协商。

案例分析：北京市企业职工生育保险规定明确规定，生育保险费由企业按月缴纳。职工个人不缴纳生育保险费。该企业向职工个人征收生育保险费显然违反国家规定，应予以纠正。

案例结论：企业撤销向职工征收生育保险费的决定；企业退还已经向职工征收的生育保

险费。

四、生育社会保险待遇

（一）享受条件

在实行生育社会保险的国家，并不是每个妇女劳动者都享有生育保险待遇的权利，她们除了应达到国家所规定的资格条件外，还必须履行应尽的社会义务，即要定期如数缴纳生育保险费，这是取得保险给付的基本条件。实行不同社会保险制度的国家在这方面也有不同的规定，具体可分为五种情况：

（1）只对居住权有一定要求，如冰岛规定有常住权的母亲可享受生育保险；卢森堡规定受益人必须在该国居住 12 个月以上，并且夫妻两人必须在该国居住 3 年，才能享受生育保险。

（2）只要从事受保职业的就有资格享受，如日本、波兰、危地马拉、几内亚、丹麦等国。

（3）要求从事一定时间的受保职业，如加拿大规定在最近一年内从事受保职业 10 ~ 14 周后才能取得享受资格；阿根廷规定产前连续受雇 10 个月或从事现职工作 1 个月并在从事现职工作前的一年内受雇不少于 6 个月的才能享受。

（4）要缴足一定时限的保险费后方可享受，如墨西哥规定受保妇女生育前 12 个月内，必须已缴纳 30 周保险费才能享受生育保险；一般国家的规定是生育前 12 个月应缴纳保费 10 个月。

（5）除要求被保险人在生育前投保达到一定时间外，还要求被保险人实际参加工作要达到一定时间，如法国规定被保险人在分娩前必须投保满 10 个月，并且在生育的最近一年内的头 3 个月中至少受雇 200 小时。

我国生育保险的享受条件是：一是生育或施行计划生育手术时的所在单位按照规定参加并履行了缴费义务，并且为其缴纳生育保险费累计满 3 个月的企业职工；二是生育或施行计划生育手术符合国家计划生育政策的职工。

（二）待遇项目

生育社会保险属于短期性补助。在具备享受生育社会保险待遇的条件下，受保者可享受的待遇包括生育津贴、生育医疗服务、产假、生育补助、特殊生育补助。

1. 生育津贴

生育津贴是指国家法律、法规规定对职业妇女因生育而离开工作岗位期间，给予的生活费用。有的国家又叫生育现金补助。

生育津贴的数量，大多数国家规定为原工资收入的 100%。1952 年，国际劳动组织通过的《生育保护公约》建议生育津贴为原工资的 2/3，目前绝大多数国家都超过了这个标准。

我国生育津贴的支付方式和支付标准各地不统一。但主要为分两种情况：一是在实行生育保险社会统筹的地区，支付标准按照女职工本人生育当月的缴费基数除以 30 再乘以产假天数计算，有的地区生育津贴的发放标准是以职工所在用人单位上年度职工月平均工资为基数按规定假期计发，期限不少于 98 天；二是在没有开展生育保险社会统筹的地区，生育津贴由本企业或单位支付，标准为女职工生育之前的基本工资和物价补贴，期限一般为 98 天。部分地区对晚婚、晚育的职业妇女实行适当延长生育津贴支付期限的鼓励政策。

例如，广州市生育津贴享受的费用标准具体计算方法如下：

分娩当月单位平均缴纳工资基数 ÷ 30 天 × 产假假期天数 + 营养费 + 一、二级医院分娩补贴。

产假假期：女职工正常产假为98天，晚育晚婚增加15天，剖腹产的增加30天，办理了“独生子女光荣证”的增加35天。

顺产：正常98天×（2268元/30天）+营养费3780元×25%+晚婚晚育15天×（2268元/30天）+独生子女证35天×（2268元/30天）=12133.8元

剖腹产：正常98天×（2268元/30天）+营养费3780元×50%+晚婚晚育15天×（2268元/30天）+独生子女证35天×（2268元/30天）+剖腹产30天×（2268元/30天）=15346.8元

以上费用是根据2268元的最低购买基数作为参考，实际费用以个人社保账户的实际数目为准。

我国生育保险政策强调，生育津贴高于本人产假工资标准的，用人单位不得克扣；生育津贴低于本人产假工资标准的，差额部分由用人单位补足。也就是说，生育津贴不会低于单位平均工资标准。例如，一名女职工每月生育津贴为5000元，而用人单位当月的平均工资为4500元，由生育保险基金统一支付给单位后，超过平均工资的500元用人单位不能克扣；再如女职工每月生育津贴为3500元，而用人单位当月的平均工资为4500元，其中的1000元差额需要用人单位补足。

案例：生育职工有关待遇问题

河北某皮件厂女工李某，2013年11月与该厂签订5年劳动合同。李某于2013年7月生小孩，住院期间花费检查费、接生费、住院费、手术费等医疗费用8470元。而厂里规定生育费用采取包干的办法，一次性给付李某6000元。李某认为6000元的标准太低，加上生育津贴至少需要15000元。但是，厂里认为企业女职工多，不能负担太多的生育费用，只能实行包干的办法。为此，李某于2014年向当地劳动仲裁机关提出申诉，要求厂里为其报销全部生育医疗费用和支付产假期间的生育津贴。

案例分析：　按照《女职工劳动保护规定》和《劳动部关于女职工生育待遇若干问题的通知》规定，企业应该负担李某的生育医疗费用，并且支付其产假期间的生育津贴，不能采取包干的办法。

结论：企业撤销生育费用包干的办法，企业支付李某生育津贴7983元，报销医疗费用8470元，共计16453元。

2. 生育医疗服务

生育医疗服务是由医院、开业医生或合格的助产士向职业妇女和男职工之妻提供的妊娠、分娩和产后的医疗照顾及必须的住院治疗。生育医疗服务是生育保险待遇之一。

各国生育保险为怀孕妇女提供的医疗服务项目不同，一般是根据本国的经济实力和社会保险基金的承受能力确定相应的服务范围。大多数国家为女职工提供从怀孕到产后的医疗保健及治疗。

我国生育保险的生育医疗费用包括生育的医疗费用、计划生育的医疗费用及法律、法规规定的其他项目费用。

生育医疗费包括女职工因怀孕、生育、流产发生的医疗检查费、接生费、手术费、住院费、药费及生育出院后产假期内因生育引起疾病的医疗费。

计划生育手术费用包括职工因为计划生育实施放置或取出宫内节育器、流产术、引产术、绝育及复通手术所发生的医疗费用。

例如，北京市生育保险医疗费用支付范围是：

（1）药品目录、诊疗项目、医疗服务设施支付范围：生育保险执行北京市基本医疗保险的药品目录、诊疗项目、医疗服务设施范围和支付标准的有关规定。其中，基本医疗保险规定个人先部分负担的费用，生育保险全额纳入报销范围。

（2）生育的医疗费用支付范围包括产前检查的医疗费用、分娩的医疗费用。

（3）计划生育的医疗费用支付范围包括职工因实行计划生育需要，实施放置（取出）宫内节育器、流产术、引产术、绝育及复通手术发生的医疗费用。

3. 产假

产假是指国家法律、法规规定，给予职工在生育过程中休息的期限。具体解释为女职工在分娩前和分娩后的一定时间内所享有的假期。产假的主要作用是使女职工在生育时期得到适当的休息，使其逐步恢复体力，并使婴儿得以受到母亲的精心照顾和哺育。

国际劳工组织《生育保障公约》规定，妇女产假应该不少于14周。世界各国国情和体制不同，产假由此也长短不一。产假的长短透视出各国女性真正的地位。瑞典规定，父母共享16个月产假，其中有两个月必须由父亲享有；挪威规定，生育妇女可以享受12个月拿80%的工资的产假，或者10个月拿100%工资的产假；英国规定，从2010年4月开始，女性产假（包括流产、难产）可以申请52周，即一年时间；法国规定，生育妇女生第一胎可休20周产假，生第二胎休40周产假，生的孩子越多产假就越多；德国规定，妈妈可享受每月最高1500欧元，67%工资的10个月产假期；古巴规定，生育妇女可以享受长达至少52周的全薪产假；日本法律规定，女职工可以在孩子出生前休假6周，出生后休假8周，如果是多胎胞还可以适当延长；澳大利亚、美国规定，生育妇女可享受12个月不带薪产假，爸爸也享受2~4周产假。

中国在20世纪80年代以前，把怀孕、生育和产后照料婴儿的假期规定为56天。如今，根据2011年新出台的法律规定，正常产假为98天；办理独生子女证的计划生育假增加35天；晚育假增加15天；剖腹、Ⅲ度会阴破裂的难产假增加30天，吸引产、钳产、臀位引产假增加15天；多胞胎生育假，每多生育一个婴儿增加15天。流产假（只限于领取“同意生育通知书”或“生育证”的流产假）：怀孕不满2个月的15天；不满4个月的30天；怀孕满4个月以上（含4个月）至7个月以下流产的流产假42天；满7个月以上发生死胎、死产和早产不成活给予75天的产假。

男配偶看护假期按人口计划生育政策规定为10天。

4. 生育补助

生育补助是为了补助生育者由于生育而带来的额外开支，通常又称为子女补助。从一定意义上来讲，生育补助具有社会福利性质，但是，由于它同生育保险给付密切交织在一起，从而被视为生育社会保险待遇的一种。

生育补助金的计算方式有两种，即均一制和工资比例制。均一致是指生育补助金的发放，不论被保险人的具体情况有何不同，均规定发给相同的补偿金额。工资比例制是指生育补助金的标准按照被保人产前工资的一定比例发放。

例如，广州规定，只要符合国家政策合法生育的女职工，生育顺产按本市上年度在岗职工月平均工资25%计发一次性分娩营养补助费，难产或多胞胎按50%计发一次性分娩营养补助费。一次性分娩营养补助费，用人单位要按社会保险经办机构拨付的标准支付给女职工。女职工怀孕满七个月，发生死胎、死产和早产不成活，按顺产待遇享受一次性分娩营养补助费。

5. 特殊生育补助

在一些特殊情况下，如男工作者的无工作的妻子——家庭妇女生育，其配偶的单位为帮助其克服困难，可以给予一定的补助；女性就业者不足月份生育，可以给予较短的带薪假期等。

例如我国多地规定：参保单位符合规定的女职工失业后，在领取失业救济金期间生育的，可以享受一次性生育补助金，其标准为上年度省公司生育保险统筹基金按规定支付的人均生育医疗费用。

参保单位男职工配偶无工作单位，生育第一胎（不含终止妊娠）并符合计划生育、婚姻法等规定，在产假期间领取了“独生子女光荣证”的，可以享受一次性生育补助金（含相关的生育医疗费用），其标准为上年度省公司生育保险统筹基金按规定支付的人均生育医疗费用的50%。

案例：2012年9月，王女士入职某公司，岗位是会计兼文员。单位未与其签订劳动合同，也未缴纳社会保险。2013年10月11日，王女士查出怀有身孕，单位知道后，在其怀孕5个月时，要将她调到收银员的岗位。因她不同意调岗，公司人事部经理虎某便口头通知将她辞退了。王女士认为公司与自己解除劳动关系违反了《劳动合同法》，便申请劳动仲裁，要求确认2012年9月6日至2014年2月17日期间自己与公司存在劳动关系、公司支付未签订劳动合同2倍工资差额，并要求继续履行劳动关系。

处理结果：仲裁委员会裁决王女士与公司存在劳动关系，单位支付未签订书面劳动合同双倍工资差额2万元，公司与王女士继续履行劳动合同。

案件评析：在仲裁过程中，公司否认与王女士存在劳动关系，因此，王女士应当对是否存在劳动关系负有举证责任。她提交的与公司人事经理虎某的录音可以证明其入职时间，但公司表示单位里没有虎某这个人，对录音的真实性及证明目的不予认可。然而经仲裁委员会核查，公司在2014年3月10日开具的加盖公司公章的介绍信，介绍其单位员工虎某到仲裁委领取相关材料并在送达回证上签字，所以，仲裁委员会认可虎某系公司员工，并认可其职位为人事部经理。同时，录音为王女士与虎某谈论关于调岗、被辞退等内容，该录音显示王女士是该公司员工，故仲裁委员会采信了她的主张，即双方存在劳动关系。

根据《劳动合同法》的规定，女职工在孕期的，用人单位不得依照本法第四十条、第四十一条的规定解除劳动合同，而公司与王女士解除劳动合同有悖此条款，因此，仲裁委员会裁决公司与王女士继续履行劳动关系。

五、生育保险报销流程

我国各地生育保险部门规定，参保职工在同时具备下列条件时可按规定享受生育保险待遇：

（1）符合国家、省、市计划生育政策规定。

（2）分娩或实施计划生育手术时，用人单位已为其参加生育保险且连续足额缴纳生育保险费满 12 个月。

（3）产前检查费和生产费用，当事人携带结婚证、社保卡（市民卡）及街道开具的计生证明到生育保险定点医院直接刷卡结算。

（4）申报生育津贴和一次性营养补贴，需填写“生育保险待遇申报表”并加盖单位公章，提供结婚证、独生子女证（孩子的）、出院小结等材料，于每月 1～10 日的工作日前往市医保中心生育科办理申报手续（相关手续应在分娩后一年内办理）。

生育保险待遇申领需要准备的材料包括：

1）申请人提供的资料：计划生育证明（即准生证）、新生儿出生医学证明（即出生证）或户口簿、诊断证明（生产医院开的生产证明，出院时开的）、费用凭据（出院时打印的）、本人身份证（代办的提供代办人本人身份证原件）、属异地或境外难产提供住院费用明细。属异地或境外剖腹产提供：手术证明、费用凭据。

2）到医疗生育待遇审核部门办理（社保局）。

3）符合条件即可办理，凭办理凭证即可到银行领取待遇。

六、生育保险的管理

为保障生育保险制度的顺利实施，各国均设立生育保险的责任管辖部门、配备管理人员并制定相应的基金管理制度、提供争议解决途径等。这里的责任管辖部门可以是专职的，也可以是在执行其他社会保险职能的同时兼有执行生育保险的职能。

在完善生育保险管理机制的同时，有关执行生育保险的配套措施也被制定出来，如将生育保险纳入国民保险范畴的英国在 1997 年颁布了《社会保障（欺诈）管理法》并采取加强社会保险账户管理、对公共福利部门的工作人员进行培训等措施尽可能地减少社会保险支出漏洞。

生育保险一般采取国家集中管理下的区域负责制。例如在英国，健康和社会保障部通过地方办事机构管理疾病与生育保险费和补助金，通过国民保健系统全面管理医疗服务，全国大约有 15 个区域性卫生主管当局和各地区卫生当局管理国民保健服务工作。在德国，国家保险协会监督全国健康保险，州保险协会负责疾病与生育法规的实施，疾病基金会管理保险费和补助金。

我国 2004 年由劳动和社会保障部制定的《关于进一步加强生育保险工作的指导意见》也对生育保险的医疗服务管理、提高经办机构管理和服务水平等问题进行了规定。对于生育保险争议的解决，目前我国主要有两种途径：第一种是对于受保人与社会保险机构之间的争议，可通过行政复议和行政诉讼解决；第二种是对于受保人与用人单位之间的争议，可以通过劳动争议调解仲裁和民事诉讼解决。

七、国外生育保险制度的发展趋势

尽管各国因国情不同，在生育保险制度建设中的侧重点、方法与进展也有差异，但作为社会保险制度的一个组成部分，各国生育保险制度总体上有着共同的发展趋势。

1. 先立法，后实施

立法先行是社会保障制度的内在要求，无论是发达国家还是发展中国家，在建立和改革生育保险制度时均遵循这样的规律。通常都以立法机关制定或修订相关法律、法规为先导，以管理部门制定相应的实施细则为条件，而后才是具体组织实施的实践。例如，英国1946年制定《国民保健法》，规定了疾病和生育保险的法律制度；德国则在其第一个社会保险法律，即1883年的《劳工疾病保险法》和1927年的《生育补助法》规定了生育保险法律制度；法国也是先以1928年的《疾病保险法》规定了生育保险内容，其生育保险制度得以建立和发展。

2. 实行社会保险模式

在生育保险制度建立之初，西方发达国家曾以普遍福利制度的形式进行保障，生育保险费用由政府和企业全部承担，受保人不承担费用。这种保障方式有利于缓解经济危机，促进社会的公平与稳定。但当普遍福利的保障方式超出经济发展所能承受的限制时，就显现出其弊端。高额的福利费用削弱了企业市场竞争力，使经济增长缓慢，政府的财政负担沉重。为此，西方国家开始推行生育社会保险，使生育保险费用由政府、企业和个人三方负担，并通过逐渐提高个人缴费上限或征收社会保障税的方式扩大生育保险基金来源。实践证明，实行社会保险模式是生育保险的发展趋势，用社会共济的力量来化解巨额生育保险支出给企业和国家造成的压力是符合生育保险发展规律的。

3. 发展生育商业保险

目前，越来越多的国家由政府提供优惠措施，在生育保险中引入市场经济成分，使生育保险有多种实现途径，鼓励商业保险机构参与生育保障的管理和运营，作为生育保险的一个有益补充。其中，生育社会保险由公立医院提供免费服务，其费用来源于社会保险基金；商业生育保险由私立医院提供有偿服务，其费用来源于个人自愿参加的商业保险公司或非营利性的健康保险机构。在荷兰，这种商业保险市场占有率已达30%，在英国其市场占有率也达到11%。同时，生育保险资金的管理也逐步由政府向民营机构转移，扩大生育保险基金的自营收入，允许基金投放在法律规定的范围内向多元化发展。在生育保险领域引入商业保险有利于提高国民总储蓄水平、扩大投资能力以推动经济增长，同时，能够更好地消除和化解生育带来的风险，使受保人在生育风险实际发生时能够得到及时有效的医治和更多的费用补贴，从而保障基本生活不受影响。

4. 其他经验

首先，将生育保险制度与疾病保险制度合二为一。这是由于生育和疾病待遇都属于短期支付的社会保险项目，并且两者都与医疗服务有着密切的联系，为了节省资源、方便管理，大多数国家在立法和管理上将生育保险制度与疾病保险制度合二为一。其次，在生育保险制度发展过程中各国越来越注重就业保护。法律对生育妇女的基本保证是她们不能因怀孕、休产假而失去工作，不能因此而在资历、养老金、带薪年休假和其他与就业相关的待遇方面造成损失。亚洲和非洲的29个国家已经通过绝对禁止以任何理由解雇生育女工的法律。

八、部分国家生育保险情况一览

1. 立法情况

德国：1883年首次立法，现行法为1927年《生育补助法》（1980年和1982年两次修改）。

英国：生育保险没有单独立法，而是与疾病保险合并立法，实行社会保险（现金补助）和普遍保障（医疗照顾双重制度体系）。具体涉及的法案包括1911年首次立法，现行法为1992年“社会保障综合立法”，1994年“丧失工作能力补助”，1999年“福利改革和养老金”等。

法国：1928年首次立法，现行法为2004年《疾病与生育保险法》。

意大利：1912年首次立法，现行法为1971年修订的《关于生育的法律》，1987年《关于独立劳动妇女生育的法律》。

瑞典：1911年首次立法，现行法为1991年《病假工资法法案》。

日本：1922年首次立法，现行法为1998年《国民健康保险》，2000年《雇员健康保险》。

印度：1948年首次立法，现行法为1961年《生育津贴条例》（经修订）。

2. 保障模式

德国：社会保险制度。

英国：普遍医疗待遇与直接提供现金待遇双重制度。

法国：社会保险制度。

意大利：普遍医疗待遇与直接提供现金待遇双重制度。

瑞典：普遍医疗待遇与直接提供现金待遇双重制度。

日本：国民健康保险和雇员健康保险相结合的制度。

印度：社会保险制度。

3. 资金来源

德国：受保人、雇主、政府共同承担。

英国：医疗保健：政府承担；现金待遇：受保人、雇主、政府共同承担。

法国：受保人、雇主、政府共同承担。

意大利：医疗保健：政府承担。现金待遇：对于雇员，费用由雇主全部承担；对于自由职业者，费用自己承担；政府承担某些行业合同工人生育补助的全部费用。

瑞典：医疗保健：政府支付全部费用；现金补助：雇主缴纳，自由职业者自己承担。

日本：国民健康保险：受保人、政府共同缴纳；雇员健康保险：受保人、雇主、政府共同缴纳。

印度：受保人、雇主、政府共同缴纳。

4. 适用对象

德国：中等收入雇员、家庭个体劳动者、失业者。

英国：全体女性居民及其配偶。

法国：全体雇员和家属、个体劳动者。

意大利：受保范围内的人员都可享受社会保险；商业雇员、工业和农业的工薪收入者、私营部门的所有雇员可享有生育补助。

瑞典：全体女性居民及其配偶。

日本：国民健康保险：市、镇、村未参加雇员健康保险的居民；雇员健康保险（生育补助）：工商业雇员。

印度：雇用10人以上使用动力加工企业的雇员和雇用20人以上非动力加工企业的雇员。

5. 资格条件

德国：疾病基金机构的女性成员需投保12周，或者产前4~10个月有连续的雇佣关系；预产期前6周尚在工作，或者获准停工。对享受医疗补助和生育津贴者无最低就业期限的规定。

英国：生育津贴：必须于预产期前66周缴纳26周保险费，产前13周内平均周收入至少达到30英镑，并且未接受雇主提供的法定生育工资；法定生育工资：至孩子出生前已连续受雇于同一雇主至少26周，包括预产期前的第15周，并且平均周收入至少达到77英镑。

法国：投保满10个月，并且在产前12个月内的头3个月内受雇达200小时以上。

意大利：本国常住居民，没有最低缴费期限限制。

瑞典：所有居民都有资格得到法定的基本补助。如果产前至少已投保240天，父母每方都有资格得到现金补助。

日本：雇员健康保险：从事受保职业工作。如果受保人离职，但其离职前12个月内系受保者，则将生育补助继续发至原规定的期限。

印度：生育现金补助：必须在两个指定的6个月期限内有70天内在受保岗位。

6. 待遇水平

德国：产假12个月，父亲还可申请额外两个月带薪休假；生育补助：在三个月内支付标准为投保前净收入的100%。

英国：产假12个月，父亲带薪休假两周；女性生育工资：支付26周，前6周支付平均收入的90%。随后的20周标准为每周100英镑；男性生育工资：由雇主支付1周或2周，每周100英镑，周收入少于100英镑者，支付平均周收入的90%。

法国：产假16~48周，父亲带薪假2周；生育津贴：每年都会有调整，目前生育补助按照生育前三个月平均工资的100%支付。

意大利：产假20周。父母的一方可以于产后再休假6个月待遇：按照被保险人收入的80%支付，产前支付5个月。婴儿父母的一方于产后再休假6个月，按其工资的30%支付。

瑞典：产假96周，孩子未成年前，父亲每年可以享受一个月带薪假；父母现金补助，支付到子女年8岁；孕妇现金补助，支付50天；父母临时现金补助，支付给需照顾12岁以下子女的父母；子女出生可额外给父亲10天补助。

日本：产假14周，有父亲假，各省时间不一；国民健康保险：保险机构都提供一次性的生育津贴，即“出产育儿一时金”，金额为420000日元；雇员健康保险（生育补助）：支付产前与产后一定期限60%的基本工资。

印度：产假12周，必要时可延长生育补助，按照平均工资的100%，根据工资等级支付，至多支付12周。因医疗原因，必要时可延长补助4周。

复习思考题

1. 试述实行生育社会保险的意义。
2. 生育社会保险有哪些主要模式？
3. 应该如何设计生育社会保险的资格条件？
4. 我国生育社会保险筹资应该采用什么样的思路？为什么？
5. 我国生育社会保险的待遇给付包括哪些内容？
6. 应该如何加强生育社会保险的管理？
7. 谈谈国际生育社会保险的发展趋势。

第九章

社会保障基金管理

本章概要

社会保险制度的建立和完善，困难不在于项目的确定和推行，而在于社会保障基金的筹集、运行与管理。社会保障基金是社会保险制度的物质基础，它的筹集方式、运行机制和管理制度是社会保险的基本内容，本章将对这些内容做全面阐述。

第一节　社会保障基金的基本原理

一、社会保障基金的概念与性质

所谓“基金”，是指为兴办、维持或发展某种事业或为应付某种可能发生的意外损失而筹集储备起来的资金，它可以采取政府拨款、个人缴费或社会捐赠的方式形成。

社会保障基金是根据国家有关法律、法规和政策的规定，为实施社会保障制度而建立起来、专款专用的资金。社会保障基金一般按不同的项目分别建立，如社会保险基金、社会救济基金、社会福利基金等。其中，社会保险基金是社会保障基金中最重要的组成部分。在我国，2013 年社会保险基金预算首次列入预算报告，接受全国最高权力机关监督。全国社会保险基金预算按险种分别编制，包括基本养老保险基金、基本医疗保险基金、失业保险基金、工伤保险基金、生育保险基金等社会保险基金。

2000 年 8 月，经党中央批准，国务院设立全国社会保障基金作为国家社会保障储备基金，本基金由中央财政预算拨款、国有资本划转、基金投资收益和国务院批准的其他方式筹集的资金构成。同时设立全国社会保障基金理事会作为基金的管理运营机构。设立基金当年，中央财政拨入 200 亿元。经过 14 年的发展，截至 2014 年 6 月底，全国社会保障基金权益总额 10187 亿元，累计年均投资收益率 7.95%，较好地实现了保值与增值。

此外，我国人力资源与社会保障部掌管“全国社会保险基金”。社会保险基金是国家为举办社会保险事业而筹集的，用于支付劳动者因暂时或永久丧失劳动能力或劳动机会时所享受的保险金和津贴的资金。社会保险基金按照保险类型确定资金来源，逐步实行社会统筹。用人单位和劳动者必须依法参加社会保险缴纳社会保险费。

根据国际劳工组织《社会保障最低公约》（第 102 号公约）：社会保障要防范九种社会

风险，即医疗、疾病、失业、工伤、老龄、家庭、残疾、生育、遗属。社保资金有九种，我国按用途与功能将社会保障基金分为六种，即财政性社会保障资金、社会保险资金、企业年金、住房公积金、福利彩票基金和全国社会保障基金。

社会保障基金的形成最早可以追溯到英国1601年颁布的《济贫法》，该法规定向全社会范围内的富人征收济贫税形成公共基金来救助贫困者，这是社会保障基金的最早起源。1883年，德国首相俾斯麦颁布《疾病保险法》，标志着世界上第一个正式的社会保险制度建立。按该法规定，工人缴纳保险费的2/3，雇主缴纳保险费的1/3，两者相加形成正式法定的社会保障基金。从此以后，随着各国社会保险制度的建立，社会保障基金纷纷成立。

社会保障基金的性质可以由它在一个国家保障体系中的地位和作用来说明。一方面，它是国民经济后备基金体系（包括财政后备基金、国营企业后备基金、国家保险基金、社会保障基金和集体经济后备基金等）中的重要组成部分之一。另一方面，社会保障基金具有保障功能，从最终用途上讲属于社会消费基金，是国家三大基金体系（补偿基金、积累基金、消费基金）中消费基金的组成部分。在社会保障基金未支付前，它是用作积累基金或消费基金并未确定，它可以通过银行信贷、证券市场等多种渠道进行投资，从而获得收益，增加社会保障基金的自身积累。

二、社会保障基金的构成

1. 财政预算内社会保障资金

财政预算内社会保障资金在我国现阶段主要表现为支出项目，包括卫生经费支出、抚恤和社会福利救济支出、行政事业单位离退休经费支出、社会保障补助支出、社会保障经办机构事业费。

财政预算内社会保障资金的特点包括：按需分配、预算安排、无偿使用。

财政预算内社会保障资金的项目有：

（1）卫生经费。卫生经费包括卫生事业费、公费医疗经费、计划生育事业费、中医事业费。

（2）抚恤、社会福利、社会救济支出。抚恤、社会福利、社会救济支出包括居民最低生活保障、灾害救济、流浪人员乞讨救济、农村社会救济、扶贫。社会福利支出：包括现金援助和直接服务。现金援助通过社会保险、社会救助和收入补贴等形式实现；直接服务通过兴办各类社会福利机构和设施实现。优抚安置支出：包括对烈士遗属、牺牲和病故军人家属、伤残军人的国家抚恤及义务兵家属发放优待金。

（3）行政事业单位离退休经费。行政事业单位离退休经费包括人员待遇经费（离退休金、护理费、治丧费、探亲路费、易地安置费、补贴津贴、交通费、书报费、洗理费、生活补贴）、公用经费（离退休的公用费和离休的特需费）、管理经费。

（4）社会保障补助支出。社会保障补助支出包括社会保险基金补助、促进就业补助、下岗职工补助、全国社会保障基金补充。

2. 社会保险资金

社会保险基金是指为了保障保险对象的社会保险待遇，按照国家法律、法规，由缴费单位和缴费个人分别按缴费基数的一定比例缴纳及通过其他合法方式筹集的专项资金。

社会保险基金包含基本养老保险基金、基本医疗保险基金、工伤保险基金、失业保险基金和生育保险基金。

各项社会保险基金按照社会保险险种分别建账，分账核算，执行国家统一的会计制度。社会保险基金应专款专用，不允许任何组织和个人以任何形式侵占或挪用。

3. 住房公积金

住房公积金是单位及其在职职工缴存的长期住房储金，是住房分配货币化、社会化和法制化的主要形式。

4. 企业年金

企业年金是指在政府强制实施的公共养老金或国家养老金之外，企业在国家政策的指导下，根据自身经济实力和经济状况建立的，为本企业职工提供一定程度退休收入保障的补充性养老金制度。企业年金是对国家基本养老保险的重要补充。

5. 全国社会保障基金

全国社会保障基金是指全国社会保障基金理事会负责管理的由国有股减持划入资金及股权资产、中央财政拨入资金、经国务院批准以其他方式筹集的资金及其投资收益形成的由中央政府集中的社会保障基金。我国社会保障基金理事会于2000年8月成立，由中央政府集中管理，是国家重要的战略储备，主要用于弥补今后人口老龄化高峰时期的社会保障需要，其使命是在稳健投资的前提下实现保值与增值。

6. 福利彩票基金

福利彩票基金的使用由民政部直接管理，具体使用包括：城市福利事业项目包括县以上各类福利院、儿童福利院、老人公寓、光荣院、荣军康复医院、精神病人福利院等；乡镇福利事业项目主要是改造原有的乡镇敬老院或兴建敬老院；城市社区服务包括各级综合性的社区服务中心和专门性的老年大学、老年活动站、轻度精神病患者工疗站等；福利企业项目主要是以贷款贴息的方式帮助福利企业进行技术改造；其他公益项目，如智力障碍者和残疾人的教育、聋哑儿童的训练、小儿麻痹后遗症的矫治和白内障复明手术的资助等。

三、社会保障基金的特点

如前所述，社会保障基金是为了实施各项社会保障制度所建立起来的、法定的、专款专用的经费，为此具有五个明显特征：

1. 特定目的性

社会保障基金建立的目的是为保障公民在遭遇各种风险后的基本生活需要，如养老保险基金是保障职业人群年老丧失劳动能力后的生活依靠；医疗保险基金是保障职业人群患病后的医疗保障。因此，社会保障基金必须单独设立，并保证专款专用，任何机构和个人都不得随意挪作他用。

2. 统筹互济性强

社会保障基金是通过国民收入的初次分配和再分配、第三次分配形成的专门基金，按照政策、制度设计统一调剂使用，使社会成员共同承担风险。筹集时高收入的多缴，使用时按照实际需要进行调剂，权利与义务不严格对应，具有较强的统筹互济性。

3. 专款专用性

社会保障基金是为满足社会保障需要而建立起来的专项资金，是保障全体社会成员由于年老、疾病、失业、工伤、贫困等各种原因导致生活水平下降甚至无法维持基本生活而建立的具有特定用途的资金。各项基金不能混合使用，更不能挪作他用。

4. 管理的复杂性

从构成看，社会保障基金既有财政税收的，又有社会缴费的；既有预算内的，也有预算外的；既有流量的，也有存量的；既有当年平衡的，也有几十年长期平衡的；既有人社部管的，也有财政、民政管的；既有中央政府所属的，也有地方政府的；既有社会统筹的，也有个人账户的；既有事业性支付的，也有投资运营的；既有城镇的，也有农村的。因此，管理极为复杂。

5. 保值性与增值性

在保障经费的实际运行过程中存在着一种待遇刚性（支付给受保人的保险费随着时间的推移只能增加、不能减少）的问题，这就要求社会保障基金在闲置不用期间必须采取一定的方式保值与增值，否则将无法满足将来的支付需要。社会保障基金的保值性与增值性决定其进入投融资领域的必然性，这在以后的章节中将做进一步论述。

四、社会保障基金的作用

社会保障作为一项重要的社会政策，必须以可靠的物质基础作为后盾，其庞大而复杂的开支必须有一个稳定的基金制度来保障。社会保障基金正充当这一角色，它是社会保障制度的核心和物质基础，具体来说，其意义表现在如下几个方面：

（1）建立基金制度是发挥社会保障的互助调剂职能的需要。社会保障的某些项目，如养老保险、医疗保险、工伤保险等，通行“分散危险负担，互偿灾害损失”的一般保险原则，要求在社会范围内互助调剂。这只有借助法定的社会保障基金制度才能实现。

（2）建立基金制度是发挥社会保险储备积累职能的需要。社会保障的某些项目是劳动力再生产过程中的客观需要，劳动者在年富力强之时就需要为自己的后代和自己的将来储备，以应付未来之需。这种储备积累，在大生产的条件下，除了个人自发实现之外，还需依靠立法的基金制度来强制实现。

（3）社会保障基金制度有利于增强社会保障经济实力，促进就业和资本积累。按照法定制度建立起来的社会保障基金，除按规定进行支付之外，还可以运用和经营，并将经营所得收入归并于基金之中，有助于增强社会保险自身的经济实力。如果将积累的储蓄资金投资于生产性领域，社会保障基金在创造就业机会方面作用巨大。通过社会保障基金投资产生的资本，构成国内资本的一个组成部分。

（4）社会保障基金是对宏观经济进行间接调控的一项财政手段。政府可以将这种制度作为管理经济的财政手段之一。例如，可以通过增加救济金刺激需求，或者提高保险费率减少需求。

（5）社会保障基金有助于建立社会公平和社会和谐。当代社会保障方案可以被视为收入再分配的一种手段。这一手段有助于纠正相对不利于贫困者的经济平衡。社会保障基金的筹集和使用会产生收入再分配的效应，即在参加该制度的劳动者中进行“横向”收入分配、“纵向”收入再分配、从城市到农村的收入再分配、职业健康的收入再分配或一个国家中地区间的收入再分配。这种再分配有利于社会公平（尤其对于贫富悬殊的国家）、社会关系和谐。

第二节　社会保障基金的管理

一、社会保障基金管理的基本原理

1. 社会保障基金管理的概念

社会保障基金管理是指为了实现社会保险制度的目标而对基金的运行进行的系统管理。

2. 社会保障基金管理的目标与基本原则

社会保障基金管理的目标：①确保基金的完整和安全；②防止基金贬值，实现基金保值，争取基金增值；③满足给付的需要，避免支付危机发生；④保持效率。

社会保障基金管理的原则：①依法管理，规范运行；②坚持收支两条线，征收和支出适当分离；③实行预算管理；④严格监督，杜绝漏洞。

3. 国际社会保障基金管理的讨论热点

国际社会三十年来对社会保障基金管理的讨论热点包括：①资金筹集方式；②资金支付方式；③养老保险的私有化问题；④管理主体与管理模式；⑤基金的监管方式等。

二、社会保障基金的管理模式

社会保障基金的管理模式可分为：财政集中型基金管理模式、多元分散型基金管理模式、专门机构的集中基金管理模式和混合管理模式四种：

（1）财政集中型基金管理模式。以建立社会保险预算或直接列入国家财政预算的方式管理社会保险基金，体现国家财政对社会保险基金管理的最后责任。

（2）多元分散型基金管理模式。社会保险专门机构委托银行、信托、投资公司、基金管理公司等金融机构对社会保险基金在法律允许的范围内进行信托投资，并规定最低投资收益率的基金管理途径。

（3）专门机构的集中基金管理模式。由相对独立和集中的社会保险银行、社会保险基金管理公司或基金会等专门机构负责社会保险基金的管理和投资运营。新加坡就是这样一个国家。新加坡的基金管理组织叫中央公积金局，该局负责保险基金的日常支付，又负责保险基金投资运营。公积金局属劳动部，它由11人组成董事会，董事会负责中央公积金局的管理工作。为了确保投资的安全性，中央公积金局常把社会保障基金投资于国债市场。但由于其过分重视投资的安全性，投资的收益不高。

（4）混合管理模式。采取混合管理模式的国家通常由政府或准政府机构制定有关社会保障的规则，如供款率的高低、发放养老金的条件等，向社会成员提供有限选择性的服务产品，即服务产品相对比较简单，但人们又可以有一定范围的选择；资金统一征集完成后，根据一定投资组合的要求，委托给相互之间存在竞争关系的多个经营投资机构（包括国有的或民营的），由其负责投资和提供回报；投资回报及其支出安排仍由上述政府机构（或者准政府机构）来掌握，并负责保障基金的发放。

近几十年来，一些国家对信托基金管理模式进行了新的探索，取得了较好的效果，如在

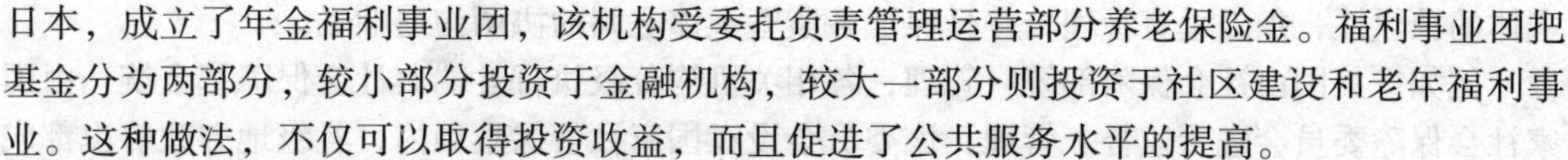

日本，成立了年金福利事业团，该机构受委托负责管理运营部分养老保险金。福利事业团把基金分为两部分，较小部分投资于金融机构，较大一部分则投资于社区建设和老年福利事业。这种做法，不仅可以取得投资收益，而且促进了公共服务水平的提高。

构筑一个成功的社会保障基金管理模式，至少应坚持以下两个原则：

（1）基金管理的安全性和盈利性。各种模式都十分重视基金运行的安全性，同时又兼顾盈利性。好的基金管理模式应能把两者有机结合起来。

（2）基金管理的独立性和自主性。独立性和自主性要求政府不得任意干预社会保障基金的管理，更不能用基金弥补财政赤字。这是因为政府的干预常常会破坏社会保障基金的运行效率，最终将影响广大人民的基本生活保障。

三、社会保障基金管理的国际经验

人口老龄化是一个全球性的问题。为了应对人口老龄化的冲击，一些国家如爱尔兰、挪威、法国和新西兰建立了国家养老储备基金。经过多年的实践，这些基金积累了许多优秀管理经验：

（1）立法先行，法制健全。在建立储备基金后，这些国家都专门制定并颁布了储备基金管理运作的法律法规。挪威于1990年建立石油基金，同年颁布了《石油基金法》，1996年又制定了《石油基金管理条例》；2000年，爱尔兰建立国民储备基金，同时制定了《国民储备基金法》；2001年新西兰建立了养老基金，同时通过了《养老基金法案》；法国在建立国家储备基金后，相应修改了社会保障法案。通过这些法律，储备基金的性质、资金来源、用途都很清楚，管理架构、管理机构的职责、投资运作模式也有明确规定。

（2）管理目标明确，资金来源稳定。筹资方面，法国要求到2020年，储备基金的规模必须达到1万亿法郎；爱尔兰要求储备基金的规模必须能够承担养老金支付高峰阶段1/3的支出额。为了稳定资金来源，爱尔兰规定每年从财政预算中按GDP的1%拨款；新西兰、挪威也建立了财政预算拨款机制。这些国家还将一部分公共资源收入、国有企业变现收入及其分红作为筹集资金的重要手段。

（3）管理机构权责明确，实行市场化运作。这些国家成立专门机构，负责储备基金的管理运作，投资管理的目标都是在对整个基金不造成过度风险的情况下实现投资回报最大化。例如，法国成立储备基金监管委员会，爱尔兰成立储备基金理事会，新西兰成立养老金监管人委员会，尽管称谓有所不同，但都是负责管理运作的责任主体和权力主体。为了有利于市场化运作、减少政府干预，法律中有相应条款保障管理机构拥有独立的管理决策权力。

（4）基金管理专业化，基金运营资本化。对社会保险基金实行专业管理，可以充分利用专业人员的优势来根据社会保险基金的特点制定相应的投资规划，从而避免非专业人士介入监管带来效率低下的问题。这有助于降低行政监管的成本，提高监管的效率。同时，为确保增值与保值，还应进一步增加社会保险基金的投资工具和方式，除用于风险较低的固定收益投资外，还可适当增加风险较高但收益也较高的投资品种，如通过发行类似智利“认可债券”的特种长期债券来消化部分转制成本。

（5）强化执法，建立既独立又协调的监管机制。社保基金是保障国民福利的重要公共基金，各国都以法律法规来确保基金的安全管理与运营。各发达国家社会保险基金的监管组织各具特色，但都表现出以下特点：社会保险行政管理部门都注重强化执法权威，确保监管主体的独立性，加强垂直管理，并且保证各监管主体之间的协调沟通顺畅。

例如，英国由社会保障部统一管理，各相关机构分级执行。瑞典社会保障基金统一由国家社会保障委员会进行监督、管理，该委员会设在国家社会保险局内，各级地方政府也都成立专门的社会保险管理机构，这些社会保险管理机构作为一个独立的单元，不依附于任何一个部门，并按照行政区划分级设置自上而下的独立垂直体系。再以美国为例，其监管结构中十分重要的社保基金理事会，由财政部长任理事会主席，劳工部长、卫生部长和社会保障署长为董事，另有两名独立董事由总统任命且经参议院批准，具有较强的独立性和监管权威，同时加强了各部门协调。

第三节　社会保障基金的财务运行

一、社会保障基金的财务组织

社会保障基金的财务组织工作（筹集和运用）有如下几个基本步骤：接受（筹集）和管理收入资金、支付保险金和行政开支、为制度提供资金保证、将剩余资金投资。

财务组织工作的目标是支付所需要的保险金和组织管理费用，也可称为保险制度的偿付能力。社会保障基金的财务运行如图9-1所示。

图9-1基本说明了一个典型的社会保险制度中财务运行的情况，其中有些收入要素和保险金支出对于某个特定的社会保险制度未必使用。

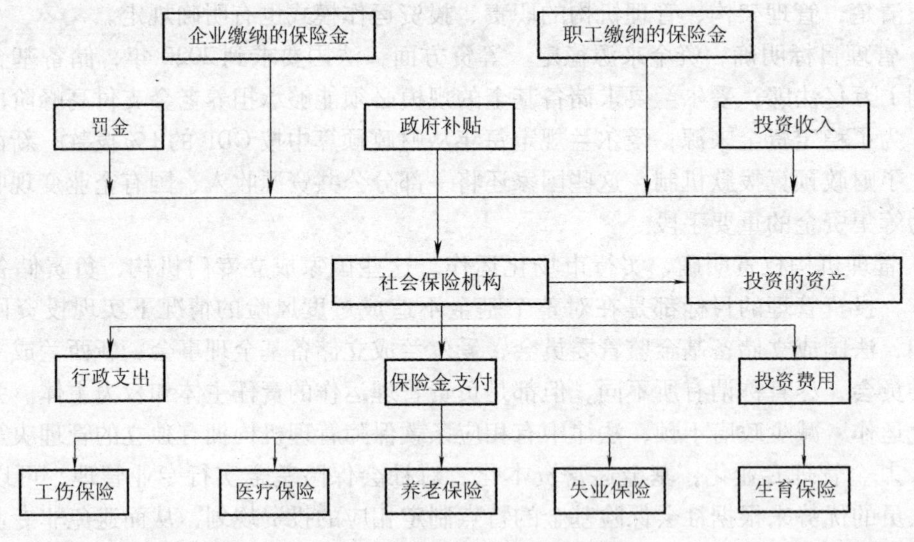

图9-1　社会保障基金的财务运行

二、社会保障基金的筹集

社会保障基金的筹集是指由专职的社会保障机构按照法律规定的比例和计征对象征收社会保障费（税）的一种行为，它是关系到能否建立充足和稳定的社会保障基金的重大问题，是社会保障基金管理的重要环节。

（一）社会保障基金的筹集渠道和范围

从世界上实行社会保险的大多数国家情况分析，社会保险基金的来源渠道主要有企业负担、个人缴费、国家资助三个方面。企业是在征收所得税前提取社会保险费（税）上缴社会保险机构，这是社会保险基金的主要部分；个人是在工资收入中按照一定比例上缴社会保险机构或缴纳至个人账户，在实行企业和个人缴费制度的国家，保险费用一般是企业和个人各负担一半，这也是社会保险基金的重要组成部分；国家是从财政收入中予以补贴，这是社会保险基金正常运转的可靠保证。

在不同的国家和地区、不同的保险项目上，社会保障基金的来源也不尽相同，这主要体现在国家、雇主和劳动者三方在保险费用负担的具体形式和数量比例上。归纳起来，社会保险基金通常有以下几种分担方式：

1. 由劳动者负担

有些国家，如巴西等，在失业保险等少量项目上采取社会保险费全由劳动者负担的方式。这种方式增强了劳动者的责任感，减轻了用人单位和国家的负担，但是另一方面增加了劳动者的经济负担。而且，由于劳动者的收入参差不齐，受到失业等因素影响，收入低的劳动者常常因缴费困难而更加困难，也影响到保险项目的正常发展。因此，经济发达的国家往往不采取这种形式。

2. 用人单位负担

法国、意大利及我国的工伤保险，以色列的失业保险等，采取全部由用人单位负担的方式。这种方式有利于加强用人单位的安全生产，促使用人单位采取更为积极的安全措施，减少工伤事故的发生。同时，也有利于减轻劳动者的经济负担和后顾之忧，有利于减轻国家的财政负担。工伤保险由用人单位缴纳全部保险费是许多国家通用的方法。

3. 政府负担

政府负担社会保障基金的主要来源有两个渠道：一是在一般税收的公共经费中拨付；二是开辟特别税种，此项捐税的收入作为专款充实社会保险经费。

英国、德国等国的某些社会保险项目采用了由政府全部承担费用的方式。这种方式主要是为了扶持某些保险项目的发展，同时也是为了加强政府对社会保险的宏观控制。政府全部负担社会保险费的前提条件是国家有较为宽裕的财政资金，因为，一般国家是难以负担社会保险的全部费用的。

4. 由劳动者和用人单位共同负担

由劳动者和用人单位共同负担的方式是一种由来已久并普遍采用的方式。从德国创建社会保险起，疾病保险费就由劳动者和用人单位共同负担。现在，绝大多数国家的医疗保险均采用这种负担方式。这种方式有助于加强用人单位内部的财务风险管理，规避财务风险，也有利于劳动力资源的合理流动与配置及用人单位自身的经济发展。

5. 由劳动者和政府共同负担

澳大利亚、瑞士和法国等国的疾病和生育保险采用由劳动者和政府共同负担这一方式，用人单位不负担社会保险费用的支出。这一方式中，绝大部分费用由政府支付，劳动者只负担少量保费。这种方式减轻了用人单位的经济负担，有利于用人单位自身的发展和资金积累，也有利于政府推行社会保险。

6. 由用人单位和政府共同负担

经济发达国家，如德国、日本、韩国等国的工伤保险，意大利的失业保险及瑞典等国的疾病生育保险，都采用了由用人单位与政府共同负担保险费用的方式。这种方式能较好地调动各方积极性，有助于社会保险的正常运行和发展。

7. 由劳动者、用人单位和政府三方共同负担

由劳动者、用人单位和政府三方共同负担是目前世界上多数国家采用的缴纳社会保险费的方式。这种方式能较好地平衡各方负担，有助于社会保险的正常运行和发展。

我国目前实行的养老、失业、工伤、医疗和生育五项保险中，养老保险和医疗保险实行社会统筹和个人账户相结合，失业保险、工伤保险、生育保险实行社会统筹。其中，养老、医疗、失业社会保险项目是国家、用人单位和劳动者个人三方负担的，工伤和生育两项保险由企业缴费，劳动者个人不缴纳社会保险费。同时，在社会保障的其他方面，如社会救济、社会福利、社会优抚，其资金来源主要由政府和用人单位负担。

（二）社会保障基金的筹集原则与筹集模式

国际劳工组织对社会保障基金的筹集提出了三项原则：①受保职工负担的费用不应超过全部所需费用的一半；②避免低收入者负担过重；③要考虑本国的经济状况。在实践中，社会保障基金的筹集还要遵循的原则包括：确保社会保障制度正常运行的原则；妥善处理积累与消费关系的原则；有利于资源有效配置的原则等。

由于不同国家对社会保障基金平衡的不同理解及不同社会保险项目的实际需要，社会保险基金筹资模式从不同方面可以做多种划分。概括目前国际上通行的做法，主要有四种模式：

（1）现收现付社会统筹制模式。由社会保险机构为退休人员需支付退休养老金的总额进行社会筹资，即由单位和在职职工个人（或全部由单位）按工资总额的一定比例缴纳保险费。以支定收，不留积累，养老保险的负担是代际之间进行转移，即由在职职工一代人负担已退休职工一代人的养老费用，在职职工本人则由下一代人负担。此模式的主要特点是：费率调整灵活，社会共济性强，易于操作，不存在基金受通货膨胀和利率波动的威胁，具有通过再分配达到公平为主导的特性。

（2）社会统筹部分基金积累制模式。在社会统筹筹资框架内建立部分基金积累，一方面对已经退休者的养老金继续实行现收现付，另一方面为应付退休高峰期预筹部分积累基金，实行“以支定收，略有结余，留有部分积累”的原则，在现行统筹费率的基础上适当增加几个百分点作为长期统筹调剂使用的积累基金。

（3）个人账户储存基金制模式。该模式是从职工开始参加工作起，按工资总额的一定比例由单位和个人缴纳保险费，记入个人账户，作为长期储存积累增值的基金，其所有权归个人。职工到法定退休年龄，按个人账户积累总额（包括保险费本金和利息）以养老年金方式逐月发给个人。此模式的主要特点是将自我保障融入社会保险，激励机制强，透明度高，利于监督管理，能形成预筹基金，长期积累增值，个人为将来做出长远保障，具有以效率为主导的特性。

（4）社会统筹和个人账户相结合部分基金积累制模式。其核心是引进了个人账户储存基金制的机理，积累基金建筑在个人账户的基础上，同时又保持了社会统筹互助调剂的机制。单位缴纳的保险费大部分统筹调剂用于支付已退休人员的费用，职工个人缴纳的全部保险费和单位缴纳统筹保险费的一部分一起进入职工个人账户。这种模式由于建立了养老金个人账户，具有激励机制和监督机制，同时也保留了社会统筹互济的优点，集聚了个人账户储存基金制和现收现付社会统筹制两者的优点，防止和克服了两者的弱点和可能出现的问题。从理论上看这种模式是优点大于缺点，是我国养老保险改革中探索的一种新型模式。

（三）社会保险费的费率确定

所谓“社会保险费”，是保险人（国家或单位）为了承担法定的社会保险责任，向受保人（单位和个人）收缴或自行提留的费用。社会保险费率则是指被保险人集体或个人在单位时间内应缴纳的社会保险费与其工资总额或个人工作收入的比率。它是法定的国家、集体和个人对保险基金的总体分担份额。

社会保险费费率直接关系到国家、用人单位和劳动者个人的利益分配关系，也关系到社会保险自身的建立和发展，是征缴保险费的依据和标准。从总体上讲，社会保险费费率要以保护待遇支付和正常的业务支出为标准。社会保险费费率定得过高，必然加重用人单位和劳动者个人的经济负担，不利于社会保险事业的发展；社会保险费费率定得过低，社会保险机构收取的保险基金不足，必然导致社会保险难以维持。

1. 制定社会保险费费率应当遵循四项基本原则

（1）应收缴的社会保障基金总体上与社会保险待遇的给付水平持平，否则将入不敷出。

（2）应保证社会保障基金有一定程度的积累。例如，在社会保险制度中，养老保险金是劳动者工作期间为年老时所做的准备，劳动者退休后领取的养老金实质上是劳动者在职时由用人单位和劳动者本人所缴纳的保险金的积累。

（3）应满足社会保险支出逐年增长的需要。因为在现代社会保障制度中，社会保险待遇的支出呈逐年增长的趋势，并受到社会保险项目能上不能下、水平能升不能降、范围能扩大不能缩小等因素的影响。

（4）不得以营利为目的。因为社会保险的目的是为了保障劳动者的基本生活和社会稳定，社会保险的管理运行机构在具体经营过程中，不得为了自身盈利而提高社会保险费率。

制定社会保险费费率的确是一项十分复杂的工作，除了要遵循以上基本原则以外，还要依据保险项目的性质和范围、事故发生的频率及损失大小、单位和个人的经济负担能力及国家财政的补贴情况，结合以支定筹、合理负担的原则来确定。

2. 社会保险费费率的确定方式

（1）统一费率制。将所有保险项目按统一的保险费费率向企业与个人征收保险费，资金由社会保险机构统一调配使用，同时为所有的社会保险项目提供经费。

（2）单项费率制。对各个社会保险项目单独确定费率，经费来源相互独立、专款专用。

（3）分类费率制。将若干社会保险项目归于一类，各类项目按不同的费率征收保险费。

（四）社会保险费的征收方式

社会保险费的征收一般采用两种方式：一种是由社会保险经办机构直接征收；另一种是由税务部门征收，这也是国际上比较通行的征收方式。我国在1999年颁布《社会保险费征缴暂行条例》之前，一般由社会保险经办机构负责征收。在《社会保险费征缴暂行条例》中规定，社会保险费的征缴机构由省级人民政府确定，可以是社会保险经办机构，也可以是税务机关。

（五）社会保障基金征集业务管理程序

世界各国的社会保障基金征集的业务管理程序不尽相同，但基本程序还是有相同之处的。现以我国保险金征集的业务管理保险费收支的程序为例，对该程序做简单介绍。

根据我国人力资源与社会保障部《社会保险业务管理程序》有关规定，社会保障基金经办机构基金征集的业务程序如下：

1. 缴费核定

（1）及时建立和调整所辖地区内单位和职工的基础档案资料。为保证社会保险费收支的准确性，单位和职工的基础资料应该全面、翔实。

（2）于本缴费年度初，根据上年度各单位各项社会保险费的缴费、支付情况，制定本年度的各项社会保险费的征集计划；并且依据情况变化，适时提出调整缴费比例的建议。

（3）根据社会保险业务开展情况，参照单位和职工基础档案资料制定相关报表（劳动部统一规定的报表除外，下同），在审核单位报送的各项社会保险情况表时，应确认其在开户银行账号上结存的资金，足够缴纳当月各项社会保险费。

（4）对各单位上报的各类报表，应重点审核单位及职工缴费工资基数、缴费金额及其他变动项目。

（5）对新建单位及应参加而未参加社会保险的单位和职工，业务人员应及时向其发出“办理社会保险手续通知单”，督促其尽快参加社会保险。

（6）单位补缴单位和职工以往欠缴月份的社会保险费时，应审核是否填报参加社会保险人员社会保险费补缴核定单，核定单由各地区社会保险基金经办机构制定。业务人员应根据补缴办法，核定单位和职工补缴各月的本金、利息及滞纳金。补缴本金、利息及滞纳金的办法按国家统一规定执行；没有统一规定的，暂按各地区、各部门现行办法执行。

（7）职工在同一统筹范围内流动，业务人员应按规定审核转移其社会保险关系；职工跨统筹范围流动时，业务人员除按规定办理社会保险关系的转移外，还应同时审核转移其养老及医疗保险费，并填写“参加养老保险、医疗保险人员转移情况表”。基本养老保险转移办法按《职工基本养老保险个人账户管理暂行办法》执行；其他社会保险项目的转移暂按各地区现行规定办理。

2. 费用征集

（1）根据缴费核定环节提供的单位和职工的基础档案资料，整理、掌握单位开户银行、账号、账户名称、联系人、负责人姓名及联系电话等有关情况，并与单位建立业务联系。

（2）依据缴费核定环节提供的社会保险费征集数据，开具委托收款及其他结算凭证，通过银行或直接征集社会保险费；必要时，也可直接到单位征集。

（3）采用支票或现金结算方式征集社会保险费时，在收妥款项的同时必须开具“社会保险费收款收据”，并妥善保存收妥的款项、结算凭证及“社会保险费收款收据”存根，同时按要求办理款项和收据的交接手续。

（4）及时了解社会保险费征集落实情况，对因单位名称、账号变更或账户存款不足等原因造成的社会保险费欠收，及时填发“社会保险费催缴通知书”，督促其尽快缴齐欠缴的社会保险费，并办理征集手续。

（5）对于符合缓缴条件的单位，按规定办理缓缴手续，并要求缓缴单位制定出补缴计划。在缓缴期内，随时了解该单位生产经营效益情况；缓缴期满，及时办理欠缴费用的补缴手续。

（6）通知费用记录处理环节，对欠缴及经批准缓缴养老、医疗保险费的单位在其欠缴及缓缴期内暂停记载职工个人账户，也不计算职工缴费年限，待其补齐缴费本金和利息后，及时通知下一环节补记职工个人账户。

（7）向本部门和有关领导报告社会保险费征集情况，提出加强社会保险费征集工作的意见和建议。

3. 费用记录处理

（1）根据缴费核定环节提供的单位和职工基础档案资料，业务人员应及时在计算机中为每个单位和职工建立基础档案库。

（2）根据基础档案库资料及单位和职工缴费情况，及时建立职工参加养老、医疗保险的个人账户。

（3）根据其他各业务管理环节提供的统计资料，随时调整单位和职工各项社会保险基础数据，并确保数据记录的真实准确和安全。

（4）根据费用征集环节提供的数据，将实际征集到的社会保险费按规定分配到各项目下。根据待遇支付环节提供的数据，记载职工养老、医疗保险个人账户的实际支出情况，并按有关规定计算和登记职工养老保险、医疗保险个人账户的本息和职工缴费年限。

（5）对流动职工，随时向缴费核定环节提供职工社会保险基础资料和个人账户有关情况。

（6）整理、汇总、分析社会保险各类统计数据，按要求上报各类统计报表及相关报告。

三、社会保险基金预算

为加强社会保险基金管理，规范社会保险基金收支行为，明确政府责任，促进经济社会协调发展，2010 年 1 月，国务院颁布《关于试行社会保险基金预算的意见》。

社会保险基金预算是根据国家社会保险和预算管理法律法规建立、反映各项社会保险基金收支的年度计划。社会保险基金预算坚持以科学发展观为指导，通过对社会保险基金筹集和使用实行预算管理，增强政府宏观调控能力，强化社会保险基金的管理和监督，保证社会保险基金安全完整，提高社会保险基金运行效益，促进社会保险制度可持续发展。

1. 社会保险基金预算应遵循的原则

（1）依法建立，规范统一。

（2）统筹编制，明确责任。

（3）专项基金，专款专用。

（4）相对独立，有机衔接。

（5）收支平衡，留有结余。

2. 社会保险基金预算编制范围

社会保险基金预算按险种分别编制，包括企业职工基本养老保险基金、失业保险基金、城镇职工基本医疗保险基金、工伤保险基金、生育保险基金等内容。根据国家法律法规建立的其他社会保险基金，条件成熟时，也应尽快纳入社会保险基金预算管理。

3. 社会保险基金预算编制和审批

统筹地区社会保险基金预算草案由社会保险经办机构编制，经本级人力资源与社会保障部门汇总，以及财政部门审核后，由财政和人力资源社会保障部门联合报本级人民政府审批。社会保险费由税务机关征收，社会保险基金收入预算草案由社会保险经办机构会同税务机关编制。

统筹地区财政和人力资源社会保障部门将社会保险基金预算草案报本级人民政府审批后，报上一级财政和人力资源社会保障部门。省级财政和人力资源社会保障部门将本省（区、市）社会保险基金预算草案报本级人民政府后，报财政部和人力资源社会保障部。

全国社会保险基金预算草案由人力资源社会保障部汇总编制，财政部审核后，由财政部和人力资源社会保障部联合向国务院报告。待条件成熟时，由国务院适时向全国人大报告。

4. 社会保险基金预算执行和调整

社会保险基金预算草案经统筹地区人民政府批准后，由财政和人力资源社会保障部门批复，社会保险经办机构具体执行。社会保险经办机构应严格按照批准的预算和规定的程序执行，并定期向本级人力资源社会保障和财政部门报告。社会保险费由税务机关征收的，社会保险基金收入预算批复税务机关和社会保险经办机构，税务机关应严格按照批准的预算和规定的程序执行，并定期向本级财政和人力资源社会保障部门报告。

社会保险基金预算不得随意调整。在执行中因特殊情况需要增加支出或减少收入，应当编制社会保险基金预算调整方案。社会保险基金预算调整由统筹地区社会保险经办机构提出调整方案，经人力资源社会保障部门审核汇总，财政部门审核后，由财政和人力资源社会保障部门联合报本级人民政府批准。社会保险费由税务机关征收的，社会保险费收入预算调整方案由社会保险经办机构会同税务机关提出。

5. 社会保险基金决算

年度终了，统筹地区社会保险经办机构应按有关规定编制年度社会保险基金决算草案，经人力资源社会保障部门审核汇总，以及财政部门审核后，由财政和人力资源社会保障部门联合报本级人民政府审批。

统筹地区财政和人力资源社会保障部门将社会保险基金决算草案报本级人民政府审批后，报上一级财政和人力资源社会保障部门。省级财政和人力资源社会保障部门将本省（区、市）社会保险基金决算草案报本级人民政府后，报财政部和人力资源社会保障部。

全国社会保险基金决算草案由人力资源社会保障部汇总编制，财政部审核后，由财政部和人力资源社会保障部联合向国务院报告。

四、社会保障基金的支付

（一）社会保障基金的支付方式

社会保险的最终目的是劳动者在遇到年老、疾病、工伤及失业、生育等情况，失去生活来源时，能够及时得到物质补偿。因此，采取什么方式将这种补偿准确、完整地送达劳动者手中显得尤为重要。

目前，我国各项社会保障基金主要采取以下几种支付方式：由社会保险经办机构直接发放；由企业、单位直接发放；由社会保险经办机构与银行联办储蓄所发放；委托职工管理委员会、商业银行代为发放。其中，第四种方式所占比重最大。

（二）社会保障基金支付业务管理程序

世界各国的社会保障基金支付的业务管理程序有相同之处的。现以我国社会保险金支付的业务管理程序为例，对此程序做简单介绍。

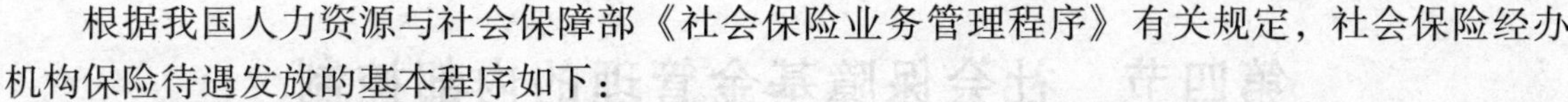

根据我国人力资源与社会保障部《社会保险业务管理程序》有关规定，社会保险经办机构保险待遇发放的基本程序如下：

1. 待遇审核

（1）制定各项“社会保险待遇审批表”，单位在申报职工享受养老、医疗、工伤、生育保险待遇时，业务人员应指导单位按要求填写“社会保险待遇审批表”并要求提供相关的证明。

（2）根据单位填报的“社会保险待遇审批表”及有关证明，结合缴费记录处理环节所提供的单位和职工基础档案资料，依据社会保险有关法规、政策，逐项予以审查、核准。

（3）对申请享受医疗保险待遇人员，需审核其出具的医院有关证明和费用结算手续；对申请享受工伤保险待遇的人员，需审核其出具的当地劳动行政部门认定的工伤通知书及劳动鉴定机构提供的伤残鉴定结论证明；对申请享受生育保险待遇人员，需审核其出具的生育指标证明及医院证明；对申请享受养老保险待遇人员的审核办法，按国家有关规定执行。

（4）对需一次性支付待遇的人员，需审核单位及职工填写的“社会保险待遇一次性支付审批表”。

（5）根据有关政策，对享受社会保险待遇人员待遇标准的调整予以审核认定。

（6）为确保职工应享受的社会保险待遇准确无误，设专人对审查核准的“社会保险待遇审批表”及相关证明进行复核，认定无误后，方可转入下一个环节办理。

（7）根据各单位所报材料，结合单位和职工基础资料，业务人员应随时建立离退休（职）人员档案、职工医疗保险档案、工伤职工档案，死亡离退休（职）人员及工伤人员遗属档案，并定期调查离退休（职）人员及享受遗属津贴人员现状，定期审核、调整其应享受的待遇标准。

（8）对取得医疗保险定点服务资格的医院、药店等医疗服务机构执行医疗保险政策的有关情况进行监督检查，适时提出改进管理及调整医疗服务机构的意见。

（9）负责接待和办理单位及有关人员关于享受社会保险待遇问题的来信、来访与咨询事宜。

2. 待遇支付

（1）对待遇审核环节提供的单位及其职工享受社会保险待遇的有关资料予以确认，编制享受社会保险待遇人员名册与台账。

（2）根据有关规定，确定享受社会保险待遇人员社会保险待遇的具体支付方式和时间。

（3）及时填制社会保险待遇拨付通知单，按确定的时间办理支付手续，通过银行或其他方式将应支付的社会保险待遇发放给享受对象。

（4）对各项社会保险待遇的支付情况，及时登记并妥善保管有关凭证和资料。

（5）与银行、代办所、社区或单位等承担待遇支付的部门建立并保持经常性的业务联系，适时协调相互间的工作关系，保证社会保险待遇支付渠道的畅通。

（6）对各项社会保险待遇落实情况进行跟踪调查，发现不落实问题，配合有关部门及时查明原因并予以纠正，并对纠正情况实施监督。

第四节 社会保障基金管理的内部控制

为了确保基金的安全与完整，国家和社会在对社会保障基金管理加强外部监督的同时，有必要在社会保障经办机构内部建立有效的控制制度，以保证基金安全和社会保险目标的实现。

一、社会保障基金管理内部控制制度的概念和类型

社会保障基金管理的内部控制制度（以下简称“内控制度”）是在社会保险经办机构内部建立的规范化、系统化的具有控制职能的办法、措施和程序。

社会保险机构的内控制度可按实施方法和实施范围进行分类。按实施方法分类，可分为预防性控制制度和察觉性控制制度。预防性控制制度是为了防止发生错弊而进行的控制活动，其目的在于防患于未然，减少出现错弊的可能。例如，会计与出纳分工就属于预防性控制制度。察觉性控制制度是为了使错弊出现后能迅速查明与证实而进行的控制活动，其目的是一旦发生错弊，能够尽快发现与纠正。例如，定期与不定期地对出纳保管的库存现金进行清点，就属于察觉性控制制度。

内控制度按实施范围分类，可分为管理控制制度和会计控制制度。管理控制制度是根据社会保险机构的工作目标，为合理而有效地开展工作而设置的各种管理程序与方法，目的在于提高工作效率，确保既定目标的实现。会计控制制度是指在机构内部建立健全会计组织，为确保财产的安全和会计记录的完整、准确而设置的各种会计管理程序和方法，目的在于保护财产，确保会计资料可靠无误。

二、社会保障基金管理内部控制的基本制度

2014 年 6 月，我国审计署公布的对全国社保基金理事会审计报告称，由于管理不当，社会保障基金会基金和存款管理方面减少收入、损失、亏损达到 175 亿余元。为此，构建防范风险机制，明确社会保障基金的性质、用途、来源，调整全国社会保障基金理事会、投资管理人、托管人的权利义务关系，规范基金的管理运营，加强对基金的监督，保障基金在安全的前提下实现保值与增值，确保老龄化高峰时期的社会保障支出，显得极其迫切。

为了加强社会保险经办机构内部管理与监督，提高内控执行力，确保社会保险基金安全，人社部 2007 年制定了《社会保险经办机构内部控制暂行办法》，其主要内容包括：

1. 组织机构控制

（1）建立完善的组织决策控制制度。对内部机构、岗位设置、决策程序、法人授权等做出规定。

（2）建立科学的人事管理制度。对岗位设置与职责、人员调配与使用、干部培训、考核与奖惩做出规定。

（3）建立明确的领导授权控制制度。对授权范围、权力监督、定期轮岗、离任审计等内容做出规定。

（4）建立有效的内控考评制度。对业务风险控制情况的评价、违反内控规定的处罚等内容做出规定。

2. 业务运行控制

（1）规范业务操作规程。按照社会保险有关政策和法规，规范参保登记管理、缴费核定、账户管理、待遇审核、待遇支付、社会化管理、基金财务管理、计划统计管理、稽核监督等业务环节的操作流程。

（2）建立业务审核制度。办理社会保险各项业务时应严格审核相关报表、凭证等资料的真实性、完整性和有效性，出具的相关资料和凭证应规范统一，数据的修改应有严格的审批制度和程序，同时进行登记备案。

（3）明确各业务环节的工作范围、责任。各部门、岗位的业务管理、操作人员都应在其职权范围内开展工作，不得超越所授权限。各项业务环节既独立操作，又相互衔接、相互制约，实行业务初审及复核制度。

（4）实行办事公开。社会保险政策、业务流程、办理时限和内容及经办人等应公开透明。

（5）建立档案资料保管制度。社会保险业务的原始资料及办理过程中涉及的相关资料按照档案管理规定及时留存、归档、立卷、保管。

3. 基金财务控制

（1）依法进行基金财务管理和核算。基金财务管理严格按照国家的法律、法规、政策和社会保险基金财务会计制度，建立明确的会计操作规程，对财务处理的全过程实施监督。

（2）建立严密的会计控制系统。依法建账，按照不同险种分账核算，各险种之间、统筹基金与个人账户不得相互挤占。合理运用会计方法对发生的业务进行账务处理，记账依据的原始凭证、记账凭证合法有效，更正会计记录应履行必要的审批手续，并记录在案。

（3）建立分工明确的岗位责任制。财务会计部门应设立会计负责人（主管）、记账、复核、出纳和财务网管等岗位，明确各岗位的职责范围，财务收支审批实行分级授权，未经授权不得越岗代办。出纳员不得兼任稽核、会计档案保管和收入、支出、费用、债权债务账目的登录工作；财务印鉴、票据、空白凭证实行专人管理并有登记。会计人员轮岗或调离时，必须严格履行交接手续。

（4）建立合理的责任分离制度。货币、有价证券的保管与账务处理相分离；重要空白凭证的保管与使用相分离；资金收支的审批与具体业务办理相分离；资金受理发放或待遇支付与审查相分离；信息数据处理与业务办理及会计处理相分离。

（5）完善账务核对制度。对不同账务应定期核对，做到账证、账账、账表、账实相符。

4. 信息系统控制

（1）严格按照劳动保障部有关社会保险信息系统建设的标准规范业务系统和数据库建设，制定明确的操作流程和管理制度。

（2）根据业务流程和业务系统功能划分各个部门和岗位的职能，明确业务操作人员和系统维护人员等各类人员的职责和使用权限，并建立相应的管理制度，明确数据操作所依据的有效凭证和必须履行的审批手续。

（3）建立数据录入、修改、访问、使用、保密、维护的权限管理制度，加强对信息系统数据的监控，建立数据远程备份机制，确保数据安全。

（4）建立有效的信息交流反馈制度。对业务数据等信息管理、交流和反馈做出明确规定，确保管理层及时了解各项业务的办理情况和综合数据。

（5）按照国家有关规定使用网络。对于涉密信息需要在网上传输的进行加密处理。加强网络和计算机病毒防护，确保网络安全。

（6）建立机房和相关设备的管理制度。做好防火、防尘、防水、防磁、防雷击等工作，落实定期维护、故障处理、安全值班和出入登记等制度，确保设备的正常运转。

社会保障基金的财务组织除了基金的筹集、支付及日常管理外，还有一个重要方面，就是剩余资金的投资运营。社会保障基金金额巨大，而且是社会保险制度的核心和物质基础，它的投资和保值与增值意义重大，因此，我们在第十章将从理论上详细论述。

复习思考题

1. 试分析社会保障基金管理的模式。
2. 试论述社会保障基金财务运行的程序。
3. 试比较社会保障基金的筹集方式。
4. 制定社会保险费费率应当遵循的基本原则是什么？
5. 简述社会保障基金征集业务的管理程序。
6. 社会保障基金支付的资格条件是什么？
7. 社会保障基金管理内部控制的类型有哪些？
8. 社会保障基金管理内部控制的主要内容有哪些？

第十章

社会保险基金的投资运营

本章概要

社会保险基金的投资运营是社会保险制度顺利实施的基础，成功的投资有利于保证社会保险的支付，从而维护社会稳定。本章从社会保险基金投资的含义和作用入手，重点介绍社会保险基金投资的原则、投资理念、投资条件、投资的方式及各种投资方式风险和效果的评估。

第一节 社会保险基金的保值与增值

一、社会保险基金保值与增值的含义

社会保险基金作为一项庞大的备用性资金，其价值巨大，具体体现在可用于大量商品或劳务的购买。由于属于备用性资金，所以在备而不用期间保值与增值就很重要。

所谓保值，就是保持资金原有的价值量，使其购买力不降低；所谓增值，就是通过资金的合理投资运营，不断增加其原有价值量，使其购买力增加。一般来说，物品没有发生损耗或损坏，又没有劳动附加其上，随着时间的推移，其价值应该保持不变。但是，一般而言，随着一国经济增长，通货膨胀的压力、货币价值的体现——购买力在不断降低，货币贬值是当今社会各国普遍面临的带有规律性的现象。因此，作为实施社会保险制度而筹集并积累起来的社会保险基金，由于其一般是以货币形式存在的，随着经济的增长，其价值——总购买力也不可避免地将会出现降低或贬值现象。为此，要使不断积累增加的社会保险基金的购买力不随时间的推移而降低，就必须不断使基金保值与增值。

二、社会保险基金保值与增值的作用

社会保险基金是社会保险制度的物质基础，保证它的保值与增值具有重大意义。

1. 从基金筹集模式看社会保险基金保值与增值的必要性

社会保险各险种基金的筹集模式有现收现付式、完全积累式、部分积累式，不同的基金筹集模式对基金保值与增值的要求不同。以现收现付模式筹集基金，本期征收，本期使用，不留积累，基金存续时间短，通常为一年，因而几乎不受通货膨胀的影响，对基金保值与增值的要求也就不高；以完全积累模式筹集的基金存续时间长，一般都长达十几年甚至几十

年，而且在制度实施初期积累基金数量比较大，因而基金受通货膨胀的影响最大，如果不能保证积累基金在若干年后保值，就难以达到在预期内不调整保险费率的预定目的，所以完全积累模式筹集基金必须保证积累基金的保值与增值；部分积累模式筹集基金有部分积累金，其积累金也存续一定的时期，因此，以这种模式筹集基金也存在保值与增值的问题。

2. 从通货膨胀看社会保险基金保值与增值的必要性

经济学家研究发现，在一国经济增长与通货膨胀之间存在正相关关系，经济增长率与通货膨胀率之间的对比关系大致为1∶0.6。如前所述，高的经济增长率伴随着高的通货膨胀率，这是一个经济规律。通货膨胀不仅造成已筹集积累的社会保险基金本身贬值，还导致社会保险基金支出的增加。因为，随着通货膨胀而来的是人们生活费用的增加，其结果是靠社会保险基金生活的被保险者要维持基本生活水平就必须领取更多的保险金。要抵消通货膨胀的上述影响，而又不增加基金来源的负担，唯一的选择只能是设法使基金保值与增值。

3. 从人口老龄化看社会保险基金保值与增值的必要性

老龄化是全球面临的重大问题，我国人口老龄化的形势极为紧迫。随着新中国成立后出生的人们进入老年期，我们迎来第一个老年人口增长高峰。按照国际通行的老龄社会标准，中国从1999年开始迈入老龄化社会。目前，这个世界上人口最多的国家老龄化正在加速。据民政部网站消息，截至2014年年底，我国老年人口已达到2.12亿人，2025年将达到3亿人，2042年老年人口比例将超过30%。人口老龄化导致了社会保险基金，尤其是养老医疗费用支出的增加。显然，如果不通过基金存储，并采取适当的形式进行养老基金的投资运营使其价值增加，社会保险制度就无法适应人口老龄化的趋势。

4. 从保险待遇调整原则看社会保险基金保值与增值的必要性

分享经济发展成果和与物价挂钩原则是社会保险待遇调整遵循的两项基本原则。前者是指社会保险待遇随全体劳动者工资水平的提高而做相应的增加；后者是指社会保险待遇随物价增长而提高。国家的整体经济水平上升后，国民收入及劳动者薪酬，即整个社会的工资水平也相应提高。与此同时，靠保险待遇生活的人员应当享受比原来高的保险待遇。这既是出于保障被保险者基本生活的需要，也是保险制度要体现公平的要求。社会保险待遇之所以要与物价挂钩，是因为统一标准的保险待遇在不同的物价水平下能够购买生活资料和劳务的量不同，对应的生活水平也不同。为了保障被保险者的基本生活，使之不受物价变动的影响，必须定时或不定时地随物价的上涨调整和提高保险待遇。社会保险待遇遵循这两个原则而调整，结果必然是增加社会保险基金支出。如果通过国家增加财政资助或提高社会保险缴费率来解决这一问题，就必然再次增加国家财政或企业和劳动者个人的费用负担。要想既不增加国家、企业和劳动者三方之中任何一方的负担，又能使社会保险待遇遵循上述原则及时适度调整，唯一的措施就是做好社会保险基金的保值与增值、特别是增值工作。

三、中国社会保险基金保值与增值情况

中国全国社会保障基金理事会发布《2013年全国社会保障基金理事会基金年度报告》。该年报显示，2013年全国社会保障基金资产总额达12415.64万亿元人民币，全国社保基金权益投资收益额685.87亿元，投资收益率6.20%。基金成立以来至2013年年底，基金累计投资收益4187.38亿元，年均投资收益率8.13%，超过同期2.46%的年均通货膨胀率5.67个百分点。

年报还显示，目前，境内投资涉及银行存款、债券、信托投资、股票、股权投资和股权投资基金等；境外投资涉及银行存款、银行票据、债券、股票、用于风险管理的掉期和远期金融衍生工具等，显示投资规模进一步扩大。投资规模突破万亿大关，达到 11060.37 亿元，权益投资收益额 646.59 亿元，投资收益率 7.01%，创近三年新高。基金自成立以来的累计投资收益额为 3492.45 亿元，年均投资收益率为 8.29%。

在社保基金会的万亿资产中，直接投资资产为 6506.67 亿元，占比 58.83%；委托投资资产为 4553.70 亿元，占比 41.17%。据悉，社保基金利用多种投资工具以多元化投资来防范市场风险并取得了较好回报。

但是，2014 年 6 月审计署公布的对全国社保基金理事会审计报告称，由于管理不当，社保基金会基金和存款管理方面减少收入、损失、亏损达到 175 亿余元。

四、中国社会保险基金管理制度建设

1999 年，我国《社会保险基金财务制度》（财社字［1999］60 号）对社会保险基金财务管理进行了原则性规定。2001 年，财政部和当时的劳动保障部制定了《全国社会保障基金投资管理暂行办法》；2006 年，财政部制定了《全国社会保障基金境外投资管理暂行规定》。此外，为确保社会保险基金管理的计划性和约束力进一步提高，国务院下发了《关于试行社会保险基金预算的意见》，决定从 2010 年起在全国建立社会保险基金预算制度，补充并完善了社会保险基金管理制度的建设。2014 年 11 月，国务院法制办就《全国社会保障基金条例（征求意见稿）》向社会公开征求意见，文件共计 5 章 27 条，首次对已经运行了 14 年的全国社保基金做出了全方面的规范，包括构建防范风险机制，明确基金的性质、用途、来源，调整全国社会保障基金理事会、投资管理人、托管人的权利义务关系，规范基金的管理运营，加强对基金的监督，保障基金在安全的前提下实现保值与增值等内容。

第二节 社会保险基金投资概述

社会保险基金投资是投资的一种。所谓投资，就是指投资人以获利为目的的资本使用，获利的形式为收益或增值，或者两者兼有之。根据投资的定义，可以把社会保险基金的投资理解为：社会保险基金管理机构或受其委托的机构，用社会保险基金购买特定的国家政策或法律许可的金融资产或实际资产，以使社会保险机构能在一定时期获得适当预期收益的基金运营行为。社会保险基金通过投资运营获取收益，这些收益又转并成基金，从而使社会保险基金保值与增值。保值与增值是社会保险基金投资的根本目的。

一、社会保险基金投资的原则

在保险发达国家和地区，如英国、美国、瑞士、日本等，社会保险基金的投资早已成为社会保险事业的重要内容，并且十分发达。总结各国社会保险基金投资实践，其投资原则包括：

1. 安全性原则

安全性原则是指保证社会保险基金投资的本金及时、足额地回收，并取得预期的投资效益。对社会保险基金来说，投资安全往往被认为是第一位的。但是，这并不是说社会保险基金投资不能有任何投资风险。一般来说，投资风险与收益相伴而生且呈现很强的正相关关

系。预期收益越高，投资要冒的风险就越大；反之，没有风险的投资也是没有收益的，即使有也很少。既然如此，我们认为，所谓社会保险基金的安全投资应当是根据基金性质和收益需要预先确定一种合适的风险与收益标准，在进行投资时，严格以此标准为依据，既不要为追求过高的收益而冒很大的风险，也不能为了安全不顾效益。

2. 收益性原则

获得较高收益是社会保险基金投资的直接目的，因而在安全原则的前提下，力求理想的投资收益是社会保险基金投资的又一重要原则。因为，只有满足了这一原则要求，基金才能保值与增值，进而达到增强社会保险基金实力，减轻国家、企业、劳动者保险费用负担的目的。在计算投资收益时有必要指出，社会保险基金投资经过一个周期后，收回资金大于投入本金，并不意味着该投资取得了适当的收益。因为，受通货膨胀影响，收回资金在数量上大于本金并不等于真正实现了保值与增值。必须比较同期基金投资收益率与通货膨胀率，当前者大于后者并扣除相应的管理费用后仍有剩余时，基金才能真正实现保值与增值，否则仅起到缓解贬值程度的作用。

3. 流动性原则

社会保险基金由于给付的需要，要求能够迅速地融通、变现和周转。如果资金由于投资而冻结于某项固定用途无法脱手变现时，不仅无法应付财务的紧急需要，同时也有违设立基金和提留积累金的宗旨。所以，在投资时应有妥善的规则和精确的计算，考虑社会保险基金收入与支出数量变化的趋势，保障现款的额度和融通的灵活性。

4. 社会效益原则

社会保险基金投资还应兼顾社会效益。凡能促进经济健康发展，与社会发展、人民利益密切相关的项目都可以考虑投资；反之，关系不大或无关的就要少投资或不投资。特别是在发展中国家，社会保险基金的投资最好能和整个国家的经济发展计划与社会发展计划结合起来，使之与国家前进的方向一致。

5. 遵循国家法律和政策的原则

任何企业的任何经营活动都必须遵循国家有关的政策和法令，在此前提下，为了实现投资收益的最大化，对于投资方向、模式、结构、区域、数额等可以自由选择和决定。但是，由于社会保险基金的投资具有的特殊性质，许多国家和地方政府都对此做出了特殊的法律和政策规定。当前，全国社会保障基金投资运营依照的法规主要是两部：一是2001年财政部和当时的劳动保障部制定的《全国社会保障基金投资管理暂行办法》；二是2006年财政部制定的《全国社会保障基金境外投资管理暂行规定》。

《全国社会保障基金投资管理暂行办法》指出：社保基金投资运作的基本原则是在保证基金资产安全性、流动性的前提下，实现基金资产的增值。

需要指出的是，上述投资原则在实际运行时往往难以同时遵循，甚至存在一定的矛盾。因此，在保证不亏损的前提下，尽量增加盈利性和流动性，使风险性、盈利性与流动性统一起来，这是处理这一矛盾的基本原则。

二、社会保险基金投资的理念

1. 价值投资理念

社保基金会在投资中应当奉行价值投资理念，即坚持正确处理投资对象的内在价值与市

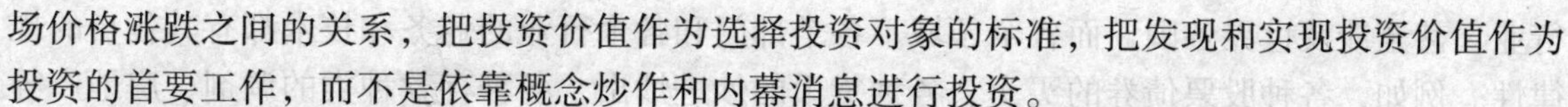

场价格涨跌之间的关系，把投资价值作为选择投资对象的标准，把发现和实现投资价值作为投资的首要工作，而不是依靠概念炒作和内幕消息进行投资。

2. 长期投资理念

围绕长期投资目标实行长期投资战略，并在一个较长时期内对投资执行情况进行考核和评估。社保基金的投资，应当着眼于分享国民经济增长的长期收益，着眼于分享股票市场健康发展的成果。社保基金的长期投资理念，使得它不应采取短期投资行为，不会依靠市场的大起大落炒作盈利；相反，它是市场中的一支稳定力量。市场中类似社保基金这样的长期投资机构越多，长期资金量就越大，市场的发展就会越稳定。

3. 责任投资理念

责任投资的理念要求社保基金投资要强调正确认识促进经济发展与实现投资收益的关系。经济增长成果是养老金投资收益的根本来源，促进经济发展有利于社保基金的积累。社保基金应充分发挥其规模巨大和投资长期性的独特优势，为我国宏观经济的健康发展尽职尽责。

三、社会保险基金投资的条件

社会保险基金的运用，虽然有其必要性和可能性，但要把这种可能变为现实，还需具备一些条件。这些条件包括：

1. 市场条件

市场条件是进行投资所要考虑的首要因素。经济学中所说的市场，是指由商品市场、技术市场、金融市场、劳动力市场、房地产市场、期货市场等各种具体形式构成的市场经济体系。上述各种形式的市场，都是社会保险基金投资的必要条件，其中金融市场是社会保险基金投资的基本市场。

根据发达国家经验，市场经济对社会保险基金投资的意义主要表现在以下两个方面：一是市场经济为社会保险基金投资提供了适当的外部环境。市场经济的基本特征之一，在于它具有一定的自动性和灵活性，如人、财、物等各种生产要素可以自由流动和自由结合；产、供、销等经济行为可以自由决策；价格、利率等经济杠杆可以自发浮动等。没有这种外部环境，基金的投资就不可能进行。二是，市场经济为社会保险基金的投资提供对象。社会保险基金的投资必须有其可以投资的对象，如债券、股票等各种有价证券和金融资产，黄金和房地产等流动资产和不动资产，工矿企业和商业、旅游业等。所有这些都是市场经济的构成要素，是社会保险基金可能投资的对象。

2. 政策条件

从总体上说，有了市场就有了运作社会保险基金的条件，从而也必然有社会保险基金的投资。但是在现实生活中，社会保险基金投资规模和实现的程度，还取决于当时的法律政策条件，不同的国家和同一国家的不同时期，政府会根据其国民经济发展的具体情况，对社会保险基金的投资采取不同的政策。这些政策直接制约着社会保险基金投资的广度和深度。例如，当代市场经济发达的西方国家，往往对社会保险基金的运作采取宽松的政策，因而保险基金投资的范围比较广泛，金额比较大；而现阶段的中国，对社会保险基金的投资则采取严格的限制政策。

3. 人才条件

在部分发达国家，社会保险基金的投资机会涉及国民经济的各个领域、各个部门和各个行业，甚至涉及世界各国。而各个领域、各个部门和各个行业的业务和技术都有其各自的规律性。例如，各种股票债券的买卖、各种货币的炒进炒出、各种存款种类的调剂、房地产等不动产的购销及工商企业的兴建和经营等，都有其特殊的业务内容和自身的规律性。这就要求有懂专业、懂技术和懂经营的专业人士来从事社会保险基金投资的业务工作。在没有相当数量的专业人才组成相应专业投资机构的条件下，社会保险基金投资是不可能成功的。因此，社会保险投资的范围、规模、数量还取决于专业人才的条件。同时，投资领域能够获得更大效益的往往是一些金融衍生工具，它们往往具有很大的风险性，所以更需专业人才的操作才能够降低风险。对于关系国计民生的社会保险基金，精英人才选配是社会保险基金投资的重要条件。

研究表明，当前我国社保基金投资仍然存在法律制度有待完善、监管方式需要创新、分类投资模式还需明确、资本市场的深度和质量不高、社保基金规模的人均数量较少，以及机构投资者竞争不足等问题，它们制约着全国社保基金及其他类型社保基金的投资运营。

4. 管理条件

社会保险基金的投资不仅是专业性很强的技术性行为，而且也是复杂的组织和运行过程，需要有严格的组织和科学管理。除了需要国家通过法令、政策和行政手段对社会保险基金的投资进行宏观控制和管理之外，还需要加强对社会保障基金投资运营的监管，对社会保障基会保值与增值监管的重点和核心是对社会保障基金入市各环节的监管，其内容主要包括：

（1）对社会保障基金市场准入环节进行监管。我国社保基金采取委托专业化的管理机构进行投资运营，因此，对营运机构的选择和资格认定是社保基金投资运营监管的一项重要工作。对社保基金投资机构的资格审查应当遵循严格的标准和程序，在选择时要进行充分的比较，对资格进行严格的审查。承担社保基金投资营运的机构应符合以下条件：

1）必须是法定的金融机构。

2）必须是连续三年来遵守国家制定的各项经济法律和政策，无违法、违纪等不良记录，具有良好的社会声誉的金融机构。

3）总资产和净资产的规模、流动比率、净资产收益率必须连续三年来位居同类金融机构的前五名。

4）在金融机构资信等级中为AAA水平。

（2）对社会保障基金市场运行环节进行监管。社保基金入市后，其投资运营的实际效果如何，能否实现预期的投资目标，在很大程度上取决于社保基金市场运行的监管是否规范、得力。因为，社保基金投资入市，全国社会保障基金理事会与投资管理人的委托代理关系成立后，基金所有者的正当权益能否得到保证，基金投资中实际出现的道德风险究竟会有多高，可以说是基金投资管理人与其监管者博弈的结果。

（3）对社会保障基金市场退出环节进行监管。

四、社会保险基金投资运营的主体

1. 欧美模式

欧美模式也称为信托基金管理模式，即把社保基金委托给某一专门机构管理，或者由财政部直接管理，或者由财政部、社会保险部、劳动部及非政府人士组成的专门委员会来管

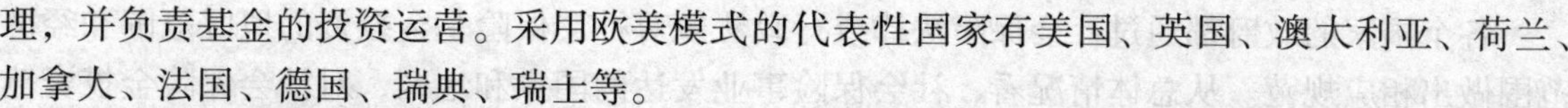

理，并负责基金的投资运营。采用欧美模式的代表性国家有美国、英国、澳大利亚、荷兰、加拿大、法国、德国、瑞典、瑞士等。

2. 拉美模式

拉美模式近来备受国际社会关注，以智利为先导，在一些拉美国家实施的以个人账户为基础的私营化管理的基金模式。同时，在实施多层次社会保险制度的国家，第二层次和第三层次的保障模式也多采取了私营化管理的方式。

由于智利模式的影响，阿根廷、秘鲁、墨西哥、乌拉圭等拉美国家以更快的步伐建立起私营竞争性的社保制度，主要是组建社会保险基金管理公司，严格立法，严格规范，实施市场化的运作，呈现出远比欧美国家更快的发展走势，成为这一时期国际社保备受关注的热点研究领域，并对带动和影响世界其他国家实施社保基金的私营化、市场化改革发挥了重要作用。

3. 新加坡模式

新加坡在整个社保基金投资运营中，政府始终充当着主要决策人进行全权监管。在其后的发展过程中，中央公积金的适用范围不断变化。从为雇员退休后提供生活保障到购买政府公债，从政府将其用于建设发展项目到允许公积金会员购买债券、股票等金融商品，其用于投资的范围和种类越来越多。新加坡设立中央公积金管理局，其作为一个高度集中统一的基金会组织，既负责社保基金的日常支付，又负责实施基金管理和投资运营。根据新加坡公积金局的规定，会员在进行投资时，只能是公积金局规定的品种。不仅如此，公积金局还对每一具体投资品种做出更具体的限制。

各国社会保险基金投资主体运作的具体思路见表10-1。

表10-1 各国社会保险基金投资主体运作的具体思路

国别	社保基金投资主体	管理模式性质	代表性国家
欧美模式	社会保障信托基金委员会，即由政府设立专门机构管理社保基金，或者由政府相关部门，如财政部、社会保险部等直接管理	政府集中管理	美国、英国、澳大利亚、荷兰、加拿大
拉美模式	商业经营性基金管理，即由政府授权的私营保险基金管理公司（AFP）管理社保基金	私营企业分散管理	智利、秘鲁、阿根廷、哥伦比亚
新加坡模式	中央公积金局对社会保险基金进行全权管理	政府集中管理	新加坡

第三节 社会保险基金投资的范围与渠道

一、社会保险基金投资的范围

社会保险基金投资的范围包括社会保险金投资的地区范围和经济范围。所谓地区范围，是就空间而言的，如一个国家的各个地区或世界各个国家和地区；所谓经济范围，是指国民经济中的工业、农业、交通运输业、房地产业、商业、金融业及其他的经济部门。

各个国家的政府都通过社会保险法律或行政法规对社会保险基金投资的地区范围和经济范围做出相应规范。从总体情况看，社会保险事业发达的国家和地区，对社会保险金投资范围规定得比较宽松。

二、社会保险基金投资的渠道

投资的一般原理认为，一个多样化的资产组合能够有效地减少其中每一种资产所面临的风险。因此，在政策允许的情况下，社会保险基金投资的方式、路径的选择也要实行多样化。投资保值的政策选择，必须是一种综合性的、组合式的投资保值方式，而不应是一种单渠道的、狭窄的投资保值方式。社会保险基金的投资组合形式取决于资本市场的发育程度，即要看资本市场中有多少具有比较稳定回报率的金融工具可供社会保险基金选择。如果资本市场不发达，那么政府通常要对社会保险基金的投资进行比较严格的控制，限制它们向风险较高的金融工具投资。随着资本市场的发育，成熟的金融工具越来越多，社会保险基金的投资方式也就可以逐渐多样化。

世界各国社会保险制度的演变过程清楚地证明了这一点。例如，新加坡和智利在建立社会保险制度之初，就将它们的投资严格地限制于政府债券和少数几种仅有的投资工具上。之后，随着基金覆盖面的扩大和相关制度的日趋成熟，基金本身承受风险的能力不断增强，同时资本市场的发育又使分散风险的机制得到发展，于是，社会保险基金的投资方式也就日趋多样化。

2001 年，我国人社部公布的《全国社会保障基金投资管理暂行办法》规定："社保基金投资的范围限于银行存款、买卖国债和其他具有良好流动性的金融工具，包括上市流通的证券投资基金、股票、信用等级在投资级以上的企业债、金融债等有价证券。"

目前，国务院正在修订《全国社会保障基金条例》，其征求意见稿明确规定，全国社会保障基金可以在中国境内市场投资运营，也可以在境外市场投资运营。投资运营全国社会保障基金，应当科学配置经国务院批准的固定收益类、股票类和未上市股权类等资产。

一般来说，社会保险基金投资可以选择以下渠道：

1. 银行存款

从广义上理解，银行存款也是一种投资，是无风险或低风险投资，但其投资收益率也相应较低。银行活期存款可以随时存取，短期定期存款支取也比较灵活，几乎具有完全的资产流动性。社会保险基金中随时可能有支付需要的周转金和意外准备金，以及其他暂时不用的资金，可以选择实行活期存款或短期定期存款。如果银行长期定期存款利率足以抵消通货膨胀的贬值影响，社会保险基金的积累金大部分也可以进行这种方式的储蓄。为了体现国家对社会保险事业的支持和资助，许多国家，如新加坡，规定对存入银行的社会保险基金给予优惠利率，特别是在通货膨胀水平比较高的时候，对存入银行的社会保险基金给予保值补贴。

2. 国债及其他各种债券

国债由国家政府发行，国家财政做担保，利率也比同期银行储蓄存款要高，因此被认为是一种风险小、收益较高的投资工具。当前，我国债券除国债外，还有专业银行发行的国家建设债券、金融债券，国家重点企业发行的重点企业债券，地方企业发行的地方企业债券，以及财政债券和基本建设债券等。

这些投资一般具有适合社会保险基金运营的三大特征：①安全性。一般只有信誉高的主体，如国家、地方政府、银行、大企业才能获准发行债券，其偿还需要金融机构担保，因而还本付息是有保障的，而且债券利息固定，购买后不受银行利率调整的影响，尤其购买国债更为安全稳定。②收益性。债券可以获得固定的高于存款利率的利息，国债、银行债券、企业债券利率更高；债券还可以通过证券市场买卖，获得比一直持续到偿还期更高的收益。③流动性。债券有比较强的变现能力，可以到证券交易市场卖出，也可以作为抵押品而取得贷款。

3. 股票

经济学原理指出，股票是最能够抵制通货膨胀对资产贬值影响的两种投资方式之一。这是因为，一方面股票代表的是对股票发行单位股份制企业或公司资产的所有权，随着企业或公司的发展壮大，其股票的净资产也在不断增加，这是股票之所以能够使资产保值与增值的主要原因；另一方面，投资股票的定期红利收入不像债券利息是预先确定的，而是随着企业经营状况的不断变化，以货币表示的企业名义收入能随通货膨胀变化，在一定程度上也能抵制通货膨胀的影响。投资于股票一般会有以下几个明显的特点：

（1）权责性。股票持有者具有参与股份公司利益分配和承担有限责任的权利和义务。股票是代表股份资本所有权的证书，是股票投资者入股的凭证。股东权责的大小，完全取决于股东所掌握的股票在公司股本所占的比例，比例越大，权责越大。

（2）长期性。股票投资对投资者来说是无期限的长期投资，投资者一旦投资买入某一公司的股票，在一般情况下，他就不能在中途向股份公司退股以抽回资金。因此，在这个意义上讲，只要股份公司公司存在，投资者就不能直接向公司要求抽回投资资金。不过，由于存在股票交易市场，投资者可以通过股票市场将股票卖出以收回投资资金。

（3）流通性。公开发行的股票具有可以随时在股票市场上转让买卖的特性。股票投资的长期性并不等于投资者的资金会长期困死在某种股票上。它作为一种有价证券，可以在股票市场交易买卖，也可以作为抵押品。所以，股票又是一种具有很强流动性的流动资产。

（4）风险性。股票是一种具有颇高收益率的投资对象，是颇受社会青睐的金融商品，但是高收益必然对应高风险，因此，股票投资是一种复杂而充满不确定性的金融活动。股票投资者至少面临两个方面的风险：一方面是股票发行公司的经营亏损，特别是公司经营不善而破产的风险；另一方面是股票市场价格变动而造成损失的风险。前一种风险，轻者影响投资收益，重者甚至能使投资资金分文无归；后一种风险可能影响所持股票的价值，在股票市场剧烈震荡的情况下，则可以使投资者损失惨重。根据世界一些发达国家的经验来看，只要经营得当，社会保险基金投资于股票的确会有丰厚的收益。

4. 房地产投资

将社会保险基金用于购买房地产，通过出租或出售转让来获取收益，也是一种可取的投资方式。这种方式回收期长，资金需求量大，技术要求高，必须做好事前准备。由于房地产具有不可转移和永久性的特点，除经济形势发生剧烈变化外，其价格一般看涨且波动不大，虽然投资成本高，但潜力丰富，能够抵御通货膨胀。具体的投资渠道有两种：

（1）仿照商业银行对房地产商和商品房消费者提供建设和抵押贷款，间接投资于房地产。这种方式无疑将减轻商业银行的资金压力，有助于房地产经济的健康发展。社会保险基金经营机构也可以在此期间积累丰富的资产价值评估、风险防范等技术经验，便于将来开拓投资渠道。

（2）采取融资租赁的办法，先出资购买房地产，再由房地产商租回而后转租给客户，购买方只付租金，费用一概由承租人负责。这种形式既便于开发商抽回资金用于再建设，也有利于工薪阶层租到物美价廉的房屋。

但是，采用这种投资方法也存在较大风险，因为房地产投资本质上属于对固定资产进行投资，所以，如果资产选择不当会很容易套牢资金。社会保险基金作为一种关系到国民的养老、医疗、失业救助等重大问题的保障型基金，安全性始终应该放在第一位，所以，很多国家都对社会保险基金用于这种投资方式的资金比例有严格的规定。

5. 投资基金

投资基金又称共同基金、合作基金，是一种大众化的信托投资工具，它由基金公司或其他发起人向投资者发行受益凭证，将大众手中零散资金集中起来，委托具有专业知识和投资经验的专家进行管理和运作，并由信誉良好的金融机构充当募集资金的信托人或保管人。基金经理人将通过多样化的投资组合，努力降低风险，谋求资金长期、稳定的增值。社会保险基金可以自己发起设立投资基金，也可以参加其他的投资公司设立的投资基金。

规范化的基金必须由三个要素构成：投资人、信托人、经理人。投资人，即资金的实际所有者；信托人为基金的名义持有者，负责基金资产的保管，如银行或其他信托投资公司；经理人则是由各类投资专家组成的基金管理公司，负责基金的投资运作。投资人将资金集中起来组合成基金交给信托人保管，再由经理人去经营。信托基金在信托契约中均明确规定，基金必须由另一家独立的信托公司持有和保管，将经营和保管严格分开。经理人对基金有支配使用权，而基金的保管权却掌握在信托人手里，信托人和经理人之间存在互相配合又互相制约和监督的关系，这样可以从根本上保证投资者的利益。在投资人、信托人、经理人之间的三角组合中，经理人作用最为重要，因为基金的投资回报完全取决于经理人的业绩。

基金投资可以分散风险。这是因为基金投资可以凭借其雄厚的资金，选择科学的投资组合，以达到避免“非系统风险”的目的。其次，基金的流动性强。投资基金是一种变现性能良好、流动性较强的投资工具。例如，封闭型基金的转让一般在证券交易所进行，投资者通过证券交易所进行竞价买卖，其程序与买卖股票相同。再次，基金投资便于境外投资者，基金是投资者间接投资于异地证券市场的理想中介。

投资基金体现着一种典型的委托—代理关系。

社会保险基金投资于投资基金，必须从众多的基金种类中择优而投。基金投资者挑选基金时必须遵循的思路是：确认投资目标时要观察各种投资基金往年的收益、股息、利润总额及历年投资收益的稳定性。例如，若社会保险基金投资的目标是稳定增长的高股息收入，则应选择投资于蓝筹股的共同基金；若投资目标是净资产快速增长，则应选择那些投资于优秀小公司或高科技企业的共同基金；若投资的目标是保值，则应避免购买那种把资金集中投向少数几种股票且使用投机手段的共同基金上。目前，投资基金种类在我国正在发展，基金方式及规模在不断扩大，可以成为社会保险基金投资的重要手段之一。同时，社会保险基金在适当时机根据自身状况也可以建立适合自身特点的投资基金，为基金自身增值寻找新的投资工具和手段。

6. 其他投资渠道

除上述几种主要投资渠道外，社会保险基金还有其他投资渠道：

（1）成立有私人资本参与的“保险基金管理公司”或“社会保险投资银行”。将社会保险基金的管理权交给该公司或银行，国家负责制定相关政策对其运作加以限制和保护。这种方式使基金运营商业化，在智利有成功实践。智利在1980年改革了退休金管理制度，政府由全面主管退休金退居到辅助地位。由于私人退休基金的有效投资，使得基金的实际收益率比国家管理体制下的收益率高出5倍，并且创造了一个良好的地方资本市场，刺激了经济增长。

（2）直接对外贷款。社会保险基金既可以面向国内贷款，也可以面向海外市场。对内投资应选择经济效益好、偿还能力强的企业；对外投资应观察国际经济动态和国际金融市场的稳定程度，尽量避免汇率变化带来的风险。社会保险基金投资渠道的选择一定要坚持审慎的原则，获取更大的利益固然重要，但规避风险同样必须兼顾。

（3）产业投资。狭义的产业投资是指风险投资。这种投资是指由职业金融家将风险资本投向新兴的迅速成长的有巨大竞争潜力的未上市公司（主要是高科技公司），在承担很大风险的基础上为融资人提供长期股权资本和增值服务，培育企业快速成长，数年后通过上市、并购或其他股权转让方式撤出投资并取得高额投资回报的一种投资方式。这是一种权益资本中长期投资，目的是为了追求高额回报，但也伴随着高风险。

产业投资是一种无担保、高风险的投资，资金流动性较小，但是它的回报也有可能非常高。由于其操作难度极大，在一般条件下，社会保险基金不应进入这种投资领域。

7. 组合投资

“不把鸡蛋放在同一个篮子里”，这是投资理论中对分散投资风险的通俗解释。投资者如果根据自己的投资目的和对风险的态度，将其资金投资于两个或是更多的风险资产上，就可以达到分散风险的目的。理论上讲，高效的投资组合应该具备的条件是：在可以接受的预期风险下，使预期收益最大；在一定的预期收益条件下，使预期风险最小。

大额投资一般都会采取组合投资的方式，社会保险基金的投资也不应例外，组合投资的最大好处就是在获利相同的情况下可以降低投资风险，这也符合社保基金投资所要求的安全性的原则。组合投资一般有以下三种投资策略：

（1）保守型策略。保守型策略认为，最佳的投资组合是要尽量模拟市场现状，将尽可能多的市场证券包括进来，以便分散全部可分散的风险，获得与市场平均报酬相应的报酬。这样的投资组合的好处是：能够分散全部可分散的风险；不需要高深的证券投资专业知识；证券投资的管理费比较低。但是这种投资的报酬不会高于证券市场所有证券的平均报酬，属于收益比较低的证券投资组合。

（2）冒险型策略。冒险型策略认为，只要投资组合做得好，就能击败或超越市场，取得远远高于平均水平的报酬。在这种组合中，一些成长型的投资证券比较多，而那些低风险、低报酬的则很少，而且组合的主观意志强，变动频繁。这种策略的特点就是高风险、高报酬。

（3）适中型策略。适中型策略认为，证券的价格，特别是股票的价格，是由企业的经营业绩决定的，市场上证券价格的一时起伏并不重要，只要企业的经营业绩好，证券就一定会升到其本来的价值水平。采用这种策略的人，一般都善于对证券进行综合分析，如行业分析、企业业绩分析、财务分析等，通过分析选择高质量的投资组合。适中型投资组合如果经营得当，不但可以得到较高的投资回报，而且不会承担较大的风险。但是，这种组合要求具有丰富的投资经验，拥有进行投资的各种专业知识，也就是说对人才的要求高。一般情况下，各种金融机构、投资基金等都会采用这一策略，所以，无论社会保险基金采用什么样的投资方式，适中型的投资策略都应该是第一选择。

案例：新加坡、智利的投资品种及限额情况具体见表10-2、表10-3。

表10-2 新加坡中央公积金的投资品种及限额情况

投资品种	投资限制（占可投资额的百分比）
定期存款	
和投资相联系的保险产品	
单位信托基金	
基金管理账户	100%
新加坡政府债券	
法定机构债券	
新加坡政府担保的债券	
股票、公司债券和贷款证券	50%
黄金	10%

表10-3 智利社保基金投资品种及限额情况

投资品种	投资限制（占可投资额的百分比）
政府债券	50%
抵押债券	80%
由金融机构担保的存款和证券	30%～50%
私营及公共公司发行的债券	50%
公司股票	10%
房地产	10%
生产性资产	10%
外国债券	10%

三、国内外不同类型社保基金投资管理的模式与我国社保基金投资管理规定

1. 国内外不同类型社保基金投资管理的模式

通过对不同国家社保基金投资模式的实证分析，研究发现，不同性质的社保基金、不同国家的社保基金在具体的投资管理模式上存在差异，但不同类型的社保基金，如储备型社保基金、国家最低保障性社保基金、企业与个人补充性社保基金、个人储蓄型社保基金在投资管理上还是存在共性的。

储备型基金多采用集中管理模式，分散投资，可以通过委托投资的方式在资本市场进行市场化运作。具有基本保障性质的国家最低保障性社保基金，因为其目标是实现社会最低安全保障，各国主要由政府部门设立与管理，这部分社保基金很少实行市场化运作，因此，投资运作趋于保守。而对企业与个人补充性社保基金和其他商业性社保基金，如美国的各类私人退休账户和智利的社保基金等，则采取相对宽松的投资策略和市场化运作。这类社保基金

多通过专业化的管理公司进入资本市场进行证券投资，美国的实践是通过共同基金进行证券投资，而且偏好股票投资。各国公共养老金投资管理在公共养老金占GDP的比例、人均规模、管理成本、投资收益等方面差异较大，资金来源多是来自个人缴款和投资收益，财政拨款很少，但多数公共养老金资产配置结构体现稳健原则，强调安全性和收益性，银行存款比例很少，多投资债券，投资收益与资产配置存在关联，但与投资收益不成比例。

目前，我国社会保障基金的投资运作实行直接运作与委托投资管理人运作相结合的方式，委托投资管理人管理和运作的全国社会保障基金资产由全国社会保障基金理事会选择的托管人托管。截至目前，全国社会保障基金投资管理人超过20家。全国社会保障基金理事会委托投资管理人，依据《全国社会保障基金投资管理暂行办法》、投资管理合同和全国社会保障基金理事会制定的投资方针，遵循安全、诚信、规范、效益、创新的运作理念，对全国社会保障基金委托资产进行独立投资运作。

2. 我国社保基金投资管理规定

我国人力资源和社会保障部《全国社会保障基金投资管理暂行办法》规定：划入社保基金的货币资产的投资，按成本计算，应符合下列规定：

（1）银行存款和国债投资的比例不得低于50%。其中，银行存款的比例不得低于10%。在一家银行的存款不得高于社保基金银行存款总额的50%。

（2）企业债、金融债投资的比例不得高于10%。

（3）证券投资基金、股票投资的比例不得高于40%。

（4）单个投资管理人管理的社保基金资产投资于一家企业所发行的证券或单只证券投资基金，不得超过该企业所发行证券或该基金份额的5%；按成本计算，不得超过其管理的社保基金资产总值的10%。

（5）委托单个社保基金投资管理人进行管理的资产，不得超过年度社保基金委托资产总值的20%。

（6）社保基金建立的初始阶段，减持国有股所获资金以外的中央预算拨款仅限投资于银行存款和国债。条件成熟时可报国务院批准后改按上述规定比例进行投资。根据金融市场的变化和基金投资运作的情况，经国务院批准，可对基金投资的比例进行适时调整。

第四节　社会保险基金投资效益的风险评估

一、社会保险基金投资效益评估

社会保险基金在投资经营过程中的所有行为都应该严格按照市场规律操作；另外，社保基金是人们养老、抗病和防灾的“活命钱”“保命钱”，因此无论是处于哪方面的考虑，都应该对基金投资的获益情况采取科学的方法进行严格的评估，不能让基金名义上增值，而实际上贬值。鉴于社会保险基金的特殊性，在评估其投资收益的时候，应该从两方面入手，一个是经济效益，一个是社会效益。

（一）经济效益评估

对社会保险基金投资的经济效益进行评估的主要目的是保证基金的保值与增值，不仅要在名义上和数量上保值与增值，而且要在实际意义上保值与增值。对经济效益进行评估，主要可以考虑以下几个方面：

1. 账面净值的增长

账面净值可以让我们从数量上直观地判断社会保险基金的投资收益情况。这是一种不很精确的判断方式，因为考虑到通货膨胀、经济发展等因素，有时候虽然数量上增加了，但实际的购买力却下降了。因此，这种方式只能用于粗略估计。

2. 收益率的对比

任何投资都应该产生收益，通过对社会保险基金投资收益率和投资市场的平均收益率进行比较就会知道保险基金的投资是否获得超额收益。如果社会保险基金的投资收益率高于或等于市场的平均水平，就证明投资是成功的；否则就应该考虑改变投资方式。一般来说，整个社会的投资收益率可以通过银行利率反映出来，所以，当收益率和银行利率保持一致时，投资产生的收益只能维持基金不贬值，要想基金增值，一定要使基金的投资收益率高于银行的利率。

3. 复利与折算法评估投资收益

前边两种评估方法都是针对投资后的收益，而投资前的收益预测对于确定投资的具体内容、防止盲目投资也十分重要。复利与折算法的关键在于科学确定收益率和准确地预测最终的收益额，对预测的收益总额按照复利计算的原则折算为现在的货币价值，然后与投入的本金进行比较，如果大于本金就可以投资，否则就要慎重考虑。

（二）社会效益评估

社会保险基金投资的社会效益主要体现在：

1. 促进产业发展，优化产业结构

产业基金是支持基础产业及高科技产业的一种发展型基金，投资产业基金不但可以为自身带来经济利益，也可以带动相关产业的发展，派生出其他需求，从而拉动国内整体需求，促进国民经济持续、健康发展。

社会保险基金规模庞大，拥有充足的资金投入；而产业基金作为一种权益性资金，充足的来源保障能够避免传统方式下受债务规模和还本付息等种种限制。高科技产业是发达国家的经济支柱，其发展十分迅速，而且资本收益率很高。所以，对于像我国这样的发展中国家，如果将社会保险基金投入高科技产业的发展，无论对基金本身的保值与增值，还是对发展前沿产品都是十分有利的选择。

2. 完善证券市场

社会保险基金是国际证券市场的重要组成部分。从世界各国情况看，按照商业化方式运作社会保险基金，引导社保基金投资于证券市场，是一个必然的趋势和理性的选择。社会保险基金在控制风险的前提下，有条件、有步骤、有限度地进入证券市场，可以分享国民经济和证券市场发展产生的利益，实现保值与增值。另外，社会保险基金入市对证券市场的资金来源、市场机构、管理水平、运作效率及金融创新等方面都会产生积极影响，从而促进证券市场不断发展成熟。

3. 稳定宏观经济

凭借强大的资金实力，社会保险基金的入市可以很大程度地影响投资市场参与者的动向，进而可以调节投资市场向着资金占有者希望的方向发展。新加坡、瑞典等国家就是由中央公积金局或类似的机构将集中起来的社会保险基金通过公开招标形式经过优选，选取若干

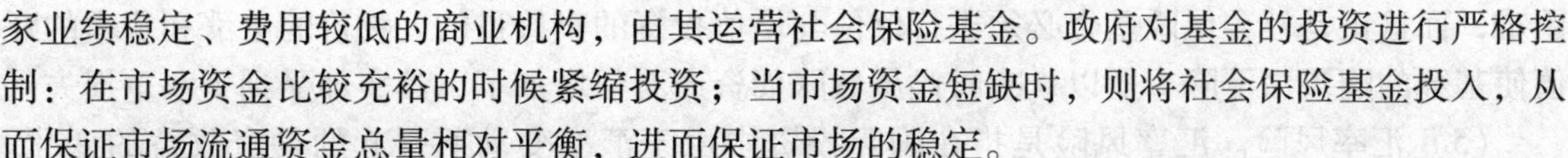

家业绩稳定、费用较低的商业机构，由其运营社会保险基金。政府对基金的投资进行严格控制：在市场资金比较充裕的时候紧缩投资；当市场资金短缺时，则将社会保险基金投入，从而保证市场流通资金总量相对平衡，进而保证市场的稳定。

4. 完善金融机构

社会保险基金入市投资的过程中，基金经营管理业务主要由非商业银行性质的金融机构信托投资公司、证券公司、基金管理公司担任，基金托管业务主要由商业银行担任。因此，社会保险基金的入市不仅意味着非商业银行性质的金融机构及投资银行业务的快速发展，而且商业银行业务也会面临新的发展机遇和更加激烈的竞争。

社会保险基金的入市需要建立更加完善的经营制度，要求基金发起、管理、托管三权分离，形成相互制约、相互促进的体制，这也符合现代企业制度的基本原理。例如，对于商业银行来说，其作用首先是通过基金托管份额的扩大，增加商业银行的托管资产以改善自身的资产结构；其次，办理基金托管业务可以促进商业银行中介业务的发展，增加服务性业务收入，改善业务收入结构，增加无风险收入比重；再次，通过办理基金托管业务，可以促进新型商业银行业务人员素质的提高与知识结构的改善，为商业银行的现代资本市场金融业务拓展新的空间。

5. 吸引更多投资

随着金融体制的不断进步，资金的流动要扩展到整个世界。一个国家引进外资需要有良好的资本环境，也就是要让境外投资者对自己有信心。社会保险基金良好的信誉能够吸引更多的合作伙伴，也能够吸引更多的中小投资者，从而改变投资欲望不强的局面，加快资金的流通周转。

二、社会保险基金投资的风险分析

任何一种投资方式的设计都是收益与风险的匹配，在进行投资获取收益的同时伴随风险。每一个投资者，无论是个体投资者还是机构投资者，都要对风险的类型、特点乃至程度有深刻的认识，这样才能在投资中以最小的风险获得最大的收益。投资市场上的主要风险分为外部风险和内部风险两大类：

1. 外部风险

外部风险一般会对所有的单项投资都具有带来损失的可能性，发生在投资主体和投资对象的外部，社会保险基金的经营者难以控制和防范。外部风险主要是市场风险和社会风险，是指由于整个国内和国际经济形式的变化及偶然信息的变化对所有投资者、投资本体带来损失的可能性，主要包括：

(1) 政治、法律、经济形势等宏观因素造成的风险。政治体制、法律法规及经济政策的变化，势必会对政治、经济、投资市场产生影响。

(2) 市场风险。市场风险是指由于市场供求不平衡引起市场价格变化造成社保基金投资收益变化的风险。一般来说，市场风险是由于商业周期造成的。

(3) 利率风险。市场利率的变动会影响投资资本的市场成本与价格，从而可能给投资者带来损失。如果利率上升，会使证券的虚拟价格下降，实际利润减少。利率风险表现为投资于债券的个人账户基金收益的减少和不稳定性。

(4) 通货膨胀风险。通货膨胀风险对社会保险基金的支付是最大的威胁，会造成支付困难，而这正是社会保险基金必须进行保值与增值投资的直接目的。物价的上涨和货币的贬值使基金的购买力下降，所以，有时候虽然账面资产看似增加了，其实却受到了双重损失。

(5) 汇率风险。汇率风险是指在国际投资中由于汇率变动所引起的投资收益的变化。一种由外币支付的证券给投资者带来的将不仅仅是证券价格本身变动所导致的风险，还包括支付货币的汇率变动所产生的风险。

(6) 其他风险。其他风险主要是指一些不可预料的风险，如战争、自然灾害和领导人更迭等，它们都会大大影响一个地区乃至整个国家甚至全球经济的正常发展，从而给投资者带来许多不确定因素，造成本不该发生的损失。

2. 内部风险

基金经营的内部风险主要体现在经营管理的效率上。社会保险基金的经营一般会委托资金经营公司或其他投资机构进行代理，所以，这些机构的管理水平和经营能力直接与基金的保值与增值程度相联系。内部风险的来源主要是：

(1) 操作风险。操作风险是指由于不完善的或有问题的内部程序、人员与系统及外部事件所造成损失的风险。其主要表现为投资管理人的自身不规范及参差不齐的管理水平。

(2) 信用风险。信用风险是指企业由于财务状况不佳而未能按期支付利息、本金和收益，给社保基金带来损失的可能性。违约不仅导致企业失去信誉，还直接导致证券的抛售，进而使价格下跌，社保基金投资失败并产生损失。

(3) 委托代理风险。委托代理风险是指由于委托代理双方之间的信息不对称而产生的市场不完全、外部性和垄断等问题，代理人往往侵害委托人的利益，发生逆向选择及道德风险，从而出现的风险。

(4) 流动性风险。流动性风险主要包括两种形式：市场、产品的流动性风险和现金流(融资)、资金的流动性风险。

三、社会保险基金投资的风险规避

面对风险，人们总会想尽各种办法去降低它、分散它、规避它，分散和规避风险的途径和手段主要分为三个层次：

(1) 转移风险。转移风险，即将投资风险转移给其他投资者承担，同时也转让出部分利益。转移风险的投资方式主要有银行存款储蓄、国家债券等。转移风险的最大弊端就是收益减少，对于需要资金解决支付困难问题的社会保险基金来说，这种方式明显地违背了增值的投资目标。

(2) 共担风险。共担风险，同时也是分散风险，即投资人共同承担投资中的风险，同时也共享投资取得的收益。股权投资、股票买卖投资、合作产业投资等，都需要投资各方共同承担风险，同时可以享受比较高的收益。

(3) 组合投资。组合投资是对前两个层次的综合。组合投资是将各类投资按一定的条件组成一个集合投资。从概率的角度看，组合投资意味着风险的分散；在分散风险的同时，获得收益的机会又增多了。当代各国社保基金的投资也越来越多地向着投资组合的方向发展。

现在，我国的社会保险基金投资业务也逐渐向世界的先进模式靠拢，注意借鉴国际先进经验。同时，我们也有一些由于国情不同而引起的困惑，这也将在第十一章中进行重点介绍。

复习思考题

1. 试述对社会保险基金进行投资的意义。
2. 结合我国实际情况谈谈社会保险基金投资的主要风险。
3. 谈谈对社会保险基金投资条件的理解。
4. 试分析社会保险基金投资的特点和原则。
5. 结合投资的风险和收益分析适合于社会保险基金投资的主要渠道。
6. 从不同的层次分析社会保险基金投资的风险规避问题。
7. 思考我国是否可以采取新加坡式的社会保险基金国家投资模式。

第十一章 社会救助

本章概要

社会救助制度是现代国家社会保障制度中最基础的部分，又称“最后一道安全网”。由于中国现阶段处于经济、社会结构大调整的特殊时期，社会救助在我国社会保障体系中的地位尤为突出。本章将分别讲述社会救助的各个主要项目，包括最低生活保障制度、城镇廉租住房制度、医疗救助、教育救助、灾害救助、农村扶贫开发等。

第一节 社会救助概述

现代国家的社会保障制度一般包括四大体系：社会救助、社会保险、社会福利和社会优抚。社会救助是其中最基础的子系统之一，它在保证公民最低生活水平方面有着不可替代的作用。

建立健全社会救助制度，事关困难群众基本生活和衣食冷暖，是一项保民生、促公平的托底性、基础性制度安排。2013 年 10 月 30 日，国务院总理李克强主持召开国务院常务会议，讨论建立健全社会救助制度，推进以法治方式织牢保障困难群众基本生活的安全网。建立与经济社会发展水平相适应，与其他社会保障制度相衔接，保基本、可持续的社会救助制度，编织一张兜住困难群众基本生活的安全网，确保网底不破，可以保障他们的基本生存权利和人格尊严，避免陷入生存窘境，防止冲击社会道德和心理底线，也能让人民群众消除后顾之忧、安心创业与就业。这对于推进市场化改革，促进社会公正，使全体人民共享改革发展成果，具有重要意义。

一、社会救助的概念

社会救助是指国家和其他社会主体对于遭受自然灾害、失去劳动能力或其他低收入公民给予物质帮助或精神救助，以维持其基本生活需求，保障其最低生活水平的各种措施。社会救助通过向特定困难群众提供及时、必要的救助成为社会保障事业中的托底性保障，是“保基本”中的基本制度。

社会救助概念的要点具体包括：

（1）社会救助的责任主体是国家。国家责任是现代社会救助制度的重要标志。国家责任是保障公民社会救助权的要求，是政府存在的合法性基础，是实现社会公平正义与服务型政府建设的必然要求。社会救助的国家责任主要表现为制度供给责任、财政责任、实施和监管责任、引导民间救助及宣传责任等。我国社会救助立法应该确立国家责任原则，建立以政府救助为主导，民间参与为补充的社会救助模式。

(2) 社会救助体现了公民的生存权。社会救助强调：只要陷入生存困境的公民就有权利申请救助，通过审核就能得到救助。它的对象是全体社会成员，这有别于社会保险、社会福利、社会优抚等其他保障。它是在民主法制时代公民享受的一项重要权益，而不是一种恩赐、施舍。因此，在开展工作时，一定不能带有怀疑、挑衅、盘查、防范的态度，而要用尊重、友善、关爱的行为给予贫困者以物质支持与精神安慰。

(3) 依法救助。现代社会救助有法可依、有章可循，有其自身的权威性和持续性，不像传统的社会救济具有随意性、临时性的特点。

(4) 救助方式人性化。依据社会救助的对象陷入生活困难的不同原因和特点，政府可以采取多种雪中送炭的救助方式，如现金救助、实物救助（口粮救济、衣被救济、在全国各地出现的“救助超市”等)、服务救助（教育救助、法律援助、医疗救助等)。

(5) 保障最低生活水平。这是由现代社会保障体系的分工决定的。社会保险主要保障基本生活；社会福利旨在提高社会成员的生活质量；社会优抚是对军人及其家属的特殊保障；社会救助则是最后一道防线，保障公民的最低生活水平。

生活救助是社会救助的主要内容，即社会救助的主要任务在于保障贫困人口的温饱问题。中国目前的社会救助也是以最低生活保障制度为中心，辅以医疗救助、廉租住房、教育救助、法律援助、灾害救助、扶贫开发等一系列内容的现代社会保障制度。

二、社会救助的历史

社会救助主要对贫困者给予救济，使其脱贫，最早可以追溯到人类社会初期的人与人之间的互助行为，即慈善事业。宗教问世以来，又有了宗教的慈善事业。随着国家的发展，慈善的救济行为便逐渐成了统治阶级安抚贫困者的手段之一。

社会救助制度的雏形是 17 世纪的济贫制度。随着自然经济向商品、市场经济过渡，农民大规模向城镇流动，由此造成的城市贫困与社会问题已经远远超出了慈善事业的保障能力。英国 16 世纪开始的“圈地运动”就是这样被描述的：大量的人突然被强制同自己的生产资料分离，被当做不受法律保护的无产者抛向劳动力市场，沦为了城镇贫民和乞丐。为了安稳社会秩序，国家开始出面救济，从而使社会救济成为国家的一项社会政策。英国 1601 年颁布的《济贫法》，1834 年出台的《新济贫法》，其中指出为了保障公民的生存权，救济不是消极扶贫，而是积极的福利举措，同时由经过专门训练的社会工作人员来执行此项工作。这便是“扶贫制度”，它也广泛运用于欧洲其他国家，为欧洲的资本主义发展做出了不可磨灭的贡献。

现代的社会救助制度产生于 20 世纪 30 年代。众所周知，当时的西方爆发了大规模的经济危机，作为西方国家社会保障主题的社会保险难以解决出现的规模空前的贫困问题，于是，西方各国政府纷纷建立社会救助制度。美国于 1935 年开始实施社会救助。英国的贝弗里奇（Beveridge）于 1943 年提出著名的《社会保险及其服务有关的事务报告书》，英国国会参照该报告书通过各种有关法案，在 1946 年出台《国民救助法》，废除实施了 300 年的

《济贫法》，建立现代社会救助制度，对社会保险未能完全保护的人给予各项扶助。

在中国，传统的社会救助制度也称为社会救济，是指新中国建立起来的一套以国家保障、单位保障和农村集体保障为基础，以中央财政为经济后盾的单一政府救助模式。这是由我国当时高度的计划经济体制决定的，也是由我国传统的社会保障制度、单位和农村集体三大保障相互封闭分离的格局所影响的。随着我国市场经济体制的逐步建立与完善，中国对传统的社会救济进行了改革，建立了以最低生活保障制度为中心，辅以医疗救助、廉租住房、教育救助、法律援助、灾害救助、扶贫开发等一系列内容的现代社会救助制度。其结果是，不断完善的国家城乡低保制度，发挥“雪中送炭”、扶危济困的重要作用，使7400多万困难群众基本生活得到有效保障，基本实现应保尽保。

社会救助是一项保民生、促公平的托底性、基础性制度安排，需要以法治方式不断推进。2014年2月21日，国务院公布了《社会救助暂行办法》（国务院令第649号）。该《办法》分总则、最低生活保障、特困人员供养、受灾人员救助、医疗救助、教育救助、住房救助、就业救助、临时救助、社会力量参与、监督管理、法律责任、附则共13章70条，自2014年5月1日起施行。

三、社会救助的地位和作用

根据国际经验，解决贫困问题最有效的办法是社会救助而不是社会保险。社会保险的确具有国民收入的重新分配、国民储蓄意识的培养和家庭生活的保障等功能，但其强调在职工或有经济能力的人先缴费而后享受；而社会救助只要公民陷入生活困境，经过申请符合条件即可享受。在中国经济转型升级时期，社会救助举足轻重。

（1）救灾应急。我国是一个灾害多发的国度，灾情的紧急救助及灾后重建问题大部分是由社会救助承担的。据统计，我国一般年份受灾人口达2亿多人次，自20世纪90年代以来，每年受灾损失在2000亿元以上，社会救助的救灾应急尤其重要。

（2）完善社会保障制度。改革前，由于中国传统的社会保障制度是国家、单位和农村集体三大保障相互封闭、分离的格局，尤其城镇，采取的是单位保障制度，职工及家属的养老、医疗、子女教育、就业等几乎不存在离开单位的情况。而改革后，单位保险向社会保险过渡，社会保险存在先缴费后享受的问题，从而制约了社会保险的覆盖范围。国企改革期间，企业经济效益普遍下滑，传统的国家救济对于此时出现的社会贫困问题是杯水车薪。现代社会救助制度，尤其是最低生活保障制度的建立，解决了大量的贫困问题，完善了中国的社会保障制度，加速了中国经济体制改革的进程。

（3）改善贫困人口的生存状况。社会救助的目的是保证公民脱贫，由于社会救助这种“国家责任”和“国民待遇”的特点，即只要公民陷入生活困境并符合救助条件就有权利申请得到救助，使得社会救助的内容不仅是单一地解决温饱问题，还得找出贫困的原因给予相应的专项帮助，如医疗救助、住房补贴、子女教育补助、法律援助、技能培训等配套制度，在客观上改善了贫困人口的生存状况。

四、《社会救助暂行办法》的主要内容

2014年5月1日起施行的《社会救助暂行办法》（以下简称“《办法》”），是我国第一部统筹各类社会救助制度的行政法规，其目的是进一步完善社会救助体系，编密织牢基本民

生安全网，切实维护困难群众生存权益，不断促进社会稳定和公平正义。在梳理、归纳原来以其他法制形式分立的社会救助制度的同时，《办法》对各项社会救助做出了一系列新规定，主要体现在以下十个方面：

(1) 构建社会救助制度体系。明确将最低生活保障、特困人员供养、受灾人员救助、医疗救助、教育救助、住房救助、就业救助、临时救助八项制度和社会力量参与作为社会救助的基本内容，构建了一个分工负责、相互衔接、协调实施，政府救助和社会力量参与相结合的具有中国特色的社会救助制度体系。《办法》赋予民政部统筹全国社会救助体系建设的职责，并规定县级以上人民政府建立健全政府领导、民政部门牵头、有关部门配合、社会力量参与的社会救助工作协调机制。

(2) 统筹城乡社会救助发展。努力实现城乡居民在社会救助方面权利公平、机会公平、规则公平，是《办法》的基本立足点。在最低生活保障方面，规定相同的制度安排和申请流程，实现了困难群众申请低保的权利公平。在特困人员供养方面，将传统的农村“五保”供养制度与城市“三无”人员救助制度统一为特困人员供养制度。在医疗救助方面，不再区分城市医疗救助和农村医疗救助，而是做出了相同的制度安排。在临时救助方面，同样规定了城乡统一的资格条件、申请审批流程和救助方法。但也应看到，统筹城乡发展不等于城乡救助水平完全一致，因为，低保等多数救助项目标准应与当地经济发展水平相适应、与当地人均消费水平相挂钩，所以，城乡救助标准完全统一还有一个过程。我们鼓励城乡差别小、有条件的地方逐步实现城乡标准和补助水平一致。

(3) 明确全面建立临时救助制度。《办法》设专章对临时救助制度的功能定位、对象范围、实施程序等做出了规定，明确对因火灾、交通事故等意外事件及家庭成员突发重大疾病等原因导致基本生活暂时出现严重困难的家庭，或者因生活必需支出突然增加超出家庭承受能力而导致基本生活暂时出现严重困难的低保家庭，以及遭遇其他特殊困难的家庭，给予临时救助。以行政法规形式规范临时救助制度，填补了国家层面救助制度的空白，为下一步全国全面实施这一制度奠定了坚实基础。

(4) 提供经济状况核对机制的法定依据。近年来，推进居民家庭经济状况核对机制的建设，越来越需要法定依据。《办法》规定，县级以上民政部门根据申请或已获得社会救助家庭的请求、委托，可以通过户籍管理、税务、社会保险、不动产登记、工商登记、住房公积金管理、车船管理等单位和银行、保险、证券等金融机构，代为查询、核对其家庭收入状况、财产状况。这一规定赋予了民政部门查询、核对申请人家庭经济状况的权利。

(5) 提出救急难的方针性新要求。《办法》将托底线、救急难、可持续作为社会救助工作方针，其中，救急难是一个新提法，也是一个新要求。着眼于发挥医疗救助、教育救助、住房救助等救助制度功能和社会力量参与的协同作用，突出临时救助的救急难功能，解决群众生活中可能遭遇的突发性、临时性、紧迫性困难问题，有利于进一步织密编牢社会救助安全网，守住人民群众基本生活安全的底线。

(6) 明晰与规范申请办理途径。为解决困难群众求助有门、受助及时的问题，《办法》在规范各项社会救助申请、受理渠道的同时，从两个方面明晰了救助申请办理途径。一是突出了民政部门的责任。申请人不清楚向谁提出申请时，可以先向社会救助经办机构或县级民政部门求助，由社会救助经办机构或县级民政部门办理或转办。二是要求在乡镇（街道）建立统一受理社会救助申请的窗口，并及时受理、转办申请事项。

（7）提出社会力量参与的支持条件。一是鼓励单位和个人等社会力量通过捐赠、设立帮扶项目、创办服务机构、提供志愿服务等方式参与社会救助；二是明确社会力量参与社会救助，可以按照国家有关规定享受财政补贴、税收优惠、费用减免等政策；三是规定县级以上地方政府可以将社会救助中的具体服务事项通过委托、承包、采购等方式，向社会力量购买服务；四是要求社会救助管理部门及相关机构建立社会力量参与社会救助的机制和渠道。

（8）拓展社会救助工作方式。《办法》明确要求，县级以上地方政府应发挥社会工作服务机构和社会工作者作用，为社会救助对象提供社会融入、能力提升、心理疏导等专业服务。这一规定既是落实党中央建设宏大社工人才队伍决策部署的重要措施，也是推动社会救助工作方式由传统的、单一的物质救助向物质保障、生活帮扶、精神慰藉、心理疏导、能力提升相结合的专业化、个性化、发展型救助转变的创新之举。

（9）为基层能力建设提供保障条件。一是将社会救助经办机构纳入法规表述，规定了其法定作用和责任；同时将流浪乞讨人员救助站调整表述为救助管理机构，明确了机构管理属性。二是将社会救助资金和工作经费纳入财政预算，实行专项管理、分账核算、专款专用，完善了社会救助资金、物资保障机制。三是加强信息化建设，要求县级以上地方政府按照国家统一规划建立社会救助管理信息系统，实现社会救助信息互联互通、资源共享。

（10）健全违法违纪责任追究机制。为解决社会救助管理中的违法违纪问题，《办法》对滥用职权、玩忽职守、徇私舞弊等七种行为提出了明确的责任追究要求。同时规定，对截留、挤占、挪用、私分社会救助资金、物资的，由有关部门责令追回，没收违法所得，对直接负责的主管人员和其他直接责任人员依法给予处分，构成犯罪的，依法追究刑事责任；对于骗取社会救助资金、物资或服务的，由有关部门决定停止社会救助，责令退回非法所得并处罚款，构成违反治安管理行为的，依法给予治安管理处罚。健全社会救助违法违纪责任追究机制，对解决长期存在的骗助、错助问题是有力的手段，也能促进经办人员和负责干部增强责任感，进一步堵塞漏洞，防止出问题。

五、社会救助的管理和运行

传统的社会救济带有随意性、临时性的特征，而现代社会救助管理体制则呈现社会化的特征，是有法可依、有章可循的国家基本职责，是国民的重要权益。因此，社会救助的工作不能像传统的社会救济仅通过仅临时的通知、文件等措施开展，而应明确国家或政府的责任主体，需要各个部门通力配合，应该是一个分工明确的完整体系，政府各职能部门各司其职。纵向上，实行中央指导、分级管理的办法；横向上，实行归口管理、部门协调、社会参与的办法。同时，通过制定相应的社会成员申请程序、家庭经济情况调查程序、救助机构审批程序、救助标准、政府相关部门建设和社会监督程序等，确保社会救助工作的程序化、规范化，从而达到社会救助的预期效果。

为了充分发挥社会救助的功能，社会救助资金的保障问题是关键。在我国，根据属地化管理的原则，在城市，经费负担一般是市、区各负担50%，在乡镇则基本上是县里自筹。不过，实践中需要救助的地方往往是区、县级财政有困难的地方，因此，中央财政补助基本上占救助经费的一半，同时有上升的趋势，救助对象随着改革的深入也有增加的趋势。所以，拓宽资金渠道，解决救助对象扩大与经费不足的矛盾是当务之急。

解决这个矛盾的办法是采取以国家救助为主、民间救助为辅的官民结合的财力机制。例如，扩大福利彩票的发行，进一步完善社会捐款的优惠政策，充分调动广大人民群众的积极性。社会救助资金要专款专用，及时补充，其他经费不得在该账户核算；要坚持公开原则，做到来源公开、用途公开、结算公开、审核程序公开，建立健全各募集部门的款、物募集书面报告制度和财务审计、统计、监管制度。

2013 年 10 月 30 日，国务院常务会议强调，要以法治方式推进社会救助制度建设，立足国情、借鉴国际经验，抓紧把已有的成功做法上升为法规制度，坚持统筹城市和农村、兼顾当前和长远、政府救助与动员社会力量救助并举，突出重点、消除“盲点”，综合构建和完善包括最低生活保障、特困人员供养、受灾人员救助及医疗、失业、义务教育、住房、临时救助等专项救助在内的社会救助体系基本框架，切实使困难群众“求助有门”、受助及时。

做好社会救助的制度建设的主要工作包括：建立完善社会救助工作统筹协调机制；加快建立居民家庭经济状况核对机制；尽快建立健全并实施临时救助制度；抓紧建立“一门受理、协同办理”平台；建立投诉举报和责任追究制度。

社会救助重在扶危济困、救急救难，既要尽力而为，又要量力而行；既要防止“漏助、错助、骗助”行为和救助不力的“冷漠病”，又要杜绝盲目攀比和“养懒汉”现象，确保使宝贵的社会救助资源真正用于需要救助的困难群众。各级政府要依法履责，增强工作透明度，及时公开资金、物资使用管理情况，接受社会监督。建立资源共享的信息平台，加强核查监管和相互衔接，提高救助工作科学性。对不依法履行救助职责，以及骗取、挪用、侵占救助款物等违法违规行为，要严肃查处，决不姑息。各部门要加强配合，协调推进社会救助制度并加快完善，使社会救助工作更加及时、透明、公正、有效，让广大困难群众得到社会救助的温暖和关怀。

此外，还要充分发挥社会力量的作用。运用财政、税收、社会管理等方面政策措施，鼓励、引导和动员慈善组织、志愿者、企业等各方力量通过多种方式参与社会救助，共同为困难群众献爱心、伸援手。

中国政府提出，要下决心进一步推进政府职能转变和部门职责整合，把目前分散的低保、特困人员供养、受灾人员救助及医疗、教育、住房、就业等方面的救助措施统筹起来，加快构建与经济社会发展水平相适应、与其他保障制度相衔接、逐步完善的社会救助体系，使救助工作科学化、规范化、法制化。要认真总结经验，明确政府责任，充分发挥企业、慈善机构等社会力量的作用，坚持量力而行、尽力而为，更加注重救助的救急性、公正性和可持续性，使获得社会救助成为符合条件的困难群众应当享有的法定权利。提供社会救助成为政府不可推卸的法定职责，尤其要尽力使特困人员不为饥寒所迫、大病所困、失业所忧、灾害所难，切实把社会保障体系的“网底”编实、筑牢，给全社会以稳定、可靠的民生保障预期，减少不安和焦虑，增进社会公正和幸福感。

中国政府要求，要以改革创新精神，有针对性地健全体制机制，加强和改进低保工作，努力使困难群众生存有尊严、生计有保障、生活有盼头。一要强化政策落实。重点督促落实低保政策。各级政府预算要优先安排低保资金，保证及时到位，加强审计监督，堵住分配、拨付等环节漏洞，确保资金足额、有效地用于低保家庭。二要强化信息公开。健全低保申请家庭经济状况核对机制，建设跨地区、跨部门核对平台，在农村、社区实行“阳光”公示，把信息披露制度建设向前明显推进一步。对低保对象实施动态管理。坚决纠正“关系保”

“人情保”及错保、漏保，严惩骗保。三要强化制度建设。通过建立临时救助机制，切实解决遭遇临时性、突发性困难家庭基本生活需要，减少“碎片化”、一次性补助。完善保障标准与物价上涨等挂钩联动机制，使低保家庭基本生活保障得到更好的落实，水平逐步提高。同时，要加强基层服务能力建设，引导社会力量积极参与扶贫帮困，强化低保政策落实情况监督检查和考核问责，严肃查处渎职与失职等行为，切实做到低保工作事有人管、责有人负。

第二节 最低生活保障和特困人员供养制度

一、最低生活保障和特困人员供养制度的概念和作用

最低生活保障制度，简称“低保”，是指以保障基本生活为目的，对家庭人均收入低于当地最低生活保障标准的贫困人口实行差额补助的一种社会救助制度。其具体要点是：

（1）以保障基本生活为目的，即脱贫。贫困属于社会、历史的范畴，在不同经济发展阶段、不同经济发展水平的国家或地区，对贫困的理解是不同的。贫困分为绝对贫困和相对贫困。前者指收入水平低于一个人生存的最低限度；后者指收入水平低于政府公布的贫困线。中国的低保制度是针对以社会成员的收入分配不均为基础的相对贫困。

（2）以家庭为救助对象，并以家庭为单位来计算给付待遇。这不同于社会保障的其他体系，如养老、失业、医疗保险等是以个人为单位来缴费并享受待遇的方式。2013 年 10 月 30 日，国务院常务会议提出要着重做好“零就业”家庭的失业救助工作，为有劳动能力但未就业的人员提供职业指导、介绍公益性就业岗位等公共就业服务，体现了政府从促进就业的角度去提高居民的最低生活保障的思路。

（3）低保实行的是差额补助。低保是按照家庭实际人均收入与当地公布的最低生活保障线之间的差额进行补助，而不是按当地低保标准全额补助。这是由我国当前的经济发展水平和社会救助在中国的发展阶段所决定的，同时也是鼓励贫困者再就业、自力更生和避免步“福利国家”后尘的考虑所在。当然，这种差额补助的前提是对家庭实际收入的科学、合理的调查，这对于工作的实事求是提出了较高的要求。

特困人员供养制度是国家对无劳动能力、无生活来源且无法定赡养、抚养、扶养义务人，或者其法定赡养、抚养、扶养义务人无赡养、抚养、扶养能力的老年人、残疾人及未满 16 周岁的未成年人给予的供养制度安排。

最低生活保障和特困人员供养制度作为社会救助的中心内容，除了具有如前所述的社会救助的基本作用外，在以下几方面的作用尤为突出：

（1）支持社会保险改革。与市场经济体制相联系的社会保险改革具有“权利义务对等”的特点，即先缴费后享受。由于部分劳动者的缴费能力与缴费期限的问题，社会保险制度并不能囊括所有劳动者。由此，部分企业职工、合同制工人及个体劳动者在生活出现困难时，其部分保障还需由低保和特困供养制度解决。

（2）支持市场经济的发展。在中国社会转型的剧变期，市场经济追求效率、资源优化配置的过程中涌现出了很多富人，同时也产生了一批弱势群体。这些竞争失败者的生活便需要由低保和特困供养制度解决，否则对于宏观经济的发展、社会秩序的稳定、社会的整合能

力和人类社会的发展都具有不利的影响。

（3）促进社会发展。主要表现在三个方面：①有利于宏观经济的发展。低保制度解决了大量贫困人口的最低生活保障，同时也使贫困人口在消费的过程中对宏观经济的发展起了一定的作用。②维持了社会的稳定。低保制度的推行客观上缓和了在改革过程中出现的一些过激行为（如群众集体上访、阻断交通等），平衡了一些贫困群众的心理，使社会的整合度增加而离心力下降。③加速了社会的进步。低保制度和特困供养也与国民共同富裕的目标相一致，称得上是全社会财富再分配的探路先锋，为公民的幸福生活兜底，其路径是在一部分人先富起来的基础上，先富之人带动后富人员的集体致富，从而实现国民共同富裕和加速社会进步的目标。

二、最低生活保障和特困人员供养制度的对象

1. 最低生活保障的覆盖范围和保障对象

最低生活保障制度是公民生存权利的主要体现。就公民而言，这是其生存的权利；对国家而言，这是其职责和义务。所以，最低生活保障应该覆盖全体国民。

在我国，城市最低生活保障的对象是指凡持有非农村户口的家庭成员人均收入低于当地低保标准的城市居民。城市低保对象主要包括三类人员：一是传统社会救济对象，也就是城市“三无”对象，即无劳动能力、无生活来源，以及无法定赡养、抚养义务人的居民；二是家庭人均收入低于当地低保标准的各种所有制企事业单位（国有、集体、私有和外资、中外合资、股份制、股份合作制）的在职职工、离退休职工和下岗失业职工；三是家庭人均收入低于当地低保标准的无业人员。

目前，城市居民最低生活保障的人数随着改革的深入与日俱增，1998 年年底为 184 万人，2001 年年底为 1170 万人。2014 年 7 月，全国城市居民最低生活保障人数达 1960.7 万人，城市居民最低生活保障户数为 1056.5 万户。农村居民最低生活保障人数为 5255 万人，农村居民最低生活保障户数达 2921.2 万户。2014 年 1—7 月，社会服务经费支出 1834.7 亿元，其中，救灾支出 44.1 亿元，城市最低生活保障支出 396.8 亿元，农村最低生活保障支出 475.9 亿元。

农村低保对象，除“五保户”（保吃、保穿、保住、保医和保葬）以外，还包括家庭人均收入低于当地低保标准的困难户；包括无劳动能力或基本丧失劳动能力的家庭；家庭主要成员在劳动年龄内因严重残疾、常年有病而丧失全部或大部分劳动能力的家庭；由于突发性自然灾害，生活一时困难的居民；由于农产品的竞争激烈、经营不善而陷入困境的家庭。例如，2013 年 8 月，中国农村居民“五保”集中供养人数为 182.5 万人，农村居民“五保”分散供养人数为 358.1 万人。

2. 特困人员的供养范围

特困人员的供养范围包括无劳动能力、无生活来源且无法定赡养、抚养、扶养义务人，或者其法定赡养、抚养、扶养义务人无赡养、抚养、扶养能力的老年人、残疾人及未满 16 周岁的未成年人等。具体而言，我国特困人员供养包括农村“五保户”和城市“三无”人员（城市无生活来源、无劳动能力又无法定赡养、抚养、扶养义务人及虽有法定赡养、抚养、扶养人但其无赡养、抚养、扶养能力的人员）。

2014 年 7 月，我国农村居民“五保”集中供养人数为 177.5 万人，农村居民“五保”

分散供养人数为356.1万人。2014年1—7月，中国农村“五保”供养支出104.8亿元。

案例：一个农村“五保”老人（男性）近日与一名企业退休女职工结婚，被人反映，经县民政局核实情况后，按程序终止了对他的供养并予以公示。为什么要终止供养？

解释：根据《中华人民共和国婚姻法》的规定，夫妻双方有相互扶养的义务。此案例中，企业退休女职工与农村“五保”老人（男性）结婚后，即对这名农村“五保”老人有了扶养的义务。同时，作为农村“五保”老人的扶养人，该企业退休女职工每月有固定退休金，有稳定的收入来源，具有扶养能力。所以，民政局要终止对这个“五保”老人的供养。

三、最低生活保障和特困人员供养制度的保障标准

（一）最低生活保障的标准

最低生活保障标准制定得是否科学、合理，直接关系到最低生活保障制度能否起到社会安全网的作用。保障标准是由政府依据当地基本生活必需品的费用和财政承受能力、综合物价指数等因素，运用现代科学理论方法通过精确统计和计量来确定和调整的。

目前，国际上确定最低生活保障线的方法主要有恩格尔系数法、国际贫困标准法、生活需求法、生活形态法。

（1）恩格尔系数法。它的原理来自19世纪德国统计学家恩格尔经过大量统计调查出来的“恩格尔定律”，即通过各个家庭用于饮食的支出占家庭支出的比率大体可测出该家庭的生活水平，两者成反比例关系。如果饮食支出占家庭总支出的比例很高，则说明家庭生活水平很低。我们可以用一个家庭的饮食支出的绝对值来除以给定的恩格尔系数而求出所需的消费支出。国际粮农组织认为，恩格尔系数在59%以上的属于贫困，用这个数据求出的消费支出则是最低生活保障线。美国规定，只要食物消费占家庭支出的1/3，则被视为贫困家庭。全球大部分国家依此制定低保标准。

（2）国际贫困标准法。经济合作与发展组织提出：以一个国家或地区中等收入或平均收入的50%~60%作为这个国家或地区的贫困线。此方法的前提是对该国家或地区的收入状况进行全面调查。此法也称收入比例法。

（3）生活需求法。根据当地维持最低生活所需的物品和服务列出一张清单，然后根据市场价格来计算它们所需的货币数量，此数量就是最低生活保障线。我国目前的最低生活保障标准大体上依据维持基本生活所需的衣食住行费用、水电燃煤费用和未成年人的义务教育费用等来制定。

（4）生活形态法。生活形态法是对人们的生活方式、消费方式等“生活形态”的指标进行优化后的生存指标，从而确定贫困线。这种方法从理论上看较为抽象，在实践中操作复杂。

此外，还有其他的制定方法。国际劳工组织建议：在工业化国家，最低生活水平大体上相当于制造业工人平均工资的30%。欧洲经济委员会建议：最低生活水平应相当于一个成年人可支配收入的50%。

最低保障标准应该随着全体劳动者的平均工资的提高而相应提高，这是因为公民有权利享受国家经济发展的成果，同时也应随着物价水平的波动而做相应的变动，这样才能够符合最低生活保障制度的本质要求。否则，相对贫困的现象会增加，社会贫困人口的生活风险、经济风险、心理压力都会加大。

2013年10月30日，在国务院常务会议上，国务院明确了要以当地经济社会发展水平和物价变动情况适时调整最低生活保障标准，切实保障了居民的最低生活保障标准。此外，要建立城乡特困人员供养制度，覆盖农村“五保户”和城市中类似的人员。对无劳动能力、无生活来源且无近亲属的鳏寡孤独及重度残疾等特困人员，提供基本生活条件和必要的照料。

例如，北京市2013年城市低保标准为家庭月人均580元，2014年为650元，2015年北京城乡低保申请标准并轨，全市城乡低保标准提高到每月710元。上海市自2014年4月1日起，城镇居民最低生活保障标准为每人每月710元，农村居民最低生活保障标准每人每月620元，城乡低保标准的比例由2013年的1.28∶1缩小到1.15∶1。

（二）特困人员供养的内容与标准

1. 特困人员供养的内容

特困人员供养的内容包括：

（1）提供基本生活条件。

（2）对生活不能自理的给予照料。

（3）提供疾病治疗。

（4）办理丧葬事宜。

例如，北京市相关政策规定，城市特困人员的疾病治疗应当与城镇居民基本医疗保险制度相衔接。政府资助城市特困人员参加城镇居民基本医疗保险。医疗费用在经过基本医疗保险报销后，政策范围内个人负担部分由区（县）民政部门实报实销，所需资金由区（县）财政全额负担。城市特困人员在接受各类教育期间，按照本市教育救助有关规定保障其顺利完成学业。分散供养且住房困难的城市特困人员，可优先享受配租公共租赁住房和住房租赁补贴等住房救助政策。

2. 特困人员供养的标准

在我国，特困人员供养标准由省、自治区、直辖市或设区的市级人民政府确定、公布。

例如，上海市政策规定，自2014年4月1日起，农村“五保”供养对象的日常生活费标准从每人每年不低于7980元调整为每人每年不低于9000元。

例如，北京市相关政策规定，自2014年9月1日起，特困人员除每月领取650元的低保金外，还可以获得97.5元的分类救助，同时每月可另外获得40元的粮油帮困金。根据该计算方式，特困人员每月实际可领取787.5元的低保金。此外，城市特困人员政策范围内的医疗费用由民政部门实报实销。

北京市从2015年1月起，对近17万低保家庭的救助不再“一刀切”，而是根据家庭困难程度分类救助。其中，对大病、重残等特困家庭加大救助力度，救助标准上浮幅度为15%~40%。对于城市特困人员和农村“五保”供养对象，在2015年按城乡低保标准的40%上浮救助标准，按月发放生活费；罹患重大疾病人员，按城市低保标准的35%上浮救助标准；享受低保或生活困难补助的重度残疾人，按城市低保标准的30%上浮救助标准。60周岁（含）以上老年人、16周岁及以下未成年人和16周岁以上全日制在校学生，按城市低保标准的20%上浮救助标准；60周岁以下达到退休年龄人员，以及完全丧失或大部分丧失劳动能力人员，按城市低保标准的15%上浮救助标准。

案例：2015年，上海市城市低保申请标准为家庭月人均收入710元。以一个家庭月总收入2700元的城市三口之家为例，家庭月人均收入为900元，本不能申请低保，但如果家中有罹患大病或重残人员，按照收入核减方法计算后，就达到了申请低保救助的条件。

在我国，关于特困人员供养，还在探讨建立与城乡居民基本养老保险、基本医疗保障、最低生活保障、孤儿基本生活保障等制度相衔接。

四、最低生活保障和特困人员供养的申请及审批程序

（一）最低生活保障的申请及审批程序

1. 城市低保的申请程序

申请享受城市低保待遇，按属地管理的原则，以家庭为单位，由申请人向户口（含集体户口）所在地的居（家）、村委会提出申请，同时提交申请书、居民户口簿、居民身份证、收入证明及其他相关证明材料。

2. 城市低保的审批程序

（1）户主通过户籍所在地的社区（社会救助站）向街道办事处（社会救助中心）或直接向乡（镇）人民政府提出书面申请，并提供有关证明材料。

（2）社区（社会救助站）受管理审批机关委托，对申请人的家庭收入情况和实际生活水平予以核实，并将核实结果张榜公布。对无异议的，填写“城市居民最低生活保障待遇申请审批表”，报街道办事处。

（3）街道办事处对“城市居民最低生活保障待遇申请审批表”和有关材料进行初审，并将初审意见报送县级民政部门。

（4）县级民政部门对街道办事处上报材料进行审查，对符合条件的予以批准；不符合条件的，以书面形式通知申请人，并说明理由。

（5）社区（社会救助站）对民政部门的批准结果张榜公布，无异议的，由社区（社会救助站）代发民政部门统一印制的城市居民最低生活保障金领取证和银行、邮局领取卡（折）；对有异议的，由管理审批机关进行核实，情况属实的，予以纠正。

管理审批机关应当自接到申请人申请之日起30日内办结审批手续，保障对象从管理审批机关批准的下月起享受城市居民最低生活保障待遇。

（二）特困人员供养的申请及审批程序

特困人员供养的申请及审批程序是：

（1）申请特困人员供养，由本人向户籍所在地的乡镇人民政府、街道办事处提出书面申请；本人申请有困难的，可以委托村民委员会、居民委员会代为提出申请。

（2）乡镇人民政府、街道办事处应当通过入户调查、邻里访问、信函索证、群众评议、信息核查等方式，对申请人的家庭收入状况、财产状况进行调查核实，提出初审意见，在申请人所在村、社区公示后报县级人民政府民政部门审批。

（3）县级人民政府民政部门经审查，对符合条件的申请予以批准，并在申请人所在村、社区公布；对不符合条件的申请不予批准，并书面向申请人说明理由。

五、农村扶贫开发

（一）农村扶贫开发的概念

农村扶贫开发是指国家和社会对贫困地区、农村贫困户从政策、资金、物质、技术、信息等方面进行扶持，致力于发展生产、消除贫困。这里包括两个对象，即贫困地区和农村贫

困户。一般而言，对由于地区经济发展不平衡造成的地区性贫困进行扶助被称为“大扶贫”，而对特殊农村贫困户包括孤、寡、老、残等的救助称为“小扶贫”。在中国现阶段，农村的贫困问题主要是地区性贫困，因此本节也主要讲述“大扶贫”。

新中国成立以来，中国政府始终把努力消除贫困作为国家发展的重要目标和任务。改革开放以来，我国坚持政府主导和开发式扶贫的方针，开展了有组织、有计划、大规模的扶贫开发，成效显著，经验丰富。

（二）农村扶贫开发的形势、目标与工作方针

经过多年坚持不懈的努力，我国扶贫开发已经从以解决温饱为主要任务的阶段转入巩固温饱成果、加快脱贫致富、改善生态环境、提高发展能力、缩小发展差距的新阶段。新阶段的中国农村扶贫开发工作挑战与机遇并存。

我国农村扶贫开发工作的目标是：到2020年，稳定实现扶贫对象不愁吃、不愁穿，保障其义务教育、基本医疗和住房；贫困地区农民人均纯收入增长幅度高于全国平均水平，基本公共服务主要领域指标接近全国平均水平，扭转发展差距扩大趋势。

我国农村扶贫开发工作方针是：坚持开发式扶贫方针，实行扶贫开发和农村居民最低生活保障制度有效衔接。把扶贫开发作为脱贫致富的主要途径，鼓励和帮助有劳动能力的扶贫对象通过自身努力摆脱贫困；把社会保障作为解决温饱的基本手段，逐步完善保障体系。

（三）农村扶贫开发的途径

1. 扶贫信贷

扶贫信贷是指国家在扶贫开发过程中，通过基于贫困地区财政投入和优惠的扶贫专项贴息贷款，同时制定相关配套优惠政策，重点帮助贫困地区、贫困农户，尤其是贫困人口多且贫困程度深的西北、西南省区，扶持发展以市场为导向的种植业、养殖业及相应的加工业项目。目的在于激活贫困地区的生产力，解决农户的温饱问题。其中，信贷资金来源于中央政府财政、省级财政和国外的援助基金。扶贫贷款的政策包括：①扶贫贷款分配政策，总原则是鼓励先进，既要看贫困人口数量和贫困程度，又要看各地配套资金比例及到位情况，更要看扶贫信贷资金的使用效益。②投向政策，要把解决农村贫困人口温饱问题作为首要任务；重点扶持贫困县中贫困乡、村、户发展种养业及以农副产品为原料的加工业。③优惠政策，包括合理确定贷款期限。对贫困户贷款原则上实行信用贷款方式，对其他扶贫款放宽担保条件，放宽自有资金比例，严格执行优惠利率政策，扶贫贷款利率不上浮、不加息、不罚息。

2. 以工代赈

以工代赈是根据贫困地区基础设施薄弱及抵御自然灾害能力较差的实际条件，国家安排必要的以工代赈的实物或资金，鼓励并支持农户投工投劳，开展水利、农田、公路等基础设施建设，改善生产条件，增强抗灾能力。与此同时，国家还会加大计划内的钢材、木材、化肥等生产资料的供应等，进一步促进生产。

3. 科技、教育扶贫

教育扶贫是国家对贫困地区的扶贫开发由“输血”改为“造血”的重要体现，是将资金与科技、教育扶贫相结合。例如，我国教育扶贫的主要任务：①全面加强基础教育；②加快发展现代职业教育；③提高高等教育服务能力；④提高学生资助水平；⑤提高教育信息化

水平。保障措施包括经费保障、就业保障、对口支援、人才引进、加强组织领导等。

4. 互助互济

扶贫开发的互助互济是指对口扶贫，如东部较发达省市对口支持西部省区，以及各级干部与贫困户结成“一帮一”等形式的社会各界参与的扶贫。其中，东部支持西部地区的对口情况是：北京帮扶内蒙古、天津帮扶甘肃、上海帮扶云南、广东帮扶广西、江苏帮扶陕西、浙江帮扶四川等。双方根据“优势互补、互惠互利、长期合作、共同发展”的原则在企业合作、人才交流等方面开展全方位、多层次的扶贫协作。

此外，农村扶贫开发还可以实施自愿移民扶贫开发，即将贫困农户从生产条件极其恶劣的地区搬迁到条件较好的地区，实行异地脱贫。

（四）中国农村扶贫开发的主要经验

1. 坚持解放思想，深化体制创新

中国农村的扶贫开发，伴随着思想解放和经济发展的进程，不断创新体制，完善政策，强化手段。经历了体制改革推动减贫、专项计划推动减贫、城乡统筹推动减贫及开发扶贫和农村低保共同驱动几个阶段。

2. 促进经济增长，保持稳定发展

三十多年来，中国政府坚定不移地推进改革开放和社会主义现代化建设，国民经济稳步增长，综合国力不断增强。同时，国家用于支持“三农”和贫困地区贫困人口的财政预算不断增长，农业基础得到加强，农产品产量不断增加，为解决温饱创造了条件，为农村大量富余劳动力就业创造了机会。

3. 坚持政府主导，强化政府责任

一是在制定国民经济和社会发展中长期规划时，始终把农村扶贫开发作为重要内容，放在突出位置。二是制定扶贫标准，适时确定并调整国家扶持的重点区域。三是建立健全从中央到地方的扶贫工作领导机构，健全扶贫工作责任制和负责制。四是不断加大投入力度。

4. 动员社会参与，加强国际合作

组织中央党政机关和国有重点企业、人民解放军和武警部队、科研院所、社会团体，支持民主党派中央、全国工商联参与定点帮扶重点县；组织东部省市对口帮扶西部省区；动员民营经济参与扶贫事业；号召民间组织参与扶贫事业；与有关国际组织、双边机构和国内外民间组织开展减贫合作。

5. 实施开发扶贫，倡导自力更生

坚持开发式扶贫方针，实施整村推进，加强贫困地区劳动力培训，推进产业扶贫，组织扶贫移民搬迁，组织集中连片贫困地区治理试点等。始终强调发动群众、依靠群众，推行参与式扶贫的理念和方式，推进社区主导型发展试点。

6. 坚持统筹兼顾，促进科学发展

全面推行农村税费改革，建立农业补贴制度；加大基础设施的投入力度；深入推进实施西部大开发和中部崛起战略；改革农村义务教育管理体制；推进新型农村合作医疗；积极落实农村计划生育政策；全面建立农村最低生活保障制度，开展农村养老保险试点等。

第三节　受灾人员救助

一、受灾人员救助的概念

受灾人员救助是为了让灾民摆脱生存危机，国家或社会对灾民进行抢救和援助，在衣、食、住、医疗等基本生活资料方面给予最低生活水平的保障，同时使灾区的生产、生活各方面尽快恢复正常秩序的一项社会救助制度。

我国地大人稠、灾害多发，灾害严重的后果影响灾民的基本生活和身心健康，甚至对社会经济、政治秩序产生一定的影响。因此，灾害救助对我国意义重大。

自然灾害救助工作遵循以人为本、政府主导、分级管理、社会互助、灾民自救的原则。2013 年 10 月 30 日，国务院常务会议再次明确了要健全自然灾害救助制度，根据灾害和应急响应级别，明确中央和地方责任，合理确定救助标准和期限，对基本生活受到严重影响的人员提供食、住和医疗防疫等应急救助，对住房损毁严重的给予过渡性安置或资金、物资救助。

2014 年 5 月实施的《社会救助暂行办法》指出，要完善受灾人员救助制度。要按照属地管理，分级负责的原则，完善自然灾害救助应急预案，做好上下级预案响应标准的衔接，强化预案的科学性和可操作性。编制实施自然灾害救助物资储备规划，明确物资储备布局和规模，建立适应本地救灾需要的物资储备机制。严格按照有关规定，及时准确地统计并报送自然灾害损失情况，建立健全灾情核查评估机制和统一发布机制。编制和落实各级自然灾害救助资金预算，研究制定出台灾害救助标准，切实有效地做好灾害紧急救助、过渡性生活救助、冬春救助和倒损农房恢复重建等工作，保障受灾人员得到及时、公平、合理的救助。

二、传统的救灾制度

中国传统救济制度与当时高度的计划经济体制相联系，呈现出以下特色：

(1) 国家作为责任主体。在救灾中，中央政府是完全的、唯一的财政供款来源，是直接的责任主体。其管理部门是民政部门，通过层层报灾、级级审批的程序，形成灾民找政府、政府找中央的格局。这与现行的各级政府分税和分级财政的财政体制是不同的，需要借助其他的力量来完成救灾任务。

(2) 救济对象几乎只是农村灾民，而不包括城镇居民。这是由中国传统的社会保障体系是国家、单位、农村集体三大保障各司其责的局面造成的。但是，随着我国由计划经济向市场经济过渡，单位和农村集体保障机制瓦解、城镇社会保险的改革、社会主义市场经济体制的逐步建立等，使得农村、城镇居民的抗灾能力有所减弱，均需要国家的救助。

(3) 无偿的、低水平的基本生活的救济。这是由经济发展水平所决定的。当时主要采取的救济手段是拨款救灾、以工代赈、无偿救济粮食与衣被、转移并安置灾民、提供用于维修倒塌房屋的原材料、提供医疗服务等，用以维持基本生活。

三、灾害救助的形式

理论上讲，灾害救助的项目应该包括：救助灾民生命、抢救受灾财产并提供款物援助，保障灾民基本生活、医疗卫生救助、实施精神救助，安抚灾民情绪、灾后重建等。其具体形式包括：

1. 国家救济

国家救济是灾害救助的主要形式。灾害发生的不确定性、突然性，破坏后果巨大，需要抢救等特点，决定了只有国家才能整合大量的资源进行救助。中央政府一直设有专项救灾款科目。20世纪80年代，中央特大自然灾害款每年不到10亿元，20世纪90年代增至20亿元，2010年增至100亿元。根据统计，2013年国家减灾委、民政部全年安排下拨中央救灾资金105.87亿元，救助受灾群众8000万人次，调拨帐篷19.5万顶、棉衣被60.8万床（件）和折叠床8.9万张等救灾物资。

随着中国经济体制的转变，民政部门解放思想，对国家救灾体制进行了一系列改革，其具体措施包括：

（1）财政分级负责。财政分级负责是与国家财政体制改革和分税制相配套的制度，要求地方政府在财政预算中设立“217”财政科目，即专项救灾拨款科目。

（2）救灾分级管理。分级管理的前提是准确划分灾害登记，用以明确中央和地方各级政府应承担的救灾责任。灾害一般可划分为特大灾、大灾、重灾、小灾，也可以参照历年的灾害情况、死伤人数、农作物受灾绝收面积、倒塌房屋数量、紧急转移安置人数、农业直接经济损失、当地的经济发展水平、自救能力等指标划分出灾害等级。

（3）救灾经费包干。救灾经费包干是针对甘肃、宁夏、贵州、青海、西藏、新疆六省区的救灾经费而言的，在经过科学、合理的测算之后，运用如历年灾情、贫困县的数量、当地财政等考核指标，中央给其救灾款一个总量，一般情况下不再补助，以此调动这几个省区救灾工作的主动性、积极性。

（4）救灾应急体制。救灾应急体制以应急救援队伍、应急响应机制和应急资金拨付机制为主要内容。目前，我国救灾应急体系初步建立，应急救援、运输保障、生活救助、卫生防疫等应急处置能力大大增强。“十二五”期间在现有19个中央救灾物资储备库的基础上，新建或改扩建10个储备库，省、市、县各级建设1～2个本级生活类救灾物资储备库。2015年，保证灾后12小时之内受灾群众基本生活得到初步救助，其中，中央级救灾物资储备库建筑面积达到46万平方米，能够保障102.8万户紧急转移安置家庭的基本生活需要。

（5）中央经费无偿救济与有偿使用并存。目的在于救灾与扶贫相结合。无偿救济的资金是用来紧急抢救灾民、建立救灾储备仓库等，以保证最低生活；有偿使用的资金是指灾后居民用以恢复生产、生活等秩序的资金。其中，对有些资金采取无息回收方式，然后将收回的资金留给地方作为救灾扶贫周转资金，成立扶贫基金会，借此积极兴办福利经济实体，发展农副业生产，同时给予一定的政策优惠，促进基金增值。

《国家自然灾害救助应急预案》灾后救助的程序与思路是：

（1）县级民政部门每年调查冬令（春荒）灾民生活困难情况，建立需政府救济人口台账。

（2）民政部会同省级民政部门，组织有关专家赴灾区开展灾民生活困难状况评估，核实情况。

（3）制定冬令（春荒）救济工作方案。

（4）会同财政部下拨特大自然灾害救济补助费，专项用于帮助解决冬、春灾民吃饭、穿衣等基本生活困难。

（5）灾民救助全面实行“灾民救助卡”管理制度。对确认需政府救济的灾民，由县级民政部门统一发放“灾民救助卡”，灾民凭卡领取救济粮和救济金。

（6）向社会通报各地救灾款下拨进度，确保冬令救济资金在春节前发放到户。

（7）对有偿还能力但暂时无钱购粮的缺粮群众，实施开仓借粮。

（8）通过开展社会捐助、对口支援、紧急采购等方式解决灾民的过冬衣被问题。

（9）发展改革、财政、农业等部门落实好以工代赈政策、灾歉减免，粮食部门确保粮食供应。

2. 救灾保险制度

救灾保险制度是指由政府负责组织，以各级财政和社会化集资作为物质基础，保障灾民的基本生活和恢复其简单再生产的一种灾害保障形式。从1987年开始，民政部门先后在全国102个县进行了救灾保险改革试点，对农作物、养殖业生产、农房、农村劳动力等实行救灾保险。具体方法是：由中央救灾经费、地方财政补贴、农民自己缴纳的保险费形成救灾保险基金，当这些农村灾民需要时，给予相应的生活、生产等方面的保障与补偿。但是，救灾保险制度的探索，后来因为保险公司不满意（发生巨灾，保险公司以一己之力难以承担）及农民不满意（农民觉得保费太贵，获得的理赔不合算），结果不甚如人意，因此其业务逐渐萎缩。

目前，我国正在探索和发展巨灾保险。总体思路是：以制度建设为基础，以商业保险为平台，以多层级分级分担风险为保障，发挥政府和市场的作用，在总结试点经验的基础上逐步推广，建立符合我国国情的巨灾保险制度。为此，国家要重视商业保险在灾后救助中所扮演的重要角色。可以向提供巨灾保种的保险公司提供政策上的扶持，如在营业所得税和企业所得税上让利，对相应的保险公司进行补贴。同时，完善保险公司的风险分散机制，如发行债券等配套机制，以保证保险公司开此险种后能够进一步在全球范围分散风险。最后就是加强民众预防灾害的宣传教育，采取激励机制和优惠政策鼓励个人合理分散个人财富，如对投保人的投保进行补贴，鼓励民众购买商业保险。

3. 互助互济

互助互济是传统救灾体制的财力机制改革的重要内容，由以前的中央财政单一供款发展到资金来源社会化的模式，“一方有难，八方支援”。其主要形式有：

（1）救灾扶贫互助会（包括储金会、互助互济会等）。救灾扶贫互助会是救灾救济体制改革的产物，是农民通过资金互助、生产资料互借、劳动力互帮等形式来解决自身生产、生活困难的群众性社会保障组织。创办救灾扶贫互助会的根本宗旨是救灾备荒，扶危济困，应急解难，服务于生产、生活，促进安定团结和经济发展。各级民政部门必须牢牢把握互助会的办会宗旨，坚持为会员群众服务，为救灾扶贫事业服务，不以营利为目的。在资金投放上，要把解决会员的生产、生活困难放在首位，并对灾民和社会困难户实行少收或不收资金占用费的办法进行扶助。互助会要在增值资金中提取适当比例的救灾基金，用于无偿扶助重灾民和特困户的生活，使互助会在农村的社会保障功能得到切实体现。近年来，救灾扶贫互助会在我国农村，特别是多灾贫困地区普遍发展，并在农村救灾扶贫和群众生产、生活中发挥了积极作用。

（2）国内外捐助。一直以来，社会捐赠是全部救灾资金的重大来源。目前，国际间互相援助正日益增多，这不仅是人道主义原则在国际社会的体现，也体现了人类在与自然灾害斗争时的合作精神。为此，要想适应这一形势，应着重按照我国的有关规定和国际公法、国际惯例，通过国家提供的渠道，积极争取国际间救灾援助。

4. 生产自救

生产自救是指对有一定生产经营能力的灾害贫困户，从政策、资金、技术、信息等方面给予扶持，使其通过生产经营活动摆脱贫困的一种社会救助项目。生产自救是一种更为积极的救助形式。

生产自救的对象一般是有一定生产能力的贫困者，不包括那些没有劳动能力的群体。因为，有一定生产能力的贫困者可以通过外界的帮助自食其力，但对于那些没有劳动能力的老人、儿童、残疾人等社会弱势群体，就无法向他们提供生产社会救助，而只能采取直接发放现金或实物的生活救助形式解决这部分人的生活困难。

生产自救的对象许多是由于缺少进行生产经营的资金，因而可以采取“有偿有还、贴息有偿”“低息有偿”的方式进行救助，一方面可以把有限的救助资金从死钱变成活钱，建立救助周转基金，保证资金的保值与增值，循环使用；另一方面可以发扬受助者自力更生、艰苦创业的精神。例如，孟加拉国的乡村银行模式被誉为世界上规模最大、制度最完善、效益最好的扶贫项目和扶贫方法之一。该项目自1976年开始运作以来，一共向700多万的穷人妇女提供了逾70亿美元的贷款，成功帮助65%的贷款者走出贫困线，并成为其他国家效仿的榜样。

对贫困户的生产自救，可以采取提供资金、提供物资或提供科技、信息的方式，也可以采取政策优惠的方式，只要达到可以帮助贫困户发展生产的最终目的即可。例如，某市洪灾后全力推进生产自救，其主要措施包括：积极支持受灾群众加快恢复生产，抓紧湖畈排涝，发放一批种子苗木，调运调剂一批农用物资，派出一批农技专家深入灾区服务，指导受灾群众开展抢种补种；加快工业厂房设施修缮，促进现代家庭工业恢复生产；开通灾后复产工作“绿色通道”，强化政策补助、金融支持、要素保障，提供优质、高效、便捷的良好服务，最大限度地减少灾害损失。

与发达国家相比，我国这种以政府救助为主的灾害救助模式亟待改善，一种以政府救灾和灾害商业性保险为主、以灾害社会援助和自我积累保障为辅的灾害保障新体系和新模式亟待建立。

四、灾害救助的内容与标准

由于各国各地区经济发展水平不同，救助财力各异，实践中不同的国家和地区提供的灾害救助内容和标准差异极大，但基本原则都是要保障受灾社会成员基本的生存、健康需要。

（1）水及卫生救助。水及卫生救助包括供水救助（供水量、供水点、水质、储水用具）、卫生救助（粪便处理、固体垃圾处理、排水）等内容与标准。

（2）营养救助。营养救助包括一般营养救助（主食、豆制品、脂肪类食品等）、对营养不良者的营养救助等内容与标准。

（3）食品救助。例如，保证每人每天2100千卡能量，并且10%～12%的能量应由蛋白质提供，17%的能量应由脂肪提供，并保证灾民能通过新鲜或强化的食品摄入足够的微量元素。

（4）居所和居住地救助。居所和居住地救助包括居所救助（温暖、清新、安全，人均有效居住面积3.5~4.5平方米)、衣物和家庭用品救助(避体、御寒、维持尊严和安全正常生活)等内容与标准。

(5)医疗救助。医疗救助包括麻疹控制、传染病控制、医疗救护等,目的在于防止超常死亡和超常发病。

第四节 医疗救助

一、医疗救助的概念

医疗救助是指政府和社会对贫困人口或优抚对象中因病而无能力支付医疗费用的人员实行的医疗专项救助行为。

我国城乡医疗救助是通过政府拨款和社会捐助等多渠道筹资建立基金,对患大病的农村“五保户”和贫困农民家庭、城市居民最低生活保障对象中未参加城镇职工基本医疗保险人员、已参加城镇职工基本医疗保险但个人负担仍然较重的人员及其他特殊困难群众给予医疗费用补助(农村医疗救助也可以资助救助对象参加当地新型农村合作医疗)的救助制度。

医疗救助有其自身的特点:一是由于对象是贫困或优抚者之中的疾病患者,即疾病交加,很容易得到他人,尤其是慈善者的捐助行动;二是由于对象是病人,救助途径必经医疗机构,医疗机构的医术、服务、价格等因素会直接与医疗救助的资金、效果等联系。

二、医疗救助的必要性

医疗救助促进了中国的社会保障制度改革。它的产生和发展与我国社会保险中的医疗保险的改革、社会救助制度的完善等密不可分。

中国传统实行公费医疗、劳保医疗和农村合作医疗,改革后随着合作医疗制度逐步瓦解、公费医疗向医疗保险的转变,出现了城镇、农村贫困人群和重点优抚对象患病无力治疗的问题,这就有了对这些人群的医疗专项救助的需要。

同时,我国正大力推进的最低生活保障制度取得了明显的效果,这是对我国全方位改革的有力支持,解决了城乡的贫困问题。但是因病致贫、无力治疗、更加贫困的恶性循环仅靠生活救助的低保制度是难以维系的。据统计,在我国贫困人口中,因病致贫的大约占1/3甚至更多,其中家庭成员长期患病、家庭主要劳动力患病均会使医疗支出大增、家庭实际支配收入大减,从而造成贫困。例如,对北京市城区贫困居民的相关调查显示:他们利用门诊服务平均每次自费162元,是他们月收入的2/3,利用住院服务的自付费用是他们年收入的1.25倍。可见,医疗消费是对他们的一种沉重负担。

客观上,救助制度已由狭义的生活救助向广义的综合救助发展,医疗救助就是其中的一个重要方向,其宗旨是为了根本解决居民的贫困问题。

医疗救助是保护人权的重要体现。1948年12月10日,联合国大会通过的《世界人权宣言》中第二十五条规定:“人人有权享受为维持本人和家属的健康与福利所需的生活水准,包括食物、衣着、住房、医疗和必要的社会服务;在遭到失业、疾病、残废、守寡、衰老或在其他不能控制的情况下丧失谋生能力时,有权享受保障。”

1978年,联合国的《阿拉木图宣言》指出:每个国家都要实现“人人享有卫生保健”

的目标。20世纪八九十年代，联合国多个国际组织的会议频频指出：每个国家都要使国民公平享受基本医疗保健服务，不分性别、年龄、职业、信仰等因素。《中华人民共和国宪法》也规定："中华人民共和国公民在年老、疾病或者丧失劳动能力的情况下，有从国家和社会得到物质帮助的权利，国家发展公民为享受这些权利所需要的社会保险、社会救济和医疗卫生事业。"可见，医疗在保障公民的生存权、健康公平权领域起着不可替代的作用。

三、医疗救助的主要内容

（一）救助对象

救助对象是指贫困者和重点的优抚对象中患病且无力救治的人群，具体包括：传统社会救济对象（"三无"人员、20世纪五六十年代特殊救济对象、农村灾民）；伤残军人、孤老复员军人、烈属等重点优抚对象；享受低保制度或低收入的家庭中在得到医疗保险等其他医疗照顾后个人仍无支付能力的人群。

例如，英国医疗救助的对象主要是老年人、身体欠佳者、享受任何一项政府津贴者、税收抵免者、低收入者。救助政策详细规定了享受各种资助的资格条件。

美国医疗救助有强制性和选择性两种形式，强制性医疗救助的对象针对绝对贫困人群，主要是享受未成年儿童家庭救助项目者、贫困家庭的儿童、孕妇，以及领养儿童资助受益者、特殊的受保护群体等。选择性医疗救助的对象由各州自行决定，一般是贫困的儿童、妇女，收入水平在贫困线以下但达不到强制性救助标准的老年人、盲人、残疾人，州补充保障收入受益者，一些特定收入水平以下的在职残疾人，一些特定疾病患者及因病致贫者等。

例如，我国某县民政医疗救助政策的救助对象包括：①城乡大病医疗救助：城乡低保对象、农村"五保"对象和在乡重点优抚对象；②临时医疗救助：城乡重度残疾人员、城镇低收入老年人及其他低收入人员。

再如，我国某地大病医疗救助的对象包括：①农村"五保"对象；②城镇无劳动能力、无经济收入来源、无法定赡养与扶（抚）养人的人员（简称城镇"三无"人员）；③城乡居民最低生活保障对象；④享受民政部门定期定量生活补助的20世纪60年代精减退职职工；⑤享受民政部门定期抚恤补助的重点优抚对象；⑥总工会核定的特困职工；⑦城乡低收入家庭成员。

（二）救助方式与资金筹集

世界各国医疗救助的方式主要是通过国家举办的医疗机构直接给救助对象提供医疗服务，或者由政府购买私人医疗服务提供给需要医疗救助的人群，或者由医疗机构对医疗救助的人群进行费用减免等。各国结合本地的经济发展水平、医疗机构的资源等因素采取了各自的医疗救助方式。具体方式有：

1. 资金补助

（1）政府组织的医疗救助基金。一是政府承担医疗救助的主要责任，负责医疗救助资金的筹集、管理和使用，救助标准的确定和救助对象的审核，以及医疗救助的服务机构的选择和医疗费用结算等。二是医疗救助的资金多数来源于国家财政预算支出，在多数情况下由中央财政与地方财政共同分担，救助对象一般不承担任何医疗费用或少量承担一部分医疗费用。

例如，新加坡医疗基金是新加坡政府为帮助贫困人群支付医疗保健费用而特别建立的一种捐赠基金，意在为那些尽管有医疗储蓄和医疗保障但仍不能支付医疗费用的人提供最后的帮助。新加坡政府为医疗基金项目首次投入2亿新元，以后每年追加1亿新元扩展基金，只有这些捐赠基金的利息收入才可用于支付贫困人群的卫生保健费用并分配到各家公立医院，那些不能支付住院费用的患者可以申请医疗基金的帮助，每家公立医院都设有由政府任命的医院医疗基金委员会，负责审批申请并发放基金。

（2）政府组织的专项补助。政府每年根据救助对象的需求估算拨付专项经费，专款专用，小病包干，大病补助。例如，英国医疗救助政策详细规定资助数量取决于申请者的收入状况和应付费用，有费用全免和部分免除两种形式，如果家庭有成员享受收入救助、养老金补助或待业收入津贴，则可以全部免除英国国民医疗保健体制（NHS）相关自费费用，其他情况则部分免除。同时经常需要支付处方费者还可通过购买预付凭证节省费用。

德国医疗救助采用的形式是由政府资助贫困人群享受医疗保险待遇，如失业者的医疗保险费由劳动局支付，养老金领取者的医疗保险费由养老保险机构承担，雇员的子女和无工作的配偶不需要交保险费也可以享受医疗保险待遇。德国在政府资助低收入者参保之后，还通过疾病基金免除其医疗自付费用，全额免除自付费用的人数比例一度达到就医人数的50%。

新加坡政府对低收入者到特定医疗机构和特定级病房的就医行为予以补贴。公民到政府建立的18个联合诊所接受门诊医疗，只需支付50%的医疗费用，儿童（18岁以下）和老人（60岁以上）只需支付25%的费用，其余部分由政府补贴；如果在C等级和B2等级病房接受住院治疗，政府分别补贴80%和65%的医疗费用。

（3）社会参与的互助合作医疗。由各行业、协会、单位及工会内部组织等合作建立的互助合作医疗，从单位福利费、工会经费、个人缴费或提取不超过工资总额的一定比例的费用，组成单位内部的互助合作医疗基金，对纳入其中的职工的住院自付费用给予一定比例的分担。

（4）社会参与的慈善募捐。由于救助对象随着市场经济体制改革的深入将有增无减，尽管有各种各样医疗救助的筹资来源，但在实际工作中依然存在着资金不足以满足救助需求的情况。社会各界的慈善募捐为医疗救助的资金来源增加了一条渠道，同时也有利于精神文明建设，是一种值得支持和推广的方式。

2. 医疗机构的费用减免、慈善义诊

（1）费用减免。对救助对象的医疗费（挂号费、治疗费、药费等）在一定比例上减收或免收，差额由财政或医疗机构支付。例如，英国、德国对符合条件的受助人群实行自付费用的上限限制和减免。

例如，北京市对本市生活特困人员实行医疗救助。目前，其救助标准是：

1）在区内医疗救助定点医疗机构就诊享受以下减免优惠：①在社区卫生服务中心就诊实行“一免八减”，即免收普通挂号费；减收血、尿、便三大常规及X光、B超（彩超除外）、心电图等基本检查费的10%，减收基本手术费的20%，减收普通住院床位费的50%。②在二级定点医院就诊实行“四减收”，即减收基本手术费和CT、核磁共振大型设备检查费的20%；减收普通住院床位费50%。③在承担社区卫生服务中心职能的二级定点医院门诊治疗，享受同等社区卫生服务中心的减免优惠。

2）无任何医疗保险（或不享受门诊报销）的本类救助对象，在区内医疗救助定点医疗机构就诊时，持本人身份证和“城乡特困人员医疗救助手册”，在不突破单项救助额度和每年累计救助额度内享受垫付。

3）参加城镇大病医疗保险、新型农村合作医疗的医疗救助对象的个人缴费部分由区财政给予全额补助。

4）门诊医疗救助的救助比例为60%，每年累计救助额度为2000元；住院医疗救助的救助比例为60%，每年累计救助额度为3万元。在区内医疗救助定点医疗机构就医的，门诊医疗救助和住院医疗救助比例分别提高10%，每年累计救助额度不变。

例如，郑州市济困医院是一个公益、福利机构，对全市1.7万名对象在一些常见病、多发病和慢性病等方面实行超低价医疗服务，其资金来源于市财政补贴80%，医院自身承担20%。

（2）社区定期义诊。社区定期义诊是指医院与社区达成协议，定期轮流派医护人员或医疗救助志愿者深入社区，对救助对象进行上门服务的方式。

第五节 教育救助

一、教育救助的概念

教育救助是指国家和社会为了保障适龄人口具有平等接受教育的权利，对贫困地区和贫困学生从物质和资金上对其提供无偿的教育帮助。

教育是人类文明的产物，一个国家的教育水平是国家兴衰的标志。但是，由于教育是以一定的经济条件为基础的，贫困地区或贫困家庭的适龄人口往往会因为贫困而难以完成学业，甚至失去受教育的权利，这对他们来说无疑是不公平的。教育社会救助就是针对这种社会现象而产生并发展起来的社会救助的内容之一。

二、教育救助的背景

全球普遍认为，公共教育的普及对国家的整体发展有着举足轻重的作用。美国从南北战争到第一次世界大战的60年间快速成为世界头号的工业强国，其中，教育科技的力量非同小可。对于日本在第二次世界大战后奇迹般的飞速发展，公共教育的作用更是功不可没。在日本，教育机会平等的观念深入人心，对待贫困家庭的教育救助更是以国家法律形式固定下来，在加强义务教育普及的同时，采取各种鼓励高等教育的救助措施，不断增强国民素质。

在教育制度改革前，我国一直把教育作为一项公益性福利事业，基本上实行的是免费教育的政策。例如，初等教育免收学费，只收取少量杂费；大学本科教育学费、杂费均免交；研究生教育不仅学费、杂费免交，而且事实上是拿工资上学。这是由我国当时实行高度计划经济体制所决定的。但由于我国人口众多、地区经济发展不平衡、整体经济发展水平较低的现实国情，这一政策在普及义务教育的过程中必定受到资源制约。

同时，随着国家由计划经济体制向市场经济体制转变，长期以来，我国教育管理体制的僵化，以及缺乏竞争激励、应试教育制约创新、教育费用的大幅度提高等诸多弊端日益显现。教育产业化概念由此出现，其目的旨在改变我国当前教育，尤其是高等教育事业公益化的局面，借鉴世界各国公立、私立及其他社会力量办学的成功经验，按照市场机制配置教育资源，扩大教育供给能力，提高教育资源的使用效率。因此在这种情况下，在顾及教育产业效率提高的同时，也应该关注相对贫困地区和贫困学生的教育公平问题，这便是教育救助的使命。

我国在 1986 年通过了《中华人民共和国义务教育法》，并且在 1992 年 2 月补充颁布了《义务教育法实施细则》。它们规定了国家在义务教育中的义务和具体职责，包括免收学费，提供助学金，保障适龄儿童、少年的权利，帮助经济贫困地区、民族地区实施义务教育等。这种以法律形式对义务教育阶段的救助规定，有效地保证了国家和社会在实施义务教育过程中充分尽到自己的义务和职责。

三、教育救助的内容

1. 中小学教育

（1）助学金。这是许多国家针对贫困家庭学生实行教育社会救助的一种比较通用的措施。助学金往往是学校或国家定期发放的，一般以一个学年（学期、月）为时间单位。有些国家根据学生贫困程度和学习成绩提供不同等级的助学金。

（2）困难补助。这是许多国家提供给贫困家庭学生的一种常见的教育社会救助项目。它往往由学校或国家实行，大多是一种临时性、应急性措施，不定期地提供一定金额的补助。一些国家把困难补助按用途分为开学补助、交通费补助、伙食补助、教科书补助等。例如，1995 年巴西启动的“助学补助金计划”，就是政府向贫困儿童的母亲发放一定数额的现金补助，条件是她们得让孩子在学校保持就学，不得辍学。到 1998 年，巴西全国有 60 多个地方性的“助学补助金计划”，覆盖约 20 万个家庭。到 2006 年年末，该项目覆盖了全国 1120 万个家庭，政府总计补助金额达到近十亿美元。

1975 年德国政府颁布的《联邦子女补贴费用法》，以法律形式对儿童补贴做出规定：第一，每一个有义务抚养儿童的公民，不论其收入多少，都可以领取一定数量的儿童补贴；第二，每个儿童从出生之日起到年满 16 岁止，都可享受儿童补贴，如果儿童在年满 16 岁时还在上学或还在接受职业培训，可以进一步把儿童补贴延长到 27 岁止；第三，补贴标准主要根据每一家庭孩子的多少和家庭收入的多少来决定。孩子越多，每个孩子享受的补贴越多；低收入家庭可领取的补贴高于高收入的家庭。根据该法的规定，不管家庭收入多少，第一个孩子每月补贴 20 马克，第二个孩子补贴 100 马克；从第三个孩子起，每多生一个孩子多补贴 200 马克。20 世纪 60 年代以来，德国用于儿童补贴的费用大幅上升。1960 年仅为 10 亿马克，1980 年增加到 176 亿马克，1993 年高达 219 马克。30 年增加了 20 倍。

2. 高等教育

（1）奖学金。这是许多国家普遍采用的一种教育社会救助项目。它往往由学校或校外单位或国家发放，主要帮助经济困难但学习优秀的学生完成学业。但它的不足之处是享受奖学金要与学习成绩挂钩。因此，它在教育社会救助方面的作用是有限的。

（2）助学贷款。这是许多国家通常采用的一种教育社会救助项目。助学贷款是由金融机构为贫困大学生进行一定数额的贷款以帮助其支付学费来完成学业，国家一般给予一定的优惠政策，如国家承担贷款利息等。2000 年，美国有 64% 的大学生依靠贷款支付大学学费。美国克林顿政府于 2001 年 1 月公布巨额入学机会税额减免计划，筹款 300 亿美元帮助进入大学的贫困学生支付学费。助学贷款虽然历史不长，但越来越受到各国重视。

（3）勤工俭学（勤工助学）。很多国家的大学都为贫困大学生介绍或提供勤工俭学的工作岗位，其中主要是学生能在法律所允许的各种工作岗位上工作以获得一定的工资收入。

（4）补助金。给大学生提供教育补助金是各国政府或大学提供的一种教育社会救助项目。在许多国家，中央和地方政府拨出专款对贫困大学生进行困难补助。有些国家的高校也从自筹资金中拿出一部分来帮助贫困大学生完成学业。例如，我国青川县2011年8月规定：①因自然灾害、重大疾病或意外事故造成的孤儿、单亲、残疾家庭，以及家庭主要劳动力因伤病失去劳动能力等特殊困难家庭的大学生，每人给予一次性救助，大学本科新生每人救助8000元，大学专科新生每人救助4000元；在读大学本科生每人救助4000元，在读大学专科生每人救助3000元；②城镇低保特困家庭、农村低保特困家庭的大学生，每人给予一次性救助，本科生救助3000元，专科生救助2000元。

（5）学费减免。在许多国家，高等教育的收费往往是比较昂贵的，贫困学生很难承受，因此，通过学费减免大大减轻了学生的经济困难。但一些国家，学费减免是与学习成绩挂钩的，因此，部分贫困大学生得不到该救助。

近些年来，世界各国政府大学教育救助政策在发展中经历着重大调整：一是救助理念由国家利益至上向满足个人需要、高等教育机会均等转变；二是运作机制由以基于市场机制的商业银行管理为主、学校管理为辅向联邦教育部宏观直接管理、商业银行管理、学校管理并行的多元格局的调整；三是救助方式由以传统的助学金和贷款项目为主向“以税抵费”和“减免税收”政策为主、其他方式为辅的方向转变。

案例：美国辍学青年教育救助

自20世纪60年代约翰逊政府“向贫困开战”以来，美国社会和政府为辍学青年建立了一系列教育救助项目。

（1）职业团。1964年建立起来的职业团的主要服务对象是16～24岁、经济上处于不利境遇的青年。它的服务内容包括基础教育、职业技能培训、卫生保健、心理咨询、社交技能培训、就业安置服务、学生领导技能训练。

（2）里根政府时期的青年示范项目。美国劳工部于1985—1988年在全国范围内选取了13个青年教育救助组织参与青年示范项目。这些项目服务的对象为17～21岁经济上处于不利境遇的辍学青年，服务的内容包括基础教育、职业技能培训、与培训相关的支持性服务和就业安置服务。

（3）圣何塞就业培训中心。总部位于美国圣何塞市的就业培训中心是一家私人的、非营利性的职业培训机构，辍学青年是它的服务对象之一。自1963年成立以来，它已经帮助10万人成功实现了就业，摆脱了贫困。它的一贯特色包括强化培训的参与；雇主参与课程的设计、开发和授课；强大的组织能力、社会网络和就业安置能力。

第六节 住房救助

一、住房救助的概念

住房救助是指政府对中低收入家庭，特别是在住房方面困难比较严重的家庭，采取租金补贴或实物配租等方式来解决居民的住房问题，用以保障其居住权的具有社会救助性质的制度。住房救助的本质在于政府利用国家和社会的力量，承担在市场经济条件下部分家庭对住房支付能力不足的责任。

住房问题是绝大多数国家在经济发展、城市化进程过程中不可回避的一个现实问题。对于一个不断走向富裕、不断走向公正的社会而言，人人享有一定的住房是全民性的社会生存权利。住房社会救助不但具有现实的政治意义，而且具有很强的社会意义和经济意义。住房社会救助是维护人们基本生活的客观需要，是追求社会公平的必然要求，是维持社会稳定的重要因素。

二、建立住房救助制度的必要性及发展历史

住房保障需求的发展是与工业化、城市化的发展相联系的。在城镇化过程中，工业的社会化生产、人口的聚集性、土地的不可再生性等导致了住房的绝对短缺、市场价格上涨。但是住房是人类生存和发展的必备物质条件，由此便出现了城镇部分居民无力解决自己的住所问题，甚至因此导致了犯罪、疾病等社会问题。

世界各国，尤其是市场经济发达的国家历来就重视住房保障制度。英国是工业化最早的国家，因此也是住房救助制度产生最早的国家。19 世纪 80 年代，英国制定了《住房法》，采取新建政府公寓，而后以可承受的价格出租给贫困家庭的办法来缓和城市住房问题。新加坡在 1960 年面临着独立之后百废待兴的局面，成立了住房发展局，将“居者有其屋”作为基本国策，进行了大规模长时间的公房建设，到目前人均居住面积 15m^2 以上。新加坡的国民普遍认为：向低收入者低价出租或出售公房是让他们分享国家发展成果的“社会主义”举措。美国一直倡导市场自由竞争的主导权，政府对市场的干预很少，但由于 20 世纪 60 年代 150 多个城市发生骚乱的基本原因之一是住房问题，美国政府不得不成立联邦住房金融机构和联邦住房发展机构，采取低租金公房及低收入家庭住房补贴等措施。

中国的住房救助制度的发展是与我国城镇住房制度改革相联系的。计划经济时期，政企不分的管理体制等因素使得改革前城镇职工的住房问题主要由国家、单位来保障。1978 年以前，住房保障主要由中央财政负责（由房管局直接管理的住房称“直管公房”）；1979 年以后，地方财政、企事业单位也开始自筹资金建造公房（由企事业单位管理的住房称“自管公房”）。公房分配时的主要依据是家庭人口的数量，居民使用时也只是缴纳不到商品化租金 1/10 的象征性房租。可见，此时的住房制度具有福利分房的性质。在当时的背景下，这种住房制度为解决广大城镇居民的住房问题、维持社会的安定秩序做出了不可磨灭的贡献。

但是，随着中国由计划经济体制向市场经济体制的转变，这种国家供给的住房制度在新的大环境下面临着巨大挑战：计划经济体制下形成的住房非商品化阻碍了市场经济体制下要求的住房经营的社会化，制约了投入产出的良性循环，影响了国民经济其他相关产业的发展；在市场经济条件下，由于土地的不可再生性与工业化过程中城市人聚集，导致住房价格的上涨，而以前奉行的“低工资，广就业”的政策使得“房价与收入比”较高，从而加大了经济体制改革的难度

1994 年，我国正式开始了城镇住房制度改革，具体包括住房商品化、住宅产权明晰化、住房金融体制配套化和住房管理市场化等诸多措施。1994 年出台了《国务院关于进一步深化城镇住房制度改革，加快住房建设的通知》，要求建立经济适用住房制度和城镇廉租住房

供应体系，以形成高收入者的商品房、工薪阶层的经济适用房、低收入者的廉租住房这三大住房体系。经过试点，1999 年 4 月，建设部颁布了《城镇廉租住房管理办法》，2003 年国务院发布《国务院关于促进房地产市场持续健康发展的通知》、建设部会同有关部门分别印发了《城镇最低收入家庭廉租住房管理办法》《廉租住房租金管理办法》《城镇最低收入家庭廉租住房申请、审核及退出管理办法》等有关文件，到 2005 年《国务院办公厅转发建设部等部门关于做好稳定住房价格工作意见的通知》，都明确了城镇廉租住房制度建设的有关问题，城镇廉租住房制度从此在我国逐步推开。

2014 年 5 月实施的《社会救助暂行办法》规定，要完善住房救助制度。要根据当地经济社会发展水平、房地产市场状况及财力，制定并及时调整住房困难标准和救助标准，形成科学规范、可持续的住房救助长效机制。完善实施住房救助的具体措施，规范救助程序，确保符合条件的最低生活保障家庭、分散供养的特困人员全部纳入住房保障体系，优先安排解决。

三、住房救助的主要内容

（一）保障对象

住房救助的对象一般包括两大类：

（1）无力进入市场购房或租房的最低收入家庭。其范围的认定有两层含义：①居民家庭住房达不到社会最低生活标准的、有困难（无法满足其基本生活需求）的群体；②居民家庭依靠自己的力量无法自主解决目前住房弱势状况，未来的住房意愿也难以通过自身的发展或房屋市场的调整得以实现。总结起来，就是具有“双低”特征的家庭。

避免低收入户不致被迫将大部分收入用于住房而牺牲其他重要消费，是大部分国家介入低收入住房的共同原因。但要，科学地确定住房社会救助的范围，存在着两个划分标准问题，即住房困难家庭的住房保障面积划分标准和受助家庭的收入划分标准问题。

（2）特殊的住房救助对象。因突发事件，如遭遇自然或其他灾害而无家可归的居民提出的临时性房屋要求为特殊的住房救助。政府应提前预见可能造成难民的原因，预备这部分住房弱势人群的住房。例如，荷兰要求各地方政府每年为难民提供一定数量的住宅，所提供的住房主要是空置的租赁房；要求各住房协会依法与市政府就此进行合作。

我国廉租房的保障对象是城镇的最低收入家庭和住房困难家庭，即“双困户”。其中，最低收入线按各地方政府公布的城镇职工最低生活保障线测定，每年公布一次。

据 2004 年实施的《城镇最低收入家庭廉租住房管理办法》第七条规定：“城镇最低收入家庭廉租住房保障对象的条件和保障标准由市、县人民政府房地产行政主管部门会同财政、民政、国土资源、税务等有关部门拟定，报本级人民政府批准后公布执行”。

各地在具体的分配对象范围和认定标准方式上不尽相同，但一般都应具备以下条件：必须具有城镇常住居民户口的户籍；人均收入“不超过本市城镇居民最低生活保障标准”；现有住房条件不超过一定面积。例如，上海规定为拥有私有住房和承租公有住房的居住面积不超过人均 5 平方米的家庭。

（二）保障方式

世界各国政府为低收入者（或中低收入者）提供住房救助的形式主要有：

1. 向居民提供福利保障性的廉租住房

廉租住房是由国家出资建设规格适当、设备齐全，以低廉的可以被接受的方式向住房弱势群体成员或家庭提供的住房，保证其在住房方面达到社会最低生活标准。廉租住房是针对最低收入者的一种住房保障政策。特别是对那些由于某种原因，造成其家庭的住房基本需求不能通过自身的经济力量来满足的人，包括低收入者、鳏寡孤独者、贫困户及其他不能依靠自身力量获得需要的基本住房的人，由政府和社会提供廉租住房来解决他们的住房需求。例如，北京市目前为困难家庭的配租面积达到人均住房使用面积 10 平方米。这种方式主要是针对孤老、重残、重点优抚对象及其家属等特殊住房困难户。房屋来源主要有通过收购、租赁等手段得来的符合廉租住房标准的二手房、拆迁房、个别商品房尾房或政府出资新建的普通住房。

廉租住房的政策框架是在第二次世界大战后欧美各国在构建社会住房保障制度中逐步形成的。面对战后欧洲大陆脆弱的经济和社会局面，建立社会保障体系以安定民生是西欧各国政府的基本政策目标之一。而在解决住房问题上，利用政府权力大量修建公房来满足社会需求，成为一项被普遍接受的政策选择。

例如，1919 年英国出台《住宅法》确定了以公营住宅为核心的住宅政策，即由政府建造公房，然后低租金租给居民居住。至 1939 年，地方政府建造了 100 万套出租住宅，约占住宅存量的 10%。第二次世界大战后，英国出现严重的住房短缺，住宅问题成为两党争论的政策焦点。20 世纪 40 年代至 50 年代，劳工党执政时，把住宅建设的数量及公房出租作为主要的政策目标，地方政府投资兴建的住房占新增住宅总量的 80%。20 世纪 50 年代至 60 年代，保守党执政时期，政府投资兴建公共住宅每年达 30 万套，并鼓励个人买房和建房，地方政府主要解决贫民窟问题。

2. 出售低于市场价格的经济适用房

经济适用房是国家为满足中低收入者的住房需求而提供的一种房屋，由政府或委托单位组织建造和供应，政府提供一定的划拨土地和减免税费等优惠政策，减免工程中的部分费用，使其成本略低于普通商品房，最终主要由购房者来承担住房费用但房价明显低于商品住房的一种住房。经济适用房是具有社会保障性质的商品住宅，介于完全市场化的普通商品住房和保障性的廉租住房之间，具有经济性和适用性的特点。经济性是指住宅价格相对于市场价格比较适中，能够适应中低收入家庭的承受能力；适用性是指在住房设计及其建筑标准上强调住房的使用效果，而非建筑标准。

3. 发放住房现金补贴和租金减免

住房补贴是政府向低收入家庭直接发放的帮助其购买或租住房屋的现金。这不是住房社会救助的最主要的形式，但作为直接给消费者的补贴，即“补贴人头”的一种形式，在住房社会救助中也起到了不可忽视的作用。例如，1945—1976 年，原联邦德国向低收入家庭提供补贴，将所建公房以成本租金出租给低收入困难户，而瑞典、法国还依靠非营利公司或住房合作社来建房，对低收入家庭政府提供免税、关税或现金补贴。从 20 世纪 90 年代开始，荷兰逐步终止了针对全社会的普遍的住房补贴政策，而代之以定向补贴，即“补人头”。在美国，各地政府除通过建设低价房为低收入者提供住房保障外，还广泛采用发放住房补贴、提供信用担保和贷款援助、提供特别资助等配套措施为低收入者解决住房困难。

20 世纪 80 年代，法国进行住房改革，把政府补贴重点从“砖头”转向“人头”。从低租金住房建设补贴转为低收入家庭住房补贴，凡是收入水平低于政府标准的都可以获得住房补贴。按人口多少规定住房面积标准，单身居民也有住房标准，同时规定住房租金标准的限额。2001年，法国住房补贴支出约800亿法郎，在这约800亿法郎支出中，中央政府占34%，社会保障基金占39%，雇主协会占27%。目前，法国对出租房建设仍提供补贴，但比以前大为减少。补贴额相当于建造成本的12%，如果租户是特别困难的低收入家庭，这一比例还可以提高到20%。法国政府通过综合运用补贴、税收、金融、保险、担保等多种政策工具鼓励中高收入家庭买房，帮助低收入家庭租房，比较好地解决了各种不同收入群体的住房问题。

目前，我国廉租住房政策一般有房屋配租、租金补贴和租金减免三种方式，其中以发放租金补贴为主，房屋配租和租金减免为辅。

（三）资金来源

稳定住房救助制度的资金来源，是住房救助成功的关键。长期以来，美国采用的是地方当局与联邦政府共同协调合作筹措资金的方式，或者由财政直接提供资金作为房租补贴或住房建设资金，或者采用税收减免措施鼓励房屋所有者向低收入者出租住房。

根据我国《城镇最低收入家庭廉租住房管理办法》规定，城镇最低收入家庭廉租住房资金的来源，实行财政预算安排为主、多种渠道筹措的原则，主要包括：市、县财政预算安排的资金；住房公积金增值收益中按规定提取的城市廉租住房补充资金；社会捐赠的资金；其他渠道筹集的资金。城镇最低收入家庭廉租住房资金实行财政专户管理，专项用于租赁住房补贴的发放、廉租住房的购建、维修和物业管理等，不得挪作他用。

实物配租的廉租住房来源主要包括：政府出资收购的住房；社会捐赠的住房；腾空的公有住房；政府出资建设的廉租住房；其他渠道筹集的住房。实物配租的廉租住房来源应当以收购现有旧住房为主，限制集中兴建廉租住房。实物配租应面向孤、老、病、残等特殊困难家庭及其他急需救助的家庭。

政府新建的廉租住房建设用地实行行政划拨方式供应；各级地方人民政府应当在行政事业性收费等方面给予政策优惠；对地方人民政府房地产行政主管部门购买旧住房作为廉租住房，以及实物配租的廉租住房租金收入按照规定给予税收优惠。

第七节 就业救助

一、就业救助的概念

就业救助是政府采取措施，对就业困难人员实行优先扶持和重点帮助的一项社会政策。

根据2007年8月30日颁布的《中华人民共和国就业促进法》的观点，就业救助是指各级人民政府采取税费减免、贷款贴息、社会保险补贴、岗位补贴等办法，通过公益性岗位安置等途径，对就业困难人员实行优先扶持和重点帮助。

社会救助制度自建立与发展以来，一直面临着如何减少和解决贫困人口在生存权利与生活自立之间的冲突与矛盾。随着社会的发展，社会救助制度的目的越来越超越个人生存范围，而趋向于向受助人提供就业机会和有效就业条件，以促进其自救、自立。特别是20世纪90年代以来，国际上社会救助体系改革的明显趋势便是引入和推进就业救助，变单纯性生活救济为帮助和支持劳动就业的就业救助。

在我国现行的社会救助制度体系中，因就业激励和援助制度不发达，有劳动能力者依靠生活救助的现象突出。面向有劳动能力的贫困人群建立就业救助制度，建立生存保障与就业激励有效衔接机制，为其劳动就业给予必要的手段、机会和能力性援助，应是我国社会救助制度优化的基本取向。

二、就业救助的对象

理论上看，就业救助的对象应该按统筹城乡的要求来界定，将因身体状况、技能水平、家庭困难、失去土地及长期失业等造成就业困难的城乡有劳动能力和就业愿望的所有人员纳入制度范围。

在实际操作中，我国各地相关规定是：政策法定劳动年龄内，有劳动能力和就业愿望，具有本市城镇户籍并申请登记的下列人员应认定为就业困难人员，具体包括：

（1）女性满40周岁以上、男性满50周岁以上的失业人员。

（2）零就业家庭失业人员。

（3）残疾失业人员。

（4）享受城镇居民最低生活保障失业人员。

（5）连续失业1年以上就业转失业人员。

（6）因失地等原因难以实现就业的人员。

（7）单亲抚养未成年人失业人员。

（8）烈属失业人员。

（9）军人配偶失业人员。

三、就业救助的主要措施

目前，世界各国社会救助体系改革纷纷引入“工作救助”，其主要制度取向和制度措施的思路不仅采取市场的办法（运用市场机制），更采取行政的手段，通过法律、政策、资金安排等措施，建立常态化、普惠制、长效性的就业救助制度。具体做法是：

（1）通过立法来确保就业困难者就业的合法权益。例如，德国法律规定各机关、企业，按在册职工的一定比例（5%的比例）吸收残疾人就业，不按比例吸收残疾人的，要缴纳残疾人就业保障金。日本政府规定，企事业单位和政府机关雇用残疾人的比例应分别占其雇用总人数的1.5%和1.9%；西班牙、荷兰规定该比例为2%。同时德国还规定，企业解雇残疾职工，必须经过政府劳资部门批准。企业经批准解雇残疾职工后，还需要偿还政府给企业的各种补贴。由于这种政策具有一定的强制性，因而也保证了一定数量的残疾人获得稳定的就业。

（2）倡导通过就业获得救助资格。在美国，“谁有劳动能力，谁就有义务工作”。1996年，克林顿总统签署了国会通过的《个人责任与工作机会协调法案》，结束了长达60多年的对贫困家庭无限期的收入援助保障，规定有劳动能力的穷人在享受两年福利救助之后必须就业。从1997年开始，有30多个州甚至取消了救助，而鼓励有劳动能力的穷人用劳动争取福利。在德国，对于社会救助的申领者，除非由于健康、年龄等原因外，都被要求寻找工作和接受就业机会；有劳动能力者若拒绝承担工作责任，救助金至少会被削减25%。在丹麦，有劳动能力者未工作就不能接受公共津贴，第一次拒绝参加工作会减少救助金20%，多次拒绝会导致丧失救助资格。挪威、瑞典等其他北欧福利国家，也先后实施了类似的受益准入制度。

（3）加大劳动就业激励，增加工作回报。为了达到让有劳动能力的穷人外出工作这一目的，美国实施了“劳动所得税收抵免”，为低收入工作家庭提供额外救助；并规定受助者参加工作后，仍然给予6个月的救助期限，直至收入高于贫困线50%以上才停止救助；参加工作的受助者，工作收入的50%可以豁免计算家庭收入等。新西兰则针对有工作的低收入家庭实施“独立家庭税收抵免”政策，提高受益者征税起点，增加受益家庭收入。爱尔兰的“重返工作岗位津贴”计划允许人们在工作收入之外还保留部分救济金；2000年，还将因重新就业或参加培训而撤销救济金的期限从三年延长到四年。法国政府规定，社会救助对象再就业时获得的是最低工资，则可以继续领取100%的救助金6个月，然后再领取50%的救助金9个月。英国政府发放社会津贴的目标对象是有工作收入的低收入者，即实行自救性生活补助。这一切使通过工作获得的收入比依赖救济福利生存更具吸引力。

（4）以提供教育和技能培训机会为重点，改变受助者本身的就业条件。例如，香港为帮助失业者提高再就业的技能水平，于1992年推行雇员再培训计划，并且成立了再培训局，由劳、资、政三方代表共同组成。该局通过培训机构网络提供培训，所举办的认可课程获得再培训基金资助。政府先后出资6亿多港元。雇员再培训计划的参与对象为30岁及以上的香港人。后来，范围逐步放宽至家庭妇女、老年人、伤残人及新移民。再培训课程包括专业课程、技术课程、基础技术及技术提升课程。再培训局鼓励雇员参与课程设计及筹办工作。除了技术提升课程外，所有再培训课程都是免费的，参与全日制课程的学员政府给予一定的补贴。截至1996年，接受再培训的工人总数达15.5万人。

（5）实施公共就业保护政策和扶持措施，力促就业。在美国，从1997年开始，州政府和当地社区首先为那些享受“贫困家庭临时救助”的家庭设计福利就业方案，几乎所有的州都设有专门机构为救助对象提供就业，由联邦政府提供一定的资金帮助，创造额外工作机会。例如，政府作为劳动力市场的购买方，进入劳动力市场直接雇用受助劳动力；政府不惜耗费巨资实施公共工程和公共就业计划。同时，制定最低工资立法和收入政策，加强对劳动力市场运行的管理。各州还建立了发达而健全的就业服务体系，为受助者做技能评估，协助个人制订发展计划；设立小企业开发中心，为受助者提供小企业经营培训，甚至以低价租赁为小企业开办者提供共同的场地、设备和工具，给予技术支持、信息服务和经营指导等。经济合作与发展组织国家不仅根据劳动力市场需求实施职业培训，提高劳动者技能，以增加受助人在私营部门的就业机会，而且有选择地通过税收政策、补贴政策及兴办公共工程，创造新的就业机会，有效促使有劳动能力的穷人达到就业和经济上的独立。

（6）广开经费来源，设立就业救助基金。例如，香港就业救助制度经费来源：①政府拨款，如2000年香港政府对雇员再培训就投入了6.82亿港元。②政府批准的可雇用外地劳动者的雇主的征款。③企事业团体或私人捐款。香港每年都要举办各种各样的募捐活动，筹集款项，筹款形式主要有义演、义卖、个人捐款、机构捐款、电话热线捐款、上街募捐等，慈善机构、演艺界、新闻媒介、热心的知名人士和大公司及数十万市民积极参与。④政府注入的就业救助基金放入银行获得的利息。⑤社会辅助再就业机构向就业者收取的费用。

（7）设立特困群体就业救助。例如，英国从1998年起实施了一项为期5年的促进特困群体就业的综合性计划，称为“新协议”再就业计划。该计划总投资35亿英镑，由英国教育和就业部下属的就业服务中心负责实施。该计划的服务对象是：失业6个月以上的18~24岁求职者、失业2~3年以上的25岁以上求职者、失业6个月以上的50岁以上求职者、单亲父母失业者、残疾失业者、退役人员、刑满释放人员和无家可归等特困失业者。具体实施措施包括：为服务对象配备就业服务顾问；为其确立为期4个月的强化就业服务措施，其中包括为其举办短期面试技巧培训班，帮其恢复就业自信心；为其提供个人前途发展咨询或提供学习新技能的特殊培训机会；为其提供补贴性就业项目、志愿工作队项目、环保工作队项目、全日制培训项目、自创小企业项目和提供跟踪服务等。

目前，我国各地政府组织实施的就业救助的主要举措包括：

1）再就业救助制度。依托街道（乡镇）社会保障事务所，以“4050”、零就业家庭、特困失业人员、低保家庭及有就业能力和就业愿望的刑释解教人员等为对象，通过充分发挥各类就业服务机构的作用，对自愿申请登记的援助对象分类登记，建立工作台账，实施“一对一”就业服务帮扶，全方位、多层次、经常性地提供基本生活保障、岗位推荐、职业指导、职业技能培训、政策咨询、就业优惠政策办理、就业托底安置及其他劳动和社会保障事务代理等各项援助措施，帮助就业困难人员尽快实现再就业。

2）再就业救助主要项目：①开展日常援助活动。每月至少组织一次政策培训或职业指导；向就业困难人员及时推荐就业岗位；对有培训要求的就业困难人员提供一次免费技能培训。②实施重点援助项目。在日常援助活动的基础上，根据就业困难人员的实际情况，设计并实施针对个人就业难点的援助方案，在一定时期内循序渐进地向就业困难人员提供“一对一“职业指导、求职技巧和短期职业经历训练、岗位推荐、职业培训等多层次服务，帮助就业困难人员逐步提高就业能力。③进行就业“托底”安置。凡经过3个月的日常和重点援助，可根据本人意愿安排进入社区公益性就业组织进行“托底”安置。

四、就业救助管理体制

就业救助管理体制可以分为两类：一类是直接管理，即与法律关系密切的心理疏导、免费就业服务和综合社会保障援助这几项工作由政府直接管理的机构承担。例如，香港政府负责就业的劳动机构劳动局就业服务处为求职者和雇主提供多元化的免费就业及招聘服务。另一类是间接管理，即大量为求职者服务的工作是通过非政府的福利机构（即民间福利机构）管理的，是由众多服务单位承担的。间接管理模式充分体现了就业救助制度社会化的客观要求。

从发达国家经验看，就业救助的政府责任还应加强，政府的角色就是作为间接提供者为社会机构提供资金或为服务对象提供补贴，而后由独立的社会机构提供服务。例如，美国和英国在失业和大萧条时期利用公共事业项目增加就业。政府用于就业救助的资金不因为角色的转变而减少，但是在使用方式上有所变化，不再像过去那样把钱用于铺摊子建机构，而用来建立新的资助和补贴制度。同时，政府必须加强发展规划方面的职能，及时发布规划目标，给社会各界提供指导，政府还必须建立就业救助服务行业标准，如设施、人员、服务质量控制等，为服务机构提供准绳。最后，政府必须代表就业者及公众对就业救助服务机构进行监督，保障就业者及其家属的合法权益。

例如，北京市相关政策规定，各级人民政府设立的公共就业服务机构应当建立和完善就业救助工作制度，制定就业救助计划，配备专门人员，采取多种方式宣传就业救助法律、法规、政策，免费为就业困难人员提供就业咨询、职业指导、职业培训、创业培训、职业技能鉴定、职业介绍、档案管理等专业化的就业救助服务，扶持和帮助就业困难人员实现就业。街道、乡镇公共就业服务机构应当对辖区内的就业困难人员进行登记，建立专门台账，实行就业困难人员认定、退出动态管理制度和援助责任制度，为就业困难人员提供及时、有效的就业救助服务。

第八节　临时救助

一、临时救助制度的概念

临时救助制度是政府和社会力量对遭遇突发事件、意外伤害、重大疾病或其他特殊原因导致生活陷入困境，其他社会救助制度暂时无法覆盖或救助之后基本生活暂时仍有严重困难的家庭或个人给予应急性、过渡性救助安排。

为什么要建立临时救助制度？从公共管理理论看来，政府角色理论就是要关注政府在社会保障应该做什么和不应该做什么。政府是社会保障宏观活动的调控者，以社会公平和长远福祉为社会目标。随着经济、社会、法治的发展，无论是国家还是社会，都越来越重视对人权的尊重，以及对弱势群体的保护。根据《救济、社会、文化权利国际公约》，社会保障权利包括在没有歧视的情况下获得和保留现金或实物福利的权利。中国和西方国家一样，救助主体均为国家和地方政府，救助资金为国家财政负担，救助方式也通常是支付现金。

临时救助制度的建立与完善，除了要与社会经济发展相适应外，还受到人权观念发展的影响。我国《宪法》明确规定：国家尊重和保障人权。一个国家的文明程度，取决于其对待弱势群体的态度。社会救助的对象，从一定程度上来说，属于一个国家的弱势群体。这样少数群体的生存问题不仅关系到部分人，与国家的稳定及社会秩序的健康发展也至关重要。在我国社会救助体系中，一些遭遇突发性、紧迫性、临时性生活困难的群众救助问题仍缺乏相应的制度安排，迫切需要全面建立临时救助制度，发挥救急难功能，使城乡困难群众基本生活都能得到有效保障，兜住底线，提升社会救助综合效益，确保社会救助安全网网底不破，这对于全面深化改革、促进社会公平正义、全面建成小康社会具有重要意义。为此，我国正在大力推进建立和完善临时救助制度，主要由政府财政预算安排临时救助资金。

二、临时救助的对象范围

临时救助的对象范围一般包括：

（1）家庭对象。因火灾、交通事故等意外事件，家庭成员突发重大疾病等原因，导致基本生活暂时出现严重困难的家庭；因生活必需支出突然增加超出家庭承受能力，导致基本生活暂时出现严重困难的最低生活保障家庭；遭遇其他特殊困难的家庭。

（2）个人对象。因遭遇火灾、交通事故、突发重大疾病或其他特殊困难，暂时无法得到家庭支持，导致基本生活陷入困境的个人。其中，符合生活无着落的流浪、乞讨人员救助条件的，由县级人民政府按有关规定提供临时食宿、急病救治、协助返回等救助。

（3）因自然灾害、事故灾难、公共卫生、社会安全等突发公共事件，需要开展紧急转移安置和基本生活救助，以及属于疾病应急救助范围的，按照有关规定执行。

例如，天津市相关政策规定，临时救助对象包括：

1）人均收入在城乡最低生活保障标准2.5倍以下的家庭。

2）因遭遇意外事件、突发大病、生活必需支出突然增加等各种特殊原因导致支出超过上年家庭总收入2倍的家庭。

3）区、县民政部门认定的其他特殊困难家庭。

（4）因意外事件、突发大病或其他特殊困难，暂时无法得到家庭支持，导致基本生活陷入困境的个人。符合生活无着的流浪、乞讨人员救助条件的，由区县民政部门按照有关规定提供临时食宿、急病救治、协助返回等救助。

（5）因自然灾害、重大事故、公共卫生、社会安全等突发公共事件，需要开展紧急转移安置和基本生活救助，以及属于疾病应急救助范围的家庭和个人，按照有关规定执行。

三、临时救助方式

对符合条件的救助对象，可采取以下救助方式：

（1）发放临时救助金。一般而言，临时救助金的发放应该全面推行社会化发放，按照财政国库管理制度将临时救助金直接支付到救助对象个人账户，确保救助金足额、及时发放到位。必要时，可直接发放现金。

（2）发放实物。根据临时救助标准和救助对象基本生活需要，临时救助可采取发放衣物、食品、饮用水，以及提供临时住所等方式。除紧急情况外，对于采取实物发放形式的，要严格按照政府采购制度的有关规定执行。

（3）提供转介服务。对给予临时救助金、实物救助后，仍不能解决临时救助对象困难的，可分情况提供转介服务。对符合最低生活保障或医疗、教育、住房、就业等专项救助条件的，要协助其申请；对需要公益慈善组织、社会工作服务机构等通过慈善项目、发动社会募捐、提供专业服务、志愿服务等形式给予帮扶的，要及时转介。

四、临时救助的范围及标准

临时救助的范围与标准受社会发展和经济增长、政府职能扩展、救助对象困难类型、困难程度，以及统筹考虑其他社会救助制度保障水平等多种因素的影响，其标准设计要与当地经济社会发展水平相适应。

例如，2014年年底出台的天津市临时救助事项及标准是：

（1）因火灾造成人身伤亡或重大财产损失，因溺水、触电、交通事故、食物中毒及被歹徒袭击等意外伤害造成人身伤亡且无法维持当前生活的家庭，一次性给予不超过1.5万元临时救助金。

（2）因抢劫、盗窃造成重大财产损失且无法维持当前生活的家庭，在核查公安部门出具的有关证明后，一次性给予不超过1万元临时救助金。

（3）因突发重大疾病无钱救治的家庭，按以下标准一次性给予临时救助金：对患病后无钱救治的困难群众，救助额不超过5000元；对无能力继续支付住院期间医疗费且存在生命危险的困难群众，救助额不超过1万元。

（4）因刑释解教、社区矫正、戒毒及需要照顾家庭中的重病重残人员而无法就业的人员，一次性给予城乡最低生活保障标准3倍的临时救助金。

（5）因其他特殊原因导致生活陷入困境的家庭，一次性给予不超过1万元临时救助金。

遇有特殊困难情况可通过市社会救助联席会议研究超过封顶线实施救助。各区、县人民政府根据救助对象类型、困难程度等因素合理确定具体救助标准并适时调整。

复习思考题

1. 为什么社会救助在中国现阶段的地位尤为突出？
2. 中国传统的社会救济制度与现行的社会救助制度有什么不同？
3. 简述我国最低生活保障的主要内容。
4. 城市居民最低生活保障制度在实践中面临哪些挑战？其发展趋势如何？
5. 廉租住房制度中的租金补贴、实物配租、租金减免三种救助形式各自有什么利弊？各自适合的对象有哪些？
6. 教育救助的内容是什么？
7. 为什么中国要建立就业救助制度？
8. 为什么中国要建立临时救助制度？其工作思路是什么？

第十二章

社会福利

本章概要

社会福利制度是社会保障体系的重要组成部分，是社会保障的最高层次。本章主要介绍了社会福利的现状，并分节对其主要内容展开阐述。最后，简单介绍了其他国家的社会福利制度。

第一节 社会福利概述

一、社会福利的含义

社会福利是一个内涵十分丰富、外延又非常广泛的概念，各国根据本国的实际，有不同的理解。第二次世界大战以来，英国建立了“从摇篮到坟墓”的庞大的社会福利体系，美国建立了“社会安全”制度。在这里，“福利”可以说是社会保障的同义词，包含全部公共服务、教育、卫生设施、社会救济及社会保险在内，范围较广。而有的时候，福利和社会保险被相提并论，这就意味着福利不包括社会保险，而是指社会保险以外的一种社会措施。但是，不论是何种意义或范围的福利，只要是福利，其基本点就是免费或减费提供某种生活用品或劳务，给人以实惠，给人以方便，使人们生活得到改善。

现代意义上的社会福利制度已有120多年历史。目前，世界上近200个国家和地区建立了各种各样的社会福利制度。尽管各国的制度和做法各异，但都是依据各自的经济社会发展条件、社会政治制度、历史文化背景等来选择和调整社会福利的模式和政策架构。

一般来说，社会福利有广义和狭义之分：

广义的社会福利是指提高广大社会成员生活水平的各种政策和社会服务，旨在解决广大社会成员在各个方面的福利待遇问题。

狭义的社会福利是在公共资金的支持下向社会成员无偿或低偿提供物质产品和服务的制度和过程，包括对生活能力较弱的儿童、老人、母子家庭、残疾人、慢性精神病人等的社会照顾和社会服务。社会福利所包括的内容十分广泛，不仅包括生活、教育、医疗方面的福利待遇，而且包括交通、文娱、体育、欣赏等方面的待遇。社会福利是一种服务政策和服务措施，其目的在于提高广大社会成员的物质和精神生活水平，使之得到更多的享受。同时，社会福利也是一种职责，具有在社会保障的基础上保护和延续人类生命力的社会功能。

我国是从狭义的角度来理解社会福利的，并将其定义为：国家、集体和社会为保障全体公民的基本生活、提高人们的物质文化生活水平而提供的福利物质帮助、福利设施和社会服务。

我们可以从以下四点来理解社会福利：

(1) 它是由国家、集体、社会共同兴办的事业。

(2) 其目的是为了保障公民的基本生活，并尽可能地提高人们的生活质量。

(3) 社会福利项目由公共资金提供支持，具有无偿或低偿性质。

(4) 它是为社会成员提供物质产品和服务的过程。

需要特别指出的一点是，作为社会福利，不仅仅是要保障人们的基本生活，更重要的在于不断满足人们日益增长的物质文化生活需要，提高人们的生活质量。这一点是社会福利与社会保险和社会救济最大的不同。

由此可见，我国的社会福利，既不同于西欧一些福利国家“从摇篮到坟墓”全部由国家包揽的模式，也有别于美国、日本等国家把社会福利作为一项具体的政策措施的做法，而是有着自己的含义和特征。这是由我国制度和经济发展水平所决定的。

二、社会福利的性质与特征

首先，社会福利性分配不同于市场交换形成的财富分配。其次，社会福利性分配也不同于暴力与权力的社会分配方式。因此，只有从社会道德慈善角度才能认识和把握社会福利的性质，揭示社会福利分配与其他社会分配方式之间存在的根本区别。单向给予的社会福利分配是人类社会分配中特殊而又重要的一种分配方式，这种分配的广度、深度与目标将随着社会的发展而发展。

社会福利的性质具体体现在其特征上，社会福利具有以下特征：

(1) 社会福利的目标是提高人民生活质量，是社会保障的最高层次。社会福利是国家和社会为保障社会全体成员的基本生活而提供的福利性物质帮助、福利设施和社会服务。我国的社会福利事业是面向全体社会成员的，只要是中华人民共和国的公民，都有权利享受这种社会福利。

(2) 社会福利资金的来源是单向性的，享受社会福利的权利与义务是不对等的。也就是说不要求个人预先缴费，费用是由国家和社会来负担的。尽管近几年不断拓宽了社会福利资金的来源渠道，但在总体上是单向的，这与社会保险是有区别的。

(3) 社会福利的标准具有不确定性。社会福利水平的高低没有硬性规定，不具有法律强制性。没有哪个单位或部门规定社会福利必须达到什么标准或水平，它根据社会经济发展水平进行调整。一般来说，经济发展水平高，社会福利水平也较高，如发达国家的社会福利水平要远高于发展中国家。一个地区如此，一个企业也一样。作为企业举办的职工福利来说，由于企业经济效益的不同，不同单位之间的职工福利也有一定差距。当然，这种差距要适当，基本的部分要给予保证。

(4) 享受社会福利权利的一致性，享受对象具有普遍性的特点。从这个意义上说，社会福利是典型的“大锅饭”，带有较大的机会均等特征。这一特征，既有别于社会保险的主要对象是就业人员，也有别于社会救济的主要对象是贫困户。当然，社会福利的享受，虽然权利均等，但并不意味着绝对平均，而是根据需要和可能来分享社会福利。

（5）社会福利具有待遇标准的一致性。社会福利追求社会公平，在资源分配上与按劳分配有明显区别，它不像社会救助那样，越贫困就可申请越多的救助，也不像社会保险那样，履行义务越多获得的回报越多，而是对于所有同类对象给予一致性的享受标准，即无论“贫富贵贱”，都是一个待遇标准。显然，一致性的标准对不同的社会成员的满足感是不一样的，对于迫切需要的社会成员来说，社会福利无疑能产生更大的正面效应。当然，对于我国这样一个幅员辽阔、情况复杂的国家，地区之间、城乡之间社会经济发展不平衡的特点更为突出。要实现全社会福利标准的一致性，目前只是一种理想，最多也只能在局部实现。

总之，我国社会福利事业的特征是由我国的社会制度、经济发展水平和历史文化传统形成的，是我国国情所决定的。

三、我国社会福利的原则和意义

社会福利不以商业交换为原则，更多的是按照人们的实际需要来进行配置。由此，国际上，设计与建立社会福利一般遵循的原则是：坚持公平与效率相结合，以公平为首要的原则；坚持社会福利水平与经济发展水平和各方面的承受能力相适应，实现社会福利可持续发展的原则；坚持就业优先的原则；坚持政府与社会相结合，以政府为主导的原则。

我国社会福利制度的基本原则是：符合社会主义经济制度和生产目的的基本要求，尽可能为公民提供更好的物质福利的原则；符合社会主义初级阶段实际情况，量力而行的原则；处理好社会福利和社会保障其他方式的关系的原则；贯彻公平、平等的原则；贯彻社会福利事业社会化的原则；贯彻特殊情况特殊对待的原则。

社会福利是国家对国民收入进行再分配的一种形式。社会福利可以在社会成员或群体成员中进行平均分配，也可以向有特殊需要的人进行定向分配。从另一个角度看，也可以将社会福利理解为国家有意识地运用政治权力和组织管理的力量，在某些领域，主要是分配领域，缓减市场机制作用带来的矛盾，矫正市场机制在分配方式上的缺陷，从而为一部分特殊的社会成员提供物质生活帮助。社会福利政策是市场经济国家干预市场的一种形式。

国家设置社会福利具有以下意义：

（1）设置社会福利有利于实现社会劳动力再生产的顺利进行。随着生产社会化和社会生产力的不断发展，社会将要为劳动者承担越来越多的责任。原来一些属于家庭的职能也转由社会承担，由社会为劳动者提供劳动力再生产的必要条件，如儿童保健、教育条件、职业介绍和培训、科学文化事业等。国家举办社会福利事业，为劳动者提供生产必需的设施和服务，有利于实现社会劳动力再生产的顺利进行，从而为社会培养出众多高质量的劳动力，适应现代化大生产的需要。

（2）设置社会福利有利于提高和改善人民的物质文化生活，实现社会安定团结。劳动者通过劳动创造的财富，国家除运用其中的一部分维持国家的必要运行以外，还需将其积累的部分用于全体社会成员。通过设置社会福利，由国家发展社会公共福利设施和提供福利性补贴，使社会成员共同受益，以不断提高和改善人民的物质文化生活，实现社会的安定团结。

（3）社会福利制度可以保证在一定的社会福利领域范围内向所有公民提供其所得到的

最好服务，而不管他们的社会地位和收入水平如何。

(4) 社会福利制度可以保护妇女、老年人、残疾人和儿童的基本权利。

四、社会福利的框架与类型

1. 社会福利的类型

社会福利的含义相当广泛，因此，从不同的角度看，社会福利可有不同的分类。

(1) 从社会福利的供体或主管部门划分，包括：

1) 企事业单位提供的职工集体福利。

2) 民政部门主管的特殊福利。

3) 街道、居委会举办的社区福利服务。

(2) 从社会福利采取的给付形式划分，包括：

1) 以货币形式给付的社会福利。

2) 以实物形式给付的社会福利。

3) 以社会服务形式提供的社会福利服务。例如，对失业人员实行的免费就业咨询、教育与职业训练项目，对青少年实行的义务教育，以及对残疾儿童实行的教育等。

4) 以假期形式给付的社会福利，如探亲假期。

(3) 从享受福利待遇的不同对象进行划分，包括：

1) 儿童福利，泛指劳动年龄或学校毕业年龄以前的人员福利，包括妇幼保健、优生咨询、义务教育及儿童的各种补助等。

2) 老人福利，对象为属于老龄和长寿年龄的老人，而不管其是否享有退休金，包括敬老院和托老所、老人俱乐部服务等。

3) 残疾人福利，包括向残疾人提供就业训练、福利生产及康复服务和学校教育等。

4) 妇女福利，泛指专门面向妇女保护的福利待遇，如产假等。

5) 劳动者福利，泛指为在业和失业者提供的社会福利服务，如探亲补助、交通费补贴及企业举办的各种集体福利事业等。

6) 家庭福利，是指有关机构向家庭关系不和或有纠纷的家庭提供的咨询、帮助，以及帮助家庭中儿童健康成长等项目。

(4) 从为不同的服务对象提供不同的福利设施划分，包括：

1) 以老年人为服务对象的养老院、敬老院。

2) 以儿童为服务对象的儿童福利院等。

3) 以残疾人为服务对象的精神病院等。

(5) 从社会福利的层次上划分，包括：

1) 国家福利，是指在全国范围内以全体社会成员为对象而举办的福利事业，是福利的最高层次。

2) 社区福利，是指在一定地域以该地区的居民为对象的福利业。

3) 职工福利，是指在企业、事业和机关单位范围内以职工为对象而举办的福利事业，也可叫作集体福利或单位福利。

(6) 从福利服务内容上划分，包括：医疗卫生、文教、住宅、犯罪矫正、感化心理、便民、地方、职工等多种服务。

2. 我国社会福利的整体架构

我国发展型社会福利体系架构主要包括教育保障、就业保障、基本生活保障、养老保障、健康保障、住房保障和其他保障七个组成部分，三十四个项目和几十个子项目。新体系由“保障救助”向更积极的“以人为本，关注与推进人的全面发展”方向转变，具有系统性、均衡性和创新性，其特点是：

(1) 发展型社会福利体系具有最广的项目覆盖，不但包括了现有社会保障的全部内容，如养老保障、医疗保障、失业保险、工伤保险等，还包括了教育保障、住房保障、就业援助、特殊人群保障等与民生相关的内容。

(2) 发展型社会福利体系是全面的覆盖，覆盖了城乡所有人群。最为典型的是养老保障，除已建立的城镇职工养老保险、事业单位养老保险和机关公务员养老保险外，还将建立农民工养老保险、农村养老保险和老年补贴。

(3) 发展型社会福利体系具有多种形式、低起点和逐步过渡的特点。例如，教育保障重点从适龄人口的基础教育做起，在已有九年义务教育的基础上，进一步推进学前一年幼儿免费教育，也推进初中毕业生就业前一年义务职业教育，最终达到提供平等受教育的机会。再如，住房保障通过住房公积金、经济适用房、廉租房和稳定房价等体系和制度的建设，来分别满足低收入困难群体、常年在城市务工群体和中等收入群体的住房需求。

五、社会福利的内容

(1) 由国家或社会团体举办的以全体人民为对象的社会公共福利事业。社会公共福利事业一般为群众提供免费或低费的服务。在免费提供服务时，这些设施的维持和发展费用全部由国家负担。在以优惠价格提供服务时，由消费者负担一部分费用，其余部分由国家负担，如教育、科学、环境保护、文化、体育、卫生等公益性设施。

(2) 以某些人员为对象的、特别的、专门性的社会福利事业，主要包括民政部门为残废者、孤儿、生活无依靠的老人等具有特殊需要而又无力自理的人举办的福利院、教养院、敬老院等。由于突然性的传染病或其他灾害由政府拨付的救助款项也属于这一事业。

(3) 主要由国家为照顾一定地区或一定范围内的居民对部分必要生活资料的需要所采取的福利性补贴措施。例如，对寒冷地区冬季取暖补贴，以及对住公房的居民给予房租补贴等。这些福利性补贴措施随着生产的发展、条件的改变会有所增加、减少或取消。

(4) 职业福利。职业福利是行业和单位为满足职工物质文化生活需要，保证职工一定生活质量而提供的工资以外的津贴、设施和服务的社会福利项目。

六、现代社会福利制度的发展趋势

(1) 社会福利的性质是全民的普遍性福利，所有社会成员都能够享受多方面的福利待遇。

(2) 社会福利把追求全体社会成员生活质量的提高当作根本目的，使各国政府或执政者都把改善人民的生活状况及提高生活质量当作执政的首要任务。

(3) 社会福利的服务领域不断扩大，服务项目不断增加，形成一个有着众多子系统的社会福利网络。

(4) 社会福利的供给也在不断多元化，由单一的国家供给向社会化的福利体制发展，形成国家、集体和个人共同分担福利责任的格局，社会福利的实施过程，包括管理、服务、监督和评价诸环节在内的整个过程，都向着社会化的方向发展。

第二节 社会福利事业

社会福利事业是指社会福利事业单位，即国家、集体或个人为收养社会上丧失劳动能力、无依无靠、无法定义务抚养人的孤老残幼和家庭无力照管的老人、孤残儿童、精神病人而举办的社会福利服务机构，包括社会福利院、儿童福利院、精神病院、老人公寓、SOS儿童村及各种类型的康复中心等。它是中国社会保障体系的重要组成部分。

社会福利设施较社会保险、社会救济所给予的资金保障来说，更具体、更实际，是人们看得见、摸得着、用得上、体验得到的实实在在的福利。例如，兴办的社会福利院、敬老院、托儿所、幼儿园和文化体育场所，以及以为安置残疾人就业为主要目的的社会福利工厂等。这种有形的社会福利设施，把社会福利变成现实，在社会福利事业中占有重要地位，发挥着重要的作用。国际上，也往往通过社会福利设施的多少、管理的好坏、服务水平的高低等指标，来衡量一个国家社会福利事业的水平。

一、老年人福利的概念与内容

（一）老年人福利的概念

以老年人为对象的社会福利项目，是指国家和社会为了安定老年人的生活、维护老年人的健康、充实老年人精神文化生活而采取的政策措施和提供的设施和服务。

（二）老年人福利的内容

近年来，我国通过推进社会福利社会化，开辟了老年人福利服务事业的新领域，逐步形成了以国家、集体兴办的老年社会福利机构为骨干，以社会力量兴办的老年社会福利机构为新的增长点，以社区老年人福利服务为依托，以居家养老为基础的具有中国特色的老年人社会福利服务体系，逐步建立健全了保护特困老年人基本生活权益的社会保障网络。其主要内容是老年保障、老年照顾和老年服务。

1. 老年人福利津贴

老年人福利津贴是一种普遍养老金计划，这些计划为所有超过规定年龄的社会成员提供养老金，而不管他们的收入、就业状况或经济来源如何。这种发放方式使获得养老金成为公民的一种平等权利。普遍性的原则意味着全体公民都可以得到不依附于市场能力的收入待遇，是典型的福利保障形式。

老年人福利津贴的发放对象宜从高龄老人开始，先发放高龄津贴，有条件时再逐步扩大发放范围至所有退休老人。因为，高龄老人体力逐渐衰退，疾病增多，常需要别人护理照顾，费用支出增加，生活水平下降，仅依靠养老保险金收入难以维系，适当地由国家多发津贴是必要的。当然，这只能在经济条件允许的前提下实现。随着我国社会经济的不断发展，老年人福利津贴应当作为一种全民性的制度建立起来，并不断扩大覆盖范围，提高津贴标准。

2. 社会养老

老年人能否按照自己的意愿选择他们认为合适的生活方式，是衡量老年人生活质量的一个重要指标。养老方式主要有两种，即家庭养老和社会养老。

家庭养老，是由家庭负担供养老人的责任，属于传统的养老模式。家庭养老有很大的局限性：一方面，随着家庭规模缩小，家庭结构变化，人口老龄化，家庭养老的负担增大；另一方面，绝大多数与家庭成员居住在一起的老人，在家庭中属于从属的经济地位，不仅大大影响家庭成员对其的尊重，而且会对他们的心理产生负面影响。因此，家庭养老必须向社会养老过渡。

社会养老是指由国家和社会负担养老的主要责任。国家有一整套养老计划和政策为所有老年人提供生活保障及必要的福利设施和服务。但是，社会养老也有局限性，其缺少的正是家庭所能提供的天伦之乐和亲情的满足，是社会养老所无法弥补的。可见，家庭养老方式必然向以社会养老方式为主过渡，但是不能因此便忽视和否定家庭养老的作用，特别是在东方国家，家庭养老的功能是无法替代的。养老方式的正确选择是：将两种方式结合起来，相互补充，满足老人的全面需求。

3. 老年人保健

国家和社会有责任为老年人提供健康照顾，增强其生活能力和生活质量，使其健康长寿。老年人保健是系统工程，涉及多方面的内容。例如，建立医疗机构为老年人提供医疗服务；建立老年公寓、疗养院、日间护理中心等，改善老年人的生活环境；建立适合老年人活动的体育设施，组织老年人进行体育活动，增强老年人的体质。

4. 老年福利机构

社会福利机构的建立和发展维护了处于特殊困境之中的老年人的生活、教育、医疗和康复等方面的基本权利。国家鼓励和扶持社会组织或个人兴办各种老年福利设施，如老年福利院、敬老院、老年公寓、老年医疗康复中心、老年人俱乐部、老年人文化活动中心等。这些福利机构的设立，为老年人陶冶情趣、驱除孤独、促进身心健康发挥了重大作用，满足了老年人的各种生理和精神需要，使他们能够愉快地安享晚年。目前，全国共有老年人福利机构5.1万余家，床位数总计105万余张，共收养老年人80万余人。

5. 老年社区福利服务

近几年，我国民政部门以社区服务为依托，致力于推广社区老年人福利服务事业，形成了一定的规模体系，开辟了老年人社会福利事业的新领域。主要体现在以下两个方面：

（1）建立了社区老年人福利服务体系。具体包括：

1）为老年人提供生活照料服务。通过各种途径兴建老年公寓、小型福利院、敬老院、托老所等养老服务设施，为社区老年人提供收养服务；开展包户服务，由社区服务中心等实体组织志愿人员上门为老年人提供洗衣、洗澡、做饭、购物、家务、访谈等其他特殊服务；开办老年人食堂、浴室、理发店、婚姻介绍所、聊天站等，照顾本社区老年人的生活。

2）为老年人提供医疗、康复和保健服务。动员、组织社区内的医疗机构为老年人看病提供“三优先”（挂号、看病、取药）服务，定期为老年人体检；一些医疗和福利机构利用自身优势创办老年病院，在社区开设老年门诊、家庭病床、家庭医疗咨询站等，常年为体弱多病和伤残老年人服务；各社区服务设施普遍购置健身康复器材，开展老年人保健运动和养生讲座。

3）为老年人提供文体娱乐和再学习条件。目前，各地社区服务中心、老年人活动站通过举办老年学校、老年兴趣小组开展多种多样的文体娱乐活动，引导老年人适应老年生活，愉快而平静地安度晚年。

4）保护老年人的合法权益。各地基层组织在社区服务工作中将贯彻落实《老年人权益保障法》作为一项根本任务常抓不懈。主要通过社区内的社会道德舆论和基层组织，帮助老人具体落实“老有所养”规定；在社区服务设施内设立维权办公室或法律咨询站，宣传法律知识，调解纠纷；成立老年人庇护所，为身心受到伤害的老人提供暂时的安身场所。

5）组织老年人投身社区服务，实现老有所为。在社区服务中，老年人已成为一支最富有生机的志愿者队伍，他们积极投身社会公益事业，成立各种老年协会，开展互帮互助活动，以老助老。

（2）推进社区老年人福利服务的行业化进程。社区老年人福利服务是一项新兴的社会服务业，为促进这项事业的发展，在14个部委联合发布的《关于加快发展社区服务业的意见》中对发展社区服务包括发展社区老年人服务制定了一些优惠政策，极大地促进了老年人社区福利服务业的发展，使其朝着行业化、规范化的方向迈进了一大步。目前，全国大中城市已初步形成了以设施服务和社会互助为主要形式的社区福利服务网络，为保障城市特殊困难群体的基本生活权益、满足广大居民群众特别是老年人的多种服务需求发挥着重要作用，并以此带动和促进了城市社会福利事业的发展。

二、妇女儿童福利

妇女儿童福利是国家和社会为保障妇女和儿童的特殊需要和特殊利益而提供的照顾和福利服务。妇女儿童福利是根据妇女儿童的生理心理特点及可能受到的歧视和侵害而设立的，对于保障和满足妇女和儿童的特殊利益需要具有重要意义和作用。

妇女儿童福利包括妇女福利和儿童福利两方面：

（一）妇女福利

由于妇女在心理及生理上的特殊性，故必须对其加以特殊的照顾和保护。我国在多种法律文献中都做出了明文规定来保护妇女的合法利益，打击侵犯妇女权利的各种违法犯罪行为，切实保障广大妇女的特殊需要和利益。

1. 以生育津贴为主的特殊津贴与照顾

根据国际劳工大会《生育保护公约》（第3号）的要求，妇女生育保障是指政府和社会为怀孕和分娩的妇女提供物质帮助和产假，保证母亲和孩子的基本生活及孕产期医疗保健等方面的帮助。

生育社会保险是通过立法为因怀孕、分娩而丧失劳动能力的职业妇女提供物质帮助和产假的社会保险制度。生育社会保险主要从生育医疗保健服务、产假、生育津贴、育儿假及育儿津贴几个方面向生育妇女提供保障和福利。

妇女的生育福利主要包括以下几个方面：

（1）产假待遇。产假待遇是指职业女性在分娩前后所享受的有薪假期。现法定正常产假为98天，其中产前假15天，产后假83天。难产者，增加产假15天；多胞胎生育者，每多生育一个婴儿，增加产假15天。

（2）生育津贴。生育津贴是指职业妇女因生育而离开工作岗位期间给予的定期现金补助。

（3）医疗服务。医疗服务是指由医院、开业医生或助产师为职业妇女提供的妊娠、分娩和产后医疗照顾，以及必需的住院治疗。

我国生育保险医疗服务项目包括检查费、接生费、手术费、住院费、药费和计划生育手术费。

2. 妇女劳保福利

女职工劳动保护是保障妇女合法权益、照顾妇女身心特殊需要的重要方面，是为了保护生产力、保护妇女及下一代身体健康所采取的必要措施。

目前，我国规定在就业和劳动过程中，保护妇女安全健康的特殊保护措施主要包括：

(1) 妇女有与男子平等的就业权利。在录用职工时，除国家规定的不适合妇女的工种或岗位外，不得以性别为由拒绝录用妇女或提高对妇女的录用标准。

(2) 国家保障妇女享有与男子平等的劳动权利，实行男女同工同酬。

(3) 在晋升、晋级、评聘专业技术职务及分配住房和享受福利待遇等方面不得歧视妇女。任何单位不得以结婚、怀孕、产假、哺乳为由，辞退女职工或单方解除劳动合同。

(4) 禁止安排女职工长年从事矿山井下劳动、第四级体力劳动强度的劳动和其他禁止女职工从事的劳动。

(5) 女职工月经期间，不得安排其从事低温、冷水和第三级体力劳动强度的劳动。

(6) 女职工怀孕期间，不得安排其从事第三级体力劳动强度的劳动和孕期禁忌从事的劳动，不得延长劳动时间；不能胜任原劳动的，根据医务部门的证明，予以减轻劳动量或安排其他劳动；女职工怀孕七个月以上，不得安排其从事夜班工作，并在劳动时间内为其安排一定的休息时间。

(7) 女职工哺乳期间，不得安排其从事第三级体力劳动强度的劳动，不得延长劳动时间，一般不得安排其从事夜班劳动。

3. 为妇女提供的福利设施和福利服务

福利设施和服务涉及妇女生活、保健等多个方面，如妇幼保健院、妇产医院、妇女活动中心、咨询服务中心、健美中心、妇女用品专用店等。一些妇女较多的企事业单位还应设置妇女冲洗设备，提供给妇女之“三期”使用。

(二) 儿童社会福利事业

儿童社会福利事业是指以社会福利为保障手段的社会收养，以及社会服务机构和设施向孤儿、残疾儿童提供的社会福利型服务。

儿童一般是指未满十八周岁的公民。儿童年龄小，发展还不成熟，对事物的认识水平、行为能力受到一定的限制，具有生理和心理上的依赖性，需要家庭和社会的关心、帮助和教化。同时，儿童是国家的希望、民族的未来，为儿童提供特殊的保护就是保护国家和民族的明天。因此，发展儿童福利事业是国家义不容辞的责任。儿童福利的主要目的在于保护儿童的身心健康，保障儿童的合法权益，促进儿童的健康成长。

我国《宪法》规定：儿童受国家保护；适龄儿童有受教育的权利和义务；父母有抚养教育未成年子女的义务；禁止虐待儿童。《中华人民共和国婚姻法》规定：父母有保护和教育未成年子女的权利和义务。在未成年子女对国家、集体或他人造成损害时，父母有承担民事责任的义务；非婚生子女享有与婚生子女同等的权利，任何人不得加以危害和歧视；不直接抚养非婚生子女的生父或生母，应当负担子女的生活费和教育费，直至子女能独立生活为止；继父母与继子女间，不得虐待或歧视。《中华人民共和国妇女儿童权益保护法》规定：父母或其他监护人必须履行保障适龄儿童少年接受义务教育的义务。在刑法中，我国政府对各种侵害儿童合法权益的违法犯罪行为依法给予制裁。在《中华人民共和国义务教育法》中，对儿童享受国家义务教育的权利和禁止使用童工做了一系列规定。1991 年颁布的《中华人民共和国儿童保护法》对儿童保护做了专门的法律规定。

目前，我国儿童社会福利事业单位基本分为三类：第一类是收养性的儿童社会福利事业单位，如儿童福利院、儿童村等，它们的主要职能是对孤儿进行收养，并使其享有受教育的权利，成为对社会有用的人才；第二类是康复型的儿童社会福利事业单位，如聋儿康复中心、智力障碍儿童康复中心等，它们的主要职能是对那些可以康复的残疾儿童实施治疗和康复，使其减轻残疾程度，回归社会；第三类是教育性的儿童社会福利事业单位，如残疾儿童寄托所、残疾儿童学前班、特殊教育学校等，它们的主要职能是使各类残疾儿童受到足够的教育，增强他们的生活和劳动能力，使之做出对社会有益的贡献。以上这些社会福利设施给孤儿、弃婴提供了良好的收养、医疗、康复和教育服务，直至他们长大成人，给他们安排工作，帮助他们成家立业。对智力障碍者和重残儿童则实行终身供养。

儿童社会福利的内容主要包括：

(1) 儿童的医疗保健设施和服务。卫生部门对儿童实行预防接种制度，积极防治儿童常见病、多发病，加强对传染病防治工作的监督管理和对托儿所、幼儿园卫生保健的业务指导。此外，学校和卫生部门也应该为儿童提供必要的卫生保健条件，做好疾病预防工作。

国家还兴办专为儿童医疗保健服务的儿童医院，或者在全科医院设立儿科。同时还开展儿童保健工作，定期进行儿童健康检查、预防接种，防治常见病、多发病，使儿童健康成长。

(2) 儿童的活动场所和条件。国家和社会负责建立和普及托儿所、幼儿园，为婴儿、幼儿提供良好的活动条件和保育服务；建立儿童活动中心、少年之家、少年宫、少年活动站及儿童公园、儿童乐园等儿童活动、学习场所。各级政府应当创造条件，建立和完善适合儿童文化生活需要的场所和设施。国家鼓励社会团体、企事业单位和其他社会组织、公民个人，开展多种形式的有利于儿童健康成长的社会活动。

(3) 普及义务教育。我国实行九年制义务教育，凡年满 6 周岁的儿童应就近接受义务教育，条件不具备的农村地区，可以延迟到 7 周岁上学。国家对接受义务教育的学生免收学费，实施义务教育的学校可以收取杂费，对家庭经济困难的学生应酌情减免杂费。

(4) 儿童的日常生活保障。儿童的生命、健康权应该受到保护。父母或其他监护人应当履行对儿童的监护和抚养义务，不得虐待、遗弃儿童，不得歧视女性儿童或有残疾的儿童，禁止溺婴、弃婴。

(5) 儿童福利院。儿童福利院是由国家民政部门举办，国家给予经费，儿童的公民权利、生存、生活和受教育的权利受到法律保护的儿童福利机构。其主要任务是收养城市中无家可归、无生活来源、无法定义务抚养人的孤儿，收养自费的家庭无力看管的儿童。儿童福利院配备有医生、护士、护理员和文化教员，专门负责孤儿、弃婴和残疾儿童的生活护理、康复训练和文化教育，孤儿、弃婴和残疾儿童的生活一般保持在相当于当地居民生活的中等水平上。目前，我国城市由国家投资兴办的各类儿童福利院 178 个，床位数 2.5 万张，收养儿童 2.2 万人。

(6) SOS 儿童村。SOS 儿童村是一种民间社会福利组织。宗旨是通过为那些失去父母的孤儿提供一个有“妈妈”的家庭式的生活环境，使他们重新获得母爱并享受“家庭”温暖。

世界上第一所SOS儿童村由奥地利科学院名誉院士格迈纳尔医生于1949年在奥地利建立。国际SOS儿童村组织总部设在奥地利因斯布鲁克。

SOS儿童村采用小家庭分养方式，每个家庭有6~8名不同年龄、不同性别的孤儿，他们之间以兄弟姐妹相称，由一个妇女充当家庭中妈妈的角色。该妇女要有献身精神，喜欢孩子，爱护孩子，并能教育孩子，使他们的身心健康成长。这位母亲的生活态度和行为方式应与正常家庭中的母亲一样。每一个儿童村有15~20个家庭，每个家庭都有自己独立的住宅。进入就学年龄的孤儿可就近上学。这些孤儿进入青年期后，迁至SOS青年宿舍居住，直到完全独立走向社会。1984年，由国际SOS儿童村赞助，在中国天津市和烟台市建立中国SOS儿童村，并于1986年10月开始收养孤儿。三十多年来相继在天津、烟台、齐齐哈尔、南昌、成都、开封、莆田、乌鲁木齐、拉萨、北京等地建立了SOS儿童村，以及SOS青年公寓、幼儿园、社交中心等附属设施，还在烟台建立了“中国烟台格迈纳尔中学”。截至2013年年底，中国10个SOS儿童村共有134个家族、1208个孩子，累计1223名离村孩子相继走向社会，自食其力。

（7）残疾儿童康复服务。残疾儿童康复服务中心是指为残疾儿童提供门诊和家庭咨询，开展各种功能训练和医疗、教育、职业培训，以减轻残疾程度，帮助恢复自理生活和从事劳动的能力，为他们走向社会创造条件的社会福利事业单位。康复中心的主要工作是：开展残疾儿童普查、开展康复专业医护人员培训和残疾儿童家长培训、开展残疾儿童康复训练等。目前，全国各地还兴办了康复中心、智力障碍儿童培训班、残疾儿童寄养站、社区康复站等社区孤儿、残疾人服务组织近万个。

三、残疾人福利

（一）残疾人福利的概念

残疾人福利是指国家和社会为残疾的社会成员在年老、疾病、缺乏劳动能力及退休、失业、失学等情况下提供基本物质帮助的制度安排，它根据社会的经济、文化发展水平，给予残疾人相应的康复、医疗、教育、劳动就业、文化生活、社会环境等方面的权益保障。

（二）残疾人福利的内容

1. 残疾人的就业福利

国家保障残疾人劳动的权利。为此，国家采取职业扶助，保障残疾人受雇并保证残疾人的薪金待遇。

残疾人就业是指达到法定劳动年龄、具有劳动要求和一定劳动能力的残疾人与劳动岗位相结合并取得合法收入。残疾人就业是世界性难题，目前还没有哪一个国家能从根本上解决。我国由于残疾人数量多，就业的残疾人大约只占总数的30%。

我国的残疾人就业实行集中与分散相结合的方针，采取优惠政策和扶持保护措施，通过多渠道、多层次、多种形式使残疾人劳动就业逐步普及、稳定、增加。我国残疾人就业主要有以下几种方式：

（1）社会吸收。在职能机构的引导扶持下，通过人力资源市场由社会各企业解决残疾人就业，或者由残疾人自己解决工作出路。对于吸收残疾人就业的企业及自谋出路的残疾人，国家尽可能给予政策扶持，如税收的优惠、资金的帮助及办理有关手续的简化和优化等。

（2）福利企业。社会福利企业是集中安置有劳动能力的残疾人就业的特殊性经济组织。其福利特征表现为按政府规定占企业生产人员总数的一定比例安置残疾人。它具有区别于一般企业的特点，即社会效益和经济效益并重、人员结构特殊、适合残疾人工作。社会福利企业的主要任务是安置部分残疾人就业，但又要配备一定比例的健全人，以便生产能够顺利进行。福利企业要积极展开适合残疾人生理特点的技术革新和创造，为他们设计适宜的岗位和配备使用的设备。国家规定，对这类经济组织酌情减免产品税、营业税、增值税等，所减免的税金全部作为企业发展基金和集体福利基金；企业的利润主要用于扩大再生产、职工的集体福利设施和奖金；有条件地提取少部分用于社会福利事业。

改革开放以来，我国残疾人集中就业有了长足发展，福利企业由改革开放前的869个发展到34331个，安置了68.1万残疾人就业，为残疾人就业做出了重要贡献。

（3）个体就业和自愿组织起来就业。随着改革的深入和社会主义市场经济体制的建立、发展，我国政府大力提倡和鼓励个体就业和自愿组织起来就业。残疾人保障法颁布实施后，有关部门和许多地方制定了扶持残疾人个体就业和自愿组织起来就业的优惠政策和办法。优惠政策的落实，促进了残疾人个体就业和自愿组织起来就业迅速发展，就业人数已从20世纪80年代末的10万人增加到120万。个体就业和组织起来就业已经成为残疾人就业的一种重要途径。

2. 残疾人的教育

残疾人教育指的是运用特殊的方法、设备和措施，对盲、聋、哑、智力发展落后或残肢的儿童、青少年或成人进行教育。

国家保障残疾人受教育的权利：普通教育机构不得拒绝具有接受普通教育能力的残疾人入学。残疾幼儿教育机构、普通幼儿教育机构附设的残疾儿童班、特殊教育学校的学前班、残疾儿童福利机构、残疾儿童家庭，对残疾儿童要实施学前教育；初级中等以上特殊教育学校和普通学校附设的特殊教育班，对不具有接受普通教育能力的残疾儿童、少年实施义务教育；高级中等以上特殊学校、普通学校附设的特殊教育班和残疾人职业技术教育机构，对符合条件的残疾人实施高级中等以上文化教育、职业技术教育。政府有关部门、残疾人所在单位和社会应当对残疾人开展扫除文盲、职业培训和其他成人教育，鼓励残疾人自学成才。

残疾人教育的内容因受教育对象的不同应有所区别，并考虑现实的需要和可能来确定。除了普通学校招收部分残疾学生外，国家和社会兴办了各种类型的特殊学校，如聋哑学校、弱智学校、情绪学校、特殊职业学校等，这些特殊教育主要包括生活自理能力教育、文化知识教育、心理辅导、职业技术教育等几方面。

3. 残疾人康复

根据世界卫生组织定义，康复是指综合、协调地应用医学的、教育的、职业的、社会的和其他措施，对残疾者进行治疗、训练和辅助，尽量补偿、提高或恢复其丧失或削弱的功能，增强其能力，促进其适应或重新适应社会生活。

残疾人康复本着以预防为主、康复补救为辅的原则开展。残疾人康复补救工作已形成了一定规模和力度，目前正在加大力度完善残疾预防工作。开展的残疾人康复是一种补救措施，只是尽最大可能减轻残障人的痛苦和不便。

残疾人康复主要包括：社区康复、视力残疾康复、听力语言康复、智力障碍功能训练、肢体残疾康复、精神病防治康复及残疾人辅助器具供应服务七大类。各大类又分小项，根据康复场所分为家庭康复训练、集中康复培训；按对象分为残障人训练、残障人家长及亲友培训；按残疾功能康复分为白内障复明、低视力矫正、聋儿语言训练、脑瘫儿童肢体手术矫正、听力障碍儿童配用助听器、儿麻肢体矫正手术、假肢安装、辅助器具配制、麻风病患者肢体辅助器具救助、精神病患者康复救助及防治等。

残疾人康复是靠社会各部门、各界爱心人士大力支持，靠全社会资源来共同完成的一项重大工程。

4. 举办精神病人福利院

精神病人福利院是我国接受和治疗精神病人的福利事业单位，由卫生、民政、公安三个部门分别举办，承担精神病人的收治任务。民政和卫生部门精神病人福利院的任务是收养城镇中无依无靠、无生活来源、无法定义务抚养人的精神病人，同时也收养自费的家庭无力看管的精神病人。精神病人福利院对精神病人实行开放管理，即不关、不绑、不锁，采取劳动治疗、文娱治疗、药物治疗和心理治疗，并把这四种方法结合起来。

5. 扶残助残活动

公共服务机构应当为残疾人提供照顾和优待。例如，残疾人在搭乘国内公共交通工具时应给予一定的照顾和方便，甚至享受减费或免费的服务；盲人读物邮件可以免费邮递，残疾人申请在公共场所开设零售店或申请住宅、停车位，应保留其名额并优先核准；残疾人或其抚养义务人应缴纳的捐税，政府应按残疾人的残疾等级、家庭经济状况依法给予适当的减免。

目前，我国残疾人福利建设不足主要体现在无障碍设施建设严重滞后，不仅供残疾人使用的无障碍设施严重不足，许多公用设施、市政道路交通乃至住宅建设中，都没有把无障碍设计作为设计的一项重要内容，而且对现有的无障碍设施保护不力，更没有有效地加以利用。

第三节 社区服务

一、社区服务的含义

社区服务就是一个社区为满足其成员物质生活与精神生活需要而进行的社会性福利服务活动。

社会服务的基本内涵是为解决社区内工业、服务业、公用事业不能及的，但又是社区居民群体日常生活中所需要的一些含有社会福利和公益性质的服务项目。其服务内容首先是对有困难的老年人、残疾人、优抚对象等社会特殊群体的服务，其次是对社区全体成员提供维持正常的生产活动并使社区居民生活质量有所提高的服务。

社区服务和社会服务是两个不同的概念，两者最大的差别表现在服务对象和服务性质上。社区服务主要是为生活在本社区的居民提供服务，有地域限制，被服务对象相对稳定，以特殊困难团体和特定的对象为重点。虽然也具有某些经济特征，但不以营利为目的，而是以社会效益为主。而社会服务面向所有社会成员，无地域限制，也没有一定的重点，被服务者流动性大，其主要是经营性服务，以经济效益为主。

二、社区服务的功能与作用

(1) 补充国家和单位福利的不足，实现社会福利社会化。社区服务可以把那些本应由社会承担的福利与服务交给社会，把国家、单位或企业的多余负担转移给社会，改变“企业办社会”“单位办福利”的状况，逐步减轻国家和单位的负担，实现公共福利事业社会化。

(2) 缓解社会矛盾，解决社会问题，稳定社会秩序。根据社区服务的性质、目的和内容，社区服务的基本职能是互助互济、协调人际关系、转化消极因素、缓解社会矛盾，起到社会稳定的作用，为改革和现代化建设创造良好的社会条件和环境。

(3) 增进居民团结，改善社会风气，推动精神文明建设。社区服务本身就是尊老爱幼、扶弱助残、互帮互济的活动，是社会主义人道主义精神的具体表现。开展社区服务，组织居民互助自助和参与管理及服务，可以培养居民的自治精神、集体精神和社区意识，有利于巩固社区组织。同时，积极向上的道德意识的活动，可以使社会主义精神、民族意识在具体活动中体现出来。所以，社区服务是一项协调人际关系、增加友善互助意识、培养健康环境的与人密切相关的服务。

(4) 社区服务作为第三产业的重要组成部分，可以吸纳更多的人员就业，扩大就业渠道。在我国，社区服务在安排下岗职工再就业，实现社会安定和经济发展方面，发挥着越来越重要的作用。

(5) 社区服务的开展有利于社会的现代化建设，完善社会基层的管理和服务功能。我国开展社区服务十多年的经验，证明了社区服务在社会生活中的地位和作用越来越突出，受到各级政府的高度重视和群众的欢迎。这一新的社会保障形式正在显示出越来越大的优势。

三、社区服务的特征

(1) 社区服务不只是一些社会自发性和志愿性的服务活动，而是有指导、有组织、有系统的服务体系。

(2) 社区服务不是一般的社会服务产业，它与经营性的社会服务是有区别的。

(3) 社区服务不是仅由少数人参与的为其他人提供服务的社会活动，它是以社区全体居民的参与为基础，自助与互助相结合的社会公益活动。

四、社区服务的内容

(一) 为老年人提供的福利服务

1. 老年人包户服务

老年人包户服务是目前各城市基层社区开展得最早、最广泛的老年人服务项目。被包户的老年人除了社会救济的孤老，还包括退休孤老和身边无子女及生活上有困难的老年人。包户工作的一般做法是：由街道办事处、社区服务中心或民政助理员，负责对包户工作进行组织和检查，由居委会和参加服务的单位和个人签订包户协议，规定服务人员、服务项目、服务时间和服务要求等。

2. 老年人文化生活服务

为了使老年人在退休之后能建立新的社会圈子，满足精神上的需求，各城市基层社区纷纷兴建老年人活动中心、老年茶社、老人之家等。

3. 老年人庇护服务

老年人庇护服务是由老年人社会保护组织依据法律法规为那些人身和基本生活权利受到严重侵害的老年人所提供的紧急庇护和收养、法律咨询、家庭纠纷调解和生活安全服务。在许多城市和街道，老年人庇护所就设在托老所之中，实行一所两用。

4. 老年人生活综合服务

老年人生活综合服务是为满足老年人某些特殊需要而设立的服务项目，有些街道把这种服务项目安排在老年人活动中心里。服务内容主要包括老年人生活服务和婚姻介绍等。

（二）为残疾人和精神病患者提供的服务

1. 残疾人康复服务

残疾人康复服务一般由基层社区举办的残疾人康复中心承担。城市基层社区开展残疾人康复活动，标志着由过去的医院或疗养院办康复事业向社会办康复事业转变，目的是把散居在街道的残疾人的康复工作落实，使得他们能就地得到治疗。

2. 精神病患者康复服务

精神病患者康复服务一般由社区举办的精神病人工疗站承担。工疗站的规模一般较小，有的作为工疗车间附设在街道福利厂里。具体的做法是把社区内的精神病患者收管起来，让他们参加一些简单的劳动，同时辅以康复治疗。

3. 残疾儿童寄托服务

残疾儿童寄托服务一般由社区举办的伤残儿童寄托站、智力障碍儿童启智班来承担，这是许多城市社区服务规划中的一个必建项目，越来越受到重视。

（三）便民利民服务

为了方便居民生活，转移居民的家务负担，缓解居民在衣食住行以至学习、娱乐等方面的难题，使他们能够安居乐业，更好地投身于各自的本职工作，基层社区会组织举办一些便民利民服务。目前，各地开展的项目主要有代办服务、小型便利的餐饮服务、小型缝纫和服装加工服务、小型修理业、家庭搬运服务、家务劳动小时工等。

五、发达国家发展社区服务的有益经验

（1）吸引多方参与社区服务供给。在发达国家，社区服务由政府单一主体垄断供给向政府、市场、个人及第三部门多元互动模式演进，对维护社会资源分配公平和社会公正有着积极作用。多元主体的引入，既有利于政府将有限资源用于社会核心公共服务及设施的供给，同时有利于形成社区服务供给的竞争机制，目的在于为居民提供更优质、更充足的社区服务。

（2）确保政府的有效监管。在北欧国家，社区服务具有高度的制度化特征，政府将对社区服务提供工作规范、进行技术指导甚至要求服务提供者接受专业培训，从而保证社区服务供给到位。在多元服务供给主体的新形势下，政府不再是公共服务及设施的垄断提供者，而是多方利益的协调者。因此，政府要提高监管水平和利益分配的协调能力，形成激励机制，促进多方合作链最优运作。

（3）提高公共财政投入比例。从发达国家在基本公共服务领域的投入来看，挪威用于家庭养老、福利、卫生及就业等社会发展方面的投入占政府总支出的67%，美国联邦政府

在社保、贫困、卫生等方面的投入占政府总支出的60%，我国在社保、卫生、教育等公共服务方面的投入仍有待提高。尤其是在社区层面，一些福利性、公益性的社区公共服务项目存在较大的资金缺口，加剧了社区基本公共服务需求和供给之间的矛盾。

第四节 职业福利

一、职业福利的概念

职业福利是行业和单位为满足职工物质文化生活需要，保证职工一定生活质量而提供的工资以外的津贴、设施和服务的社会福利项目。职业福利是以业缘关系为基础，给予本系统、本行业、本单位职工及亲属的福利待遇。例如，铁路系统曾实行过系统内的职工及直系亲属免票的制度；勘探、建筑行业的野外作业补贴；煤矿等矿产行业给予工人的井下补贴；接触放射性物质或有污染性作业给予的保健补贴等。

职业福利按其“社会化”程度可以划分为两个层次：一个层次是国家通过一定的法律手段和途径在某些行业和企业中普遍实行的制度，如职工探亲假制度、与职业关联的特殊津贴制度；另一层次是单位在完成国家所有税项任务前提下力所能及地自主地为职工提供的福利。

职业福利与其他社会福利相比具有以下特点：

（1）职业福利是以劳动关系为标志的，只有在本行业、本单位就业的职工及亲属才可以享受。

（2）职业福利对职工的待遇一般是平等的，但某些企业可能会参考服务时间长短和贡献大小区别对待。

（3）职工福利具有功利性。职工福利的直接作用在于保证职工一定生活水平和提高生活质量，而同时也具有保持职工的向心力、凝聚力，造就职工归属感和集体意识的目的。

（4）职工福利水平取决于企业的经济效益，也受企业所有者观念意识的左右。职业福利的资金来源于企业利润，福利水平的高低也取决于企业效益的好坏。

二、职业福利实施的原则

职业福利的内容繁杂，从日常生活到教育娱乐，几乎涉及职工生活的一切领域，并且是以优惠的办法来满足职工物质文化生活的需要。因此，职业福利办得好坏不仅影响职工的切身利益，而且关系到能否正确体现社会主义分配规律及是否有利于社会安定团结、稳定本单位职工情绪和促进生产。

办好职业福利应该遵循以下原则：

（1）福利水平要和单位经济状况相适应。福利水平要同国家的财力、物力和本单位的经济负担能力相适应。企业的福利也要与经济效益挂钩，不能强求一律、相互攀比。在我国物质基础尚不雄厚的条件下，福利待遇只能是较低水平，是“雪中送炭”而不是“锦上添花”。福利的项目要由少到多，标准也要由低到高，逐步发展，不能超越经济承受能力。即使本单位经济实力雄厚，也要适度适当，福利只能是职工薪酬与保险的补充。

（2）福利内容与劳动者需要相关联。办福利的依据是职工的需要。职业福利的内容很多，要有计划、分阶段地实施。福利项目的设立及先后次序，除了经济原因外，应以本单位职工最普遍、最迫切的愿望为主，以大多数职工的需求为准，受益的人越多，职工福利的效益就越高。因此，应该调查职工的需求心理，把有限的经费用到最急需、最受欢迎的项目上。当前，首先是保障职工的生活安定，举办与广大职工日常生活密切相关的项目，然后才是举办其他项目，少办或不办享受性的项目。

（3）福利分配应机会均等。职业福利的分配要做到“机会均等，共同享受”。职业福利的性质和职能决定了职工所在单位应根据客观需要和条件有计划地安排，遵照“机会均等，共同享受”原则进行分配。每一个职工都有权享受职业福利，人人平等，只要符合条件就应按规定无差别地得到应有的福利待遇，不应允许少数人搞特殊化。

（4）福利管理要注重经济性和社会化。职业福利是公益性事业，所兴建的福利设施不以盈利为目的。但是，这并不是说不讲成本、不讲经济效益和完全依靠国家及单位无限的补贴。福利项目也要实行“企业化”管理，进行经济核算，否则，必然导致利用率低、浪费大、服务质量差，并会影响整个福利事业的扩大与发展。职业福利还要实行社会化管理。社会化管理不是指福利事业全部由社会办或国家、社会出钱办，而是指打破孤立、封闭的小生产方式办福利的做法，采取专业化分工、协作的方式办福利。实行社会化管理的重要目的是为提高企业的活力创造条件。职业福利事业社会化，就是要把企业从繁重的福利事务中解放出来，为他们更好地集中精力于生产经营创造条件。

三、职业福利的内容

1. 福利津贴

福利津贴一般以现金形式提供，是职工工资收入以外的收入。职工福利津贴在职业福利中占有重要地位，特别是在现阶段职工的工资收入有限的情况下，就更具有重要的意义。职工福利津贴是为了解决职工某些特殊的需要而建立的，它可以增加职工收入，减轻职工的生活负担，保持或提高职工的实际生活水平。职工福利补贴主要有职工生活困难补贴、职工上下班交通补贴、职工宿舍冬季取暖补贴、职工探亲期间工资和往返车船票补贴等。此外，还有水电补贴、卫生费、洗理费、书报费等福利补贴。

2. 福利设施

职工集体生活福利设施是职业福利的主要内容。职工通过劳动获得薪酬后，在消费的过程中，有一些生活上的实际困难是个人难以解决的，特别是在工资水平较低、家务劳动没有充分实现社会化的情况下，就需要由所在单位举办集体的职工生活福利设施，如职工食堂、理发室、哺乳室、托儿所、幼儿园等。

当然，举办集体福利设施不仅是为了解决职工物质生活的需要，而且是为了满足其精神生活的需要。职工的精神生活包括文化科学技术学习、文体娱乐等活动。目前，职工的文化娱乐福利设施主要有文化宫、俱乐部、图书馆、体育场馆等。

3. 福利服务

福利服务的内容相当广泛，包括与上述各项设施相关的各项服务，也包括诸如接送上下班、接送职工子女上学、提供健康检查等服务。

四、职业福利基金的来源

我国的职业福利基金虽然属于国民收入分配范畴，但是企业的职业福利基金主要来自国民收入初次分配，部分来源于国民收入再分配；机关事业单位则全部来自国民收入再分配。

在我国，机关事业单位和全民企业的职业福利经费主要来自以下方面：

（1）国家为各单位提供的非生产性建设投资费用。

（2）机关、事业单位由财政支出的按工资总额一定比例或按每人每月一定金额提取所设立的福利费。企业设立福利基金制度，金额按国家有关规定确定。目前，福利基金有三种提取办法，即按工资总额的一定比例从成本中支出、按工资总额的一定比例从企业基金中提取和按一定比例从利润留存中提取。

（3）机关的行政经费、事业单位的事业费、企业的管理费中支出的福利费用，如交通补贴、取暖补贴、托儿所补贴等。

（4）工会经费中支出的福利费用。

（5）集体福利设施本身的收入。

私营企业、集体企业的职业福利基金则按国家有关规定自主决定。

第五节　发达国家的社会福利

一、美国社会安全福利制度

美国社会安全福利制度创立于1935年。八十年来，这一制度已为美国人广泛接受，并成为人们生活中的一个重要组成部分。该制度自创立以来历经多次改革，内容得到不断补充和更新。这制度草创之初，仅限于保障部分工商界蓝领工人及其家属的利益。1939年增加规定：劳动者如死亡，其遗属可以领取社会安全金；劳动者退休后，依靠其抚养的家属也可以领取社会安全金。1950年，社会安全保障的范围扩大到部分小店主、大部分省市公务职员、农场雇员、武装部队人员和教会人士。1957年7月，首次发放了“残废保险利益金”。劳动者因完全残废而无法挣取收入时，可获得保障。1973年又规定，对65岁以下连续领取残废金支票两年以上的人，也给予同65岁以上者同样待遇。1972年美国又立法规定，社会安全福利金随着生活费用的提高而自动增加。

目前，每个月从政府福利单位领取福利金约有3400余万人。它的保障范围较广，包括医疗服务、残废保险、退休及残疾人子女教育补助金、社会安全福利金、失业救济金及对低收入家庭子女的津贴、对失业者的工作训练补助等。

除了社会安全保障所包括的上述福利政策之外，美国还有很多涉及生活、工作各个方面的社会福利。例如，生活补助就包括：

（1）粮食券。美国联邦农业部拨款给州政府发放粮食券，只可换取美国出产的农作物，不能换取金钱，以救济收入低微的家庭。不过该补助只限美国公民。

（2）学校提供的廉价或免费膳食。这是政府为保证学童的身体健康而设立的全国性营养膳食计划。非美籍人士也可受益。

（3）家居能源补助计划。家居能源补助计划专为低收入家庭减轻煤电费用而设，非美籍人士也能享受。能源补助除帮助支付煤电费外，还可代为修理暖炉、煤气管等相关暖气设备。

（4）廉价公共房屋。廉价公共房屋包括公共房屋、津贴房屋、租金津贴和廉价屋四种形式，申请人必须年满62岁或收入低微，其中一些房屋补助要求同时满足这两个条件。

二、英国的社会福利

英国的社会福利包括：一是个人社会福利，如儿童和孕妇福利、伤残和疾病福利、退休福利、寡妇福利、失业福利、低收入人士福利和社会基金等；二是住房福利；三是教育福利。

1. 个人社会福利

个人社会福利包括政府有关部门和社会志愿者组织针对具有特殊困难的居民所提供的各种福利设施和各类服务，如为失去工作和劳动能力的人提供适合他们生活、活动的住房和服务；对精神病患者登门治疗，处理相应的社会问题；当局对建造儿童设施提供方便和给予支持，国家照管17岁以下、无人赡养或监护的孩子；通过国民保健服务机构为身体残疾者提供治疗及为在医学意义上残疾人提供康复服务；通过国民保健服务提供轮椅辅助器具；就业部为残疾人创造就业机会；政府部门和社会志愿者组织为老人及有困难的家庭提供生活、娱乐服务。

2. 住房福利

对低收入家庭，政府发给住房津贴；对于第一次购买住房的低收入家庭，政府给予额外津贴和其他优惠条件。此外，政府重视为老年人和病人提供特殊住房，使其方便和安全。地方当局所拥有的住房优先接纳居住条件较差的房客。为防止私人房屋出租者向租赁者索取高额租金，政府制定了限制措施，主要有控制房租、调整房租和由负责租金事务的专门法庭确定固定房租。居民除以个人收入或存款购房外，还可通过房屋互助协会、保险公司、地方当局和银行等途径贷款购房或建房。房屋互助协会发放的抵押贷款所占的比例最大，该协会本身并不建造住房，而是以贷款者所购买的住房作为抵押品发放贷款，贷款期一般为20~25年（在特殊情况下也可延至30~35年），贷款者按月归还本金利息。

3. 教育福利

英国政府教育基金资助大部分初等教育和中等教育学生接受免费教育。免费生除了免缴学费外，书本和其他学习用具也都免费。教育当局向聋哑、智力障碍儿童等特殊学校的学生和其他公立学校7岁以下的学生免费供应牛奶，每日每人1/3品脱（合英制0.19升），如因健康原因，可以免费供应到11岁。公立学校普遍设有食堂，有些学校还提供交通工具。高等教育中，90%的大学生可以获得政府津贴。

三、加拿大的社会福利

加拿大的社会福利是为了帮助处于困境的人士而设立的，福利项目繁多，具体包括：

1. 社会福利金

社会福利金用于保证每个加拿大居民基本的生活，加拿大居民在没有收入，而且银行存款在1000加元以下均可申请此福利。若是单身人士，每月可获得500~700加元；三口之家每月可获得1100~1300加元。这笔收入足以维持低水准生活。

2. 儿童税务福利金

儿童税务福利金俗称牛奶金，是协助家庭抚养18岁以下子女而设立的，政府根据家庭收入和子女的数目、年龄而计算，每月发给符合资格的家庭，通常发给母亲。

3. 托儿补助金

在加拿大，6岁前小孩的学前教育是自费的，而且费用较贵。一个孩子的月托费达600~800加元，很多低收入家庭没有经济条件让孩子接受早期教育，为此政府专门拨款成立托儿补助金。政府根据申请人的具体情况确定补贴额度，补贴直接支付给孩子就读的幼儿园。申请托儿补助金需要排队，政府会优先考虑夫妻双方都在工作或学习且收入很少的家庭。

4. 政府房

为了保证人者有其屋，保证低收入者也能住房，加拿大政府每年拨款建造大批的政府房，由政府委托的专门公司管理，以极低的价格出租。原则上，任何加拿大居民都可以申请，但它的特殊收费方式把有钱人自动排除在外。基本收费原则是按收入的百分比交租，通常是月收入的25%~30%。例如，个人的月收入只有1000加元，则只需拿出250加元交租，但如果月薪为10000加元，就要拿出3000加元交租，收入越高，租金越贵。独特的房租机制，保证了低收入家庭也能拥有住房。无论交租多少，政府提供的保障房一般是二室一厅或三室一厅的大型公寓。

5. 收入保障津贴

在加拿大公民没有收入或收入很少的情况下，公民可以每月申请收入保障津贴。收入的定义包括来自个人和家庭成员获得的养老金、生活费、工资、失业保险福利及劳工赔偿金或福利等。个人收入与收入保障津贴多寡成反比。收入保障津贴必须按年度重新申请。

6. 配偶津贴

如果符合下列条件，即可领取配偶津贴：一是年届60~65岁、配偶为领取高龄保障人士；二是总收入不超过规定的数额；三是在18岁之后在加拿大居住至少10年。此津贴必须按年度重新申请。此项津贴可连续发放，直至再婚或年届65岁为止，甚至配偶去世这项津贴仍可继续享受。

7. 育儿津贴

婴儿的亲生父母或领养父母可领取高达10个星期的育儿津贴，使其能留在家中照顾初生婴儿或被领养的儿童。若儿童有健康问题，需要特别照顾，育儿津贴可增加至15个星期。这项津贴可由母亲或父亲一人领取或父母两人共同分享。如果两人共同领取育儿津贴，则每人都要接受两个星期无津贴的等候期。假若母亲已在领取怀孕津贴金时经过两个星期的等候期，在领取育儿津贴时不再需要履行两个星期的等候期。育儿津贴最早可从婴儿出生日或领养儿童回家后当天起领取。

8. 教育补贴金

在加拿大，只要年满5周岁，都可以选择居住区内的公立学校入读，从5岁开始的幼儿园到十七八岁毕业的高中，所有费用均免。如果个人需要为孩子积蓄上大学的费用，只要每年存入银行固定的投资账户，政府将每年为这个投资账户补贴400加元直到孩子17岁。

9. 法律援助计划

法律援助计划是一项由政府协助无法支付高昂律师费用的低收入人士诉讼的福利计划。法律援助计划主要分为两部分：一是政府法律援助计划，申请如获批准，可得到法律援助证书，并可从参加法律援助计划的律师名单中选择一位，代表公民进行法律程序。律师的服务费用由这个计划全部支付或部分支付。但法律援助计划一般仅适用于刑事案件及家庭法案件。二是社区法律援助处，各区的这些机构由律师和区内法律工作人员组成，他们可代表公民出庭，提供法律意见，但其服务范围有一定限制，不适用于所有法律服务。申请人的收入、资产及居民身份是能否获得社区法律援助处服务的重要审核条件。

四、澳大利亚的社会福利

澳大利亚是世界上实行社会福利制度较早的国家之一，社会保障体系早在1910年就已经开始建立，是世界上社会福利最好的国家之一。目前，一个相当完善的社会福利网已覆盖全国。澳大利亚社会福利的种类多而齐全，是一个典型的福利社会，具体包括：

1. 孩子助养费

一个有孩子的家庭年收入不超过65000澳元便可以领取，每两周领一次，50～300澳元/人，金额取决于孩子的年龄、数量和家庭的总收入和财产。

2. 救济金

发放给生活有困难的人，新移民在其无法控制的情况下而导致的状况改变时才可申领，每两周领一次，约330澳元/人。

3. 失业救济金

失业救济金每两周领一次，约330澳元/人。凡在工作年龄内，有工作能力，愿意工作而找不到工作者可以领取。另外，政府还有“寻找工作补贴”和“重新开始津贴”计划，这些计划鼓励和支持使失业者参加或重新参加就业。但是，失业者在寻找工作过程中遇到比较合适的工作岗位时，如拒绝就业，将失去失业救济金。

4. 分娩津贴

家庭每分娩一个孩子，可得到4000澳元的一次性分娩津贴，以帮助为新生儿增添用品。

5. 全国健康保险制度

全国健康保险制度，即医疗保健。国家以税收形式从公民收入中提取1.5%作为医疗基金。这种医疗保健制度包括支付患者在公立医院的医疗费或医院外治疗的大部分医疗费，以及医师门诊费。州和地区政府对医院、学校、口腔、产妇和婴儿保健计划、职业保健与安全服务、疾病控制和健康检查等负有主要管理责任。

6. 其他社会福利

除以上各社会福利外，澳大利亚还有学习津贴、灾难津贴、边远地区津贴、寡妇津贴、看护津贴、配偶津贴、电话津贴、房租津贴、交通津贴、托儿津贴等。

复习思考题

1. 从狭义和广义角度辨析社会福利的概念，并说明它与社会保险和社会救济的异同。
2. 社会福利的主要内容包括哪些？
3. 国家兴办社会福利的意义是什么？
4. 谈谈你对社区服务及其发展的看法。
5. 中国社会福利制度的基本框架是什么？
6. 职业福利的内容包括哪些？
7. 谈谈你对各国福利制度的看法。

第十三章

社会优抚

本章概要

社会优抚是中国保障制度的特殊部分，它是针对军人及其家属等特殊人群提供的优抚保障。本章首先阐述了社会优抚的概念、意义，然后重点对我国社会优抚制度的主要内容做详细介绍。

第一节 社会优抚的基本原理

一、社会优抚的概念

社会优抚是针对军人及其家属所建立的社会保障制度，是指国家和社会对军人及其家属所提供的各种优待、抚恤、养老、就业安置等待遇和服务的保障制度。这是一种带有褒扬和优待抚恤性质的特殊社会保障制度。优抚中的优是优待之意，包括精神、政治方面的优待和物质利益的优待；优抚中的抚是抚恤，即抚慰和恤赈。抚慰主要是精神上的抚慰和政治上的荣誉，恤赈乃是给予钱款和物质上的照顾。

社会优抚是中国社会保障制度的重要组成部分，《中华人民共和国宪法》第四十五条规定："国家和社会保障残废军人的生活，抚恤烈士家属，优待军人家属。"保障优抚对象的生活是国家和社会的责任。2011年，我国颁布并实施新的《军人抚恤优待条例》。

世界各国都十分重视军人的社会保障问题。例如，德国规定军人社会保障的法律和财经问题的基本文件有《联邦德国宪法》《军人地位法》《国家公务员报酬法》等。

优抚保障与社会保险、社会救助、社会福利不同，它并不是一种普通的社会保障形式，而是一项针对特殊对象的社会保障制度。它所采取的手段包括社会保险、社会救助和社会福利手段。因此，在一些国家的社会保障体系中，它被划进"特殊保障"的范围，具有特殊保障的性质。而优抚工作则是实施这一特殊保障制度的政府管理工作。

优抚工作是伴随着军队的产生而产生、随着军队的发展而完善起来的。它具有一般社会保障共有的基本属性，又具有自身的特殊性，其特殊性主要体现在：

（1）保障对象特殊。优抚对象是为国家事业和保卫国家安全做出牺牲和贡献的特殊社会群体。

（2）保障水平特殊。社会优抚的保障标准高于普通社会保障水平，要求达到或略高于当地平均生活水平。

（3）保障机制特殊。优抚优待的资金主要由国家财政支出。除货币化的社会抚恤补助外，优抚对象还享有政府和社会提供的形式多样的优惠政策和社会公益服务。其内容涉及社会保险、社会救助和社会福利等，包括抚恤、优待、养老、就业安置等，是一种综合性的项目。

（4）对象属性特殊。优抚对象既是特殊保障权益的享受者，也是社会物质和精神财富的创造者。

我国重视军人社会保障工作，社会优抚制度的建立，对于保障优抚对象的物质生活，维持社会稳定，保卫国家安全，促进国防和军队现代化建设，推动经济发展和社会进步具有重要的意义。

目前，不光我国重视军人的社会保障工作，国外大多数国家也同样将社会优抚工作作为维持国计民生的大事对待。美国军人的社会保障制度是与他们采取的职业军人制度相配套的，国家给予军人优厚的工资和福利待遇。其工资福利水平从20世纪60年代以前军队不如地方，到20世纪70年代与地方持平，再到20世纪80年代超过地方。在社会福利方面，美国军队根据“家庭支援计划”在世界各地建立了“家庭服务中心”，对军人家庭提供经济支持、紧急救助、就业指导及搬家、照看儿童等服务；还根据“福利和娱乐计划”为军人及其家庭提供良好的娱乐、休息和社交场所。

俄罗斯在1993年颁布了《军人地位和社会保障法》，规定了与社会保障有关的劳动权利、工作时间与休息、薪金与补贴、住房、医疗保健、人身保险、退役等方面的内容。妥善地安置了退伍军人的工作问题，维护了军人应有的劳动、就业权利。

总之，国内外正逐步深化对军人优抚工作的认识，也连续出台或修改了很多政策法规，以保障军人及其家属的各种权益。

二、社会优抚的内容

1. 一般的内容

优抚保障一般包括死亡抚恤、伤残抚恤和社会优待三个项目。社会优抚制度针对不同的优抚对象，采取不同的优抚政策。

2. 我国现阶段的内容

根据《中华人民共和国宪法》《中华人民共和国兵役法》及《军人优待抚恤条例》的规定，我国的优抚工作主要包括社会抚恤、社会安置、社会优待及开展拥军优属活动四个方面。国家对这四个方面的优抚内容及其待遇均有具体的规定。不同的优抚对象，所享受的优抚政策也有所差异。

三、抚恤优待对象

社会优抚的对象应该是为社会做出过特殊贡献的群体，包括军人本人，也包括军人的家属。我国具体包括：中国人民解放军现役军人、服现役或退出现役的残疾军人及复员军人、退伍军人、烈士遗属、因公牺牲军人家属、病故军人遗属、现役军人家属。

按社会优抚内容的不同，社会优抚的对象可分为三种类型。

(1) 优抚对象。优抚对象是指中国人民解放军的现役军人，服现役或退出现役的残疾军人及复员军人、退伍军人、烈士遗属、因公牺牲军人遗属、病故军人遗属、现役军人家属、带病回乡退伍军人。

(2) 抚恤对象。抚恤对象是指对因公牺牲、病故军人家属和革命伤残军人实行的抚恤，具体包括革命烈士家属、因公牺牲军人家属、病故军人家属、伤残军人。

(3) 安置对象。安置对象是指对退出现役的军人的安置。

四、我国社会优抚的方针

现阶段我国的优抚工作方针是“思想教育，扶持生产，群众优待，国家抚恤”。这一方针的确立，是多年来优抚工作经验的高度概括和总结。

1. 思想教育

思想教育是整个优抚工作发挥作用的主导因素。一方面要以爱国主义作为拥军优属和优抚宣传教育的主旋律，提高各级领导、广大干部群众对做好优抚工作重要意义的认识，增强做好工作的自觉性；另一方面要对优抚对象进行保持和发扬革命传统教育，教育他们珍惜荣誉、顾全大局，正确处理好权利与义务的关系，鼓励他们为现代化建设事业建功立业。

2. 扶持生产

扶持生产解决优抚物质生活困难和提高经济地位的重要途径。实践证明，组织和动员各部门、各行业和广大人民群众，帮助优抚对象制订具体发展计划，优化发展环境，以及提供政策支持和社会服务是增强优抚对象自我保障能力的重要措施。

3. 群众优待

群众是优抚工作的强大物质基础和后盾，既能保障优抚对象的生活，又能加强全社会的拥军优属概念。

4. 国家抚恤

国家抚恤体现着国家对有特殊贡献的社会成员的保障责任，同时也对优抚对象享受物质待遇的权利起着平衡和保障的作用。

可见，优抚工作方针的内容是一个不可分割的统一整体。不同时期的侧重点可能有所不同，但在抓重点的同时，也不能忽视其他方面。

第二节 死亡抚恤

死亡抚恤是对国家革命烈士家属，因公牺牲、病故军人的家属，以及因公牺牲、病故的国家机关工作人员和人民警察的家属采取的一种物质抚恤形式，分为一次性抚恤和定期抚恤两种。死亡的革命军人的家属一般都可以享受一次性抚恤。符合一定条件的烈士遗属、因公牺牲军人遗属及病故军人的遗属可以享受定期抚恤金。

一、三种死亡性质及其确认

由于死亡抚恤工作依据死亡性质进行，因此对死亡性质的认定是死亡抚恤工作的前提。根据2011年国务院、中央军事委员会修改的《军人抚恤优待条例》规定，可将死亡性质划分为烈士、因公牺牲和病故三种。

1. 革命烈士

我国人民和人民解放军指战员，在革命斗争、保卫祖国和建设事业中壮烈牺牲的，称为革命烈士，其家属称为革命烈士家属。

确定革命烈士的条件、范围和审批手续，依据2011年国务院修改颁布的《革命烈士褒扬条例》。该条例打破了以往烈士范围仅限于革命军人、革命工作者和参战民兵、民工的界限，扩大到了全体人民。根据《烈士褒扬条例》第八条规定，公民牺牲符合下列情形之一的，评定为烈士：

（1）在依法查处违法犯罪行为、执行国家安全工作任务、执行反恐怖任务和处置突发事件中牺牲的。

（2）抢险救灾或其他为了抢救、保护国家财产、集体财产、公民生命财产牺牲的。

（3）在执行外交任务或国家派遣的对外援助、维持国际和平任务中牺牲的。

（4）在执行武器装备科研试验任务中牺牲的。

（5）其他牺牲情节特别突出，堪为楷模的。

现役军人死亡被批准为烈士的，应依照《烈士褒扬条例》的规定发给烈士遗属烈士褒扬金。

2. 因公牺牲

因公牺牲是指人民解放军指战员、国家机关工作人员和人民警察等因执行公务献身，其死难情节符合规定的情况。

可以认定为因公牺牲的条件是：

（1）在执行任务中或在上下班途中由于意外事件死亡的。

（2）被认定为因战、因公致残后因旧伤复发死亡的。

（3）因患职业病死亡的。

（4）在执行任务中或在工作岗位上因病猝然死亡或因医疗事故死亡的。

（5）其他因公死亡的。

3. 病故

病故，即因病死亡。对因人民内部矛盾问题自杀或非因执行任务遇意外事故死亡，也按病故性质对待。

病故的条件是：

（1）现役军人在服役期间因病死亡。

（2）因人民内部矛盾问题自杀身亡。

（3）因执行任务遭意外事故死亡。

（4）在乡特等、一等革命伤残军人因病死亡。

根据《军人抚恤优待条例》第十条规定：现役军人非执行任务死亡或失踪，经法定程序宣告死亡的，按照病故对待。

现役军人病故，由军队团级以上单位政治机关确认。

二、死亡抚恤金

（一）一次性抚恤金

1. 一次性抚恤金的标准及计发办法

根据2011年国务院和中央军事委员会修订的《军人抚恤优待条例》相关规定：烈士和

因公牺牲的，抚恤金为上一年度全国城镇居民人均可支配收入的20倍加本人40个月的工资；病故的，抚恤金为上一年度全国城镇居民人均可支配收入的2倍加本人40个月的工资。月工资或津贴低于排职少尉军官工资标准的，按照排职少尉军官工资标准计算。

获得荣誉称号或立功的烈士、因公牺牲军人、病故军人，其遗属在应当享受的一次性抚恤金基础上，由县级人民政府民政部门按照下列比例增发一次性抚恤金：获得中央军事委员会授予荣誉称号的，增发35%；获得军队军区级单位授予荣誉称号的，增发30%；立一等功的，增发25%；立二等功的，增发15%；立三等功的，增发5%。多次获得荣誉称号或立功的烈士、因公牺牲军人、病故军人，其遗属由县级人民政府民政部门按照其中最高等级奖励的增发比例增发一次性抚恤金。

对生前做出特殊贡献的烈士、因公牺牲军人、病故军人，除按照本条例规定发给其遗属一次性抚恤金外，军队可以按照有关规定发给其遗属一次性特别抚恤金。

2. 一次性抚恤金的发放

1980年民政部发出通知，规定军人、机关工作人员、参加民兵民工的死亡一次性抚恤金均由家属居住地的县（市、区）民政部门发给。

一次性抚恤金的发放顺序是：有父母（或抚养人）无配偶的，发给父母（或抚养人）；有配偶无父母（或抚养人）的，发给配偶；既有父母（或抚养人）又有配偶的，各发半数；无父母（或抚养人）和配偶的，发给子女；无父母（或抚养人）、配偶、子女的，发给未满18周岁的弟弟妹妹；无上述亲属的，不发。

（二）定期抚恤金

定期抚恤金是死亡抚恤中对抚恤对象按一定标准发给的抚恤金，用以抚慰家属，帮助解决生活困难，也称“遗属定期抚恤”或“长期抚恤”。

1. 享受定期抚恤金的条件

根据我国《军人优抚优待条例》规定，对符合下列条件之一的烈士遗属、因公牺牲军人遗属、病故军人遗属，发给定期抚恤金：

（1）父母（抚养人）、配偶无劳动能力、无生活费来源，或者收入水平低于当地居民平均生活水平的。

（2）子女未满18周岁或已满18周岁但因上学或残疾无生活费来源的。

（3）兄弟姐妹未满18周岁或已满18周岁但因上学无生活费来源且由该军人生前供养的。

对符合享受定期抚恤金条件的遗属，由县级人民政府民政部门发给“定期抚恤金领取证”。

2. 定期抚恤金的标准

定期抚恤金的标准应当参照全国城乡居民家庭人均收入水平确定。定期抚恤金的标准及其调整办法由国务院民政部门会同国务院财政部门规定。县级以上地方人民政府对依靠定期抚恤金生活仍有困难的烈士遗属、因公牺牲军人遗属、病故军人遗属，可以增发抚恤金或采取其他方式予以补助，保障其生活不低于当地的平均生活水平。享受定期抚恤金的烈士遗属、因公牺牲军人遗属、病故军人遗属死亡的，增发6个月其原享受的定期抚恤金作为丧葬补助费，同时注销其领取定期抚恤金的证件。

按民政部、财务部规定，从2012年10月1日执行定期抚恤金标准，见表13-1。

表 13-1 定期抚恤金标准 （单位：元/年）

	烈 属	因公牺牲军人遗属	病故军人遗属
城镇	12050	10340	9730
农村	6930	6620	6340

（三）特别抚恤金

在国防和军队建设、科研事业或作战中做出特殊贡献的现役军人死亡，根据《军人优抚优待条例》，国防部还发给特别抚恤。参照该规定，凡在本职工作中做出特殊贡献的人民警察和检察机关工作人员死亡后，其家属也可享受特别抚恤，所需经费在本系统机关经费中统一列支。

1. 各类人员特别抚恤金的享受条件

（1）现役军人。现役军人死亡，除按照《军人抚恤优待条例》和军队现行规定发给其家属抚恤金外，凡具备下列条件之一者，经大军区级以上单位的政治机关批准，由其生前所在单位发放一次性特别抚恤：被大军区级（含）以上单位授予荣誉称号的英模人物或荣立一等功的人员；生前在边防、海岛、高原部队或其他特别艰苦的环境工作及在国防科研中从事国家规定的有害工种连续满 20 年，并做出显著成绩者；生前为师职（含）、专业技术 7 级（含）以上干部或军龄（含参加革命工作时间）满 30 年的干部，并且事迹突出者。

（2）人民警察。公安机关人民警察死亡，除按规定发给其家属抚恤外，符合下列条件之一的，经省、自治区、直辖市公安厅、局（含）以上单位的政治机关批准，负责发给特别抚恤金：荣立或被追记一等功以上的人员；生前职务为处级（含）、专业技术职务为高级工程师（含）以上，或者警龄（含参加革命工作时间）满 30 年，并且事迹突出者；生前在边防、海岛、高原或其他特别艰苦的环境工作连续满 20 年，并有显著成绩者。

2. 特别抚恤金的发放标准

特别抚恤金按上述条件一次划分为一等、二等、三等，其中一等 15000 元，二等 12000 元，三等 10000 元。同时具备多种条件的，按其中较高的一个等级给予特别抚恤。

第三节 伤残抚恤

伤病残军人（含革命伤残军人、伤残人民警察、伤残机关工作人员、伤残民兵民工）是一个特殊群体，是国家对那些为保卫和建设祖国而负伤致残人员的特殊称谓。他们大多是在作战训练、战备执勤、抢险救灾、参加地方经济建设等执行急难险重任务中负伤致残，或者积劳成疾丧失工作能力的，为国防和军队现代化建设、促进国家经济发展、维护社会稳定做出了特殊贡献。党中央、国务院、中央军委历来对他们都十分关心和爱护，要求采取有效措施把他们安置好和照顾好。伤残抚恤是国家和社会对他们采取的具有生活保障性质的抚慰形式。

2011 年，国务院及中央军事委员会对《军人抚恤优待条例》重新做出了修订，确保为做好伤残抚恤工作提供可靠的依据。

一、评残对象

下列人员为评残对象：

（1）军人（含文职干部，下同）。

（2）授予警衔的人民警察（不包含企事业单位享受劳保待遇的人民警察）。

（3）国家机关工作人员（包括国家权力、行政机关和由国家补贴的民主党派、人民团体的工作人员）、军队在编无军籍职工。

（4）参加民兵民工、参加县级以上任务部门或预备役部队组织的军事训练的民兵及同犯罪分子进行斗争的无工作单位的人民群众（农民、城市居民、学生）。

二、伤残性质及评残等级条件

1. 伤残性质

（1）因战致残，一般是指对敌作战负伤致残，经医疗终结，符合评残条件的。

（2）因公致残，是指在执行公务中致残，经医疗终结，符合评残条件的。

（3）因病致残，一般是指患精神病以外的疾病，经医疗基本终结，符合二等乙级以上病致残的。因病评残的范围仅限于在服役期间患病致残的义务兵。

2. 评定等级

（1）革命军人因战、因公负伤致残，依其丧失劳动能力及影响生活能力的程度，评定伤残等级，分为三等六级：

1）特等。劳动能力完全丧失，日常生活需要专人照顾。

2）一等。劳动能力基本丧失，日常生活大部分活动需要人扶持。

3）二等甲级。劳动能力大部分丧失，日常生活活动受到较大影响。

4）二等乙级。劳动能力丧失近半，日常生活受到一定影响。

5）三等甲级。劳动能力和日常生活受到一定影响。

6）三等乙级。劳动和日常生活活动稍有不便。

（2）革命伤残军人评定病残的条件。义务兵在服役期间因公负伤致残，经医疗基本终结，退伍时依其丧失劳动能力及影响生活的程度评定病残等级，病残等级分为两等三级：

1）一等。劳动能力基本丧失，日常活动大部分活动需要人扶持。

2）二等甲级。劳动能力大部分丧失，日常生活活动受到较大影响。

3）二等乙级。劳动能力丧失近半，日常生活有一定困难。

（3）伤残审批。伤残审批的程序是：

1）经残情医学鉴定，符合残疾等级评定条件的，义务兵和初级士官由军级以上单位卫生部门审批；现役军官、文职干部和中级以上士官由军区级以上单位卫生部门审批。

2）军级以上单位卫生部门应当按照规定的审批权限，定期对残疾等级评定申报材料进行审核。如有异议，可以组织调查或重新进行残情医学鉴定。

3）军级以上单位卫生部门对通过残疾等级评定的人员发放“中华人民共和国残疾军人证”。

三、伤残抚恤金

伤残抚恤待遇分两种，即伤残抚恤金和伤残保健金。伤残抚恤金是由民政部门发给退出现役后没有参加革命工作的革命残废军人的抚恤金。

伤残保健金是指由民政部发给退出现役后参加工作或享受离休、退休待遇的革命残废军人的抚恤金，以及由所在部队发给继续留在部队服役的革命残废军人的抚恤金。伤残抚恤金高于伤残保健金，其原因是革命伤残军人退出现役后没有工作，需要解决生活困难和营养保健双重问题；而革命残废军人退出现役后又参加工作者，因平时有固定收入、生病有公费医疗、年老可以享受退休待遇，故只需发给营养保健性质的金额即可。

部分优抚对象抚恤补助标准表见表 13-2。

表 13-2 部分优抚对象抚恤补助标准表（从 2014 年 10 月 1 日起执行） （单位：元/年）

残疾等级	残疾性质	抚恤标准	残疾等级	残疾性质	抚恤标准
一级	因战	52360	六级	因战	20800
	因公	50700		因公	19680
	因病	49040		因病	16630
二级	因战	47380	七级	因战	15800
	因公	44890		因公	14140
	因病	43210	八级	因战	9970
三级	因战	41570		因公	9130
	因公	39070	九级	因战	8290
	因病	36590		因公	6650
四级	因战	34070	十级	因战	5820
	因公	30760		因公	4980
	因病	28260		烈属	因公牺牲军属
五级	因战	26620	城镇	13430	14270
	因公	23270	农村	10210	10650
	因病	21610			

案例：伤残烈属抚恤

优抚对象、革命伤残军人老牛，没有住在荣军院等专业机构。随着年龄越来越大，他经常患病，而且有严重的关节炎，特别是近几年，病情逐渐加重，行动非常困难。他家中又无其他亲人，要想上医院看病是难上加难，加之房屋常年失修，漏水情况严重，导致老牛关节疼痛难忍。然而，老牛为了不给社区干部增加麻烦，一直没有就自己的困难提出任何要求，硬是凭着自己坚韧的毅力独自在恶劣的环境中艰难地生活。后来，细心的社会工作者发现了牛老伯的实际困难。

案例分析：

1. 资金保障

（1）民政部、财政部于 2011 年下发通知，再次提高部分优抚对象等人员抚恤和生活补助标准。残疾军人（含伤残人民警察、伤残国家机关工作人员、伤残民兵民工）残疾抚恤金标准，烈属（含因公牺牲军人遗属、病故军人遗属）定期抚恤金标准，在乡退伍红军老战士、在乡西路军红军老战士、红军失散人员生活补助标准，在现行基础上分别提高 15% ~20%。

（2）此次国家还将享受待遇的带病回乡退伍军人、参战参试人员的生活补助标准由现行每人每月220元提高至250元，中央财政和地方财政按比例承担经费。

（3）调整后，居住在城镇的烈属定期抚恤金标准提高到每人每年10480元；居住在农村的烈属提高到每人每年6030元。在乡退伍红军老战士及在乡西路军红军老战士和红军失散人员生活补助标准，分别提高到每人每年22870元、22870元和10320元。

2. 政策、财政支持

（1）伤残优抚。在国家机关、社会团体、企业事业单位工作的因战、因公致残的革命伤残军人，享受与所在单位因公（工）伤残职工相同的生活福利待遇。革命伤残军人因伤残需要配制的假肢、代步三轮车等辅助器械，由民政部门审批并负责解决。

（2）优抚对象在与其他群众同等条件下，享有就业、入学、救济、贷款、分配住房的优先权。

（3）伤残抚属待遇。退出现役后没有参加工厂工作的革命伤残军人，由民政部门发给伤残抚恤金；退出现役后参加工厂工作，或者享受离休、退休待遇的革命伤残军人，由民政部门发给伤残保健金。

3. 服务供给

（1）上门，一对一地为老牛提供情绪、经济、心理等方面的辅导和帮助。

（2）邀请与老牛有相似经历的优抚对象与他一起参加小组活动，协助他建立畅通的沟通渠道和交友范围，提升愉悦度。

（3）联系物业公司帮助他修理房屋，联系附近医院提供上门诊疗服务等。

第四节 优 待

优待是指国家、社会和群众对烈属、因公牺牲或病故军人家属、革命军人和现役军人及其家属、带病返乡复退军人等优抚对象在政治上、经济上给予优厚待遇的制度。对优抚对象实行群众优待是我国优抚工作的优良传统，也是我国优抚工作的重要特色，集中体现着党和国家的意志。

一、烈士和军人遗属优待

根据2011年修改后的《烈士褒扬条例》第十八到第二十一条规定，具体的优待政策如下：

（1）烈士遗属享受相应的医疗优惠待遇，具体办法由省、自治区、直辖市人民政府规定。

（2）烈士的子女、兄弟姐妹本人自愿，并且符合征兵条件的，在同等条件下优先批准其服现役。烈士的子女符合公务员考录条件的，在同等条件下优先录用为公务员。

（3）烈士子女接受学前教育和义务教育的，应当按照国家有关规定予以优待；在公办幼儿园接受学前教育的，免交保教费。烈士子女报考普通高中、中等职业学校、高等学校研究生的，在同等条件下优先录取；报考高等学校本科、专科的，可以按照国家有关规定降低分数要求投档；在公办学校就读的，免交学费、杂费，并享受国家规定的各项助学政策。

（4）烈士遗属符合就业条件的，由当地人民政府人力资源社会保障部门优先提供就业服务。烈士遗属已经就业，用人单位经济性裁员时，应当优先留用。烈士遗属从事个体经营的，工商、税务等部门应当优先办理证照，烈士遗属在经营期间享受国家和当地人民政府规定的优惠政策。

（5）符合保障条件的烈士遗属承租廉租住房、购买经济适用住房的，县级以上地方人民政府有关部门应当给予优先、优惠照顾。家住农村的烈士遗属住房有困难的，由当地人民政府帮助解决。

（6）男性年满60周岁、女性年满55周岁的孤老烈士遗属本人自愿的，可以在光荣院、敬老院集中供养。

二、义务兵家属优待

1. 一般优待

在政治上，义务兵及其家属要享受高于一般群众的待遇，在地方政治活动中优先。例如，优先入党、优先选干等；在经济上，义务兵退伍可以享有工作安排、工作介绍、培训等方面的优先，可以享有安置补助费；义务兵家属可耕种义务兵个人的承包地，可以减免税费，可以享受优待工分，还可以享有优待金等；在社会上，义务兵家属有军属、光荣之家的荣誉，有的地方在过节过年时要给义务兵家属送对联、礼品等，义务兵子女在入学、升学及学费减免方面都有一定的优待；在文化上，很多拥军优属的文艺作品被创作出来在舞台、街头表演宣传拥军优属的感人事迹。

从优待的具体形态上说，可以是实物，如粮食、食用油、面粉等；也可以是劳务，如免除义务工及提供土地代耕服务；还可以是货币或代币，如给予优待工分、粮油票证、货币等。

2. 现金优待

义务兵家属享受的年限，以义务兵役法定服役年限确定，即陆军3年，空军、海军4年。优待金标准的确定，一是要与当地经济条件和人民群众生活水平相适应；二是要保障优抚对象相当或略高于当地一般群众的生活水平；三要考虑优待金筹集的可行性。按有关规定，对服现役的义务兵家属的优待范围、优待金标准和统筹办法等，由省、自治区、直辖市人民政府根据本地区的实际情况制定。目前，各地优待金的具体标准，多数地区规定相当于当地人均收入水平，或者不低于当地一个劳动力薪酬的1/2或2/3的水平。

三、伤残军人的优待

1. 医疗及生活福利

我国《军人优抚优待条例》第三十四条至第三十七条规定：

（1）国家对一级至六级残疾军人的医疗费用按照规定予以保障，由所在医疗保险统筹地区社会保险经办机构单独列账管理。具体办法由国务院民政部门会同国务院人力资源社会保障部门、财政部门规定。七级至十级残疾军人旧伤复发的医疗费用，已经参加工伤保险的，由工伤保险基金支付；未参加工伤保险，有工作的由工作单位解决，没有工作的由当地县级以上地方人民政府负责解决。七级至十级残疾军人旧伤复发以外的医疗费用，未参加医疗保险且本人支付有困难的，由当地县级以上地方人民政府酌情给予补助。残疾军人、复员军人、带病回乡退伍军人及因公牺牲军人遗属、病故军人遗属享受医疗优惠待遇，具体办法由省、自治区、直辖市人民政府规定。

（2）在国家机关、社会团体、企业事业单位工作的残疾军人，享受与所在单位工伤人员同等的生活福利和医疗待遇。所在单位不得因其残疾将其辞退、解聘或与其解除劳动关系。

（3）现役军人凭有效证件、残疾军人凭“中华人民共和国残疾军人证”优先购票乘坐境内运行的火车、轮船、长途公共汽车及民航班机；残疾军人享受减收正常票价 50% 的优待。现役军人凭有效证件乘坐市内公共汽车、电车和轨道交通工具享受优待，具体办法由有关城市人民政府规定。残疾军人凭“中华人民共和国残疾军人证”免费乘坐市内公共汽车、电车和轨道交通工具。

（4）现役军人、残疾军人凭有效证件参观和游览公园、博物馆、名胜古迹享受优待，具体办法由公园、博物馆、名胜古迹管理单位所在地的县级以上地方人民政府规定。

2. 革命伤残军人死亡的有关规定

（1）革命伤残军人死亡后，停发伤残抚恤（保健）金和护理费，同时注销证件，留作纪念。原领取伤残抚恤金的，由民政部门按照当地国家机关工作人员的丧葬补助标准发给丧葬补助费；原领取伤残保健金的，由其所在单位按规定发给丧葬补助费。

（2）因战致残，医疗终结评残发证后因伤口复发死亡和因公致残医疗终结评残发证后因伤口复发死亡。原领取伤残抚恤金的，由民政部门按照因公牺牲军人的抚恤标准，发给一次性抚恤金，其家属享受因公牺牲军人家属待遇；原领取伤残保健金的，由所在单位按照因公死亡人员的规定予以抚恤。

（3）革命伤残军人因病死亡。领取伤残抚恤金的，由民政部门增发半年伤残抚恤金作为一次性补助，其中因战因公致残的特等、一等革命伤残军人的家属，享受病故军人家属的待遇；原领取伤残保健金的，其抚恤按本单位有关病故人员的规定给予办理。

3. 优抚对象的其他优待

（1）义务兵和初级士官退出现役后，报考国家公务员、高等学校和中等职业学校，在与其他考生同等条件下优先录取。

（2）残疾军人、复员军人、带病回乡退伍军人、因公牺牲军人遗属、病故军人遗属承租、购买住房依照有关规定享受优先、优惠待遇。居住农村的抚恤优待对象住房有困难的，由地方人民政府帮助解决。具体办法由省、自治区、直辖市人民政府规定。

（3）经军队师（旅）级以上单位政治机关批准随军的现役军官家属、文职干部家属、士官家属，由驻军所在地的公安机关办理落户手续。随军前是国家机关、社会团体、企业事业单位职工的，驻军所在地人民政府人力资源社会保障部门应当接收和妥善安置；随军前没有工作单位的，驻军所在地人民政府应当根据本人的实际情况做出相应安置；对自谋职业的，按照国家有关规定减免有关费用。

（4）驻边疆国境的县（市）、沙漠区、国家确定的边远地区中的三类地区和军队确定的特类、一类、二类岛屿部队的现役军官、文职干部、士官，其符合随军条件无法随军的家属，所在地人民政府应当妥善安置，保障其生活不低于当地的平均生活水平。

第五节 复员退伍军人安置

复员退伍军人安置是指政府对退出现役的军人的生活、生产及就业方面的安排。复员退伍军人安置工作的正规化、法制化是做好这项工作的保证和依据。我国党和政府为此制定了一系列的方针、政策和法规，如《兵役法》和《退伍义务兵安置条例》等，而且，自1981年以来，国务院、中央军委每年都对退伍安置工作发出专门通知，将一些重要的方针政策法律化、制度化，要求各地区坚决彻底执行。坚决地贯彻国家和地方各级政府的退伍安置政策，是退伍安置工作顺利开展的前提和保证。

安置是帮助退役军人获得生活安全的社会服务，在本质上是社会保障的基本措施。其保障的目标是：使退役军人与社会需求之间实现最佳组合；使退役军人获得生存必需的社会安全和政治必需的相对优待；维护军队强大的战斗力；保证国家职能的正常发挥。

复原退伍军人安置政策的基本依据是2011年修订的《中华人民共和国兵役法》、1987年国务院发布的《退伍义务兵安置条例》及2011年颁布的《退役士兵安置条例》。

一、安置的内容

1. 就业安置

对转业干部、复员干部、退伍志愿兵和持城镇户口的义务兵，由国家统一分配工作，保证其就业。由当地民政部门和劳动部门负责安排。

2. 回原籍安置

家住农村、属农业户口的义务兵按“从哪里来，到哪里去”的退伍安置原则。

3. 离退休安置

离退休安置是国家和社会依法向直接从军队现役中离退休的军人，提供保证他们一定生活水平和生活质量的资金和服务的优抚保障项目。退休安置的对象是“直接从军队现役中退休的军人”。

二、我国的具体相关政策

2011年修订的《中华人民共和国兵役法》规定：国家建立健全以扶持就业为主，自主就业、安排工作、退休、供养及继续完成学业等多种方式相结合的士兵退出现役安置制度。

（1）现役军人入伍前已被普通高等学校录取或正在普通高等学校就学的学生，服役期间保留入学资格或学籍，退出现役后两年内允许入学或复学，并按照国家有关规定享受奖学金、助学金和减免学费等优待；入学或复学后参加国防生选拔、国家组织的农村基层服务项目人选选拔，以及毕业后参加军官人选选拔的，优先录取。

义务兵和服现役不满十二年的士官入伍前是机关、团体、企业事业单位工作人员或职工的，服役期间保留人事关系或劳动关系；退出现役后可以选择复职复工。义务兵和士官服现役期间，入伍前依法取得的农村土地承包经营权，应当保留。

（2）现役军人，残疾军人，退出现役军人，烈士、因公牺牲、病故军人遗属，现役军人家属，应当受到社会的尊重，受到国家和社会的优待。军官、士官的家属随军、就业、工作调动及子女教育，享受国家和社会的优待。

（3）义务兵退出现役，按照国家规定发给退役金，由安置地的县级以上地方人民政府接收，根据当地的实际情况发给经济补助。

义务兵退出现役，安置地的县级以上地方人民政府应当组织其免费参加职业教育、技能培训，经考试考核合格的，发给相应的学历证书、职业资格证书并推荐就业。退出现役义务兵就业享受国家扶持优惠政策。

义务兵退出现役，可以免试进入中等职业学校学习；报考普通高等学校及接受成人教育的，享受加分以及其他优惠政策；在国家规定的年限内考入普通高等学校或进入中等职业学校学习的，享受国家发给的助学金。

义务兵退出现役，报考公务员、应聘事业单位职位的，在军队服现役经历视为基层工作经历，同等条件下应当优先录用或聘用。

服现役期间平时荣获二等功以上奖励或战时荣获三等功以上奖励及属于烈士子女和因战致残被评定为五级至八级残疾等级的义务兵退出现役，由安置地的县级以上地方人民政府安排工作；待安排工作期间由当地人民政府按照国家有关规定发给生活补助费；本人自愿选择自主就业的，依照本条规定办理。

士官退出现役，服现役不满十二年的，依照义务兵退出现役规定的办法安置。士官退出现役，服现役满十二年的，由安置地的县级以上地方人民政府安排工作；待安排工作期间由当地人民政府按照国家有关规定发给生活补助费；本人自愿选择自主就业的，依照义务兵退出现役的规定办理。士官服现役满三十年或年满五十五周岁的，做退休安置。士官在服现役期间因战、因公、因病致残丧失工作能力的，按照国家有关规定安置。

（4）士兵退出现役安置的具体办法由国务院、中央军事委员会规定。

（5）军官退出现役，国家采取转业、复员、退休等办法予以妥善安置。做转业安置的，按照有关规定实行计划分配和自主择业相结合的方式安置；做复员安置的，按照有关规定由安置地人民政府接收安置，享受有关就业优惠政策；符合退休条件的，退出现役后按照有关规定做退休安置。军官在服现役期间因战、因公、因病致残丧失工作能力的，按照国家有关规定安置。

（6）机关、团体、企业事业单位有接收安置退出现役军人的义务，在招收录用工作人员或聘用职工时，同等条件下应当优先招收录用退出现役军人；对依照上述规定安排工作的退出现役军人，应当按照国家安置任务和要求做好落实工作。军人服现役年限计算为工龄，退出现役后与所在单位工作年限累计计算。国家鼓励和支持机关、团体、企业事业单位接收并安置退出现役军人。接收安置单位按照国家规定享受税收优惠等政策。

案例：退伍军人多只能胜任保安工作

退伍军人小张来到朝阳区人力资源市场之前，他是怀着美好的愿望的。他不喜欢当保安，以为区级招聘会提供岗位多，选择余地大，可以很快为自己谋份好职位。但当他拿着个人简历来到各个招聘摊位前，招聘栏里"熟练工优先""有相关机械技能"等字眼让他泄气。当天，不愿当保安的小许没有找到其他适合自己的岗位。

"当兵时，除在部队锻炼出一副好身板外，从没接触过这些真正适合地方工作的技能。虽然招聘会提供的岗位多，但要说合适岗位，还真只有保安和经济护卫。"

案例分析：针对小张的困境，有关部分应该从以下方面采取对策：

（1）加强退伍军人的专业技能培训。据了解，该区曾专门为退伍军人举办了招聘特场。当时，企业为退伍军人准备了6大门类60多个工种810个岗位。但是，在该场招聘会上，除了少部分军人拥有驾驶技能而被聘为单位驾驶员外，其他退伍军人与企业达成初步就业意向的岗位基本都是保安、经济民警，而电工、操作工等有一定专业技术含量且需求大的工种，退伍军人的意向达成率几乎为零。

很多企业表示，他们非常欣赏军人刚毅、责任心强等优秀品质，招聘就是冲着退伍军人来的。但在招聘会上，他们发现退伍军人缺乏必要技能。

某公司招工人员遗憾地说："军人的思想、身体素质过硬，可惜就业技能太差，有必要通过培训提高他们就业技能，这样他们才能找到如意的岗位。"

（2）政策支持。根据《中华人民共和国兵役法》规定：国家建立健全以扶持就业为主，自主就业、安排工作、退休、供养及继续完成学业等多种方式相结合的士兵退出现役安置制度。

（3）服务供给。退伍军人可到当地劳服站享受免费培训。目前，大多数退伍军人已意识到自身技能水平差，有强烈的参与技能培训的愿望，但是对于究竟去哪培训，国家有哪些优惠政策，知之甚少。其实国家规定，退伍军人在培训方面跟失业职工一样，可以享受免费培训待遇。

根据各地实施的相关政策规定：如果退伍军人具有参加技能培训的需要，可以通过当地镇乡（街道）劳动服务站进行报名，参加当地的培训。若表现优秀，经各镇乡（街道）推荐，还可到区里有关部门进行培训，相关培训费将由区政府进行统一补助。

三、外国军人退役安置的主要做法

各国国情、军情不同，对军人退役安置方式方法手段各不相同。概括起来，主要有以下特点：

（1）军人退役安置法律先行。例如，美国对退役军人的就业优待都是通过法律来保障实施的。联邦法典第五部、第三十八部对退役军人就业优待的各个方面、各个环节都做了明确的规定，可操作性强。同时，还有比较健全的专门法律机构保障退役军人就业优先权的落实。德国《军人服役期间保留其原有工作岗位法》禁止在两年内解雇到军队服役的人。如果服役和集训提前结束，而雇主已雇用了新人，则一个职位要支付两人的工资，损失部分由国家补偿。同时，雇主不能解除原先与服役军人签订的合同。

（2）对退役军人先培训后安置。为了创造吸引人才到军队服役的条件和保护军人利益，德国国防部保证军官和合同制军官（服役12~15年）都能在德国的一所大学免费学习地方专业知识，学期一般为3~4年。美国军人退役前，军队负责对其进行职业技能培训。例如，政府提供足够修完普通公立大学的学费，资助退役军人到地方大学学习。

（3）政府和民间合作协同安置。例如，德国为了鼓励年轻人服役，许多大公司通常只招收在军队服过役的人到公司工作。美国为保证退役军人能够得到有效的安置，除了在政府设有各类退役军人事务管理部门外，还与民间组织和商业机构通力协作，帮助退役军人再就业。政府各部中，有3个部（国防部、退伍军人事务部和劳工部）直接负责退伍军人事务。许多民间机构是自发组织起来的非政府组织，如美国残疾退役军人协会、女退役军人协会等。它们与政府机构有着密切的联系，为退役军人提供就业、医疗、住房、生活待遇、低息保险、家属子女培训教育等方面的信息和帮助，在退役军人安置和福利保障方面发挥着重要作用。印度则在国防部设有复员安置总监处，负责安置退役军人的工作。各地的退役军人协会等民间组织与当地政府保持着密切联系，帮助退役军人介绍工作。这些机构为退役军人的安置提供了组织保障。

（4）给予高额补偿鼓励自谋职业。退役军人为国家安全和世界和平做出了巨大牺牲，在完成其军人使命之后，理应受到社会的欢迎与承认。因此，许多国家虽然不直接为退役军人安置工作，但都给予高额回报。退役军人选择自谋职业时，政府为其提供低息或无息贷款。美国退出现役的军官，政府不负责具体安置，鼓励自谋出路，同时发放高额退役退休金。而法国军官的薪金与地方同职级官员相比，高出50%，退役后每月可享受原月薪金的80%。津巴布韦军人退役后，发放高额现金补偿，既可以一次领取，也可以存入银行分期分批领取。这些做法，既尊重了军人的劳动，肯定了军人的社会价值，又解除了军人后半生的生活保障问题，受到各国退役军人的普遍欢迎。

复习思考题

1. 什么是社会优抚？尝试区分社会优抚与其他社会保障形式。
2. 社会优抚的保障对象是什么？
3. 社会优抚的方针和意义是什么？
4. 辨析伤残抚恤金和伤残保健金的异同。
5. 区分我国退伍义务兵和退伍志愿兵安置政策的不同。
6. 外国军人退役安置的主要做法是什么？
7. 从社会学的意义上看，社会优抚对于社会正常运行的意义是什么？
8. 谈一谈新形势下社会优抚事业的发展趋势。

参 考 文 献

[1] 刘钧．社会保障理论与实务［M］．2版．北京：清华大学出版社，2009.
[2] 郭士征．社会保障学［M］．上海：上海财经大学出版社，2004.
[3] 尹蔚民．中华人民共和国社会保险法释义［M］．北京：中国劳动社会保障出版社，2010.
[4] 宋世斌，申曙光．社会保险精算［M］．北京：中国劳动社会保障出版社，2009.
[5] 贝弗里奇．贝弗里奇报告——社会保险和相关服务［M］．华迎放，汤晓莉，耿树艳，译．北京：中国劳动社会保障出版社，2008.
[6] 杨燕绥．劳动和社会保障法［M］．北京：中国劳动社会保障出版社，2005.
[7] 褚福灵．社会保障国际比较［M］．北京：中国劳动社会保障出版社，2005.
[8] 林义．社会保险基金管理［M］．2版．北京：中国劳动社会保障出版社，2007.
[9] 孙光德，董克用．社会保障概论［M］．3版．北京：中国人民大学出版社，2008.
[10] 盖锐，杨光．社会保障学［M］．北京：清华大学出版社，2009.
[11] 郑功成．中国社会保障改革与发展战略——理念、目标与行动方案［M］．北京：人民出版社，2008.
[12] 郑功成．中国社会保障30年［M］．北京：人民日报出版社，2008.
[13] 郑功成．中国社会保障制度变迁与评估［M］．北京：中国人民大学出版社，2002.
[14] 中国发展研究基金会．构建全民共享的发展型社会福利体系［M］．北京：中国发展出版社，2009.
[15] 郑传锋．军人社会保障体系确立与展望［J］．中国社会保障，2009（10）：105-108.
[16] 李珍．社会保障理论［M］．2版．北京：中国劳动社会保障出版社，2007.
[17] 钱宁．现代社会福利思想［M］．北京：高等教育出版社，2006.
[18] 焦凯平．养老保险［M］．北京：中国劳动社会保障出版社，2004.
[19] 毛健．失业保险［M］．北京：中国劳动社会保障出版社，2005.
[20] 姚宏．医疗与生育保险［M］．北京：中国劳动社会保障出版社，2005.
[21] 陈刚．工伤保险［M］．北京：中国劳动社会保障出版社，2005.
[22] 仇雨临．医疗保险［M］．北京：中国劳动社会保障出版社，2009.
[23] 万明国．社会保险案例评析［M］．北京：中国劳动社会保障出版社，2007.